인도 경제를
해부한다

인도 경제를 해부한다

인도 진출을 위한 현장 보고서

2006년 9월 19일 초판 1쇄 발행
2007년 10월 15일 초판 3쇄 발행

지 은 이 | 삼성경제연구소 · KOTRA
펴 낸 곳 | 삼성경제연구소
펴 낸 이 | 정구현
출판등록 | 제302-1991-000066호
등록일자 | 1991년 10월 12일
주   소 | 서울시 서초구 서초2동 1321-15 삼성생명 서초타워 30층
        전화 3780-8153, 8370, 8372(기획), 3780-8084(마케팅)
        팩스 3780-8152
        http://www.seri.org   seribook@seri.org

ISBN | 978-89-7633-321-6 03320

• 저자와의 협의에 의해 인지는 붙이지 않습니다.
• 가격은 뒤표지에 있습니다.
• 잘못된 책은 바꾸어 드립니다.

삼성경제연구소 도서정보는 이렇게도 보실 수 있습니다.
인터넷 홈페이지 → SERI 북 → SERI가 만든 책

인도 경제를
해부한다

인도 진출을 위한 현장 보고서

삼성경제연구소·KOTRA 지음

삼성경제연구소

깨어나는 코끼리, 인도

BRICs[1])의 일원인 인도는 최근 경제 여건이 안정되고 투자 활동이 활발히 이루어지면서 성장이 가속화되고 있다. 중산층이 두터워짐에 따라 승용차 및 가전 판매량이 급증하고, 휴대전화 가입자 수도 기하급수적으로 확대되는 추세다. 게다가 2006년 2월 제조업 직판과 함께 소매업 개방(외국인 지분 51% 허용)을 추진해 소비시장은 급성장세를 보이고 있다. 이제 인도는 중국과 함께 '친디아(Chindia : China+India)'로 불리며 세계의 소비시장 및 생산기지로서 세계적으로 관심을 집중시키고 있는 것이다.

중시해야 할 인도

인도에 대한 관심이 이처럼 급증한 배경으로는 최근 지속되고 있는 높은 성장률, 제2의 중국으로 부상할 가능성, 세계적인 경쟁력을 보유한 IT 산업, 민주주의 체제에 대한 적극적 개방 등을 들 수 있다.

첫째, 인도는 최근 들어 지속적인 고성장을 달성하고 있다. 제2차 세계대전 이후 독립한 인도는 폐쇄적인 자급자족주의형의 사회주의적 특성을 담은 경제 체제를 운용하며, 국가 중심의 중공업 육성 정책을 추진했다. 그러나 이러한 경제 정책으로 말미암아 인도는 '힌두 성장'이라고 일컬어지는 2~3%대의 낮은 경제성장률을 보였고, 1991년에는 외환위기까지 겪으며 저개발국으로 치부되어왔다. 이러한 인도가 1991년 외환위기 이후 개혁·개방 정책과 함께 시장경제 체제를 도입하면서 서서히 경제가 회복되기 시작했고, 2000년 이후 경세성장률이 급상승하면서 세계의 관심을 집중시키고 있다. 특히 2003/2004년 회계연도[2]의 인도 경제성장률은 8.3%로서 아시아에서는 중국에 이은 2위의 성장률을 기록하고, 2004/2005년과 2005/2006년 회계연도 모두 8% 이상의 고성장을 달성했다. 경제성장의 내용도 건전한 것으로 평가할 수 있다. 즉 소비자물가가 지속적으로 하향 안정되고, 재정적자도 점진적으로 감소 추세를 보였으며, 경상수지는 흑자를 기록했다. 더 나아가 외환보유고는 2003/2004년 말 1,000억 달러를 돌파한 데 이어 2004/2005년 말에는 1,319억 달러로 증대되었고, 외채부담률은 지속적으로 감소했으며, 환율도 절상되어 국민의 구매력은 증가되었다.

이를 반영하듯, 인도 뭄바이 증권거래소의 센섹스(Sensex)지수가 지난 2006년 2월 6일에 1만 포인트를 돌파하고, 4월 20일에는

---

(1) BRICs는 브라질(Brazil)·러시아(Russia)·인도(India)·중국(China)의 4개국을 일컫는 용어로, 2003년 10월 골드만삭스의 "Dreaming With BRICs : The Path to 2050"이란 보고서에서 처음 사용되었다.
(2) 2003년 4월~2004년 3월 기간.

1만 2,000포인트를 넘어서며 세계를 놀라게 했다. 한국에서도 인도 관련 해외 펀드에 무려 1조 원 이상이 몰려들었다. 증시가 폭발적인 활황세를 보이자 한편에서는 증권시장에 버블이 발생하는 것이 아니냐는 우려도 나왔고, 때마침 이러한 우려 속에서 2006년 5월 22일에는 한때 1만 선이 붕괴되고 거래가 일시 중단되는 사태까지 발생했다.[3] 이 때문에 인디아쇼크라는 표현이 나왔지만, 이러한 사태는 있을 수 있는 여러 상황 중 하나이며 큰 문제가 아니라는 낙관적인 의견도 상당히 있었다. 물론 증시는 안정을 되찾았지만, 인도 경제가 단기적 리스크에 노출된 것은 분명하다.

둘째, 인도는 중국과 같은 인구대국으로 향후 제2의 중국이 될 가능성이 높다는 점이다. 중국은 외국인 직접투자를 유치해 세계적인 생산기지로 부상했으며, 내수시장이 급격히 확대되어 세계 기업들에게 시장을 제공하는 등 세계 경제성장에 중요한 역할을 하고 있다. 인도는 아직 1인당 소득이 낮은 편이지만, 11억 명의 풍부한 인력을 보유하고 있는데다 인구증가율이 중국보다 높다. 세나가 중산층이 두터워지고 경제 규모가 급속히 확대되어 중국을 보완할 수 있는 시장으로 성장할 것으로 기대되고 있다. 또한 인도에는 고급인력이 풍부하다. 매년 약 20여만 명의 엔지니어링 전공자를 포함해 약 230만 명의 대졸자가 배출되고 있다. 이들 대부분은 영어 구사력이 뛰어나며 기초수학과 물리학 등에서도 높은 수준을 보유하고 있으므로 기술 습득력은 물론 대외경제 협력에도 용이하다. 게다가 인건비도 저렴해 다국적기업들은 인도를

---

(3) 인도 주식시장의 거래정지 사태는 2004년 5월 17일 이후 2년 만에 발생했고, 이 사태로 인디아쇼크가 발생할지도 모른다는 우려감이 확산되기도 했다.

생산기지 및 미래 시장으로서 매우 중시하고 있다.

셋째, 인도의 IT 산업, 특히 세계적인 경쟁력을 보유한 소프트웨어 부문은 국제사회에서 소프트웨어의 공급기지로서 주목을 받는 동시에 인도의 경제성장 및 발전을 주도하는 산업으로 확고한 위상을 확보하고 있다. 아울러 IT 기술을 기반으로 나노테크·생화학·의학 부문은 물론 환경·문화 등 여러 분야에서 고부가가치를 창출할 수 있다는 장점도 있다. 실제 인도는 의료 서비스와 연계한 관광 산업이나 전통 요법을 가미한 제약 산업 등에서 이미 두각을 나타내고 있다. 그러나 인도가 일반적 전통 제조업이 정체되거나 발전이 미진한 상황에서 IT 및 서비스 산업으로 성장·발전할 수 있는가 하는 점에 대해서는 논란이 일고 있다.

넷째는 서구 선진국들이 시장경제 체제 및 발전 전망을 평가할 때 가장 중시하는 요인 중 하나인 민주주의[4]가 사회 전반에 걸쳐 깊이 정착되어 있으며, 다국적기업이 가장 중요한 잠재력으로 인식하고 있는 정부의 개방 및 개혁 정책도 비교적 높은 평가를 받고 있다. 인도는 1990년대 초반 개혁·개방 정책, 이른바 동방 정책(Look East Policy)을 취했지만 단순 구호에 그치며 별다른 성과를 거두지 못했다. 하지만 2003년부터 인도의 개방 정책은 적극적인 모습으로 나타나기 시작했다. 정치적으로는 인도 수상이 중국을 방문하고, 파키스탄과의 적대 관계를 개선하며, 아세안+3 회의에도 적극적으로 참여해 세계경제 질서 내에서 국제적 위상을 강화함과 동시에 영향력을 넓혀가고 있다. 경제적으로는 태국과 자

---

(4) 인도의 민주주의 체제는 효율성이라는 측면에서 많은 비판을 받고 있지만, 시장경제 체제 정착을 위해서는 중국의 공산당 독재보다 훨씬 나은 체제라는 평가다.

유무역협정(FTA : Free Trade Agreement)을 체결했고, 아세안 (ASEAN) 주요 국가들과는 물론 일본·한국과도 경제협력을 증진하는 등 대외개방을 적극적으로 추진하고 있다. 특히 2000년 4월 경제특구(SEZ : Special Economic Zone) 등에 관한 특별법을 제정해 외국기업의 지분 100%를 허용하고, 면세 등의 인센티브를 제공함으로써 외국인 투자 유치에 적극적으로 나서고 있다.

인도에 대한 관심이 높아지는 상황에서 우리 한국 기업은 1990 년대 중반부터 인도에 적극 진출해 괄목할 만한 성과를 거두고 있다. 하지만 성공을 거두고 있는 기업은 일부 대기업과, 이들 대기업과 관련한 부품을 생산 및 납품하는 소수의 중소기업에 불과한 실정이다.

인도의 어려움

인도는 최근의 고성장에도 불구하고 만성적인 재정적자, 경직적인 노동법, 취약한 인프라, 전력난 등 해결해야 할 문제점도 많다. 개혁·개방이 일관성 있게 추진되지 않고 속도도 지체돼 경제 발전에 부담이 되고 있다. SEZ 법안은 근로자에 대한 해고의 경직성이라는 핵심 쟁점이 해결되지 않은 채 통과되었고 민영화가 취소되거나 지연되어 인도에 대한 외국인의 신뢰를 떨어뜨림은 물론 재정수지 개선도 어렵게 하고 있다. 그뿐만이 아니다. 사회적 격차도 정책 집행의 효율성을 저하시켜 경제 운용에 부담으로 작용하고 있다.

기업들은 잦은 노동쟁의, 가파른 임금상승률, 원유 및 전력 등 에너지 비용 과다, 과도한 부품 조달 비용 등으로 상당한 애로에 직면해 있다. 경제성장과 함께 수많은 산업단지가 개발되고는 있지만, 상당히 열악한 수준이다. 판매 역시 생산 측면 못지않은 어려움을 겪고 있다. 먼저 중국과는 달리 인구가 광활한 면적에 골고루 분산되어 있다. 인구 1,000만 명 이상인 도시는 뭄바이·델리·콜카타 정도이며, 100만 명 이상인 도시가 30여 곳에 이르고, 나머지 대부분은 광활한 농촌에 분산되어 있어 시장 공략이 매우 어려운 실정이다. 게다가 유통구조가 복잡하고 육로 인프라가 부족해 수송 비용이 과도하고, 판매대금 회수도 난관에 봉착하기 일쑤다. 또한 우수한 인력이 많다고는 하지만, 실제 매니지먼트 분야의 인재는 예상과는 달리 부족한 실정이다.

인도의 밝은 미래

다양한 리스크 요인과 애로사항에도 불구하고 막대한 잠재적 성장력을 보유한 인도는 향후 10~15년간 연평균 6%의 성장률을 이룰 것으로 전망되고 있다.

골드만삭스는 인도가 2012년경에 중국의 경제성장률을 추월하면서 30년 내지 50년간 세계 최고의 성장률을 지속하고, 2050년에 GDP 27조 달러로 세계 3대 경제대국으로 우뚝 설 것이라고 전망했다. 미국 국가정보위원회(NIC)에 따르면, 21세기는 중국과 인도가 주도하는 아시아의 세기가 될 것이다. 특히 인도는 2015년께 이탈리아를, 2020년에는 프랑스를, 2023년에는 독일을, 2032년에는 일본의 경제 규모를 추월할 것이라고 전망했다. 컨설팅 회사 A.T.커니(A.T. Kearney)는 인도가 구매력평가(PPP : Purchasing Power Parity)에서 세계 4위의 경제대국이며, 가장 매력적인 소매

시장이라고 평가했다. 독일의 도이체방크(Deutsche Bank) 역시 인도가 향후 15년간 세계에서 가장 높은 경제성장률을 달성할 것이라며 인도의 미래를 밝게 보았다.

인도는 IT와 서비스 부문을 기반으로 성장을 거듭하고 있으며, 경제대국으로 세계경제에 진입하고 있다. 인도를 중심으로 동남아와 서남아 경제통합이 가속화되고 있는데다, 중국과의 관계도 급속히 밀접해지고 있다. 인도는 이제 세계경제는 물론 한국 경제에 막대한 영향력을 미치는 중요한 국가로 확고한 위상을 확보했다. 인도 시장에 좀더 적극적으로 진출해 시장 확대를 극대화하고 양국 간 상호이익을 증대할 수 있는 경제협력이 더욱 절실한 상황이다.

하지만 급부상하는 인도 경제에 대한 심층적인 연구 및 정보는 아직 많이 없는 편이다. 즉 최근의 고도성장과 IT 산업의 발흥 정도가 국내에 소개되어 있을 뿐, 인도 경제에 대한 심층적 연구는 매우 부족한 실정이다. 특히 국내 중견기업은 불확실성이 높은 인도 시장에 대한 정보가 부족해 장단기 의사결정에 어려움을 겪고 있다.

따라서 삼성경제연구소와 KOTRA는 공동연구를 통해 인도 제조업과 IT 산업의 발전 과정 및 전망, 인도 기업의 활동과 특성, 소비시장의 계층적 특성 및 지역적 특성 등에 대한 광범위한 정보뿐만 아니라, 외국인 직접투자 환경 및 우리나라의 기진출 기업 사례를 분석해 대기업은 물론 인도 진출을 염두에 둔 중견 기업들이 유용한 자료로 활용할 수 있도록 하였다.

먼저 제I부에서는 인도 경제 전반에 대한 이해를 높이기 위해 인도 경제의 발전 과정 및 특징, 최근의 경제 현황, 인도 경제의 성장 잠재력과 리스크 요인, 인도의 소비시장을 분석한다. 제II부에서는 인도의 핵심 산업과 주요 기업을 살펴보고, 제III부에서는 인도의 외국인 투자 환경과 한-인도 간의 경제협력 관계를 살펴보고 기진출한 우리 한국 기업의 투자 진출 사례를 소개한다. 또한 인도 시장 진출 전략을 큰 틀에서 제시한다.

2006년 9월
집필진을 대신하여 오승구

차례

제II부 인도의 산업 및 기업

제III부 진출 여건 평가 및 진출 전략

제I부

인도 경제 이해

인도는 최근 경제 여건이 안정되고 투자 활동이 활발히 이루어지면서 성장이 가속화되고 있다. 그러나 만성적인 재정적자, 경직적인 노동법, 취약한 인프라, 전력난 등 해결해야 할 문제도 많다. 다양한 리스크 요인과 애로사항에도 불구하고 막대한 성장 잠재력을 보유한 인도는 향후 세계의 소비시장 및 생산기지로서 전 세계의 관심을 집중시키고 있다.

1
장

인도의 경제 현황 및 전망

오승구

01

인도 경제 이해

인도의 경제발전

경제발전 과정

인도는 1980년대 중반까지 정부의 간섭과 통제를 위주로 한 자급자족형 경제 체제를 운용해왔다. 독립과 함께 인도는 자본주의와 사회주의의 중간에서 비동맹의 중심 국가로 활동했으며, 경제 운용도 내수산업을 보호하고 자급 경제를 목표로 했다. 이 노선에 따라 정부 주도의 수입대체형 중화학공업을 육성했으나 생산성과 효율성이 낮아 경제성장은 지체되었고, 세계경제에서 차지하는 인도의 비중 또한 1950년대 약 2%에서 1970년대 후반에는 약 1%로 하락하게 되었다.

1991년 인도는 외환 부족에 직면하여 IMF와 세계은행의 지원을 받으면서 재정적자 해소와 무역자유화를 추진하게 되었다. 1990년대에 외국인 투자를 자유화하고, 무역에서 수량 제한을 줄이고 관세화를 도입했으며, 국영 부문이었던 전력·철강·석유정제 및 탐사·도로 건설·항공운수·통신업 등에 민간의 진입을 허용하는 등 적극적인 개방 정책을 실시했다.

개방과 개혁의 결과로 인도 경제는 1990년대 들어 순조롭게 성장하여, GDP 성장률은 연평균 약 5.7%로 과거 30년간의 증가율보다 훨씬 좋은 실적을 거두었다. 그러나 1990년대 후반의 성장률은 전반보다 다소 둔화되었는데, 이는 개혁·개방의 추진력이 소진된 결과로 볼 수 있다. 즉 개혁과 개방 정책이 완전하게 추진되지 않고 지체되는 상황에서 외국인 투자의 유입이 기대에 못 미쳐 제조업이 제대로 이륙하지 못했기 때문이다.

2000년대 접어들면서 인도 경제는 본격적으로 안정적인 성장세로 들어서게 되었다. 특히 2003/2004년에 기록한 8.6%의 높은 성장률은 전 세계적인 관심을 불러일으켰고, 인도에 대한 낙관적인 전망을 쏟아놓게 했디.

인도의 경제개발계획 기간별 성장률 추이

단위 : %

계획	목표 성장률	실제 성장률
1차 계획(1951~1956)	2.1	3.60
2차 계획(1956~1961)	4.5	4.21
3차 계획(1961~1966)	5.6	2.71
4차 계획(1969~1974)	5.7	2.05
5차 계획(1974~1979)	4.4	4.83
6차 계획(1980~1985)	5.2	5.54
7차 계획(1985~1990)	5.0	6.02
8차 계획(1992~1997)	5.6	6.68
9차 계획(1997~2002)	6.5	5.35

자료 : 인도 정부.

인도의 각 부문별 성장률 추이

단위 : %

	2001/2002	2002/2003	2003/2004	2004/2005	2005/2006
GDP	5.8	4.0	8.5	7.5	8.4
농업	6.3	-7.2	9.6	0.7	3.9
광공업	3.6	6.8	7.6	8.6	8.7
서비스업	6.8	7.9	8.2	9.9	10.0

자료 : Government of India, *Economic Survey 2004-2005*, Ministry of Finance, 2005.

　그러나 인도 경제가 안정적 성장세를 지속적으로 유지할 수 있는가 하는 점은 아직 논란거리가 되고 있다. 인도 경제성장률에 농업 부문이 상당한 영향력을 미치기 때문이다. 즉 2002/2003년 악천후 때문에 농업의 성장률은 -7.2%로 부진해 전체 경제성장률을 떨어뜨렸고, 그 다음해인 2003/2004년에는 9.6%의 성장률을 기록해 전체 경제성장률 상승에 크게 기여했다. 이처럼 농업 부문의 작황이 경제성장률을 크게 좌우하고 있는 점이 문제다. 다행히 최근 들어서는 광공업 및 서비스 분야의 경제성장 기여도가 지속적으로 확대되면서 전체 경제성장률을 상승시키고 있다.

　한편 공급 측면에서 경제성장은 생산요소의 투입과 기술 진보(생산성 상승)에 의해서 이루어진다. 생산요소의 투입은 노동력과 투자의 증가를 말하는데, 인도는 70% 이상의 인구가 비도시 지역에 거주하고 60%에 가까운 인구가 농업에 종사하고 있으므로 노동력의 공급은 무한대라고 할 수 있다. 결국 인도의 경제성장은 투자가 얼마나 증가하느냐에 달려 있고, 투자를 하기 위해 자원을 어떻게 동원할 것인지가 관건이다.[1] 인도의 투자는 순조롭게 증가하면서 경제성장에 기여하고 있다.

사실 최근 인도의 경제발전은 개방을 통해 세계경제와 통합되는 과정에서 나타나고 있는 것이다. 1990년대 말 이후 세계의 IT 붐으로 IT 소프트웨어 분야가 미국의 IT 산업과 연계되면서, 인도는 IT 소프트웨어 및 관련 서비스의 아웃소싱 기지로 각광받게 되었다. 미국의 IT 역외소싱(Off-shore)의 상당 부분이 인도에서 이루어지고 있다. 인도의 IT 수출은 2002/2003년의 99억 달러에서 2004/2005년 177억 달러, 2005/2006년에는 234억 달러로 급증하였다.

동시에 미국의 저금리 기조에서 인도의 잠재성을 평가한 국제금융자본의 대인도 포트폴리오 투자가 증가했다. 1990년대 전반기 국제금융의 수요자는 주로 동아시아 국가들이었다. 국제금융자본은 동아시아에 대대적으로 유입되었고, 이는 동아시아 금융위기의 한 단초를 제공했다. 1990년대 후반 이후 동아시아가 구조조정을 통해 경상수지를 개선하고 투자가 부진해지면서 국제금융자본은 새로운 투자처를 발굴하기 위해 노력했고, 인도가 바로 그 대상으로 각광받게 되었다. 예컨대 증권투자는 2003/2004년에 282억 달러, 2004/2005년에는 405억 달러가 유입되어 인도 경제의 유동성을 풍부하게 했다. 그 결과 인도 뭄바이 센섹스지수는 2002년 말 3,377에서 2005년 8월 말 7,800포인트, 2006년 2월 6일에 1만 포인트를 돌파하고, 4월 20일에는 1만 2,000포인트를 넘어서는 수직 상승세를 보였다. 물론 인도에 대한 직접투자는 아직

---

(1) 기술 진보가 중요하지만 저개발국에서 기술 진보와 생산요소의 투입은 일종의 대체 관계에 있다. 그런 면에서 기술 진보에 비해 생산요소의 투입 확대가 훨씬 저렴한 곳이 바로 인도라고 할 수 있다.

인도의 IT 수출과 증권투자 유입 추이

단위 : 억 달러, 포인트

	2000/2001	2001/2002	2002/2003	2003/2004	2004/2005	2005/2006
IT 소프트웨어	62	75	99	133	177	234
증권투자 유입	119	93	88	282	405	n.a
뭄바이 주가지수*	3,604	3,469	3,048	5,590	6,492	10,215

주 : 주가지수는 각 회계연도 말(3월 말)을 나타내며, 2005/2006년의 경우 2006년 7월 말 현재의 지수.
자료 : Government of India, *Economic Survey 2004-2005*, Ministry of Finance, 2005.

규모가 크지 않은 실정이므로 간접투자가 어떻게 실물 부문의 성장으로 연결될 수 있는가 하는 점이 인도의 주요한 과제다.

인도 경제가 세계경제로 편입되고 경쟁 압력이 증가하면서 기업 분야에서도 혁신이 일어났다. 인도 기업들은 가격경쟁력을 중시하고 서구 모델과는 다른 경영혁신을 추진해 성공하고 있다. 예컨대 인도 최대의 이동통신업체 바르티(Bharti)는 이동통신 네트워크를 아웃소싱하는 실험적 방법을 사용했다. 이로써 투자비를 줄이면서 마케팅에 전력을 집중해 대대적인 성공을 거두었다. 외국 자동차업체와 경쟁하고 있는 타타자동차(Tata Motors)는 인도 소득수준에 맞는 자동차를 생산하기 위해 부품을 판매점에서 조립하는 방식을 사용하면서 경쟁사보다 훨씬 저렴한 승용차를 생산하고 있다.

인도의 선도적 기업들의 국제화도 빠르게 진행되고 있다. 타타그룹(Tata Group)은 영국의 차업체 테틀리(Tetley, 4억 3,000만 달러), 싱가포르의 철강회사 낫스틸(Natsteel, 2억 8,300만 달러), 한국의 대우상용차(1억 1,800만 달러)를 인수했다. 테틀리의 인수로 타타는 세계 2위의 차업체가 되었으며, 낫스틸을 인수함으로써 태국·중

인도의 혁신적인 기업의 사례

단위 : 백만 달러

기업	사업 분야	매출	이익	혁신 내용
Bharti Tele—Ventures	이동통신	1,800	330	— 핵심 네트워크 서비스 아웃소싱 — 마케팅과 판매에만 집중
Tata Motors	자동차	4,500	318	— 2,000달러대의 승용차 개발 — 부품으로 공급, 판매점에서 조립
ITC	농가공	3,000	503	— 농촌 지역에서 생산과 원료 조달에 e-커머스 활용

ICIC Bank	은행	22,800*	460	— 외국 고객에게 고금리를
				  제공하기 위해 인도에서 저비용의
				  비즈니스 프로세싱 활용

주 : ICIC Bank의 경우 예금액.
자료 : *Business Week*, 2005. 8. 22~29. p. 51.

국·베트남 시장에 진출할 수 있었다. 인포시스(Infosys) 등 IT 소프트웨어업체도 세계 전역으로 진출하고 있는데, 중국은 IT 소프트웨이업체의 주요한 타깃시장이 되고 있다.

경제발전 정책

인도는 독립 이후 지속적인 산업화 정책을 추진해왔다. 특히 철강을 기간산업으로 적극 육성하고, 면방 산업을 민족자본화하는데 총력을 기울였다. 제조업은 공기업을 중심으로 수출산업보다는 수입대체산업으로 육성되었다. 따라서 외부 경쟁에 노출되지 않은 인도의 제조업은 내수산업으로 정착되면서 성장의 한계에 직면했다.

인도 정부는 1990년 이후 국내시장 개방 및 민간기업 육성에 초점을 맞춘 경제개혁을 추진하면서 신산업 정책을 도입했다. 먼저 산업허가 제도를 폐지했다. 즉 안보 및 전략상의 이유, 공공복리, 유독 물질 및 환경 보호, 사치품, 중소기업 보호 대상 분야 등 15개 산업을 제외한 모든 분야에서 허가제를 폐지했다. 이를 통해 민간기업의 자유로운 기업 설립과 산업 부문에 대한 자유로운 진입을 허용하는 한편, 소규모 산업을 보호하고 제조업 및 농업 부문에 대한 고용 확대 등을 목표로 추진했다. 두 번째는 외국인 직접투자(FDI : Foreign Direct Investments)를 적극 유치하기로 했다. 외국인 직접투자의 유치는 선진 기술은 물론 현대적인 마케팅 및 경영 기법을 도입하는 동시에 수출산업을 독려하는 데 주목적이 있다. 이를 위해 전기 장비·야금·운송·소프트웨어 등 최우선 산업 36개 업종을 선정하고, 외국인의 지분 51%에 대해 자동승인 제도를 시행했다. 아울러 외국인 투자촉진위원회를 정부 내에 설치해 외국인 투자를 승인할 때 발생할 수 있는 여러 가지 부조리 등을 방지하는 권한을 두고, 외국인 투자를 활성화하는 데 주력했다. 세 번째는 공기업의 경영 합리화와 민영화 추진이다. 인도 산업의 대부분을 차지하고 있는 공기업은 재무구조 악화와 비효율적 경영 관리로 경쟁력이 없었다. 정부는 민영화를 통해 민간기업의 참여를 확대하는 한편 경영 자율성을 제고하기 위해 이사회에 의사결정 권한을 부여하는 정책을 폈다. 하지만 이러한 경제 정책의 일부는 실현되었지만 엄청난 저항에 직면한 부분도 있어서, 인도의 경제성장은 상당히 지연되었다.

만모한 싱(Manmohan Singh)의 신정부가 들어서면서 경제 정책의 기본 방향에 대한 합의점을 도출하기 위한 공동경제계획(CMP :

Common Minimum Program)이 발표되었다. 동 계획안은 부가가치세의 조속한 도입, 민영화, 노동법 개정 등의 내용을 포함하고 있다. 노동법은 국가고용보장법 도입을 통해 연간 최소 100일의 고용 보장, 고용 및 해고 절차 강화 등을 제정하였다. 공기업의 민영화 부문은 사실 공기업의 경영 관리 개선에 초점이 맞춰져 있다. 즉 인도 공기업 중 수익을 남기고 있는 13개 공기업(나브라트나스(Navratnas)라고 부름)은 매각을 금지하고, 적자 기업에 대해서는 민간 참여를 통해 재생시킨다는 것이다. 아울러 산업의 경쟁력 강화를 위해 적극적으로 인프라 투자를 지원하고, 정부가 자본시장 발전에 각별한 관심을 쏟기로 했다. 이를 위해 외국인 투자를 장려하고, 투기자본 유입에 대한 감시·감독을 강화하며, 인도증권거래소의 기능을 확대함으로써 자본시장을 건전화한다는 목표를 추진했다. 다른 한편으로는 농업 부문을 보호하기 위해 공적분배제도(PDS : Public Distribution System)를 강화하고, 농가 대출에 대한 이자율의 인하 등을 추진했다.

이러한 경제 정책의 기본 방향은 인도 경제의 실상과 배치되는 측면도 상당히 있었음을 부인할 수는 없다. 일례로 교육비 확대, 보건 관련 지출 증대, 농업 관련 대출 증대 및 인프라 투자 등은 정부의 재정 부담을 가중시키는 요인으로 재정적자 해소 방침과는 배치되는 조치들이다.

그 외에도 인도 정부는 경제발전을 위해 지속적으로 여러 가지 조치를 취하고, 경제 상황에 따라 정책적·제도적 변화를 추구해 왔다. 2000년 경제특구(SEZ) 제도를 도입했으나 만족할 만한 성과를 내지 못하자 2005년에는 이 제도를 더욱 강화하기 시작했다. 즉 노동집약적 제조업을 육성하기 위해 SEZ의 인센티브를 확대한 것이다. SEZ 신법에서는 SEZ 내 기업의 법인세 면제 기간을 5년으로 하고, 이후의 감세 기간을 과거 10년에서 15년으로 확대하였다.

인도는 현재 무역과 관련한 자유화를 지속시키며, 국내에서도 개혁을 추진 중이다. 수입 관련 시간 및 비용 절감, 수출 절차 간소화 및 투명성 증대에 노력을 기울이고 있다. 2001년 3월 수량제한 제도를 폐지했고, 가중평균관세율은 2001/2002년 35%에서 2002/2003년 29%로 인하했다.

노한 외국인 직접투자 제도를 변경해 개방을 가속화하고 있다. 최근 인도 정부는 공항과 도시 건설 등의 인프라를 확대하기 위해 민간투자를 받아들이고, 외국인 직접투자도 최대 100%까지 허용했다. 택배 서비스와 벤처자금 투자도 허용하고, 광고 산업이나 영화 산업에 대한 외국인 투자의 규제도 축소하고 있다. 유통 산업에 대한 100% 투자도 검토하는 등 제도적 차원에서 외국인 투자를 유치하기 위한 노력이 진행 중이다.

아울러 동아시아의 성장 기회를 활용하기 위해 여러 국가와 FTA 등을 추진함으로써 제도적으로 경제협력을 확대하고 있다.

인도 경제 이해

최근의 경제성과

거시경제

인도는 2001~2005년 연평균 6.6%의 경제성장률을 기록했다. 특히 2004/2005년과 2005/2006년에는 각각 8.5%의 고성장세를 보였으며, 2006년 1/4분기 경제성장률은 9.3%로 사상 최고치를 기록했다. 이에 따라 경제 규모는 2001/2002년의 4,785억 달러에서 2005/2006년에는 7,978억 달러로 크게 확대되었고, 1인당 국민소득도 465달러에서 729달러로 개선되었다. 최근 고도의 경제성장률은 무엇보다도 농업 부문의 호조와 서비스 및 제조업 분야의 호황에 따라 국내 소비가 크게 증가한 데 기인한다. 서비스 부문은 경제성장 기여도에서 64%를 차지하며 인도의 경제성장을 주도했다. 제조업과 농업 부문의 경제성장 기여도는 각각 27%와 9%에 이른다.

한편 인도는 전통적으로 농업 부문[2]이 경제성장에 가장 큰 영

인도의 최근 경제 동향

	단위	2001/2002	2002/2003	2003/2004	2004/2005	2005/2006
경상 GDP	억 달러	4,785	5,089	5,949	6,916	7,978
1인당 GDP	달러	465	485	559	610	729
실질 GDP 증가율	%	5.3	3.6	8.3	8.5	8.5
소비자물가 상승률	%	3.8	4.3	3.8	3.8	4.2
재정적자(GDP비중)	%	-5.1	-5.4	-4.6	-4.7	n.a
외환보유고	억 달러	459	677	989	1,266	1,319
외채	억 달러	975	1,104	1,121	1,206	1,255
환율(연평균)	루피/달러	47.2	48.6	46.6	45.3	44.1

자료 : EIU, *Country Report India*, June 2006.

향을 끼치는 산업으로 인식되어왔다. 그러나 농업의 성장률이 2004/2005년 0.7%, 2005/2006년 3.9%에 불과해도 인도 경제가 고도성장을 지속하고 있다는 점은 농업 부문의 영향력이 점차 감소 추세를 보이고 있음을 의미한다.

연속적인 고도성장에 고무된 인도 정부는 3년 내에 두 자릿수 성장도 가능하다는 기대감을 표출하고 있다.[3]

산업 생산 부문도 괄목할 만한 성과를 보이고 있다. 2006년 1월부터 5월까지 산업 생산 증가율은 8.2%로 2005년 같은 기간의 8.4%보다는 약간 미흡한 수준이다. 하지만 제조업 부문의 생산이

---

(2) 농업 부문은 GDP의 21%를 차지할 뿐만 아니라 전 국민의 60% 이상이 종사하고 있는 주요 산업이다.
(3) 농업 부문 4%, 제조업 부문 12%, 서비스 부문 12%가 성장하면 인도의 경제성장률은 10%에 이른다.

같은 기간 중 8.1%에서 8.9%로 개선되었고, 전기 부문이 1.4%에서 6.1%로 급증했다. 반면 광업 부문은 3.7%에서 3.0%로 약간 하락했다.[4] 이러한 산업 생산의 증가율은 인도 경제의 건전성이 크게 향상되고 있음을 반영하는 것이다. 한편 제조업은 2004/2005년 8.1%, 2005/2006년 9.0% 성장했으며, 서비스업 역시 10%가량의 성장을 거듭하고 있다.

통화공급(M3) 증가율은 2005년 9월 이후 지속적으로 증가세를 보이고 있다. 2006년 3월 31일 현재 16.2%를 기록하고 있는데, 이는 2005년 4월의 통화공급 증가율 14.5%를 넘어서는 수치다. 특히 상업은행의 신용대출 증가가 통화량 증가를 주도하고 있다. 인도중앙은행(RBI)은 경제성장과 물가안정이란 장기 정책 목표를 수행하면서 금리를 조정하고 있으며, 이에 따라 인도의 물가상승률은 안정적 추세를 보이고 있다. 도매물가지수는 2005/2006년에 4.5%가 상승했는데, 2004/2005년의 6.5%에 비해 크게 안정되었다. 고유가가 지속되고 있지만 2006년 3월 11일 4.28%, 2006년 4월 1일 3.51%로 안정세를 유지하고 있다. 한편 소비자물가지수는 2004/2005년의 3.8%에서 2005/2006년에는 4.2%로 상승했지만, RBI는 안정적 수준으로 인식하고 있다.

한편 인도 경제의 발목을 잡는 요인으로 지적되고 있는 재정수지 적자와 정부 부채는 상당히 취약한 모습을 하고 있다. 1991년 외환위기 때 인도의 재정적자는 GDP 대비 9.5% 수준이었고, 정부 누적 부채는 GDP 대비 80%에 이르렀었다. 외환위기 이후 개

---

(4) 광업 분야의 하락은 무엇보다도 광업의 약 40%를 차지하고 있는 석유 생산 부문이 하락한 데 기인한다.

선되던 재정 부문은 2000년에 접어들면서 또다시 외환위기 당시의 수준을 넘어섰다. 재정수지 적자는 GDP 대비 9~10%대를, 정부 누적 부채는 GDP 대비 80%를 훌쩍 넘어선 것이다. 고성장세와 함께 세수가 늘어나면서 점차 개선되고는 있지만, 2004/2005년의 중앙정부 재정적자는 6.5%, 2005/2006년 7.0% 수준으로 경제적 안정성을 저해하고 있다.

대외교역

인도의 대외교역은 1991년 경제개방 이후 본격적인 성장세를 보이며 지난 3년간 연속해서 20%를 넘어섰으며, 2005/2006년 수출이 1,006억 6,000만 달러를 기록하며 사상 최초로 수출 1,000억 달러 시대를 열었다. 그러나 이런 수출 증가세에도 불구하고, 수입이 1,402억 달러에 달해 지속적인 무역수지 적자를 나타내고 있다. 무역적자 규모가 크긴 하지만 인교(印僑:해외에 거주하는 인도 교포)가 보내주는 송금액이 세계 최고 수준이고[5], 인도의 외환보유고는 1,500억 달러 이상의 규모[6]를 유지하고 있으므로 무역적자 자체가 인도 경제에 큰 부담이 되고 있지는 않은 상황이다.

주요 수출 품목은 농수산물, 철광석을 포함한 광석·광물, 화학제품, 엔지니어링 제품 등이며 주요 수입 품목은 원유 및 석유 제품, 식품류, 화학제품, 기계류 등이다. 인도의 대외수출은 아직도

---

(5) 외국 거주 인도인(NRI:Non Resident Indian)이 매년 본국으로 송금하는 외화는 200억 달러가 넘는다.
(6) 인도의 외환보유고 규모는 중국, 한국, 대만, 러시아에 이어 세계 5위를 기록하고 있다.

1차산업에 관련된 상품이 많고, 중국 등과 비교할 때 제조업 수출
은 아직 기대에 못 미치고 있다. 한편 2005년(1월~11월) 수입액 중
원유 및 석유 제품이 32%를 차지하고, 수출용 원자재의 수입이 많
아 수입구조는 양호한 편이다.

인도의 주요 교역 대상국 중 미국·아랍에미리트(UAE)·중국·
싱가포르 등은 주요 수출국이고, 중국·미국·스위스·UAE 등은

인도의 대외교역 추이

단위 : 백만 달러

회계연도	수출	수입	수지
1990/1991	18,145	24,073	-5,927
1991/1992	17,865	19,411	-1,545
1992/1993	18,537	21,882	-3,344
1993/1994	22,238	23,306	-1,068
1994/1995	26,331	28,654	-2,324
1995/1996	31,795	36,675	-4,880
1996/1997	33,470	39,132	-5,663
1997/1998	35,006	41,484	-6,478
1998/1999	33,219	42,389	-9,170
1999/2000	36,822	49,671	-12,848
2000/2001	44,560	50,536	-5,976
2001/2002	43,827	51,413	-7,587
2002/2003	52,719	61,412	-8,693
2003/2004	63,843	78,149	-14,307
2004/2005	80,540	109,173	-28,633
2005/2006	100,660	140,225	-39,565

자료 : RBI Bulletin No.41, *Foreign Trade*, 2006년 5월 19일자.

인도의 국가별 수출 동향

단위 : 십억 루피, %

순위	국가명	수출액			점유율			증감률
		2003	2004	2005	2003	2004	2005	2005/2004
	전체	2,674	3,423	4,386	100.0	100.0	100.0	28.1
1	미국	512	592	727	19.1	17.3	16.6	22.8
2	UAE	192	302	372	7.2	8.8	8.5	23.0
3	중국	115	185	291	4.3	5.4	6.6	56.7
4	싱가포르	78	154	241	2.9	4.5	5.5	56.3
5	영국	125	154	217	4.7	4.5	5.0	41.4
6	홍콩	150	151	195	5.6	4.4	4.5	29.2
7	독일	105	121	152	3.9	3.5	3.5	25.3
8	벨기에	81	100	123	3.0	2.9	2.8	22.7
9	이탈리아	72	92	111	2.7	2.7	2.5	20.4
10	일본	78	84	107	2.9	2.4	2.4	27.8
11	네덜란드	55	66	105	2.1	1.9	2.4	59.9
12	프랑스	52	70	87	2.0	2.1	2.0	24.4
13	스리랑카	55	63	86	2.1	1.9	2.0	35.0
14	사우디아라비아	47	62	75	1.7	1.8	1.7	21.4
15	방글라데시	63	71	75	2.4	2.1	1.7	5.8
16	스페인	43	56	70	1.6	1.6	1.6	26.1
17	한국	30	44	66	1.1	1.3	1.5	50.2
18	남아프리카공화국	21	40	63	0.8	1.2	1.4	56.0
19	인도네시아	48	55	61	1.8	1.6	1.4	12.2
20	이스라엘	34	40	50	1.3	1.2	1.1	23.9

자료 : World Trade Altas.

인도의 국가별 수입 동향

단위 : 십억 루피, %

순위	국가명	수입액			점유율			증감률
		2003	2004	2005	2003	2004	2005	2005/ 2004
	전체	3,312	4,405	6,090	100.0	100.0	100.0	38.3
1	Unspecified	920	1,247	975	27.8	28.3	16.0	-21.8
2	미상	0	0	808	0.0	0.0	13.3	0.0
3	중국	166	272	443	5.0	6.2	7.3	62.9
4	미국	224	259	338	6.8	5.9	5.5	30.5
5	스위스	144	200	313	4.4	4.5	5.1	56.9
6	독일	126	160	241	3.8	3.6	4.0	51.2
7	벨기에	171	195	228	5.2	4.4	3.7	16.9
8	UAE	66	170	221	2.0	3.9	3.6	29.8
9	호주	93	157	207	2.8	3.6	3.4	31.6
10	영국	138	146	188	4.2	3.3	3.1	28.7
11	한국	109	138	184	3.3	3.1	3.0	33.7
12	일본	108	133	156	3.3	3.0	2.8	17.2
13	싱가포르	84	110	139	2.5	2.5	2.3	26.7
14	인도네시아	85	107	126	2.6	2.4	2.1	17.1
15	남아프리카공화국	90	80	117	2.7	1.8	1.9	46.0

자료 : Ministry of Commerce & Industry, Government of India.

주요 수입국이다.

2005년 기준 인도의 최대 수출국은 미국으로 전체 수출의 16.6%를 차지했으며, 다음이 UAE, 중국, 싱가포르, 영국 순이었다. 같은 기간 인도의 대한국 수출은 전체의 1.5%로 17위를 차지했다. 2004년에는 수출시장 점유율 1.3%로 20위를 나타냈었다. 미국으로는 보석류·금속류·섬유류를, UAE로는 보석·광물·철광석 등을, 중국으로는 광물·철광석·유기화학제품 등을 주로 수출하고 있다.

수입시장의 경우, 2005년 최대 수입국은 중국으로 전체 수입의 7.3%를 차지했으며, 미국 5.5%, 스위스 5.1%, 독일 4.0%, 벨기에 3.7% 순이며, 한국은 3.0%로 11위를 차지했다.

미국의 비중이 11.1%로 다소 과중한 편이나, 5대 교역 상대국이 차지하는 비중은 29.7%로 각국과의 교역이 고루 분산되어 있음을 확인할 수 있다. 최근에는 미국이나 영국 등 전통적인 교역

인도의 5대 교역 상대국과의 교역 추이

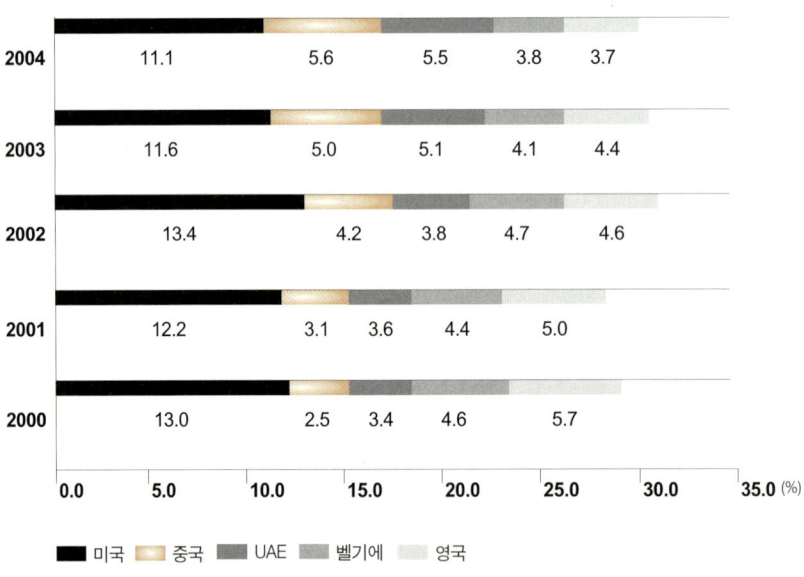

자료 : Government of India, *Economic Survey 2004-2005*, Ministry of Finance, 2005.

상대국과의 교역 비중이 낮아지는 반면, 중국과 UAE 등 새로운 교역 상대국과의 비중이 빠르게 증가하고 있다.

외국인 직접투자

인도의 높은 성장세와 함께 외국인 직접투자(FDI)도 점차 늘어나는 추세다. 특히 2004년 신정부 출범 이후 통신·은행 등 주요 업종에 대한 개방 확대로 외국인 직접투자가 크게 증가했으며, 자본시장 개방 확대 및 경제성장 가속화를 배경으로 포트폴리오 투자도 급증하고 있다.

2005/2006년 인도의 외국인 직접투자는 총 55억 5,000만 달러 규모로 전년 대비 72%에 달하는 성장률을 보였으며, 특히 2006년 3월에는 12억 4,000만 달러의 외국인 직접투자를 유치했다.

인도 정부는 외국인 직접투자 증가 추세가 지속될 것으로 전망하면서, 2006/2007년에는 120억 달러 이상을 기대하고 있다.[7] 특히 최근 불고 있는 일본·한국·대만 기업들이 투자 붐은 전체 외국인 직접투자의 급성장에 크게 기여할 것으로 보고 있다.

대인도 외국인 직접투자가 크게 증가한 것은 1990년대 중반부터이며, LG전자·삼성전자·현대자동차 등 우리나라 주요 기업들의 인도 진출도 이 시기부터였다. 또한 1990년대 후반부터 인도의 IT 산업이 부각되면서 선진국들의 대인도 IT 투자가 증가한 것이 외국인 투자가 증가하는 계기가 되었다.

인도에 대한 외국인 투자는 각국의 주요 대기업들을 중심으로

---

(7) Blonnet.com 2006년 5월 27일자.

인도의 외국인 투자 유치 추이

단위 : 백만 달러

연도	금액	연도	금액
1991. 8~1992. 3	167	1999/2000	2,439
1992/1993	393	2000/2001	2,908
1993/1994	654	2001/2002	4,222
1994/1995	1,374	2002/2003	3,134
1995/1996	2,214	2003/2004	2,634
1996/1997	2,770	2004/2005	3,755
1997/1998	3,682	2005/2006	5,549
1998/1999	3,083	누계	38,905

자료 : 인도 상공부.

이루어졌으며, 일반 중소기업들의 투자는 인프라 부족 등의 이유
크게 증가하지 못하고 있다.

　국가별 투자 동향을 살펴보면, 인도의 외국인 투자누계 기준으
로 최대 투자국은 모리셔스로 총투자의 37.2%를 차지했다.[8] 이는
미국과 유럽 등 선진국의 기업들이 세금 회피를 위한 조세피난처
(Tax Heaven)로 모리셔스를 이용하고 있기 때문이다. 모리셔스를
제외하면 미국·일본·네덜란드·영국·독일 등이 주요 투자국이
며, 우리나라는 인도의 제9위 투자국으로 누계 기준으로 외국인
직접투자의 2.2%를 차지한다.

　업종별 투자 현황의 경우, 컴퓨터 및 전자제품을 포함하는 전기
기기 분야가 전체의 17.5%를 차지하고 있으며, 정보통신이 그 다

---

(8) 〈일본, 대인도 투자 활기〉, KOTRA 뉴델리 무역관, 2006. 4. 10.

대인도 FDI의 국가별 현황

단위 : 백만 달러, %

순위	국가	2003/2004	2004/2005	2005/2006	누계*	비중
1	모리셔스	567	11,129	2,570	11, 785	37.18
2	미국	360	669	502	5,038	15.25
3	일본	78	126	208	2,124	6.59
4	네덜란드	489	267	76	1,994	6.27
5	영국	167	101	266	1,979	6.10
6	독일	81	145	303	1,582	4.81
7	싱가포르	37	184	275	1,050	3.24
8	프랑스	38	117	18	778	2.42
9	한국	24	35	60	752	2.15
10	스위스	45	77	96	636	1.93
	합계	2,634	3,754	5,549	38,095	100.0

주 : 누계는 1991년 8월부터 2006년 3월까지.
자료 : 인도 상공부.

음으로 10.6% 수준이다. 그 외에 운송 분야(자동차 등), 서비스(IT 서비스 등), 발전 및 정유, 화학 산업 등이 주요 투자 산업으로 자리 잡고 있다. 특히 2005/2006년에 정보통신 분야에 대한 외국인 직접투자가 6억 8,000만 달러를 기록하면서 2004/2005년의 1억 2,900만 달러에 비해 427%나 증가했다. 또한 2004년 이후 금융 및 IT 서비스를 중심으로 서비스 분야에 대한 투자도 크게 증가세를 보이고 있고, 건축 산업 활황에 따라 시멘트에 대한 수요가 증가 하면서 이 분야에 대한 외국인 직접투자도 급증세를 보였다.

　인도중앙은행(RBI)의 분석에 따르면, 2000년 1월부터 2006년 3 월까지 인도 내 지역별 외국인 직접투자의 절반에 가까운 규모가

인도의 주요 업종별 FDI 현황

단위 : 백만 달러, %

분야	2003/2004	2004/2005	2005/2006	누계	비중
전기기기*	532	721	1,451	5,496	17.49
정보통신	116	129	680	3,372	10.58
운송 분야	308	179	222	3,178	9.82
서비스(금융·비금융)	269	469	581	3,091	9.45
연료(발전 및 정유)	113	166	94	2,581	8.10
화학(비료 제외)	20	198	447	2,148	6.33
식품가공	111	38	42	1,179	3.47
의약	109	292	172	1,007	3.18
시멘트	10	0	452	747	2.38
금속	32	192	153	655	2.08
합계	2,634	3,754	5,549	38,095	100.0

주 : 전기기기에 컴퓨터 소프트웨어, 전자 제품 포함.
자료 : 인도 상공부.

뉴델리와 뭄바이 권역을 중심으로 이루어졌으며, IT 산업의 중심이 되고 있는 방갈로르, 첸나이, 하이데라바드 등이 그 다음 순으로 나타났다. 권역별로는 북인도, 서인도, 남인도 순이며, 동인도의 투자는 상대적으로 적은 5% 미만에 그치고 있다.

인도에는 《포춘(Fortune)》 선정 500대 기업 중 220개사 이상이 진출해 있으며, 식품·소비재·자동차·의약품·금융·엔지니어링 등 분야도 다양하다. 각 다국적기업은 인도 시장 특성에 맞는 현지화 전략을 통해 시장점유율을 확대해가고 있다. 미국의 컨설팅 전문 회사 KPMG에서는 인도 내에서 성공적으로 비즈니스를 운영한 다국적기업으로 ABB(Asea Brown Boveri), 알스톰(Alstom), 바

인도의 지역별 FDI 현황[*]

단위 : 백만 달러, %

순위	RBI 지역사무소	관할 지역	투자액	비중
1	New Delhi	Delhi, Up & Haryana 일부	5,116.9	24.7
2	Mumbai	Maharashitra, Dadra & Nagar Haveli, Daman & Diu	4,533.5	21.9
3	Bangalore	Karnataka	1,546.3	7.5
4	Chennai	Tamil Nadu & Pondicherry	1,193.2	5.8
5	Hyderabad	Andhra Pradesh	633.7	3.1
6	Ahmedarad	Gujarat	631.9	3.1
7	Chandigarh	Chandigarh, Punjab, Haryana, Himachal Pradesh	320.3	1.6
8	Kolkata	West Bengal, Sikkim, Andaman & Nicobar Islnds	280.7	1.4
9	Panaji	Goa	107.6	0.5
10	Kochi	Kerla, Lakshadweep	73.6	0.4
11	Bhubaneshwar	Orissa	70.0	0.3
12	Bhopal	Madhya Pradesh, Chattisgarh	37.3	0.2
13	Guwhati	Assam, Arunachal Pradesh, Manipur, Meghalaya, Mizoram, Nagaland, Tripura	9.0	0
14	Jaipur	Rajasthan	4.2	0
15	Patna	Bihar, Jharkhand	0.6	0
16	기타 지역		6,118.8	29.5
소계			20,726.3	100.0

주 : 최근 인도 정부의 지역별 투자 통계 발표 방식은 주별이 아닌 인도중앙은행 지역사무소별로 변경되었음.
자료 : 인도 상공부.

스프(BASF), 씨티그룹(Citigroup), 포드(Ford), 네슬레(Nestle), 화이자
(Pfizer), 삼성, LG 등을 들고 있다.[9]

최근 수년간 대인도 외국인 투자는 매년 조금씩 증가하고 있으나, 인도의 외국인 직접투자 누계액 총 389억 달러는 중국이 최근 한 해 동안 유치한 금액에도 못 미치는 수준이다. 이에 인도 정부는 외국인 투자가 반드시 필요하다는 인식 속에 투자 유치 확대를 위한 여러 가지 정책을 제시하고 있다. 만모한 싱 총리는 통신·은행 등 주요 분야에 대한 외국인 투자 한도를 확대하고, 현재 외국인 투자가 금지되어 있는 소매업(단일 브랜드는 이미 개방) 등에 대해서도 투자 개방을 추진하고 있다. 이런 정책적인 노력 이외에도 최근 인도의 급속한 경제성장을 배경으로 인도 시장의 구매력이 한층 높아지고 있어, 산업 인프라가 개선된다면 외국인 직접투자는 향후 크게 증가할 것으로 예상된다.

전 세계적으로 인도에 대한 관심이 높아지면서 예전에 인도 시장에서 고전하고 철수했던 일본 기업들도 다시 투자를 재개하려는 움직임을 보이고 있다. 일본 기업들은 그동안 인도의 심한 행정 규제나 사회 기반시설 미비 등의 이유로 투자를 망설여왔으나, 최근 인도의 잠재력이 강조되고 후발주자인 한국의 성공 사례가 알려지면서 점차 인도 투자를 확대하는 분위기다.

일본의 대인도 투자는 2004/2005년에 1억 2,600만 달러에서 2005/2006년에 2억 800만 달러로 큰 폭의 증가세를 보였다. 일본의 투자 누계액은 21억 달러 수준이며, 2005년 말 기준으로 총 330개 기업이 진출해 있으나 대부분 자동차와 가전 분야에 투자가 집중되어왔다. 특히 최근에 스즈키·혼다·도요타 등 자동차 분야에서 투자가 활발하게 이루어지고 있으며, 2008년까지 20억 달

---

(9) 상세 내용은 KPMG, "Fortune 500 Companies in India : Success Stories," 2005.

러를 더 투자할 계획이라고 밝혔다. 이런 적극적인 진출 노력에 힘입어 최근 인도 내에서 일본 자동차의 수요도 급증하고 있다.

해외투자 진출

인도는 최근 기업들의 마케팅·제조·M&A·R&D 분야에 대한 해외 진출에서 두각을 나타내고 있으며, 이를 통해 적극적인 세계

일본 기업의 대인도 주요 투자 프로젝트 현황

단위 : 백만 달러

순위	회사명	투자액	투자 내용
1	Maruti Udyog (Suzuki)	374	디젤 엔진 및 트랜스미션 공장 건설 (2007년부터 생산 개시)
2	Maruti Udyog	325	25만 대 생산 규모의 신규 공장 설립 (2007년부터 생산 개시)
3	MCC PTA	364	Haldia 공장 증설
4	Asahi India Glass	128	Uttaranchal주에 신규 공장 건립 (2006년부터 생산 개시)
5	Toyota Motor Co.	128	증설
6	Honda Motorcycle and Scooter	107	증설
7	Hero Honda Motors	107	신규 공장 설립
8	Sakata Inks	54	증설
9	Honda Siel Cars	33	증설
10	Yanmar	32	자본재 투자

자료 : 일본 대사관, 2006년 1월 기준.

화 전략을 추진하고 있다. 과거 소극적으로 이루어지던 해외투자 패턴과는 크게 달라진 모습이다. 인도 기업의 해외기업 인수 건수는 2002년 29건에서 2003년 50건, 2004년 51건으로 2배가량 늘어났으며, 2005년에 134건으로 급증했고, 2006년 4월 현재 47건에 이른다. 금액으로도 2002년 10억 달러에서 2005년 37억 달러로 4배 가까이 증가했고, 2006년 4월까지 22억 달러를 기록하며 급증세를 보이고 있다.

인도 기업의 해외기업 M&A가 급증한 이유는 무엇보다도 인도 경제의 급성장과 함께, 2004년 들어 인도 정부가 1억 달러로 제한하던 해외투자 한도 규정을 해제하면서 회사 가치만큼 투자 규모를 허용한 데 기인한다. 아울러 저렴한 자본 조달 비용도 주요한 역할을 했다고 볼 수 있는데, 10여 년 전만 해도 10%대에 달했던 인도의 금리는 물가안정과 전 세계적인 저금리 추세에 편승해 크

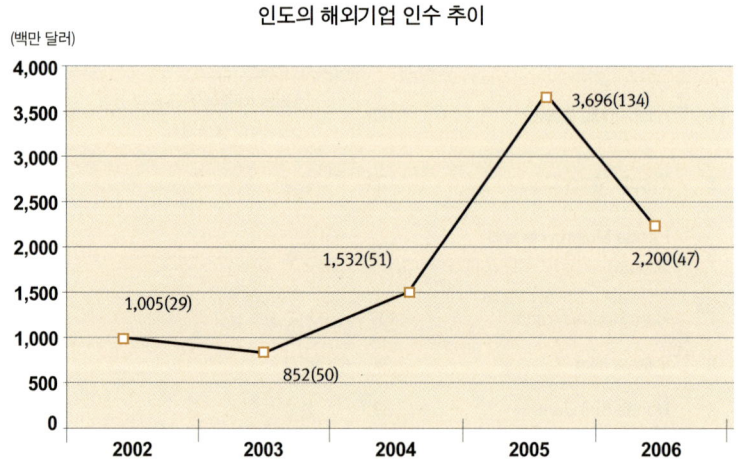

인도의 해외기업 인수 추이

(백만 달러)

- 2002: 1,005(29)
- 2003: 852(50)
- 2004: 1,532(51)
- 2005: 3,696(134)
- 2006: 2,200(47)

주 : 괄호 안 수치는 인수 건수.
자료 : Dealogic Holdings.

게 낮아졌다. 인도 증시의 호황도 기업들의 해외시장 진출을 촉진하고 있다. 이러한 해외기업에 대한 기업 M&A의 급증과 적극적인 해외 진출에 힘입어, 인도 기업들은 해외 주요 증시에 적극적으로 상장하면서 다국적기업으로서의 위상을 강화하고 있다. 2006년 6월 말 현재 뉴욕증권거래소(NYSE)에 상장된 인도 기업은 8개, 나스닥(NASDAQ)에 등록한 기업은 3개이며, 런던증권거래소(LSE)에는 18개 기업이 상장되어 있다.

인도 기업의 진출은 아직 영국과 싱가포르에 집중되어 있지만, 미주·아시아·대양주 등으로 진출 대상 지역을 꾸준히 확대하고 있다. 인도 기업들이 가장 많이 진출한 지역은 싱가포르다. 현재 싱가포르에서 활동하고 있는 인도 기업은 1,441개사이며, 이 중 450개사가 기술 관련 기업이다. 영국으로 투자 진출한 기업은 450개사이며, 싱가포르에 진출한 기업과 마찬가지로 기술 관련 계통에 집중돼 있다. 이는 영국과의 전통적 관계가 반영된 것으로, 대영국 투자국 중 인도는 8위를 차지한다.

M&A 대상 분야도 점차 다변화하고 있다. 그동안 인도 기업의 해외기업 인수는 IT 및 관련 서비스 분야에 집중되었지만, 지금은 모든 업종에서 활발히 이루어지고 있다. 비를라그룹(A. V. Birla Group)은 18개국에 진출해 1만 2,000명을 고용하고 있으며, 해외 매출이 18억 달러에 달한다. 최근에는 호주의 구리광산 2개를 매입했고, 중국의 카본블랙(carbon black) 제조사 매입에 적극적으로 나서고 있다. OVL(ONGC Videsh Ltd)[10]은 수단·러시아·앙골라 등

---

(10) 석유천연가스공사(ONGC : Oil and Natural Gas Corporation)의 자회사로, 해외사업을 담당한다.

에서의 원유 발굴 및 생산, 그리고 베트남에서의 가스 발굴 및 생산에 거의 30억 달러를 투자했다. 또한 미얀마·리비아·이란·이라크·시리아 등지에서 자산을 인수했으며, 베네수엘라와 서아프리카의 자산 인수에도 관심을 보이고 있다.

이미 언급했듯이, 분야별 M&A도 차(tea) 생산에서 자동차·IT·제약 분야 등 다방면에 걸쳐 이루어지고 있다. 타타그룹의 타타차(Tata Tea)는 2000년 세계 제1의 티백 메이커인 테틀리 사를 4억 3,000만 달러에 인수해 세계 제2위의 차 생산기업이 되었다.

자동차 및 자동차부품에서도 활발한 M&A가 이루어지고 있다. 타타자동차는 대우자동차 상용차 부문을 1억 1,800만 달러에 인수했다. 모터사이클 생산기업인 TVS는 중국에 생산기지를 설립했으며, ASEAN 지역에 2개의 생산기지 설립을 계획하고 있다. 마힌드라앤마힌드라(Mahindra & Mahindra)는 미국에서 1년에 8,000대의 트랙터를 생산하고 있으며, 인도네시아에 조립공장 설립을 계획 중이다. 또한 최근 중국 트랙터 생산업체의 지분 80%를 취득하는 등 트랙터 생산 부문의 강자로 부상하고자 총력을 기울이고 있다. 한편 인도의 최대 자동차부품 기업인 바라트포지(Bharat Forge)는 독일의 칼 단 페딩하우스(Carl Dan Peddinghaus GmbH)를 2,800만 달러에 인수했고, 순다람 파스테너(Sundaram Fastener)는 최근 중국에 자동차부품 제조공장을 설립했다. 아울러 기계 제작 부문에서도 인도의 비디오콘(Videocon)은 3,000만 달러를 중국에 투자해 컴프레서 공장의 설립 계획을 발표했고, 진달스틸(Jindal Steel)은 인도네시아에서 스틸플랜트를 매입했다.

IT 부문의 해외기업 M&A도 통신 산업 분야로 급속히 확대되는 추세며, 인도의 대표적인 IT기업들의 행보는 세계인의 주목을 끌고 있다. 릴라이언스(Reliance)는 2억 700만 달러를 투자해 전 세계에 5만 킬로미터에 달하는 광통신망을 보유하고 있는 플래그텔레콤(Flag Telecom)을 인수했고, 위프로(Wipro)는 미국의 컨설팅업체인 너브와이어(Nerve Wire)를 1,870만 달러에 사들였으며, 인포시스는 2,300만 달러에 호주의 소프트웨어 회사를 매입했다. 인도 굴지의 타타그룹 자회사인 타타컨설턴시서비스(TCS : Tata Consultancy Services)는 상하이에 소프트웨어 개발센터를 설립했다. 또한 타타그룹은 중국에 호텔 건립 계획을 추진 중이며, 우루과이에 3,000만 달러를 투자해 소프트웨어 개발센터를 설립했다.

인도는 의약 산업에서도 세계적으로 경쟁력을 보유하고 있으며, 제약 분야에 대한 기업 M&A도 눈에 띄게 확대되고 있다. 인도 제1의 제약 회사인 란박시(Ranbaxy)는 연간 매출액이 10억 달러에 이른다. 총매출액의 70%를 해외에서 벌어들이고, 특히 미국 시장은 총매출액의 40%를 차지한다. 란박시는 중국을 포함해 해외 7개국에서 의약품을 제조하고 있으며, 최근에는 프랑스의 제약 회사인 RPG아벤티스(Aventis)를 8,000만 달러에 인수했다. 또 닥터레디(Dr. Reddy's Lab.)는 2004년 특수 약물을 다루는 미국 기업을 인수했고, 매출의 55%를 해외에서 벌어들이고 있는 워크하르트(Wokhardt)는 2004년 독일 기업을 인수했다.

이처럼 인도 기업들은 해외기업 M&A를 통해 적극적으로 세계화를 추진하고 있다.

향후 경제 전망

산업구조와 인프라가 취약한 가운데 정부 및 지방정부 등 공공부문의 시장경제적 개혁을 추진하고자 하는 노력, 이를테면 부정부패 및 관료주의를 철폐 또는 감소시키거나 민영화를 추진하는 등의 노력이 부족함에도 불구하고 인도 경제는 호황 국면을 지속할 것으로 기대된다.

무엇보다도 2006년 2월 28일 발표된 2006/2007년 예산안은 고도성장 지속에 대한 자신감을 토대로 지역 균형 개발, 인프라 구축, 산업 진흥 등의 내용을 포함하고 있다. 이번 예산안은 그간 인도 경제의 취약점으로 지적됐던 과도한 재정적자에 대한 개선책을 제시함으로써 인도 내외의 경제 주체들에게 긍정적으로 평가받고 있다.

또한 인도 정부는 교통·항만·전력·통신·도로 등 인프라 개선에 지속적인 투자를 계속하여 성장 폭을 넓히겠다는 계획을 발표하고 추진 중이다. 또한 관세 인하 등을 통한 무역자유화에도 적극적이어서 최근 몇 년간 기본 관세를 매년 5%씩 내렸고, 금번 예산안에도 기본 관세율을 기존의 15%에서 12.5%로 2.5%포인트 인하했다(하지만 상계관세 4%를 도입해 관세 인하 효과는 적은 편). 또한 싱가포르 및 태국과 FTA를 이미 발효시킨 데 이어 ASEAN과의 FTA도 내년 중 발효될 예정이고, 한국과도 포괄적 경제동반자 협정(CEPA)[11] 협상을 진행 중이다. 이러한 대외 정책은 인도 경제의 세계경제 편입을 더욱 가속화하고, 이를 통해 인도의 경쟁력은 크게 개선될 전망이다.

인도 정부는 제10차 개발계획(2002~2007년)에서 목표 성장률을 7.9%로 설정하였다.[12] 이와 같은 목표 성장률은 다른 기관에서 예측한 향후 성장치와도 어느 정도 일치한다. 인도의 치담바람 (Chidambaram) 재무장관은 농업 생산 증가율이 4% 이상 유지된다면 10%대의 경제성장을 향후 2년 내에 달성할 수 있을 것이라고 밝혔다. 인도의 한 연구소는 향후 20년간 인도의 GDP 성장률이 연평균 7%에 이르고, 1인당 소득은 5.6% 정도 증가할 것으로 보고 있다. 구매력평가에 의한 인도의 경제 규모는 2002년 세계 4위로 5.8%를 차지했다. 그러나 이 전망에 의하면 2015년에 3위로 올라서면서 세계 비중도 8.2%에 이르고, 2025년에는 세계 비중이 11.2%로 증가할 것으로 예상된다.

---

(11) CEPA(Comprehensive Economic Partnership Agreement)는 자유무역협정(FTA)의 일종으로, 상품 교역뿐 아니라 서비스 교역·투자·경제협력 등을 포괄하는 내용을 강조하는 용어다. 인도 측은 자국 내 민감성을 우려해 FTA라는 명칭 대신 CEPA를 선호하고 있다.
(12) 이 목표를 달성하기 위해 국내 저축률은 26.8%가 되도록 하고, 투자율을 9차의 24.2%에서 28.4%로 올리기로 했다. 투자율 28.4%에서 목표 성장률을 달성하는 데 한계고정자본계수는 3.6으로 설정되었다. 이 기간 수출은 12.4%, 그리고 수입은 17.1% 증가할 것으로 설정되었다.

인도의 경제성장 전망

단위 : %

	9차 계획	10차 계획	11차 계획
성장률	5.4	7.9	9.4
국내 저축률(대GDP)	23.3	26.8	33.0
투자율(대GDP)	24.2	28.4	36.4
한계고정자본계수(IOCR)	4.5	3.5	3.84
수출 증가율	6.9	12.3	n.a
수입 증가율	9.8	17.1	n.a

자료 : 인도 정부.

　인도뿐만 아니라 국제 투자은행들도 인도에 대해 낙관적인 전망을 내놓고 있다. 실제로 국제통화기금(IMF)과 아시아개발은행(ADB) 등은 개혁이 가속화되고 인프라가 개선된다면 8~10%의 성장을 지속적으로 달성할 수 있을 것이라고 전망했다.

　도이체방크는 2006~2020년 기간에 인도 경제성장에 대해서 몇 개의 시나리오를 제시하면서, 평균 5.5%의 성장률을 달성하고 1인당 소득도 연평균 3.9% 성장한다는 시나리오의 실현 가능성이 60% 이상이라고 보고 있다.[13] 물론 자유화를 더욱 적극적으로 추진한다면 성장률은 더 높아져 연평균 7.5%에 이를 가능성도 30%가 된다고 본다.

　골드만삭스는 2015년 이후 인도의 성장률이 중국보다 더 높아질 것으로 판단하고 있다. 2010년까지는 중국의 성장률이 인도에

---

(13) Deutsche Bank Research, "India Rising : A Medium-term Perspective India Special," 2005. 5. 10.

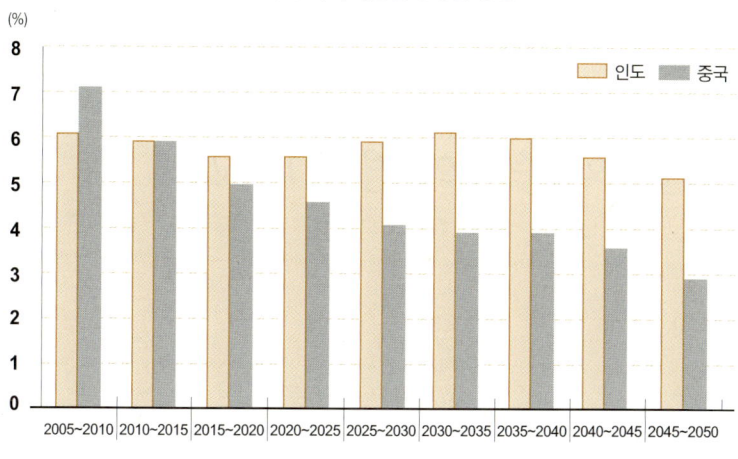

인도와 중국의 기간별 성장률 전망

자료 : Goldman Sachs.

비해 더 높겠지만, 2010~2015년에는 양국이 동일한 5.9%의 성장률을 달성할 것으로 본다. 그리고 인도가 제도적 근대화와 개방의 진전 등을 통해 경제를 운용해간다면 GDP는 2010년 1조 달러를 상회하고, 2020년에는 2조 달러를 돌파하며, 2030년에는 13조 달러에 이르게 된다고 전망한다. 이렇게 된다면 인도의 GDP는 2010년에 중국의 3분의 1에 불과하지만 2040년에는 2분의 1 수준으로 상승하고, 2040년부터는 명실 공히 세계 3위의 경제대국이 될 것이다.

이 같은 전망을 가능케 하는 핵심요소는 무엇보다도 인구학적인 발전, 교육과 인프라 투자의 확대, 그리고 세계경제로의 진입을 들 수 있다.

04

인도와 중국의 경제 비교

똑같이 10억이 넘는 인구를 가진 인구대국으로서 인도와 중국은 종종 비교의 대상이 되곤 한다. 그러나 양국은 GDP 규모는 물론 1인당 소득, 대외교역 및 외국인 직접투자 유치, 산업구조, 사회적 제도 등에서 상당한 격차와 상이한 모습을 보이고 있다.

먼저 GDP 규모에서 10년 이상 차이가 나는 것으로 평가된다. 인도는 2004년 GDP 6,912억 달러로 2010년에 약 1조 달러를 달성할 것으로 보인다. 반면 중국은 이미 2000년에 GDP 1조 달러에 이르렀고, 2004년에 1조 9,317억 달러로 2조 달러에 육박했다. 현재의 경제성장률이 지속된다면 양국 간의 GDP 격차는 더욱 확대될 것이다.

대외교역에서도 상당한 차이를 보이고 있다. '세계의 공장'인 중국의 무역의존도는 70.0%인 반면 인도는 24.8%에 불과하다. 중국의 2004년 수출액은 5,932억 달러인데, 인도는 겨우 754억 달러였다. 인도의 2004년 수출 규모를 중국은 이미 1992년에 달성했다. 이는 수출 규모에서 15년 이상의 차이가 난다는 것을 의미한다. 2004년 중국의 수입은 5,614억 달러로 인도의 952억 달러보다 약 6배 정도 많다. 게다가 중국은 대폭적인 무역흑자를 내고 있지만, 인도는 지속적으로 무역적자가 확대되고 있다. 그러나 인도는 '무역외 수입' 이 비교적 많으므로 무역적자가 그렇게 심각한 문제는 아니다. 예를 들어 2004년에는 366억 달러의 무역적자를 기록했지만, 무역외수지는 312억 달러 흑자였다. 무역외수지는 인교의 송금(202억 달러)과 소프트웨어나 IT 관련 서비스에 의한 수입(141억 달러)이다. IT 산업으로 벌어들인 수입도 노동을 통해 얻은 해외 수입이라는 점에서 사실상의 수출이라고 보면, 인도의 '무역수지' 도 겉보기보다는 나쁘지 않다.

한편 외국인 직접투자(FDI) 부문에서는 더 많은 차이가 나타난다. 2004년 외국인 직접투자 유입액이 중국은 606억 달러인 데 비해 인도는 54억 달러에 불과하다 그만큼 중국이 인도보다 외국기업들에게 더 매력적이라는 의미다. 외환보유액도 인도 1,516억 달러, 중국 8,750억 달러로 현격한 차이를 보이고 있다.

투자와 소비, 즉 내수의 내용 측면에서도 양국은 대조적이다. 중국의 투자(자본 형성)는 GDP 대비 44.4%로 아시아의 주요국 중에서도 특히 높은데, 인도는 22.8%로 중국의 절반 수준이다. 반대로 소비는 인도가 64.4%인 데 비해 중국은 44.7%로 저조하다. 중국은 투자의존도가 너무 높아 경제성장률에 비해 소비가 성장하지 않았다. 그래서 왜곡된 고도성장이라는 비판을 받기도 한다. 반면 인도는 내수, 특히 소비 중심의 경제이기 때문에 인도의 고성장세는 일시적인 붐이 아닌 견실한 성장이라는 주장도 있다. 그러나 재정이나 투자 환경의 문제로 투자가 늘지 않아 상대적으

인도와 중국의 경제성과 비교(2004년)

단위 : 억 달러, %

	GDP		1인당 GDP		성장률 (2000 ~2004)	수출액	FDI 유입액	빈곤 인구*
	시장환율	PPP	시장환율	PPP				
인도	6,912	33,897	640	3,139	6.2	754	54	35.3
중국	19,317	76,423	1,490	5,896	9.4	5,932	606	16.6

주 : 빈곤 인구는 하루 1달러 미만 소득 인구비율로, 해당 국가의 발표 자료와 국제기구의 통계 발표에는 약간의
  차이가 있음(중국은 2001년 기준이고, 인도는 1999/2000년 기준).
자료 : World Bank, "World Development Indicators 2006."

로 소비 비율이 높아졌다고 해석할 수도 있으므로, 양국의 건실성
자체는 아직 정확히 비교하기 어렵다.

  이러한 경제발전 과정에 따라서 산업구조도 상당히 다른 모습
을 보이고 있다. 특히 고도의 자본집약이 필요한 공업의 비율은
중국이 1990년부터 14년 동안 41.6%에서 46.0%로 3.4% 포인트
증가한 반면, 같은 기간 인도는 27.6%에서 27.1%로 오히려 하락
했다. 즉 중국은 농업·제조업·서비스업을 비롯한 모든 분야에서
경제성장을 뒷받침할 수 있지만, 인도는 농업 성과에 따라 경제성
장 및 발전이 좌우된다는 것을 의미한다. 물론 IT 등 3차산업이 인
도의 경제성장을 이끌 수도 있지만 실제로 노동력, 다시 말해 노
동집약적 산업이 미미할 경우 전체적인 성장 기반은 취약할 수밖
에 없다.

  마지막으로 사회제도와 계급제도 등에서도 상당한 차이를 보
이고 있다. 민주주의가 발전되어 있는 반면 카스트라는 특별한 사
회제도가 존재하는 인도와, 공산당 일당 독재 체재로 사회 기저에
평등주의가 깔린 중국은 사회·경제적으로 상당한 영향력의 차이

를 보인다고 지적된다.

정치제도에서 중국은 공산당 일당 독재 체제로 간접선거, 인도는 다당제 민주주의 직접선거를 택하고 있다. 이로 인해 정책을 결정할 때 중국은 상명하복식의 의사결정 구조에 강력한 추진력을 보이고 지방자치제도도 강력한 중앙집권 체제를 나타낸다. 그러나 인도는 합의를 중시해 의사결정 속도가 매우 느린데다 지방자치 분권형까지 가세해 있다. 언론 역시 인도는 100%의 자유를 누리는 반면, 중국은 강력한 통제하에 놓여 있다. 서방에서는 민주주의 체제를 갖춘 인도가 장기적으로는 더 발전할 수 있다는 시각이 우세하다.

또한 인도 전체 인구의 약 80%가 신봉하고 있는 힌두교의 카스트 제도는 신분의 귀천과 직업이 세습되는 신분사회의 골격을 갖추고 있다. 물론 최근 들어 헌법을 수정해 카스트의 신분 차별성을 금지하고, 일부 공립학교에서 바이샤나 수드라 등 낮은 신분의 학생을 일정 비율로 받아들이는 개혁도 이루어지고 있는데다, IT산업 등 카스트로는 분류할 수 없는 새로운 직종이 생겨나 신분제도가 서서히 무너지고 있는 추세다. 하지만 근본적으로 본인의 타고난 능력이 아무리 뛰어나더라도 좋은 신분이 아니면 그 재능을 발휘할 수 없다. 낮은 신분은 실질적으로 양질의 교육을 받을 수 없기 때문이다. 결국 신분에 따른 교육의 차이는 소득계층의 고정화로 이어진다.

중국을 좌지우지하는 공산당도 이와 유사한 효과를 보여주고 있다. 공산당원을 중심으로 한 특권 계급만이 정치력으로 기업 활동을 장악하여 부를 축적하는 관행이 뿌리 깊게 박혀 있다. 물론 중국 역시 일반인들의 경제활동이 활발히 이루어지고 있기는 하지만, 아직은 극소수일 뿐이다. 반면 경제성과에 소외당하고 있는 계층, 특히 농지를 몰수당한 농민이 폭동을 일으키는 등 사회의 불안정 요소가 늘어나고 있다는 점이 불안 요인이다.

세계 최대의 민주주의 국가

김찬완

흔히 인도를 세계 최대의 민주주의 국가라고 한다. 민주주의 정치제도를 받아들인 국가들 중에 인도의 인구가 가장 많기 때문이다. 인도는 의회민주주의 체제하의 연방국가로서 의원내각제의 정부 형태를 취하며 연방(중앙)정부, 28개 주(State), 7개 연방직할지(Union Territory), 지방정부로 구성되어 있다.

대통령은 5년의 임기로 상원(Raja Sabha)과 하원(Lok Sabha) 및 주의회 의원으로 구성된 선거인단에 의해 선출되는데, 의원내각제이므로 국가원수로서의 상징적 역할을 수행할 뿐 실권은 없다. 부통령은 상·하 양원 의원만으로 구성된 선거인단에 의해 선출되며, 상원의장을 겸직한다. 총리는 하원의 다수 의석을 차지한 정당 지도자로 대통령에 의해 임명되고, 연방정부의 실권을 행사한다. 연방정부 각료회의는 연방각료(Cabinet Minister)와 국무장관(Minister of State)으로 구성되는데, 각료회의는 하원에 대해 연대책임을 지고 총리가 의장을 맡고 있다.

연방 입법부는 양원제를 채택하고 있다. 상원은 각 주와 연방직할지 의회에서 선출되는 238명과 대통령이 임명하는 12명을 포함해 총 250명으로 구성되며, 임기는 6년으로 2년마다 3분의 1씩 교체된다. 5년 임기의 하원은 국민의 직접선거로 선출된 각 주와 연방직할지 대표 543명과, 대통령이 임명하는 인도인과 영국인의 혼혈인(Anglo-Indian Community) 대표 2명을 포함해 총 545명으로 구성된다. 인도의 사법부는 단일정부 요소가 가미된 형태로서 대법원(Supreme Court of India), 고등법원(High Court), 지방법원

(Lower Court)으로 구성되는 3심제를 채택하고 있다. 따라서 각 주정부에는 대법원이 따로 없다. 인도 대법원은 인도 헌법과 법률에 대한 궁극적인 해석권을 가지며, 대법원의 판결은 모든 법원에 대해 구속력이 있다. 대법원은 총리의 추천으로 대통령이 임명한 대법원장과 13명 이하의 대법원 판사로 구성된다.

인도의 각 주정부는 연방정부 형태와 비슷하게 주지사가 주의 형식상 수반이고 실권은 주총리(Chief Minister)가 가지고 있다. 주지사는 연방정부 총리의 추천을 받아 대통령이 임명하고, 주총리는 다수당의 지도자를 주지사가 임명한다. 주의회는 각 주의 규모에 따라 단원제 또는 양원제가 있으며, 의원의 정원도 주의 인구 규모에 따라 각기 다르다.

인도는 풀뿌리 민주주의를 정착시키기 위해 오래 전부터 지방분권화를 추진해왔는데, 지방정부는 민주적으로 선출된 자치기구인 판차야트(Panchayat, 주민자치제도)에 의해 운영된다. 마을 단위의 그람 판차야트(Grama Panchayat), 블록 단위의 판차야트 삼미티(Panchayat Samitie), 지역 단위의 질라 파리샤드(Zilla Parishad)로 구분된다. 지방분권적 행정은 지방정부의 부패, 분파주의, 기회주의, 행정 공백 등을 줄이는 데 기여하고 있다. 선거는 5년마다 주민의 직접선거에 의해 실시되는데, 총 의석의 15%와 7.5%가 각각 지정카스트(S.C. : Scheduled Castes)와 지정부족(S.T. : Scheduled Tribes)에게 할당되고 전체 의석 중 최소한 3분의 1은 여성에게 할당되어 있다. 이러한 할당 제도는 인도에서 전통적으로 지역사회에 참여할 수 없었던 여성, 교육받지 못한 사람들, 빈민, 노동자, 하층 카스트들의 정치 참여율을 높이려는 목적을 갖고 있다. 실제로 이들은 이전에 느끼지 못했던 자신들의 가치와 존엄을 인식하고, 사회의 한 구성원으로 당당히 자리매김하게 되었다. 이로써 판차야트 제도는 시민사회를 강화시켜 인도 사회의 질을 한 차원 높이는 데 크게 기여할뿐더러, 주정부의 각종 개발 프로그램을 추진하는 데 중추적인 역할을 수행하고 있다.

인도의 정부구조

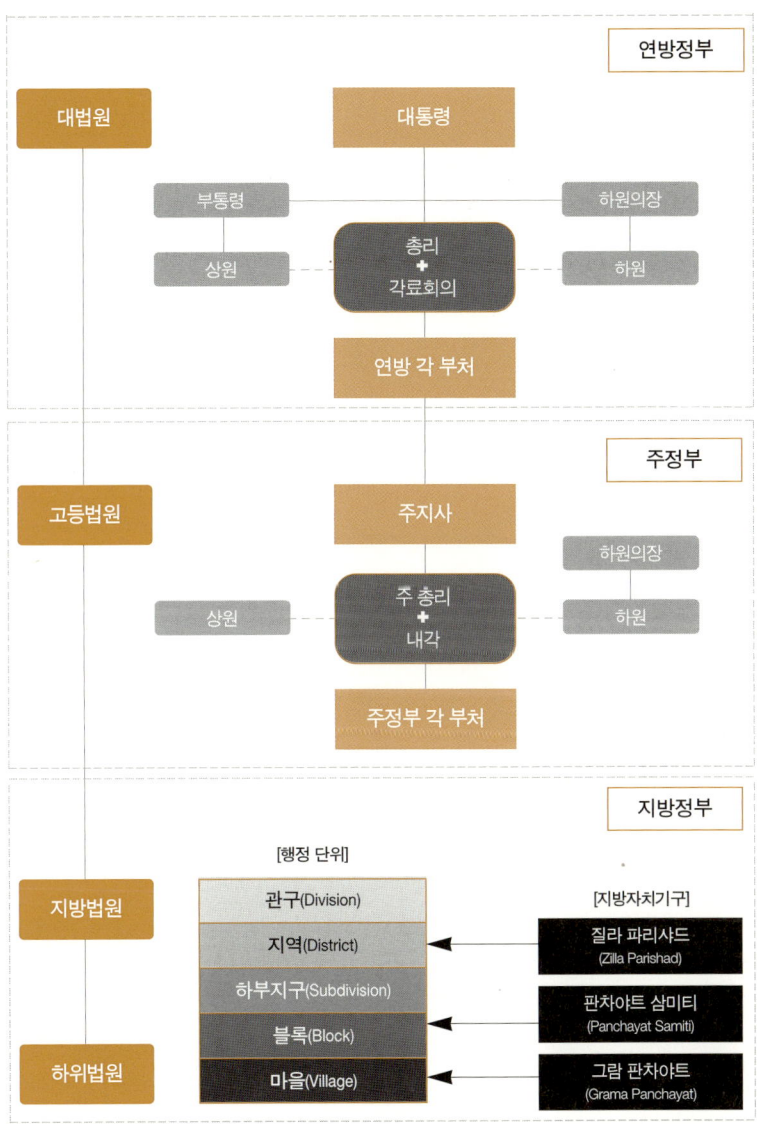

자료 : Ramesh Thakur, *The Government and Politics of India*, Delhi : Macmillan Press, 1995.

2장

인도의 성장 잠재력 및 리스크 요인[14)]

오승구

India

01

인도의 성장 매력도

우수한 인적 자원

인도는 2004년 인구 10억 8,123만 명으로 세계 인구의 약 17%를 차지하고, 중국(13억 1,000만 명)에 이어 세계 2위의 인구대국이다. 2003년 현재 연령별 인구 비율은 15~64세 인구가 전체의 62.5%, 65세 이상은 5%, 15세 이하의 연소자 인구 비율은 32.5%이다. 중국은 현재 인도보다 인구가 많을 뿐만 아니라 경제활동 인구 및 도시 인구의 비중이 높아, 제조업 부문에서 활용할 수 있는 노동력이 인도에 비해 더 많은 편이다.

향후 인도는 다른 국가에 비해 두 가지 측면에서 저임의 노동 공급에 비교우위가 있다. 첫째는 생산가능 인구가 절대적으로 풍부하다는 점이다. 2004년 말 기준 경제활동 가능 연령대 인구가

(14) 삼성경제연구소 · KOTRA, 《BRICs의 기회와 위협》, 삼성경제연구소, 2005. 내용을 재정리 했다.

인도·중국·한국의 인구 규모(2004년)

단위 : 천 명, %, 세

국가	인구	인구 증가율	평균수명		경제활동 인구 (15~64세) 비중	도시 인구 비중	도시 인구 증가율
			남자	여자			
인도	1,081,229	1.5	64	65	62	29	2.3
중국	1,313,309	0.7	69	74	70	40	3.1
한국	48,199	0.6	73	80	72	84	1.2

자료 : UN.

6억 5,000만 명에 이르는데, 중국의 8억 명에는 못 미치지만 중국을 제외한 동아시아 전체의 생산가능인구보다 훨씬 많은 숫자다. 게다가 인도의 인구증가율은 1.5%(2003년 기준)로 중국보다 높아서, 멀지 않은 장래에 인도는 세계 최대의 인구대국이 될 전망이다. 특히 인도의 노동력 인구(15~64세)는 2006년 현재 6억 9,145만 명 정도인데, 매년 2% 정도 증가해 2015년에는 8억 명을 돌파하게 된다.

인구의 연령별 구조를 보면, 인도는 상대적으로 중국에 비해 저연령층이 두텁다. 또한 중국은 15~59세 인구의 비율이 2010년에 정점에 이른 후 감소할 것으로 보인다. 그러면 양국의 경제활동 인구는 2025년에 서로 비슷해지고, 이후로는 인도가 더 많아진다. 이는 인도가 노동집약적 제조업을 육성하는 데 장기적으로 중국에 비해 더 큰 잠재력을 지녔음을 의미한다.

둘째로 도시 인구의 비중이 낮은 점, 즉 농촌 인구의 비중이 아직 높은 점도 인도의 잠재력이다. 2004년 현재 인도의 도시 인구 비중은 29%에 불과한데, 이는 중국의 40%보다도 10%포인트 이상 적은 수준이다. 농촌 지역의 발전과 생산성 상승에 따라 노동

인도와 중국의 연령별 인구비 추이*

단위 : 백만 명, %

		2000	2005	2010	2015	2020	2025
인도	총인구	1,021	1,103	1,183	1,260	1,332	1,395
	0~14세	34.1	32.1	29.9	28.0	26.3	24.4
	15~59세	58.4	60.0	61.6	62.6	63.1	63.6
	60세 이상	7.5	7.9	8.5	9.4	10.6	12.0
중국	총인구	1,274	1,316	1,355	1,393	1,424	1,441
	0~14세	24.8	21.4	19.5	18.5	18.4	17.9
	15~59세	65.1	67.7	68.0	66.4	64.5	62.0
	60세 이상	10.1	10.9	12.5	15.1	17.1	20.1

주 : 인구 전망은 출산율 기준 3개 시나리오 중 중간 시나리오를 택했음.
자료 : UN, "World Population Prospect : The 2004 Revision."

력은 농촌에서 도시 부문으로 계속 공급될 수 있고, 이는 임금 안
정에 중요한 토대가 될 것이다. 향후 지역 간 인구이동으로 발생
한 노동력이 생산성 높은 제조업 부문으로 순조롭게 흡수된다면,
인도의 제조업 성장 가능성은 아주 크다고 하겠다.

　한편 인도는 고급인력도 풍부하다. 인도가 IT 소프트웨어 산업
을 발전시킬 수 있었던 이유도 질적으로나 양적으로 고급인력이
풍부했기 때문이다. 인도의 대학생 수는 2000년에 이미 700만 명
이 넘었고, 이들은 대부분 영어를 사용한다. 대학은 매년 200만
명에 가까운 졸업생을 배출하고, 이 중 약 20만 명이 엔지니어링
전공자다. 이들은 다양한 분야에서 저렴하게 활용될 수 있다.[15]

---

(15) 인도공과대학을 졸업한 공대생의 급여 수준은 미국의 5분의 1에 불과하다.

몇몇 대학의 교육은 세계적인 수준이다. 예컨대 인도공과대학
(IIT：Indian Institute of Technology)[16]은 세계 유수의 엔지니어링 대
학으로 인정받고 있으며, 졸업생들은 국내외에서 성가를 드높이
며 활동하고 있다. 컨설팅 회사 매킨지(McKinsey)의 대표였던 라
자 굽타(Rajat Gupta), 보다폰(Vodafone)의 최고경영자인 아룬 사린
(Arun Sarin), 선마이크로시스템스(Sun Microsystems)의 공동창업자
인 비노드 코슬라(Vinod Khosla) 등이 IIT 출신으로 유명하다.[17]

　세계 유수의 다국적기업들은 IT에서 자동차·전자·BT에 이르
기까지 인도에 경쟁적으로 R&D센터를 설치하고, 인도 R&D센터
를 보조적 역할이 아닌 글로벌 R&D 활동의 중추로 인식하고 있
다. 실제로《포춘》선정 1,000개 기업 중 200개 이상의 기업이 인
도 소프트웨어를 사용하며 인도 소프트웨어 전문가를 고용하고
있을 정도로, 인도의 소프트웨어와 고급인력에 대한 수요는 매우
많은 편이다. 미국 제너럴일렉트릭(GE) 사의 인도 R&D센터에서
는 1,600명의 인력이 소프트웨어 개발뿐만 아니라 백색가전·제트
엔진·의료기기·나노테크 등 광범위한 연구를 수행하고 있다. 또
한 세계 최대의 반도체 제조사인 인텔은 4억 달러 규모의 반도체
칩 조립 및 실험공장을 인도에 설립하고[18], 2007년까지 2억 달러
를 투자해 인도 R&D센터의 인력을 현재의 3배인 3,000명으로 증

(16) 네루(Nehru) 수상이 1951년 미국의 MIT를 모델로 설립한 대학으로 입시 경쟁이 치열하
다(정원 3,500명에 18만 명 정도 응시). 영어로 강의를 진행함은 물론, 교수 대 학생 비율이 1 대
8로 MIT의 1 대 11보다 낮다. 취업률은 100%인데, 졸업생의 3분의 1 내지 2분의 1이 미국에
취업한다.
(17) Shailaja Neelakantan, "Indian School Exports Top Engineers," *The Asian Wall Street
Journal*, 2004. 9. 27.
(18)《중앙일보》, 2005. 6. 16.

원할 계획이라고 한다.[19]

서비스 산업 부문의 수준도 상대적으로 높다. 특히 의료 서비스의 질이 가격에 비해 뛰어나 의료 서비스를 연계한 관광 산업화 가능성이 커지고 있다. 수술비가 미국보다 훨씬 저렴해 치료차 입국하는 환자 수가 기하급수적으로 증가하고 있다. 과거 5년간 (2001~2005년) 인도를 방문한 환자는 1만 명에서 10만 명으로 증가했다. 예컨대 간 이식 및 골수 이식 등 첨단수술의 수술비는 미국의 약 10분의 1 수준으로 알려져 있다.

풍부한 천연자원

인도는 국토 면적이 광대하고, 석유·가스·석탄·철광석 등 다양한 광물 자원을 보유하고 있다. 에너지 자원인 석유 매장량은 54억 배럴, 가스 매장량은 7,600억 입방미터에 이르며, 이는 각각 전 세계 매장량의 0.5%를 차지하는 수준이다. 석유는 뭄바이의 북서 해안을 중심으로 26개의 광구가 있으며, 2002/2003년 기준 3,670만 톤이 생산되어 국내 수요의 38%를 충당한다. 그러나 인도의 성장에 따라 자급률은 계속 저하될 전망이므로 석유 자원의 확보가 중요한 문제로 등장하고 있다. 그래서 인도국영석유회사(IOCL : Indian Oil Corporation Limited)는 해외의 유전을 개발하거나 매입하기 위해 다각도로 노력하고 있다. 또 다른 에너지 자원인 석탄은 상당한 규모로 매장되어 있으며, 2002년 말 현재 확인 매

---

(19) 임태윤 외, 〈급부상하는 인도 IT산업의 잠재력〉, 《CEO Information》, 제436호, 삼성경제연구소, 2004. 2. 4.

인도의 에너지 자원 현황(2002년 말)

	확인 매장량	세계 비중	가채 연수
석유	54(억 배럴)	0.5	19.4
가스	7,600(억 m³)	0.5	26.9
석탄	843.96(억 톤)	8.6	235

자료 : 한국수출입은행, 〈인도-국가현황 및 진출방안〉, 2004. 9.

장량은 840억 톤 규모로 전 세계 매장량의 8.6%를 차지한다.

에너지 자원 외에 철광석의 매장량도 풍부한 것으로 알려져 있다. 동인도 지역의 오리사 주를 중심으로 매장된 철광석은 최소 66억 톤에서 최대 170억 톤으로, 세계 6위 정도로 추정된다. 이와 같은 철광석 매장량은 세계 철강업체들의 관심을 끌고 있고, 한국의 포스코를 비롯해 영국에 본사가 있는 세계 최대의 철강업체인 미탈스틸(MittalSteel) 등 국제적인 철강 회사들이 최근 인도로 진출하고 있다.

시장 규모의 확대

인도의 구매력평가(PPP) 기준 GDP는 2003년 3조 1,000억 달러로 미국(11조 달러), 중국(6조 4,000억 달러), 일본(3조 6,000억 달러)에 이어 세계 4위를 기록했다. 물론 국제거래와 관련해서 구매력 기준을 크게 강조할 필요는 없다. 실제로 투자나 교역 등 경제활동에서는 시장환율로 거래되기 때문이다. 하지만 구매력평가는 그 나라의 내수시장 발전을 유추해볼 수 있는 중요한 지표다. 게다가

PPP 기준 GDP 국가 순위(2003년)

단위 : 억 달러, %

순위	국가	GDP	
		금액	비중
1	미국	108,711	21.00
2	중국	64,358	12.43
3	일본	35,825	6.92
4	인도	30,962	5.98
5	독일	22,791	4.40

자료 : World Bank, "World Development Indicator"(KOTIS database).

시장환율 기준의 GDP도 2004년에 세계 10위로 올라섰다. 따라서 인도는 무시할 수 없는 시장 규모를 갖췄으며 지속적으로 성장할 것이다.

인도는 고급 소비재를 소비할 수 있는 고소득층도 무시할 수 없다. 최근만 해도 국제금융자산의 유입과 부동산 및 증시의 상승, 그리고 IT 서비스의 수출 급증 등으로 상당한 부가 축적되고 있다. 또한 인도는 해외교포들의 송금 규모가 가장 큰 국가이기도 하다.

한 조사에 따르면, 연소득이 21만 5,000루피 이상 되는 인도 가구 수는 1994/1995년 100만 가구에서 1999/2000년에는 300만 가구로 증가했고, 2005/2006년에는 600만 가구로 추정되고 있다. 이러한 고소득층은 예산의 제약을 받지 않는 소득계층으로서, 승용차와 PC를 소유하고 있다. 내구소비재를 소비할 수 있는 다음 단계의 소득계층(4만 5,000~21만 5,000루피) 가구 수는 2005/2006년 7,500만 가구에 이른 것이라고 추정된다. 이 계층은 10년 전인

인도의 소득계층 분포(가구당 소득 기준)

단위 : 백만 가구

소득계층	특성	1994/1995	1999/2000	2005/2006
21만 5,000루피 이상	• 부유층 　─편익 중심의 소비 　─자동차 및 PC 소유	1	3	6
4만 5,000~ 21만 5,000루피	• 비용과 편익의 최적화 추구 • 대부분의 브랜드 소비재 소유 　─오토바이, 냉장고, 세탁기 등	29	55	75
2만 2,000~ 4만 5,000루피	• 현금 제약하에서 최적화 추구 • 1개 이상의 내구소비재 소유 　─믹서, 재봉틀, TV	48	66	78
1만 6,000~ 2만 2,000루피	• 소비 시작 계층 　─자전거, 라디오, 선풍기	48	32	33
1만 6,000루피 이하	• 극빈층 　─소비 불가능 계층	35	24	17

자료 : NCAER(National Council of Applied Economic Research).

1994/1995년에는 약 2,900만 가구쯤으로 추정되므로, 단기간에 얼마나 급속도로 성장했는지를 알 수 있다.

중산층이 두터워지고 고소득을 올리는 IT 전문직이 늘어나면서 소비자의 구매력도 전반적으로 커지고 있다는 점이 또다른 인도의 매력이라 할 수 있다.

휴대전화 시장은 최근 4년간 매년 50% 이상 성장하여, 우리나라 제1의 수출 품목이 되었다. 2006년 1월 기준 휴대전화 가입자 수는 8,000만 명을 돌파했으며, 1년 전의 5,000만 명과 비교할 때 약 60%가 늘어났다. 2006년 말까지 가입자 수가 1억 명을 돌파하고, 2~3년 후에는 2억 명에 달할 것으로 전망된다.

자동차 시장도 성장을 거듭하고 있으며, 2004/2005년의 이륜차를 포함한 자동차의 생산대수는 846만 대로 전년도의 724만 대보다 16.8% 증가했다. 인도의 자동차의 시장은 아직 오토바이를 비롯한 이륜차가 전체의 70% 이상을 차지하고 있으며, 올해(2006/2007년) 경차에 대한 소비세가 24%에서 16%로 경감됨에 따라 경차를 중심으로 승용차 소비가 많이 늘어나는 추세다.

IT 서비스 경쟁력

IT 관련 서비스의 글로벌화가 진행되면서 아웃소싱 서비스에 대한 인도의 경쟁우위와 가격우위가 부각되고 있다. 인도의 IT 산업 규모는 2005/2006년 기준 363억 달러로, 1999/2000년 82억 달러를 기록한 이후 매년 연평균 28% 이상 증가했다. 그 결과 IT 산업의 GDP 비중은 1999/2000년 1.9%에서 2005/2006년 4.8%로 높아졌다. 또한 IT 수출은 2004/2005년 179억 달러로 총 상품 수출의 22%에 이르고, 1999년 이후 5년간 연평균 34.9% 성장했다.

IT 산업은 세계의 관심을 야기하면서 인도 경제성장에 지대하게 기여했다. 즉 수출을 통한 외화 획득이라는 기본적인 기여 외에도 BPO(Business Process Outsourcing) 분야에서 다국적기업을 유치하면서 고용을 창출하고 인도를 세계에 알리는 역할까지 담당했다. 예컨대 최근 급속히 성장한 IT 응용 서비스(ITES : IT-Enabled Services)는 저렴한 인건비에 기반을 두고 있다. 그래서 델(Dell), 휴렛팩커드(HP), 스탠다드차타드은행(Standard Chartered Bank), 사이텔(Sitel), HSBC 등 세계의 주요 기업들은 비용 절감을 목적으로 콜센터(Call Center)를 인도에 설치하면서 진출해 있다.

인도 소프트웨어협회(NASSCOM : National Association of Software and Service Companies)에 따르면, 다국적기업이 인도에서 아웃소 싱을 하면 관련 비용을 30~50% 절약할 수 있다고 한다. IT 부문의 성가를 통해서 제조업 분야 기업들도 인도를 재인식하게 된 것이 다. 또한 IT 산업이 발전하면서 미국 등 선진국의 하청생산을 담당하던 인도의 IT 기업들이 자체적인 기술 개발을 통해 세계적인 기업으로 성장하기도 했다. 인포시스테크놀로지, 위프로, 타타컨설턴시 등은 인도에서 가장 존경받는 기업으로 성장했으며 높은 수익률을 보이고 있다.

서방 측과의 우호적 관계

인도는 세계 최대의 민주주의 국가로 여겨진다. 인도의 민주주의가 정책 집행의 효율성을 저하시킨다는 지적도 있지만, 중국의 체제보다는 더 안정적이라고 평가된다. 《이코노미스트》는 "중국 경제가 인도에 비해 빨리 성장한 이유를 인도가 민주제(open society)이고 중국이 비개방국가라는 점에서 찾는 사람이 있으나, 이는 잘못된 생각이다. 인도의 민주제가 중국보다 우월할 수 있다"고 주장한다.[20] 실제로 경제성장이 어느 단계에 이르면 개발도상국에서 정치적·사회적 욕구가 분출하여 감당할 수 없는 상황에 이를 수 있다.[21] 그러나 인도의 민주주의 체제는 이러한 욕구를

---

(20) "The Tiger in Front-A Survey of India and China," *The Economist*, 2005. 3. 5, p. 3.
(21) 1998년 봄, 인도네시아에서는 대대적인 사회 혼란이 발생했고 인도네시아의 외환위기를 다른 어느 나라보다 더욱 악화시키는 계기로 작용했다. 이러한 사회 혼란은 정치 발전이 경제적 성장을 따라가지 못한 데서 기인한다.

자체 내에서 해결할 수 있다.

인도가 민주주의 체제를 유지한다는 것은 대외적으로도 유리하게 작용한다. 첫째, 장기적으로 서구 자본이 민주주의 국가인 인도를 중국보다 선호할 것이라는 점이다. 즉 서구 자본은 중국 체제가 야기할 수 있는 리스크를 감안해 장기적으로 투자를 분산할 가능성이 있으므로, 인도의 투자 환경만 개선된다면 서구 다국적기업의 투자가 크게 증가할 전망이다.

둘째, 정치 발전이 진전되지 않은 상태에서 중국이 패권을 추구할 때 인도는 민주국가로서 미국 등 서방세계의 대중국 견제의 직접적 수혜자가 될 수 있다는 점이다. 예컨대 미국의 대중국 위안화 평가절상과 무역 압력 증대는 인도에게 호기로 작용한다. 즉 이 틈에 인도의 대외협력은 물론 국제적 위상도 크게 강화될 수 있는 여건이 부여되는 것이다. 실제로 만모한 싱 총리는 2005년 7월 미국을 정상방문해 양국의 경제계 리더가 각각 10명씩 참여하는 'CEO 포럼'을 구성하기로 합의했고, 원자력 등 다양한 분야에서 협력을 약속했다.

부수적이지만 미국을 의식한 중국의 대외 전략도 인도에게는 유리하게 작용한다. 중국은 미국의 견제 속에서 영향력을 확대하기 위해 인도의 협력을 필요로 한다. 2002년 이후 중국의 주룽지(朱鎔基) 총리 및 원자바오(溫家寶) 총리가 인도를 방문해 협력 방안을 모색해왔다. 그 결과 양국의 국경분쟁도 어느 정도 해결되었을뿐더러 FTA를 추진하기 위한 공동 노력도 진행 중이다. 나아가 양국의 IT 협력 및 투자가 증가하고 있는데, 인도의 소프트웨어업체들이 중국에 진출하는 한편 중국의 사회간접자본 건설 회사들은 인도로 진출했다. 동시에 중국의 수입수요 확대로 인도의 대중국 수출도 급격히 증가하고 있다. 중국의 통계에 따르면, 중국의 대인도 수입 증가율은 최근 들어 80% 이상인 것으로 나타났다.

인도 경제 이해

인도 경제의 취약점

인도 경제의 고성장을 저해하는 장애 요인으로는 취약한 산업 구조 및 사회간접자본, 정책의 일관성 부족, 낮은 대외개방도 등이 지적되고 있다. 장기적으로 인도 경제의 성장 여부는 이러한 장애 요인을 어떻게 극복해가느냐에 달려 있다.

취약한 산업구조

인도가 경제적으로 중국보다 저조한 성과를 낸 근본 이유는 바로 인도의 산업구조가 취약하기 때문이다.[22] 2005년 현재 인도의 GDP에서 차지하는 농업의 비중은 19.0%로서, 1990년의 31.3%에 비교해 상당히 감소했다. 광공업(2차산업)은 일반적으로 광업, 제

---

(22) Arvind Panagariya, "A Passage To Prosperity," *Far Eastern Economic Review*, Jul./Aug. 2005, Vol. 168, No.7, pp. 35~38.

조업, 수도·전기·가스업, 그리고 건설업이 포함되는데 그 비중은 27.4%이고 이 중 제조업은 15.9%에 불과하다. 이에 비해 서비스 산업의 비중은 53.6%에 이른다. 경제발전 과정에서 제조업 비중은 크게 변하지 않았으나, 서비스 산업의 비중은 1990년 41.1%에서 2005년 53.6%로 12.5%포인트 이상 증가했다.

일반적으로 경제가 성장하면 1차산업의 비중은 감소하고 2차 산업이 증가하며, 경제가 더욱 성숙되면 서비스 산업의 비중이 증가한다. 대부분 중·선진국은 서비스 산업의 비중이 50% 이상을 차지한다. 그 이유는 서비스 산업이 소득탄력성이 높아서 경제성장에 따라 수요가 빨리 증가하기 때문이다. 따라서 인도가 서비스 산업의 비중이 높다는 사실만으로 공업화 단계를 생략하고 후기 산업사회, IT 서비스 주도 경제로 직행한다는 평가도 있다. 그러나 이는 현상을 제대로 파악하지 못한 결과다. 인도에서 서비스 산업의 비중이 높은 이유는 금융 혹은 비즈니스 서비스의 발달 때문이 아니라 제조업의 미발달에 따라 도시 비공식 부문, 즉 영세 서비스업이 확대되었기 때문이다.

인도의 산업구조를 중국의 산업구조와 비교해보면, 인도 경제의 문제점을 알 수 있다. 인도의 제조업 비중은 중국(46%)의 3분의 1 수준이지만, 서비스 산업 비중은 중국의 31.8%를 크게 상회하고 있다. 인도의 제조업 고용은 약 620만 명(2002년)에 불과하며, 1991년의 630만 명보다 오히려 감소한 편이다. 이에 비해 중국은 2차산업 종사자가 1억 6,000만 명에 이른다고 한다.[23] 광공업 부문의 생산성이 높기 때문에 중국의 성장률이 인도보다 더 높았던

---

(23) "The Tiger in Front-A Survey of India and China," *The Economist*, p. 14.

것이다.

인도와 중국의 산업구조 비중

단위 : %

	인도			중국		
	1990	2000	2004	1990	2000	2004
농업	31.3	24.6	21.1	27.0	16.3	15.2
광공업 (제조업)	27.6 (17.1)	26.6 (15.9)	27.2 (16.1)	41.6 (37.0)	50.2 (43.6)	53.0 (46.0)
서비스 산업	41.1	48.8	51.7	31.3	33.4	31.8

자료 : ADB, "Key Indicators of Developing Asian and Pacific Countries, 2005."

또한 취약한 산업구조는 인도의 저조한 투자율을 유발했다. 인도의 총고정자본 형성(투자)은 GDP의 22% 수준을 계속 유지하고 있다. 이 수준은 1980년대 후반과 1990년대 전반 동아시아 각국의 투자율 수준인 약 35%보다 낮은 편이고, 2005년 현재 중국의 투자율이 거의 40% 선에서 움직이고 있다는 점에서도 매우 낮은 것이다. 다행히 최근 기업 부문의 수지 개선과 투자 증가로 인도 경제의 잠재력이 점차 나아질 가능성을 보이고 있다.

제조업보다 고용이나 생산의 비중이 큰 농업 부문의 구조조정도 인도 경제의 과제다. 인도의 농업은 기후 변화에 크게 영향을 받는다. 쌀(주로 9월과 10월에 수확), 환금성 작물인 면화, 식물종자유, 황마, 설탕 등의 작황이 계절풍(monsoon)에 의존하고 있다. 그이유는 농작물 재배 면적의 불과 3분의 1 정도만 관개시설을 갖추고 있기 때문이다. 2002년의 농업 성장률은 -7.2%였다. 몬순 기간(7월)에 강우량이 49%나 적었고, 그 결과 15년 만에 최악의 가뭄이 찾아왔기 때문이다. 실제로 강우량이 인도의 경제성장률을 45%

인도의 GDP 대비 저축 및 투자 비중

단위 : %

		2000/2001	2001/2002	2002/2003	2003/2004
국내 저축률	농업	21.6	22.6	23.3	24.3
	기업	4.1	3.6	3.8	4.1
	공공	-2.3	-2.7	-1.1	-0.3
	계	23.5	23.4	26.1	28.1
총고정자본 형성	공공	6.0	5.9	5.6	6.0
	민간	15.9	16.2	16.6	16.8
	계	22.0	22.1	22.2	22.7

자료 : Government of India, *Economic Survey 2004-2005*, Ministry of Finance, 2005.

나 변동시킨다는 분석이 있다. 7월에는 농부뿐만 아니라 투자가
들까지도 하늘을 쳐다보아야 한다는 것이다.[24] 이처럼 인도의 농
업은 생산도 안정적이지 않고, 변동성이 큰데다 생산성이 극히 낮
은 실정이다. 인도에서 민간소비가 차지하는 경제 비중을 고려할
때 농업은 GDP의 21%를 차지하지만, 현실적 의미는 그 이상이
다. 실제로 내수를 확대하기 위해서는 인구의 70% 이상이 종사하
는 농촌 부문의 소득 증가가 전제되어야 한다. 따라서 인도가 안
정적인 성장을 지속하려면 농업 부문의 근본적인 개혁이 필요하
다.[25]

(24) IBEF, "Who's Worried about Monsoon?," 2005. 7.(www.ibef.org)
(25) 최근 인도의 한 연구기관은 인도 경제에 미치는 농업 부문의 영향력, 정확하게는 강우량
의 영향력이 줄어들고 있다고 평가했다. 그 이유로는 GDP에서 차지하는 농업 비중의 감소,
농업 성장과 산업 성장 간의 상관관계가 낮아지고 있는 점, 정부 정책이 농업 보호에 적극적
이라는 점 등을 들고 있다.

무엇보다도 관개시설에 대한 투자가 필요하고, 농업 소득을 제고하기 위한 인프라 건설도 요구된다. 인도에는 아직 전천후 도로로 연결되지 않는 농촌 지역이 많다. 현재 농촌마을의 약 40%가 외부와 온전히 연결될 수 있는 도로망이 없는 형편이다. 인도 정부는 농업보조금에 대한 지출은 늘려왔으나, 장기적으로 생산성을 향상시킬 수 있는 투자에 대해서는 상대적으로 인색했다.

또한 토지의 소유구조도 문제로 지적된다. 토지 소유에 대한 개혁이 진행되고 있으나, 토지는 여전히 일부 국민에게 소유가 집중되어 있어 일반 농민들의 생산 증대를 위한 인센티브가 제대로 작동하지 않고 생산성 제고에도 곤란을 겪고 있다.

정책 집행의 비효율성과 규제

법적으로 폐지된 카스트 제도는 교육과 근대화의 영향으로 점차 사라지고 있다. 그러나 인도인들의 결혼이나 교육과 직업 선택 등에 깊숙이 뿌리내려 있어서, 개인의 전반적 사회활동을 제약하는 요인으로 작용한다. 또한 전 인구의 30% 정도가 힌디어(Hindi)를 사용하지만 헌법상 18개에 달하는 언어를 인정하고, 힌두교·이슬람교·기독교·시크교·자이나교·불교 등 다양한 종교가 공존한다. 각 주는 서로 다른 언어와 전통 및 관습 등을 유지하고 있다. 전체 인구의 82%가 힌두교도이나, 일부 지방에서 불거지는 이슬람교와 힌두교의 충돌은 불안한 정치·사회적 문제가 되고 있다.

이러한 사회구조의 복잡다단성은 경제 정책의 집행 과정에서 효율성이 낮음을 의미한다. 더구나 영국식 의원내각제를 기본으로 하며 다수의 정당이 난립하고 있는 나라에서 정치적 리더십을 발휘하기란 쉽지 않다. 실제로 2004년 5월의 총선은 좋은 시사점을 제공한다. 2003/2004년의 인도 성장률은 8.6%였다. 집권연립 정부를 주도하던 인도인민당(BJP : Bharatiya Janata Party)이 양호한 경제성과를 바탕으로 조기총선을 치렀지만 야당인 국민회의에 패배하고 말았다. 당시 BJP는 '빛나는 인도(Shining India)'라는 자랑스러운 약속을 내걸었지만, 저소득 국민들은 보다 공평한 성장을 원했던 것이다. 당시 국민회의의 승리는 국민회의 자신들도 예상하지 못한 결과로서, 1990년대 초 인도의 개혁 정책을 입안한 만모한 싱이 총리가 되었을 때 영국의 주간지 《이코노미스트》는 "누구, 나?"라는 제목의 기사를 보도했다.[26]

즉 이와 같은 다양성이 존재하게 되면서 정부가 정책을 수립하고 시행할 때 가장 염두에 두어야 할 대상이 불분명해지고, 결국 많은 규제가 생겨나고 사업 환경은 열악해진다. 인도는 중국이나 우리나라에 비해 사업의 착수나 부동산 등기, 계약 이행 등에 걸리는 시간이 길고 절차가 복잡해 비용 소모도 큰 편이다. 예컨대 사업에 착수하려면 인도는 89일이 걸리지만, 중국은 그 절반이면 된다. 특히 계약상 문제가 발생했을 때는 이를 강제하는 데 1년 이상이 소요되기도 한다. 뿐만 아니라 기업이 조업을 중단하거나 철수할 경우에도 절차는 더욱 복잡하다. 1985년 제정된 부실제조 기업법(Sick Industrial Companies Act)에 따라, 기업의 순가치(자본금과 적립금의 합계)가 소진된 경우에는 산업금융재건위원회(BIFR : Board for Industrial and Financial Reconstruction)의 심의를 받아야 한다. 필요하다고 인정되면 중앙 및 지방정부, 중앙은행, 공공금융기관 또

---

(26) "Who, me?," *The Economist*, May 22, 2004, p. 9.

인도·중국·한국의 사업 환경 평가(2004년 1월)

		인도	중국	한국
사업 착수	절차 수	11	12	12
	소요 일수	89	41	22
부동산 등기	절차 수	6	3	7
	소요 일수	67	32	11
계약 이행	절차 수	40	25	29
	소요 일수	425	241	75
사업 청산에 필요한 햇수		10.0	2.4	1.5
고용 및 해고의 경직성		48	30	34
부패의 심각성(%)*		29.4	17.5	-

주 : 부패의 심각성은 부패가 중요한 경영 제약 요인이라고 생각하는 고위경영자 비율(2003년 기준).
자료 : World Bank(2005), "World Development Indicators 2005."

는 지정된 은행이 BIFR에 심의를 의뢰할 수 있으며, BIFR이 의사
결정을 내리는 데 길게는 몇 년이 소요되기도 한다.

노동시장의 경직성과 영세기업(SSI : Small Scale Industry) 유보 제
도도 투자에 부담으로 작용한다. 노동자 해고가 거의 불가능하므
로 다국적기업과 인도 대기업은 노동집약적 제조업을 기피하고
있다. 1982년의 노사조정법에 의하면, 100인 이상 근로자를 고용
하는 기업은 정부의 허가 없이 노동자를 해고할 수 없다. 때문에
기업들은 숙련노동집약적이거나 자본집약적인 의약, 기계, IT 산
업을 선호한다. 인도는 또한 1,000여 개의 품목을 영세기업 산업
으로 지정하고, 외국기업의 지분한도를 24%로 제한하고 있다.

개혁 정책이 일관성을 갖지 못한 점도 문제다. 2005년 5월에는

각국의 가버넌스(Governance) 지표*

	인도	중국	한국	말레이시아	태국
신뢰도	0.4	-1.4	0.6	-0.3	0.2
정치적 안정성	-0.8	0.2	0.5	0.5	0.5
정부 효율성	-0.1	0.2	0.8	0.9	0.3
규제의 질	-0.3	-0.4	0.9	0.6	0.3
법치	0.1	-0.2	0.9	0.6	0.3
부패 통제	-0.3	-0.4	0.3	0.4	-0.2

주 : 수치가 높을수록 건전함.
자료 : IMF, "Country Report India," March 2005.

근로자에 대한 해고의 경직성이라는 핵심쟁점이 해결되지 않은 채 경제특구(SEZ) 법안이 통과되있다. 그 외에도 2004년 집권한 국민회의당 주도의 정부는 2005년 중반 민영화 정책을 대폭 후퇴시켰다. 이는 국민회의 정권이 들어설 때부터 외국인 투자가들이 우려하던 문제였다.

인도는 정부 부문의 효율성이나 정치적 안정성 등이 다른 경쟁국에 비해 훨씬 낮고, 부정부패 문제도 상대적으로 심각한 것으로 나타나고 있다. 이러한 소프트 경쟁력의 열위와 미비한 사회간접자본이 동시에 작용해 외국기업의 투자를 가로막고 있는 실정이다.

사회간접자본의 부족과 취약한 투자 환경

인도 경제의 가장 중요한 문제는 도로·항만·전력 등 사회간접자본이 매우 열악하다는 점이다. 그 결과 세계 최대 시장인 미국에 수출할 때 과다한 수송비가 소요되므로 다른 나라에 비해 불리할 수밖에 없다. 미국 동부 지역에 대한 수출의 경우, 인도의 뭄바이와 첸나이는 수송 거리가 더 긴 방콕보다 비용이 18%나 더 드는 실정이다. 그리고 미국 시장(전체 평균)에 대한 수송비는 방콕이 인도보다 23% 저렴하다. 중국의 상하이도 미국 동부 지역 수송비에서 인도보다 13%가 저렴하고, 미국 전역에 대해서는(무역가중치를 고려) 인도보다 37% 저렴하다. 게다가 뉴델리와 뭄바이 간 육상 수송비는 한국에서 뉴델리로 보내는 비용보다 더 높다는 평가다.

　인도에서 가장 시급한 인프라는 도로망이다. 인도의 고속도로는 약 2,000킬로미터로 중국의 3만 킬로미터에 비해 턱없이 부족한데다, 대부분 2차선으로서 시속 50킬로미터를 내기 어렵다. 국도 65만 킬로미터 중에서 4차선은 9%에 불과하고, 2차선과 1차선은 각각 56%와 35%를 차지한다. 2000년 정부는 국가고속도로개발프로그램(NHDP)을 발족시켰다. 인도 고속도로 건설의 가장 대표적인 것은 황금의 사각 프로젝트로서[27], 뉴델리·뭄바이·첸나이·콜카타를 4각형으로 연결하는 5,846킬로미터의 고속도로 건설 계획이다. 당초 2003년 말 완공 예정이었으나 2006년 말경에나 모두 완공될 것으로 예상된다. 또 다른 프로젝트는 황금의 남북 및 동서 회랑 고속도로다. 인도 대 극점을 연결하는 국가고속도로를 포함하는 것으로 총연장은 7,300킬로미터인데, 2007년 말 완공을 목표로 하고 있으나 2005년 4월 현재 10%인 707킬로미터가 완성되었을 뿐이다. 1,373킬로미터는 공사 중이고 나머지 5,000여

---

(27) 총 68억 달러의 건설 비용은 정부의 석유제품세나 차입으로 충당된다.

킬로미터는 발주될 예정이다.

철도망은 세계 최장으로 전체 길이 10만 킬로미터에 종사인구가 160여만 명에 이르고, 저렴한 요금의 대중교통 수단으로 애용되고 있으며, 육상을 통한 화물 수송의 40%와 여객 수송의 20%를 담당한다. 또한 11개의 국제공항과 111개의 국내공항 등 거대한 민간 항공망을 보유하고 있다. 항만은 7,500여 킬로미터의 긴 해안선에 걸쳐 12개 주요 항구와 184개 중소 규모의 항구가 연간 3억 4,000만 톤의 해운 물량을 취급하고 있으나, 대부분 인프라 시설 부족으로 배후 지역에 서비스를 제공하는 지선항구(feeder ports) 역할에 머물고 있다. 인도 전체 물동량의 약 60%를 차지하는 뭄바이 항은 대형 선박이 정박할 선석 자체가 크게 모자란 실정이다.

전력 부족도 중요한 문제점이다. 사용량이 가장 많은 시간에는 전력 부족량이 10% 이상이며, 요금도 경쟁국에 비해 높은 편이다. 주별로 다르지만 산업용 전력은 보통 킬로와트시(kwh)당 0.08달러 정도로, 동남아의 0.05달러 수준에 비해 높다.[28] 인도의 전력 부족은 주로 송배전 시설의 낙후 때문이다. 실제로 수도인 뉴델리 같은 도시에서도 전력 공급이 불안정해 정전이 자주 발생한다. 안정적인 전력 공급이 필요한 기업들은 자가발전 시설을 갖춰야 하며, 이는 눈에 보이지 않는 비용이 된다.

IT 소프트웨어의 발전과는 달리 통신 인프라는 아직 취약하다. 2004년 말 현재 인도의 전화 보급 대수는 9,300만 회선이며, 이 중 4,800만 회선이 무선전화다. 전화 보급률은 100명당 8.62대인데,

---

(28) World Bank, "India : Investment Climate and Manufacturing Industry," 2004, p. 19.

인도·한국·중국의 IT 기본 인프라(2004년 말)

	PC		인터넷 호스트		인터넷 이용자	
	대수 (만 대)	백 명당 대수	개수 (만 개)	만 명당 개수	이용자 수 (만 명)	만 명당 이용자 수
인도	1,303	1.21	14.4	1.33	3,500	324
한국	2,620	54.49	543.4	1,130.06	3,158	6,568
중국	5,229	4.08	16.3	1.25	9,400	723

자료:ITU.

도시 지역은 100명당 24대인 반면 농촌은 1.76대에 불과하다.[29]
그리고 인터넷 호스트 수는 1만 명당 1.33개로서, 한국과 멕시코
등보다 크게 열악한 편이다. 한국의 인터넷 호스트 수는 1만 명당
1,130.06개다.

낮은 개방 수준

인도는 개방을 추진하며 세계경제와 통합되어가고 있으나 그
수준은 아직 낮은 단계다. 수출입 규모가 급증하면서 인도의 대외
개방도는 서서히 확대되고 있지만, 주변국에 비하면 아직도 매우
낮은 수준이다.

인도의 무역의존도가 낮은 이유는 앞에서 지적한 대로 제조업
이 발달하지 못했기 때문이다. 즉 인도의 제조업이 내수 중심 산
업으로 발전하면서 해외시장에는 대체로 무관심했고, 또 수입대

---

(29) *The Asian Wall Street Journal*, May 23, 2005.

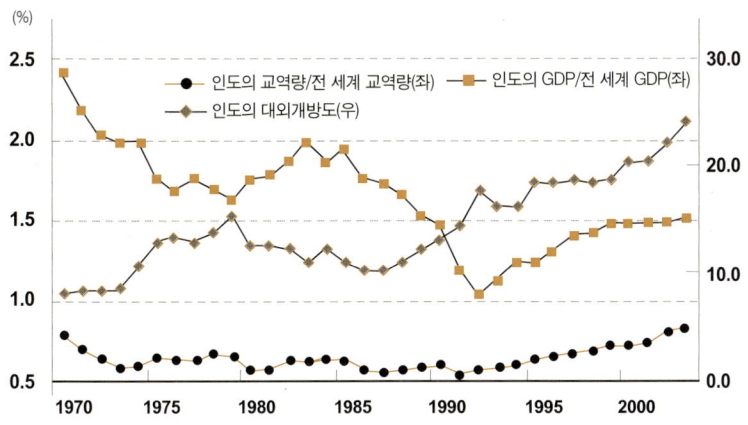

인도의 세계 GDP 비중 및 교역량과 대외개방도

자료: COMTRADE Database, International Financial Statistics, IMF, WTO Trade Statistics 2004.

체 산업에 관심을 집중해 국내 산업 보호에 주력한 결과다.

인도의 대외무역은 2002/2003년부터 연평균 20% 이상 급증해, 수출은 2005년에, 수입은 2004년에 각각 1,000억 달러를 넘어섰다. 한편 무역수지 적자는 지속적으로 증가세를 보이고 있다, 2002/2003년에 107억 달러에 불과하던 무역수지 적자는 2003/2004년 155억 달러, 2004/2005년 273억 달러, 2005/2006년 395억 달러로 급증했다.

한편 수출 상품 구조를 보면 인도 경제가 아직은 기존의 동아시아 경제와 상당히 다르다는 사실을 알 수 있다. 즉 동아시아 국가들은 주로 공산품, 특히 전자제품 중심의 수출구조를 보인다. 그러나 인도는 아직 1차 산업 관련 제품, 예컨대 천연자원을 가공한 노동집약적 제품의 수출이 중심을 이루고 있다.

한편 인도 제조업의 부진은 외국인 직접투자(FDI)가 부진한 결

인도의 수출입 및 무역수지

단위 : 억 달러

	2000/2001	2001/2002	2002/2003	2003/2004	2004/2005	2005/2006
수출 규모	455	447	538	647	793	1,007
수입 규모	579	563	645	802	1,066	1,402
무역수지	-126	-116	-107	-155	-273	-395

자료: Government of India, *Economic Survey 2004-2005*, Ministry of Finance, 2005.
Government of India, *Monthly Economic Report*, Ministry of Finance, 2005.

과인 동시에 원인이기도 하다. FDI 잔액의 GDP 비율도 2004년 말 현재 5.9%에 불과하다. 게다가 대부분의 개발도상국이 외국인 투자 유치 제도를 단순화해 원스톱 서비스 형태로 나아가고 있으나, 인도는 여전히 복잡한 외국인 투자 제도를 운용하고 있다.[30]

인도는 2000년에 경제특구(SEZ)를 도입했으나 규모가 작고 정부의 체계적인 지원이 부족해서 활성화되지는 못했다. 또한 SEZ에서의 노동 유연성도 기업에게 특별히 유리하지 않아 불만의 대상이 되었다. 이에 인도 정부는 2005년 들어 SEZ에 대한 육성 정책을 다시 적극적으로 펼치기 위해 법 개정을 추진했다. 법안은 개정되었으나, 공산당 등의 반대로 핵심사항이었던 노동에 대한 규제는 그대로 유지되었다.

적극적으로 추진하고 있는 FTA도 사실은 그다지 낙관적이지

---

(30) 외국인 투자와 관련된 별도의 법규가 없으므로 외국환관리법(FERA : Foreign Exchange Regulation Act), 산업개발규제법(IDRA : Industries Development and Regulation), 회사법(Company Act), 독과점금지법(MRTP : Monopolies and Restrictive Trade Practice Act) 등 여러 법규에 의거하고 있다.

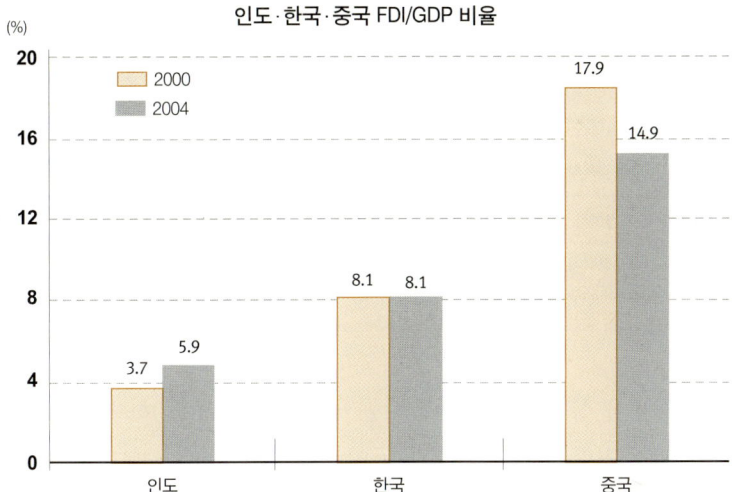

인도·한국·중국 FDI/GDP 비율

자료: UNCTAD, "World Investment Report 2005."

않다. 인도는 ASEAN 및 중국 등과 FTA 추진을 위한 공동연구를 진행하거나 협상 중이다. 태국 및 싱가포르와는 개별적으로 FTA를 체결했다. 하지만 FTA의 효과가 크지 않다고 인식하고 있는 인도가 그렇게 적극적 지세를 유지할지는 아직 미지수다.

인도의 과다한 규제는 외국인 투자를 지체시키는 원인으로 작용하고 있다. 조세 제도, 노동 관련 제도 등에 아직 규제가 많고 복잡하다. 인도 경제의 질적 제고를 위해 반드시 필요한 외국인 직접투자는 복잡한 규제 속에서 급속히 증가할 가능성이 낮다.

재정적자 누적

인도의 만성적 재정적자는 정부의 노력으로 1990년대 전반에 다소 개선되었으나 최근 다시 증가하고 있다. 통합재정수지 적자

인도의 재정수지 추이

단위 : %

GDP 대비 비중		1990/1991	1999/2000	2000/2001	2001/2002	2002/2003	2003/2004	2004/2005
주정부 재정	세입적자	0.9	2.8	2.6	2.6	2.2	2.6	1.4
	총재정적자	3.3	4.7	4.3	4.2	4.1	5.1	3.6
통합 재정	세입적자	4.2	6.3	6.6	7.0	6.6	6.2	3.9
	총재정적자	9.4	9.5	9.6	10.0	9.5	9.4	7.9

자료 : Government of India, *Economic Survey 2004-2005*, Ministry of Finance, 2005.

는 이자율을 상승시켜 민간투자를 구축(crowding-out)하며, 결과적으로 재정 기반을 취약하게 하는 악순환 현상을 야기한다. 통합재정수지 적자 규모는 1990/1991년 GDP의 9.4%로 상승해 경제위기의 한 원인이 되었고, 정부는 이후 재정적자 축소에 노력을 기울여왔다. 1990년대 들어 통합재정수지 적자는 감소 추세를 보여 1996/1997년 GDP의 6.4%까지 줄었으나, 이후 증가세로 다시 반전되어 2001/2002년 10.0%로 확대되었다. 최근 들어 재정적자가 다소 감소세를 보이고는 있지만, 여전히 높은 수준이다.

재정적자가 증가하면서 인도의 대국내 국가 채무는 1996/1997년 GDP의 56.5%에서 계속 늘어나, 2004/2005년 정부의 보증을 포함한 사실상의 정부 채무는 GDP의 80% 이상이다. 특히 지방정부들의 재정적자가 국가 재정적자의 약 절반을 차지하며, 지방정부의 재정적자 증가는 국가 전체 재정적자 증가의 주요한 원인이 되고 있다.

인도는 재정적자와 국가 채무의 과다로 장기적인 인프라 개발 등 성장 잠재력 확충을 위한 투자가 어려운 상태다. 조세 행정의 미비 등으로 세수 기반이 취약하고 적자로 인해 재정의 차입금 의존도가 높아, 정부 총지출 중 '이자 지급'이 거의 30%에 달한다. 게다가 대부분의 세입은 공무원 급여·연금·국방비 등에 충당되므로 인프라 투자 확충 및 정비와 같은 공공투자 증가에 제동이 걸릴 수밖에 없다.

인도의 재정 상황이 이렇게 열악한 이유는 세입 기반이 취약하기 때문이다. 10억 이상의 인구 중에서 개인소득세 납세인구는 2001/2002년에 3,000여만 명에 불과할 정도다.[31] 결국 기업 부문 등 세원이 공개된 분야에는 높은 세율이 적용되어, 인도의 법인소득세율은 다른 경쟁국보다 훨씬 높은 수준이다. 이러한 높은 세율이 기업의 투자 의욕을 저하시키고 있지만, 정부로서도 인하하기 어려운 처지에 놓여 있다.

---

(31) 한국수출입은행, 〈인도-국가현황 및 진출방안〉, 2004. 9, p. 39.

03

인도 경제의 평가

풍부한 노동력

인도의 인구는 현재 약 11억 명으로 중국 다음으로 인구가 많고, 인구증가율은 연 1.5%에 이른다. 2020년까지 인구증가율은 약 1.3% 정도로 하락하겠지만, 다른 나라에 비해 상대적으로 높은 수준을 유지할 것으로 예측된다.

2002년 현재 인도의 인구구조는 33%가 15세 미만이고, 약 5% 정도가 65세 이상을 나타낸다. 인구 대부분은 경제활동 인구군에 속해 풍부한 노동력이 공급될 것이다. 노동 공급이 2003년부터 2020년까지 약 2억 5,000만 명 정도 확대되고, 이는 연평균 약 1,500만 명씩 늘어나는 것을 의미한다.

경제성장은 인구 증가뿐만 아니라 노동력의 질에 따라 크게 좌우된다. 노동력의 질은 생산 잠재력을 확충하고 기술 진보를 촉진시켜 성장을 뒷받침한다. 인도가 교육받은 우수한 인력군을 보유

인도와 중국의 교육 비교

단위 : %

	교육 부문 투자율 (정부 지출 대비)	교육 참여율(나이별 참여)			
		등록 학생 수			실제 초등학교
		초등학교	중·고교	전문대 이상	
인도	12.7	99	48	11	83
중국	n.a	114	68	13	93

주 : 나이별 그룹과 실제 등록 학생 간에는 차이가 발생할 수 있음. 즉 나이가 많은 학생이 아래 계급 단위에 등록한 경우가 매우 많음.
자료 : World Bank, *World Development Indicators.*

한 것은 사실이지만, 국가 전체적인 교육 수준은 이웃국가와 비교해 취약한 편이다.

문자해독률은 지난 반세기 동안 뚜렷하게 개선되었다. 1951년에는 단지 18%가 문자 해독 능력을 가졌었으나, 2001년에는 약 65%에 이른다. 하지만 인도의 생산성을 제고하고, 산업화를 보다 진척시키며, 농업 이외의 분야에서 고용을 창출하기 위해서는 교육 수준을 더욱 높여야 한다. 특히 여성 인력에 대한 교육이 절실하다. 여성의 문맹률은 남성의 약 2배 가까이 높다. 2000년 기준 여성의 문맹률은 약 54.6%이고, 남성의 문맹률은 31.6%에 이른다.

지역적으로 심각한 차이를 보이는 교육 수준도 문제가 된다. 이는 지역 간 소득 차이는 물론 행정 편의 등의 엄청난 격차를 유발하는 요인으로 작용하고 있다.

그러나 이 같은 일반 교육의 취약함에도 불구하고, 교육이 잘된 전문인력을 배출하고 있다. 인도에는 뛰어난 학자, IT 전문가, 기술자 및 엔지니어 등이 있으며, 이들 대부분은 대체로 영어를 구사할 수 있는 능력을 가졌다.

인도 전체적으로 약 380개의 대학과 1,500여 개의 연구소가 있으며, 매년 약 20만 명의 엔지니어, 30만 명의 기술자, 그리고 9,000명의 박사를 배출하고 있다. IMD는 이를 근거로 엔지니어링 분야의 잠재력과 전문인력 확보 측면에서 인도를 각각 세계 1위와 세계 4위로 평가했다(2004년).

인도 정부의 중요한 상위 목표 중 하나는 2020년까지 6~14세의 어린이들에게 초등교육을 제공한다는 것이다. 그러기 위해서는 정부의 교육 지출을 크게 늘려야 하는데, 목표의 달성은 정부의 예산 확보 여부와 효율적 운용에 달려 있다. 아울러 연방정부와 지방정부 간의 교육 정책에 대한 합의가 요구된다. 어찌되었든 인도 정부는 장기적으로 교육 예산과 교육 기간을 늘려 인도의 휴먼캐피털 확충에 나설 것이 분명하다.

제조업 육성

인도가 전 세계의 관심을 불러일으킬 수 있었던 것은 무엇보다 IT 소프트웨어 산업의 경쟁력 때문이다. 실제로 지난 수년간 IT 관련 서비스 산업의 발전은 인도의 중요한 외화 획득원이었고, 경제성장에 상당한 기여를 하면서 향후에도 인도의 중요한 성장 산업이 될 것으로 기대되고 있다.

그러나 IT 부문이 인도의 경제성장에 가장 중요한 요소로 계속 작용할 수 있을 것인가에 대해서는 의문이 남는다. 먼저 한 특정 산업이 성장의 원동력이 되려면 지속적으로 고용을 창출하고, 전후방 연관효과를 통해 다른 산업의 발전을 촉진시켜야 한다. 그러나 인도의 IT 산업은 고용 창출의 효과가 상대적으로 크지 않다. 즉 인구 11억 명 가운데 IT 부문에 300여만 명이 고용된다 해도 그 비중이 크다고 할 수 없다. 실제로 IT의 중심지인 방갈로르가 있는 카르나타카 주에서조차 IT 관련 고용은 섬유 산업 고용보다 적은 실정이다.

다음으로 IT 소프트웨어가 발전했음에도 IT 하드웨어 및 인프라 부문의 비중이 적고 취약하다는 사실은 IT 부문의 전후방 연관 효과가 크지 않음을 나타낸다. 인도에서는 IT 인프라의 취약이나 하드웨어 산업의 미개발이 소프트웨어 산업의 발전에 큰 영향을 미치지 않는다는 평가를 하기도 한다. 즉 IT 하드웨어의 기술주기가 짧은 상황에서 반드시 인도가 이 분야를 육성해야 할 필요성이 있는가 하는 것이다. 결국 인도의 IT 소프트웨어 산업이 지속적으로 경제성장의 견인 역할을 할 수 있다고 기대하기는 어렵다.

한편 인도는 저개발국의 경제발전이 1차산업에서 벗어나 2차산업(주로 제조업), 그리고 3차산업으로 진행되는 일반적 과정을 거치지 않고 있다.[32] 인도의 서비스 산업은 현재 GDP의 50% 이상을 차지하고 있으며, 제조업의 비중은 상대적으로 낮다. 이는 앞에서도 지적했듯이 IT 산업의 상대적인 발전과 전근대적 서비스 산업, 즉 도시 비공식 부문 형태의 영세 서비스 산업 때문이다.

영세 서비스 부문에는 농업 부문과 마찬가지로 생산성이 극히 낮은 인력이 고용되어 있다. 이들을 보다 생산성이 높은 분야로

---

(32) 일반적으로 국민 경제는 제조업과 서비스 산업 부문이 확대되면서 농업 부문이 점차 줄어드는 발전 과정을 밟아나간다. 국민 경제가 안정적으로 성장하면 산업 부문 비중이 점차 줄어들고 서비스 부문이 확대된다.

인도의 산업별 성장률

단위:%

	연평균 성장률			
	1951~1980	1981~1990	1991~2000	2001~2004
농업	2.1	4.4	3.1	2.4
공업	5.3	6.8	5.8	6.2
서비스업	4.5	6.6	7.5	8.2

자료:IMF, "Country Report," No. 05/87, March 2005.
　　　Government of India, *Economic Survey 2004~2005*, Ministry of Finance, 2005.

전환시키는 것이 인도 경제발전의 가장 핵심이자 근본 과제라고
할 수 있으며, 이를 위해서는 고용 효과가 더 큰 제조업을 육성해
야 한다. 인도에 고급인력이 풍부하다고 하지만, 저임금의 비숙련
노동력은 훨씬 더 많다. 따라서 인도는 제조업의 육성에 관심을
갖지 않을 수 없을 것이다. 동아시아 국가들이 경제발전 초기에
시장을 창출하기 위해 해외시장을 공략한 것과는 달리, 인구가 많
은 인도는 내수 및 수출을 동시에 지향하는 전략을 추진할 수 있
다. 인도는 동아시아 경제의 통합과 함께 동아시아에서 이전하는
노동집약적 산업을 이어받아 내수 및 수출 산업으로 발전시켜나
갈 수 있을 것이다.

대외개방

1995년 WTO에 가입한 이후 인도 경제는 빠르게 개방되고 있
다. 물론 아직도 내수경제 지향적인 경제발전 전략의 징후들이 많
이 남아 있고, 대외교역의 비중은 아시아 다른 국가들에 비해 여
전히 크게 뒤떨어진다. 하지만 인도의 세계경제 편입은 크게 개선

될 것이다. 인도는 교역 및 자본자유화를 더 적극적으로 추진해야 한다는 점을 인식하고, 이를 위해 노력하고 있다. 최근 인도는 중국, 싱가포르, 태국, 그리고 ASEAN의 다른 회원국과도 자유무역협정에 대해 논의하고 있다. 이는 세계교역 체제에 보다 긴밀하게 진입되고 있음을 의미한다.

외국인 직접투자도 확대될 가능성이 매우 높다. 현재 인도로 유입된 외국인 직접투자는 매우 적은 수준이며, 특히 중국과 비교해 볼 때 그 규모는 매우 미약하다. 지난 몇 년간 인도의 외국인 투자 유치 규모는 연평균 30억 달러 수준으로, GDP 대비 0.5%에 불과하다. 반면 중국은 450억 달러가 유입되어, GDP 대비 약 4% 수준에 이른다.

하지만 시장의 규제가 완화 또는 철폐되고 시장자유화가 진척된다면 크게 달라질 것이다. 실제로 현재 외국인 투자가들은 인도에 큰 관심을 갖고 있으며, 다국적기업의 경영진은 인도를 매우 높게 평가하는 분위기다.

한편 인도 정부는 개방 정책을 실행에 옮기면서 상당한 난관에 직면해 있다. 인도의 다양한 정당과 노동조합 등의 기득권층이 개방 정책의 진전을 저해하기 때문이다. 하지만 다행히 인도의 대외 개방은 기업이 중심적 역할을 한다. 수출 부문 역시 타타 등 대기업뿐만 아니라 중기업들의 역할이 점점 더 중요해지고 있다.

인프라 분야의 투자 잠재력

그동안 재정수입이 줄면서 정부의 투자는 상당 기간 감소해왔으며, 인프라 부문에서 심각한 부족 현상을 야기했다. 항만 시설,

공항, 철도망 등에 상당한 개선이 요구되고 있다. 특히 전력 상황은 세계에서 가장 취약한 나라 중 하나인데, 이러한 문제는 전력 공급망은 물론 공급 설비 자체에 기인한다. 인도의 1인당 전력 소모량은 중국의 40%, 브라질의 21% 수준이다. 운송 부문도 마찬가지다. 세계에서 가장 긴 도로망을 갖춘 국가 중 하나지만, 수송 능력이나 질적인 측면에서 매우 심각한 제약을 받고 있다. 도로망 길이는 중국의 2배나 되지만, 상품 수송 등에 적합하지 못해서 운송 물량은 중국에 비해 상당히 뒤처져 있다.

현 집권 정치인들은 이 문제를 심각히 인식하고 국내외 투자자들을 유치해 인프라 부문의 투자 부족 자금을 충당하려 하고 있다. 만모한 싱 총리는 향후 몇 년간 철도망과 공항 및 항만 등의 인프라 확충에 총 1,500억 달러에 이르는 자금이 필요하다고 지적했다. 이 금액은 사실 엄청난 규모다. 인프라 확충의 목표를 달성하려면 국내외 투자자들에게 매력적이고도 합당한 정책적 프로그램이 있어야 한다. 외국 투자전문기관이나 연구소들은 일단 인프라 확충을 위한 정책적 여건은 형성된 것으로 보고 있다. 무엇보다도 외국인 직접투자의 최고한도 규제를 철폐했는데, 예외적으로 정보통신 분야만 최고한도 49%를 유지하고 있다. 인도 정부는 인프라 프로젝트에 대한 장기 투자 계획을 단계별·기간별로 상세히 수립했다. 투자자들은 이를 근거로 수익 및 위험 요인 등을 스스로 시산해보고 사업 기획을 수립할 수 있게 되었다.

정부는 외환보유고 중 일부를 인프라 구축에 공공자금으로 활용할 것이라고 밝혔다. 그러나 공공자금의 투입은 재정적자 문제를 악화시키거나 인플레이션을 유발하지 않는 한도 내에서 이루어져야 한다.

뿐만 아니라 국내 저축이 인프라 확충 프로젝트에 필요한 자금 조달을 일정 부문 담당해야 한다. 인구의 구성 및 증가 측면에서 인도의 국내 저축은 매우 빠르게 확대될 전망이다. 현재 23% 수준의 국내 저축률은 2020년경 30% 선에 이를 것으로 예측되고 있다.

제도적 비효율성

인도 사회는 지리학적으로 문화·언어·종교·관습 등이 서로 다름에도 불구하고 법 체제와 자본시장에 대한 감독기관 및 은행 감독기구 등이 비교적 안정적 여건을 갖추고 있다. 그러나 효율성이나 실행력이란 측면에서는 아직도 해결해야 할 문제가 많다. 세계은행의 조사에 따르면, 정부의 제도적 여건은 매우 비효율적이다. 다시 말해 정부 서비스의 품질도 문제고, 기업 활동에도 상당한 장애가 된다는 지적이다. 아시아의 선두국가는 물론이거니와 중국과 비교해도 상당히 뒤처진 상태다.

일례로 인도의 노동법은 매우 복잡하고 경직적이다. 300인 이상을 고용한 기업은 근로자를 쉽게 해고할 수 없다. 대기업이나 외국기업들은 이 엄격한 노동법의 적용을 회피하기 위해 여러 가지 수단을 강구하고 있다. 물론 그동안 노동법 개정 등에 대한 논의가 상당 기간 있어왔지만, 아직까지 아무런 성과를 이끌어내지 못했다. 그러나 경제가 지속적으로 발전하고 경제자유도가 높아지면서 제도적 여건은 점차 개선될 것으로 보인다.

민영화의 부진도 미온적 개방 정책의 한 단면이다. 인도는 네루 정부 이래 사회주의적 체제를 유지해왔고, 기간산업 부문에서 큰 비중을 차지하는 공기업은 대부분 비효율적으로 운영되었다. 재정적자에 직면한 인도는 1990년대 초반부터 민영화를 추진해왔지만, 그 성과는 크지 않다. 전체 민영화 대상은 750억~1,500억 달러 가치에 달하지만, 1991년 이후 민영화를 통해 정부가 취득한 금액은 14년 동안 119억 달러에 불과하다. 민영화를 위해서는 필연적으로 외국자본의 역할을 인정해야 하는데, 인도는 여기에 대해 소극적인 편이다.

비교적 높은 경제 안정성

거시지표와 경제 정책의 안정성

지난 몇 년간 인플레이션은 크게 완화되어 약 5%대로 안정되어 있다. 하지만 물가안정을 지속하려면 재정 정책이 개선되어야 한다. 1980년대 확장적 재정 정책으로 재정적자는 매우 높아졌고, 이는 인도 경제의 치명적 약점으로 작용하고 있다.

이제 인도 정부는 재정 건전화 단계에 첫발을 내디뎠다. 2002년 책임감 있는 재정 정책에 관한 법(Fiscal Responsibility and Budget Management Act)을 제정하고, 매년 재정적자 목표를 정해놓고 2008/2009년까지 GDP 대비 3%로 낮추겠다는 계획을 세웠다. 뿐만 아니라 2005년 4월 도입된 부가가치세는 중요한 정책적 요소로 재정 건전화에 기여하고, 민영화의 점진적 추진으로 공공 부문의 재정 부담도 완화될 것으로 기대된다.

외환시장의 안정성

외환보유고가 급격히 증가해 외환유동성은 풍부한 편이다. 수년 동안 적자를 기록했던 경상수지가 2001년에는 흑자로 전환되

인도의 외채 상환 부담 비교

단위 : 억 달러, %

	1992	2004
외채 금액	903	1,126
외채/GNP	37.6	17.9
원리금상환/경상외화수입	27.3	18.1(2003년)
단기외채/총외채	7.0	6.1
단기외채/외환보유고	66.5	5.9

자료 : World Bank, "Global Development Finance 2005."

어 외환유동성 강화에 기여하고 있다. 외환위기 이후 정부가 외채 관리에 적극 개입함으로써 성공적으로 대외 채무를 관리해 외채 부담이 대폭 감소되었기 때문이다.

외환보유고의 증기와 유동성 개선으로 1990년대 말 가치가 하락했던 인도의 '루피' 화도 안정세를 유지하고 있다. 향후 외환유동성이 풍부해지면서 인도의 환율은 안정될 가능성이 높다. 실제로 2003년 이후 루피 환율은 지속적으로 하락하면서 인도의 통화가치가 상승했으며, 이는 인도의 구매력 상승을 의미한다. 이와 같은 상황에서 인도가 향후 7% 이상의 성장을 이룬다면 루피화

루피 환율 추이

단위 : 루피/달러

	2004				2005				2006
	1/4	2/4	3/4	4/4	1/4	2/4	3/4	4/4	1/4
평균 환율	45.25	44.90	46.16	44.96	43.71	43.60	43.69	45.40	44.40
기말 환율	43.39	45.98	46.16	43.58	43.76	43.52	43.99	45.07	44.69

자료 : EIU.

가치는 더욱 상승하고, 달러 표시 GDP 규모는 보다 빠른 속도로 증가할 것이다. 루피 환율의 하락은 현지 내수시장에 진출한 기업에게 상당한 도움이 될 것이다.

정치적 안정성

인도는 종교적·지역적 갈등이 잠복해 있는 국가다. 힌두교와 이슬람교 간의 갈등이 위험 요소로 작용한다. 지역 간에는 경제발전을 놓고 주정부 간에 갈등이 생기고, 주정부 간의 경제 정책이 동일되지 않는 부분도 있다. 그러나 대내적인 정치적 안정은 당분간 큰 문제가 없을 것으로 보인다.

대외적으로는 중국 및 파키스탄과 갈등 구조를 보였으나, 최근들어 관계가 호전되고 있다. 특히 급격히 강대국으로 성장한 중국을 미국이 견제함에 따라 인도의 국제정치적 역할이 중요해지고 있다. 이러한 환경 변화 속에서 중국은 인도와 우호적 관계를 유지하기 위해 노력하고 있다. 중국과 인도는 이미 수차례에 걸쳐 정상방문을 가졌고, 국경 문제도 상당 수준 해결되어가는 분위기다. 이 같은 흐름은 인도의 대내외 정치적 안정성이 점차 높아져가고 있음을 의미한다.

인도의 민주주의는 어떻게 발전했나

김찬완

독립 이후 인도에서는 전근대적 정치·사회 구조가 근대적 구조로 변화되면서 정치발전에 대한 논의가 활발하게 이루어졌다. 정치발전 측면의 가장 핵심은 민주주의 정착과 공고화의 문제였다. 서구의 정치발전 학자들은 신생독립국 인도가 복합적·이중적 사회구조, 부와 중산계급의 결여, 그리고 낙후된 경제와 교육 수준으로 인해 의회민주주의를 정착시키기 어려울 것으로 내다보았다. 그러나 인도는 성인의 참정권을 인정하면서 의회민주주의를 채택했다. 다양한 종교, 언어, 카스트, 인종, 계급 등에 상관없이 범민족주의의 이념을 바탕으로 국민적 다양성을 인정하면서 통합연대 의식을 고취시켰다. 다원적이고 복합적인 인도 사회의 구성원이 강한 민족저 주체성을 가지고 정치참여도를 높여갈 수 있었던 배경에는 네루(J. Nehru)의 탁월한 정치력과, 그가 이끄는 인도국민회의(INC:Indian National Congress)의 기본 이념인 민주주의·사회주의·세속주의의 원칙과 당 조직의 민주적 운영이 있었기 때문이다.

인도 민족주의 정당으로서 국민의 광범위한 지지를 받았던 INC는 대중의 권익을 보호하고 국민의 화합을 위해 부단히 노력했다. INC의 중앙정부는 각 주정부들과의 정책 협의뿐만 아니라 국민의 문제를 해결하는 데도 당조직과 당 기구를 이용했다. 따라서 정부는 정치적·사회적 갈등은 물론 여러 이해집단의 요구를 적절히 조절해 수용할 수 있었다. 이로써 인도는 의회민주주의 체제하에서 정치적 안정을 이루어나갔다.

네루는 1948년 1월 마하트마 간디(M. Gandhi)의 암살과, 1951년 파텔(S.

Patel)의 사망 이후 인도 정치무대에서 확고한 제1인자로서의 지도력을 발휘했다. 네루의 뛰어난 정치 지도력은 1952년 보통평등선거로 공정하게 실시된 제1차 총선거에서 명백히 드러났다. INC는 이 선거에서 압승을 거두었다. 네루가 이끄는 INC가 총선에서 국민의 절대적인 지지를 받을 수 있었던 이유는 INC의 조직이 도시는 물론 시골의 각 마을까지 민주적으로 잘 짜여 있었기 때문이다. 이 민주적인 정당 조직에는 종교, 카스트, 계급 등에 상관없이 사회 각 계층의 지도자들이 소속되어 있었다. 이로써 전통 인도 사회의 수직적인 카스트 조직 관계가 완화되었고, 세속주의적인 정치이념이 자리를 잡게 되었다. INC는 일반 국민의 고충을 정부에 전달하는 실제적인 국민의 대표정당으로서 충실히 역할을 수행했다. 인도 국민은 주어진 민주주의 제도 아래서 자신들의 사회·경제적 문제를 각성하기 시작했고, 자신들의 권리와 이해 증진을 위해 정치참여를 높여가며 세계 최대의 민주주의를 수호했다.

이와 같은 INC의 조직은 범민족주의 이념을 바탕으로 국민적 다양성을 지양한 단합적인 연대 의식을 고취시켰다. 사회학자 제임스 콜먼(James S. Coleman)은 선진사회를 근대사회(modern society)로, 후진사회를 과도적 사회(transition society)로 보고 후진사회의 일반적 특징들 중의 하나로 통합성의 결여를 꼽는다. 또한 후진사회에서 통합성이 결여되는 부분적 원인은 인종적·종교적·문화적 다원성(pluralism) 때문이므로, 후진사회는 근대적인 국민적 통합을 이룩할 수 없다고 지적한다.

그러나 대다수의 학자는 네루 시대의 인도가 국민적인 통합을 이끌어냈다는 데 공감한다. 그 원인은 인도가 독립 이후 민주적 헌법의 도입과 더불어 참여민주주의 제도의 가치를 존중했기 때문이라고 본다. 또한 중국과 파키스탄에 대한 팽창적 민족주의도 인도 국민을 통합하는 데 중요한 역할을 했다. 이렇게 갖춰진 정치 체계 덕분에 인도는 세계 최대의 민주주의 국가로 성장했다.

네루 시대 때 잘 정비된 인도 민주주의 체제는 1960년대 후반부터 쇠퇴하기 시작했고, 1970년대 중반 인디라 간디(Indira Gandhi) 정권에서 심한 타격을 입었다. 인디라 간디는 국민의 절대적 지지를 받으면서 당권과 정권을 완전히 장악하고, 당과 정부를 더욱 권위주의적으로 이끌어갔다. 인디라 간디의 이 같은 권위주의 통치는 1975년 6월 비상사태 선포로 극에 달하게 되었다. 이런 과정에서 인디라 간디는 정치적으로 점점 고립화되면서 집권당을 자신과 가족 중심으로 사당화(私黨化)했다.

인디라 간디는 지역이나 당원의 지지 기반과 상관없이 중앙당의 주요 간부에서 당 하부조직의 책임자들까지 자신에 대한 충성파 위주로 임명해나갔다. INC가 집권하고 있는 각 주의 총리들도 주의원이나 국민의 지지 의사와는 별개로 인디라 간디에 의해서 지명되었다. 따라서 INC 중앙당은 점차 각 지방의 민의(民意)를 올바로 수렴할 수 없게 되어 사회의 여러 실질적인 문제를 제대로 파악할 수조차 없었다. 1978년에 주요 당직자들이 인디라 간디의 권위적인 통치 태도에 반대하며 탈당하자 그녀는 INC라는 징딩 이름 뒤에 자신의 이름인 인디라(Indira)의 'I'를 붙였다. 그 후 인도국민회의의 영문 이름은 'INC(I)'로 변했고, 인도국민회의가 인디라 간디의 사당이 되었음을 상징했다.

인디라 간디의 집권 동안 정치·사회 불안이 가속화되어, 민주적인 선거로 구성된 주의회가 해산되고 연방정부가 통치권을 직접 행사하는 대통령령이 부과된 횟수가 급격히 늘어났다. 그녀는 지역에 지지 기반을 둔 지역 군소정당들을 정치적 계략으로 분열시킴으로써 결국 사회 통합을 위협하는 부정적인 집단이기주의를 탄생하게 했으며, 종교와 카스트가 정치화되고 부정부패가 늘어나는 계기를 조성했다.

인디라 간디가 이끄는 INC(I) 쇠퇴의 틈을 타고 1980년대 중반부터 종교를 이용해 정치적 지지 기반을 확장해가는 정당이 늘어나기 시작했다. INC(I)의 쇠퇴와 더불어 인도국민당(BJP : Bharatiya Janata Party)이 1996년 총선에서 마침내 인도 중앙정부의 정권을 잡았다. 이 총선 결과는 독립 이후 인도 정치사에 최대의 이변을 낳았다. 독립 이후 약 45년간 집권해온 인도국민회의가 처음으로 연방하원에서 제1당으로서의 위치를 확보하는 데 실패한 반면, 짧은 역사를 가진 힌두 민족주의 정당인 BJP가 제1당으로서의 위치를 차지함과 동시에 연립정부를 구성했다. 하지만 BJP연합은 하원에서 여타 정당들로부터 과반수 의석 지지를 확보하지 못해 집권 13일 만에 무너지고 말았다. 이때부터 인도 중앙에 연립정부 추세가 지속적으로 이어지고 있다.

BJP가 종교를 이용해 정치적 지지 기반을 확대해나가자, 다른 한편으로 카스트를 정치적으로 이용하는 세력이 본격적으로 나타나기 시작했다. 대표적인 예가 비하르 주의 랄루 야다브(Laloo P. Yadav)가 이끄는 국민민주당(RJD : Rashtriya Janata Dal)이다. 랄루 야다브는 여타후진계급(OBC : Other Backward Classes), 특히 야다브 카스트와 무슬림의 지지를 받아 주정부의 권력을 오랫동안 장악했다. 또 다른 예로는 지정카스트의 지지를 받아 정치적 지지 기반을 확대해가고 있는 바후잔사마즈당(BSP : Bahujan Samaj Party)을 들 수 있다.* 이 정당은 북인도의 차마르(Chamar) 카스트로부터 절대적인 지지를 받고 있다.

이처럼 종교와 카스트가 정치적으로 이용되면서 국민 간 불신의 장벽은 높아만 가고, 정치적 협력이나 합의가 도출되기 어려운 정치문화가 나타났다. 또한 분파주의 정치가 만연하면서 지역 군소정당들의 정치적 입지가 강화되기 시작했다. 1996년 6월부터 전국 규모의 어떤 정당도 단독으로 연방정부를 집권할 수 있는 과반수 의석을 확보하지 못하는 과정에서, 지역 군소정당들의 정치적 입지는 더욱 강화되었다. 대표적으로 24개 정당이 연합해 만든 국민민주연맹(NDA : National Democratic Alliance), 안드라프라데시 주의 텔루구데삼당(TDP : Telugu Desam Party)의 정치적 입지가 강화되었다. 이 정당의 대표인 찬드르바부 나이두(Naidu)는 킹 메이커로 활동하면서 NDA연정에서 가장 강력한 영향력을 발휘했다. 이렇게 지역 군소정당들이 정치적 영향력을 발휘하면서 정책 추진의 일관성 부족이나 정치 불안 등의 일부 부작용도 있는 것은 사실이다. 그러나 최근 인도 국내 정치에서는 국민들의 정치참여 확대와 사회적 약자 및 소수의 권익을 보호하는 민주정치의 실현이라는 긍정적인 면이 더 부각되면서 여러 정치집단이 정치 공동체를 형성하는 연합정치 풍토가 정착되고 있다.

---

*BSP 지도자인 마야와티(Mayawati)는 1995년 6월 지정카스트 출신으로는 최초로 주(우타르 프라데시)의 총리가 되었다. 그녀는 1997년 3월에도 다시 같은 주의 총리로 임명되었다. 이것은 카스트가 본격적으로 정치화되면서 인도 사회에서 전통적으로 착취와 억압을 받아왔던 하층 카스트들의 분명한 정치적 지위 향상을 단적으로 보여준 사례다. 이처럼 주정부 차원에서 기존의 상층 카스트에서 하층 카스트로, 그리고 도시 엘리트에서 농촌 엘리트로의 권력이동은 인도연방 체제에서 중앙정부와 주정부들 간의 정치·경제 관계에 중요한 영향을 미치는 요소가 되고 있다.

인도의 소비시장

김찬완

India

01

인도 소비시장의 특성

소비시장의 특성

계층 및 지역 간의 심각한 불균형

경제개혁 이전과 오늘날 인도 사회의 가장 두드러진 변화는 중산층 이상의 소비문화가 빠르게 확산되었다는 점이다. 특히 오늘날 도시에 거주하는 중산층 이상의 사람들이 즐기는 소비문화는 경제자유화가 추진되지 않았다면 쉽게 찾아보기 힘들었을 것이다. 다시 말해 그들은 경제개혁의 혜택을 받았음을 의미한다. 경제개혁 이후에 중산층 이상이 혜택을 보고 있다는 단적인 증거로는 승용차와 TV의 소비 증대를 들 수 있다. 개혁 이전에 연평균 10만 대가 증가하던 승용차 소비는 개혁 이후 60만 대씩 증가했다.[33] 텔레비전은 개혁 이전에 매년 400만 대가 증가했으나 개혁 이후에는 900만 대가 증가했다. 휴대전화의 경우 2002년 12월의 가입자 수는 약 1,065만 명이었으나 2006년 1월 현재 7,999만여 명에 달한다. 반면 대다수 서민의 생활은 10년 전이나 지금이나 별다른 변화가 없다. 오히려 경제개혁 이후 비료 등의 여러 가지 공산품 및 생필품 가격의 상승으로 생활고가 더욱 가중되는 경향이 나타났다. 이러한 사실은 1990년대 중반 세계은행[34]의 조사에서도 밝혀졌고, 다트(Datt)나 디튼과 드레즈(Deaton and Dreze)[35] 등의 연구에도 잘 나타나 있다. 하층민 대부분의 생활수준은 크게 향상되지 못했고, 오히려 가중되었다. 또한 정부에서 추진하는 각종 복지 프로그램은 실질적으로 서민에게 혜택이 돌아가지 못했다. 정부의 각종 취업 보장 프로그램(예컨대 Employment Assurance Schemes)도 서민들의 취업 기회를 확대하는 데 기여하지 못하고 있다. 게다가 대다수 서민은 정부의 새로운 복지 프로그램에 대해 아예 모르는 상황이다.

사실 경제개혁 이후로 여러 가지 빈곤 퇴치 프로그램이 시행되었지만 성과는 아주 미미했다. 실제로 인도의 많은 저소득 계층은 여러 가지 정부 보조금도 제대로 못 받고 있다. 파리크(Parikh)에 따르면, 인도 빈곤층은 정부의 식료품 보조금 중에서 5분의 1을 받을 뿐이다.[36] 인도 경제개혁의 중요한 목적은 지속적으로 높은 경제성장을 이룩해 많은 일자리를 창출하고 사회 전반에 퍼져 있

(33) Aiyar, S. Anklesaria, "Has Economic Reforms Bypassed the Poor?," *Times of India*, April 23, 2000.

(34) World Bank, *India : Five Years of Stabilization and Reform and the Challenges Ahead*, Washington D. C. : World Bank, 1996.

(35) Datt, "Has Poverty Declined since Economic Reforms?," *Economic and Political Weekly,* December 11-17, 1999, Deaton, Angus & Dreze, Jean, "Poverty and Inequality in India," *Economic and Political Weekly*, September 2, 2002.

(36) Parik, Kirit, *India Development Report 1997*, Delhi : Oxford University Press, 1997.

는 빈곤을 줄이는 데 있다.[37] 그러나 경제개혁 시대에 나타난 여러 가지 모순 중 하나는 경제성장률이 상승하는데도 불구하고 빈곤층의 비율이 별로 줄지 않았다는 것이다. 1991년 재무부 장관이던 만모한 싱이 경제개혁을 추진할 당시 빈곤층은 전체 인구의 36.3%였다. 그러나 인도 재무부의 경제조사(Economic Survey)에 따르면, 1999/2001년 빈곤층 비율은 26.1%로 나타났다. 이것은 10년 동안 빈곤층 비율이 겨우 약 10%포인트 줄어들었음을 의미한다. 더 흥미로운 사실은 개혁 이전의 평균 경제성장률은 3.5~5%였으나 빈곤층의 비율은 더 많이 떨어졌다는 점이다. 예를 들어 1977/1978년의 빈곤율은 51.3%였으나 1987/1988년에는 38.9%로 줄어들었다. 즉 10년 동안 빈곤율은 12.4%포인트나 하락했다. 이러한 사실을 통해 높은 경제성장률 자체만으로 인도의 빈곤층 비율을 줄이지 못한다는 교훈을 얻을 수 있다.

노벨 경제학상 수상자인 아마르티아 센(Amartya Sen)의 주장에 의하면, 빈곤 퇴치는 단순히 경제적으로 해결되는 것이 아니고 정부가 저소득층에게 정치적·경제적·사회적 선택 기회의 폭을 넓혀줌으로써 이룩된다.[38] 그는 특히 저소득층의 교육과 건강 증진을 강조하고 있다. 더불어 빈곤 퇴치를 위해서는 정부의 통치 형태도 중요하다고 주장한다. 공무원의 부정부패와 무책임하고 불투명한 정책 실행이 빈곤 퇴치에 큰 장애가 되고 있다는 것이다. 이러한 지적은 경제개혁을 추진하는 인도의 정책 결정자에게 시

---

(37) 경제개혁 이전과 이후의 빈곤 실태 변화에 대한 분석은 몇몇 연구에서 잘 나타나고 있다. Chandrasekhar & Sen, 1996 ; Gupta, 1995 ; Tendulkar and Jain, 1996.

(38) Dreze Jean & Amartya Sen, *India : Economic Development and Social Opportunity*, Delhi : Oxford University Press, 1995.

사하는 바가 크다. 경제개혁에 따라 서민의 취업 기회나 권한이 확대되기는커녕, 오히려 물가상승으로 생활고를 겪고 중산층 이상의 소비문화 확대로 상대적 박탈감이 가중되었다.[39]

경제개혁이 시작되고 약 10년이 지난 1999/2000년 이후 상위 20%와 하위 40% 간의 1인당 소비지출은 평균적으로 농촌은 약 3배, 도시는 4배 이상 차이가 난다. 지니계수를 살펴보면, 농촌보다는 도시의 빈부 격차가 훨씬 더 심하게 나타나고 있다. 농촌보다 도시 지역에서 빈부 격차가 심한 것은 비단 인도뿐만이 아니라 대부분의 나라에서 나타나는 현상이다. 인도는 농촌에서 대부분의 고용이 창출되고 있으며, 농촌 여성의 고용 비중도 도시보다 높다. 최근 발표된 인도 정부의 5차 경제센서스(5th Economic Census)에 따르면, 농업 부문이 인도 전체 고용인구 3억 7,500만 명의 73%를 차지해 여전히 절대다수의 인구가 농촌에 의존해 살고 있는 것으로 나타났다. 또한 1998~2004년 전체 신규 고용 창출 중 농촌 지역에서 61.3%의 고용이 창출된 반면, 도시 지역에서는 불과 38.7%만이 창출되었다. 또한 인도 여성 노동인구 중에서 가정주부가 차지하는 비중은 농촌이 76%인 데 반해 도시는 86%로 높다. 또 비농업 분야 전체 고용인구 1억 명 중 여성 인구의 비중은 19%인데, 이 중에서 농촌 여성이 24.3%를 차지하고 도시 지역은 14%에 불과한 것으로 기록되었다.[40]

인도 소비시장의 또 하나의 특성은 지역 간 경제 불균형이 심각

---

(39) 이 부분은 김찬완,《인도 경제개혁의 10년의 평가와 향후과제》, 서울 : KIEP, 2000을 주로 참고했다.

(40) http://o3.indiatimes.com/yossarin/archive/2006/06/14/786870.aspx ; KOTRA 뉴델리 무역관 현지시장 정보 재인용. http://www.kotra.or.kr/common/login.jsp.

인도 주요 주의 농촌 소비자 지출 및 빈곤율 현황(1999~2002년)[*]

단위 : 루피, %

주	월평균 1인당 소비자 지출				지니계수	국가 빈곤선 (인구 비중)
	하층 (40%)	중산층 (40%)	상층 (20%)	전체		
안드라프라데시	292	445	794	453	0.238	27.5
아삼	288	438	677	425	0.203	27.6
비하르	261	386	628	384	0.208	42.2
구자라트	348	553	952	551	0.238	14.3
하리아나	436	719	1,256	714	0.250	4.9
카르나타카	314	492	885	499	0.245	21.5
케랄라	437	734	1,486	765	0.289	4.4
마디아프라데시	252	399	706	401	0.244	42.1
마하라슈트라	299	490	904	496	0.262	25.3
오리사	231	371	660	372	0.247	49.5
펀자브	456	733	1,333	742	0.253	2.9
라자스탄	367	554	900	548	0.213	10.6
타밀나두	298	495	984	513	0.284	25.3
우타르프라데시	291	457	836	466	0.249	28.5
서벵골	296	454	769	454	0.226	25.9
인도 전체	293	476	892	485	0.263	27.0

주 : 인도 정부에서 공식적으로 농촌과 도시의 소비자 지출 및 빈곤율을 조사한 자료는 NSS(National Sample Survey)에서 조사한 55차 라운드가 가장 최근의 자료임. Government of India, *Economic Survey 2005-06*, NewDelhi : Government of India Press, 2006, p. 205.
자료 : NSS 55th Round.

하다는 점이다. 지역 간의 불균형은 인도가 1991년 경제자유화 정
책을 추진하면서 더욱 심화되었다. 산업 기반이 상대적으로 잘 갖
춰진 구자라트와 같은 주들은 급속도로 경제성장을 이루며 앞 다

인도 주요 주의 도시 소비자 지출 및 빈곤율 현황(1999~2002년)

단위 : 루피, %

주	월평균 1인당 소비자 지출				지니계수	국가 빈곤선 (인구 비중)
	하층 (40%)	중산층 (40%)	상층 (20%)	전체		
안드라프라데시	407	743	1,565	773	0.316	26.8
아삼	425	798	1,622	813	0.312	23.0
비하르	318	559	1,253	601	0.323	47.8
구자라트	501	867	1,723	891	0.291	11.5
하리아나	501	914	1,734	911	0.291	13.5
카르나타카	462	880	1,871	910	0.328	17.7
케랄라	473	900	1,913	932	0.326	17.3
마디아프라데시	367	657	1,419	693	0.319	33.7
마하라슈트라	468	908	2,114	973	0.354	17.4
오리시	343	599	1,205	618	0.296	39.6
펀자브	504	860	1,764	898	0.294	11.0
라자스탄	458	767	1,531	795	0.285	17.2
타밀나두	451	845	2,265	971	0.389	19.7
우타르프라데시	355	641	1,459	690	0.332	36.6
서벵골	433	796	1,873	866	0.347	21.5
인도 전체	420	798	1,836	854	0.347	23.4

자료 : NSS 55th Round.

뒤 국내외 투자자들을 유치하고 있다. 반면 경제성장이 낮고 산업 인프라 시설이 낙후된 비하르나 아삼 등 동북부에 위치한 주들은 새롭게 추진된 경제개혁의 혜택을 거의 못 받고 있다. 때문에 이른바 개혁의 수혜 주와 비수혜 주 간의 경제 격차가 점차 커지고 있는 것이다.

경제개혁 이전과 이후 10년을 비교해보면 1980년대에 안드라프라데시, 아삼, 케랄라를 제외한 모든 주요 주들이 5% 이상의 성장을 기록했다. 타밀나두, 카르나타카, 하리아나, 히마찰프라데시, 라자스탄은 연평균 6% 이상의 높은 성장을 나타냈다. 특히 평균적으로 1980년대의 지역 간 격차는 상대적으로 적은 것으로 나타났다. 그러나 경제개혁이 시행된 1990년대에는 산업 기반이 잘 갖춰진 구자라트, 카르나타카, 마하라슈트라와 같은 주의 경제성장이 좋았던 데 반해 전통적으로 경제가 낙후된 아삼, 비하르, 오리사, 우타르프라데시 주는 오히려 경제성장률이 하락했다. 이렇게 경제개혁 이후로 지역 간의 격차가 심화된 이유는 인프라 시설이 잘 갖춰진 주들이 기업의 관심을 더 끌어 보다 많은 투자를 유치하며 경제성장률을 높일 수 있었기 때문이다. 이러한 주장을 뒷받침할 만한 투자선호도 조사가 1995년과 1997년에 인도연방의 25개 주와 델리 및 퐁디세리 2개 연방직할지를 대상으로 실시되었다.[41] 이 조사에 따르면, 1995년과 1997년 조사에서 모두 마하라슈트라와 구자라트 주가 각각 1, 2위를 차지했다. 반면 비하르 주는 두 조사 기간 모두에서 최하위를 기록했고, 동북부 지역 주들이 그 뒤를 따랐다. 이것은 인도가 추진한 경제개혁이 지역 간 경제 불균형을 가중시키고 있음을 단적으로 보여준다.

특이한 점은 공산당의 집권으로 반경제개혁 성향을 지닌 서벵골 주가 예상과 달리 7.2%의 경제성장률을 기록한 반면, 친경제개혁 성향이 강한 안드라프라데시 주의 성장률은 인도 전체의 평

---

(41) *Business Today*, December 22-January 6, 1998, pp. 84~95.

인도의 주별 GDP 성장률

단위 : %

주	1980~1990	1990~2000
안드라프라데시	4.81	5.05
아삼	3.91	3.49
비하르	5.20	3.85
고아	5.71	7.47
구자라트	5.71	6.80
하리아나	6.68	7.80
히마찰프라데시	6.10	6.20
카르나타카	6.10	6.53
케랄라	4.50	5.97
마디아프라데시	5.18	5.89
마하라슈트라	5.98	6.30
오리사	5.85	3.90
펀자브	5.14	4 70
라자스탄	7.17	6.95
타밀나두	6.35	6.51
우타르프라데시	5.88	5.15
서벵골	5.20	6.11
인도 전체	5.60	5.66
변동계수	0.14	0.22

주 : 비하르, 우타르프라데시, 마디아프라데시는 차티스가르, 자르칸드, 우타란찰을 각기 신생 주로 고려하지 않고 계산했음.
자료 : Bhattacharya and Sakthivel, 2005.

균 성장률보다 낮은 5.1%에 머물렀다는 점이다. 하지만 1995년에
실시된 투자선호도 조사에서 22위를 기록한 안드라프라데시 주는

1997년에 5위로 급부상했다. 1990년대 중반부터 찬드라 바부 나이두(Chandra Babu Naidu)가 주총리에 오르면서 시장경제 체제를 선도적으로 받아들이기 시작했기 때문이다. 이러한 안드라프라데시가 인도 평균보다 낮은 성장률을 기록한 것은 나이두가 펼친 경제 정책의 성과가 1990년대에는 미처 드러나지 않았기 때문이다.[42] 그는 1999년 총선에서 바지파이(Vajpayee) 연립정부가 탄생하는 데 킹메이커 역할을 하고 정치적 영향력을 강화하면서 중앙정부로부터 많은 지원을 받게 되었다. 특히 안드라프라데시가 야심차게 추진하는 전자정부 구현을 위해 중앙정부로부터 IT 산업의 육성 및 발전에 필요한 적극적인 지원을 받았다. 중앙정부의 지원을 받은 나이두는 마이크로소프트의 빌 게이츠 회장을 만나 컴퓨터 첨단산업 기술을 자신의 주로 유치하는 데 성공했다. 안드라프라데시는 인도 소프트웨어 엔지니어의 23%를 공급하고 있다.[43]

경제개혁 이후에 인도 주요 주들의 연평균 GDP 성장률이나 1인당 연평균 소득을 경제개혁 이전과 비교해보면, 남인도가 동인도나 중북부 인도보다 높은 성과를 나타내고 있다. 남인도 지역의 삶의 질은 1990년대 들어 빠르게 개선되었다. 이것은 낮은 인구 증가율과 IT 산업이 뒷받침된 높은 경제성장률에 기인한다.

오랫동안 비하르 주를 통치해왔던 랄루 프라사드 야다브(Laloo Prasad Yadav)는 인도의 사회적·경제적 현실에 비춰볼 때 IT 산업

---

(42) Rao, C. H. Hanumantha & S. Mahendra Dev, "Economic Reforms and Challenges Ahead-An Overview," *Economic and Political Weekly*, Special Issue on Andra Pradeshi, March 22-29, 2003, pp. 1130~1141.

(43) *Far Eastern Economic Review*, February 24, 2000, p. 20.

은 필요 없다고 주장했다. 랄루는 카스트가 본격적으로 정치화된 이후로는 여타후진계급(특히 야다브 카스트)의 지도자로 떠올랐다. 때문에 그는 국가 차원의 발전이나 중산층 이상이 주로 혜택을 보는 IT 산업 등의 경제발전보다는 사회정의 실현에 더 많은 관심을 두었다. 즉 랄루는 카스트 제도로 말미암아 전통적으로 이어져온 상하층 카스트 간의 불공정한 차별적 요소를 해소하고, 자신의 정치적 지지 계층이자 농업과 목축업에 주로 종사하는 야다브 카스트 및 하층 이슬람교도의 발전에 주로 정치적 역량을 쏟고 있다. 이런 이유로 랄루는 IT 산업과 같은 첨단산업 발전에 부정적인 것이다.

각기 다른 정치적·경제적 이념을 가진 군소정당들이 난립하고 있는 인도의 정치문화에서 정부가 적극적으로 추진하는 정보기술혁명(IT Revolution)은 과거 1960·1970년대에 추진했던 녹색혁명(Green Revolution)[44] 때처럼 지역 간의 불균형을 야기하는 폐단을 가져오고 있다. 이와 같이 불균형한 지역 간 IT 산업의 발전은 인도에 새로운 세급을 창출하기도 한다. 즉 IT 산업 선진 주들에 있는 국민을 '정보기술 브라만(IT Brahman)'으로, 그리고 비하르와 같은 IT 산업 후진 주에 있는 국민을 거의 집단적으로 '정보기술 불가촉천민(IT Untouchable)'으로 만들고 있다. 이는 분명 인도 소비시장을 양분하는 요소로 작용한다.[45] 최근 IT 산업의 발전에 힘입어 남인도에 현대식 유통 시설이 우후죽순처럼 들어선 이유도

---

(44) 녹색혁명에 대한 자세한 분석은 정치경제학적 시각으로 아주 잘 정리된 Rudolph & Rudolph, op. cit.을 참조 바란다.

(45) 이 부분은 김찬완, 〈인도의 연립정부와 경제발전 : 1990년대 하반기를 중심으로〉,《남아시아연구》제6호, 2001을 주로 참고했다.

이와 같은 우려를 뒷받침하고 있다.

신(新)유통업태의 급성장

최근 인도 소비시장의 또 다른 특징은 백화점, 할인점, 전자상거래와 같은 신유통업태가 빠르게 성장하고 있다는 점이다. 1990년대 후반부터 등장한 이들 업태는 근대화된 쇼핑 채널에 대한 소비자의 욕구 및 소득수준 향상과 더불어 2000년대 들어 본격적으로 성장하기 시작했다. 인도 유통 산업의 시장 규모는 2005년 10조 루피(대략 250조 원)로 연평균 5% 수준의 성장을 보였으며, 이 중 신소매업태의 규모는 4,375억 루피(대략 11조 원)로 전체 유통 산업의 4.3%를 차지하고 연평균 25~30% 수준으로 급성장 중이다.[46]

1,200만 개의 소매점이 존재하는 인도는 전 세계적으로 유통 밀집도가 가장 높은 국가로 평가되고 있으나, 이들 가운데 95.7%가 재래시장으로 낙후된 유통구조를 보여준다. 인도에서 비공식 분야의 소매점은 노점상과 같이 소유권 및 경영권이 한 사람에게 집중되어 열악한 경우가 대부분이다. 그래서 최근 증가하고 있는 중산층이 원하고 필요로 하는 다양하고 질 좋은 제품, 쾌적한 쇼핑 환경, 부가적인 서비스 등을 충족시키지 못하고 있다. 이러한 상황은 향후 현대적인 유통 산업의 전망을 밝게 하고 있다. 2010년이면 신소매유통업태의 비중이 10%를 차지할 것으로 기대된다.

신유통 채널 도입은 카테고리별로 차이가 있다. 특히 시계(40%), 신발(25%), 의류(14%)의 신유통화 정도가 높으며, 반대로 식품잡화(1%), 보석(2%), 건강 및 미용용품(2%) 등은 낮은 것으로 나

---

(46) KSA Technopak India Retail Report-2005.

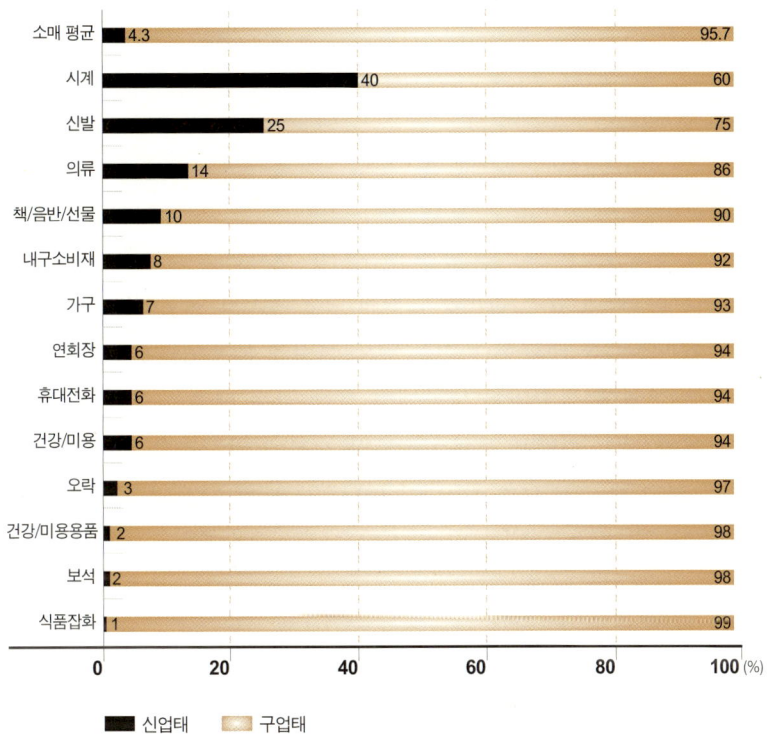

인도의 제품 카테고리별 유통 채널의 신업태화 수준(2004년 말)

카테고리	신업태	구업태
소매 평균	4.3	95.7
시계	40	60
신발	25	75
의류	14	86
책/음반/선물	10	90
내구소비재	8	92
가구	7	93
연회장	6	94
휴대전화	6	94
건강/미용	6	94
오락	3	97
건강/미용용품	2	98
보석	2	98
식품잡화	1	99

■ 신업태   □ 구업태

자료 : KSA Technopak India Retail Report-2005 ; Image Retail Future of Businesses, July 2005.

타난다. 인도의 소매유통은 크게 식품, 의류 및 섬유, 소비자 내구
재, 기성복으로 구분된다. 식품류는 총 소매 판매의 73%를 차지
하며 주로 노점상, 재래시장, 영세 소규모 가게에서 판매되고 있
다. 의류와 섬유 제품은 총 개인 소비의 약 7%를 차지하고 있다.
소비자 내구재는 여타 품목에 비해 상대적으로 잘 발달되어 있으
며 그 성장 속도도 빠르다. 기성복 부문은 1999~2002년 연평균

20% 이상씩 성장했으며, 기성복 브랜드의 결정은 가정 소득이 가장 중요한 기준으로 작용하고 있다.

이미 언급했듯이 인도의 신업태 비중은 아직 매우 낮은 수준이지만, 연평균 20~30%의 매우 빠른 성장세를 보이고 있다. 인도 백화점 가운데 대표적 업체인 쇼퍼즈스톱(Shopper's Stop)은 1991년 뭄바이에 첫 점포를 개설한 이후 지속적으로 점포수를 확장해왔다(연평균 성장률 22.5%). 특히 최근에는 매년 3~4개의 점포를 새로 개설해가면서 인도 신유통 산업의 성장 속도를 대변해주고 있다.

쇼퍼즈스톱 백화점 체인은 인도 전역에 분포되어 있으나, 주로 서부 상권에 집중되어 그곳에서 가장 높은 매출을 올리고 있다. 지역별 진입 패턴은 뭄바이로부터 시작해 방갈로르, 하이데라바드, 델리 등 대도시에 먼저 들어가고 이후 각 상권에 추가로 매장을 여는 '선 대도시 입점, 후 확충'의 방식을 취하고 있다. 지역별 매출은 뭄바이와 푸네로 구성되는 서부 상권이 48%로 가장 높고, 남부 상권이 그 뒤를 따른다.

인도의 대표적 할인점인 빅바자르(Big Bazaar)는 현재 인도 전역에 20개의 매장을 운영 중이며, 평균 1,271평 규모에 매장당 연평균 98억 원의 매출을 올리고 있다. 신규 매장이 급속히 늘어나면서도 매장당 매출(연평균 142%) 및 평당 효율은 매년 빠른 증가 추세를 보인다. 이 같은 성과가 지속되는 것은 할인점 형태에 대한 인도 소비자의 수용도가 높음을 반증하는 한편, 빅바자르의 경쟁력 때문으로 분석되기도 한다.[47]

온라인 시장 또한 급격하게 증가하고 있다. 인도 인터넷온라인

---

(47) *Times of India*, September 22, 2005.

인도의 전자상거래(B2C) 추이 및 전망

단위 : 루피, %, 건

	2002/2003	2003/2004	2004/2005	2005/2006	2006/2007
거래액	13억	25.5억	57억	118억	230억
거래액 성장률	-	96	124	107	95
1개월 평균 거래 건수	-	207,000	440,000	795,000	-
평균 거래액			1,080	1,100	

자료 : The Internet & Online Association of India, The Power Shopper : IOAI E-Commerce Report 2005, KOTRA 뉴델리 무역관 현지시장 정보 재인용. http://www.kotra.or.kr/common/login.jsp.

협회가 발표한 보고서에 따르면, 2005/2006년 온라인상으로 월 평균 79만 5,000건의 거래가 이뤄지고 118억 루피의 매출을 기록했다. 이는 전년도의 44만 건에 비해 80%나 증가했고, 매출액 규모로는 107%나 성장한 수준이다. 2006/2007년에는 95%의 성장을 기록할 것으로 전망하고 있다. 이 보고서에 따르면, 보석은 5분마다 팔리고, 캠코더는 96분, 컴퓨터는 150분마다 하나씩 팔리고 있다. 현재는 책, 전자기기, 철도 승차권 등이 주로 판매되고 있으나 향후에는 전자기기, 철도 승차권, 항공권, 책 순으로 판매될 것으로 조사되었다.

전자상거래의 주요 이용자를 연령대로 구분하면, 25~30세의 젊은이층이 전체 이용자의 32%를 차지해 비중이 가장 높고, 19~24세의 연령대가 29%, 31~40세의 중장년층은 전체의 22%를 차지한다. 이는 인도에서 20~30대가 전자상거래의 주 고객임을 나타내준다. 또한 이들 대부분은 대학을 졸업한 고학력자로서 사무직이나 전문직에 종사하는 고소득자들이다. 아직까지 전자상거래의 주 이용자는 남성(85%)이지만, 여성 이용자의 비율이 점차 증가하

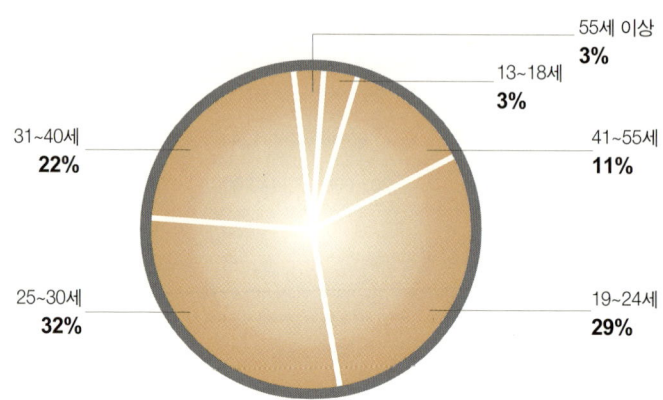

인도의 인터넷 이용자의 연령별 비중

- 55세 이상 **3%**
- 13~18세 **3%**
- 41~55세 **11%**
- 19~24세 **29%**
- 25~30세 **32%**
- 31~40세 **22%**

자료 : IMAI(Internet and Mobile Association of India), 2005.

고 있다. Bazze.com 매니저인 구탐 타카르(Gautam Thakar)는 전자
상거래를 하는 인도 소비자는 평균 1,100루피를 구매하고 있으며,
이들 중의 11%만이 1만 루피 이상을 소비한다고 지적했다.

인터넷의 급속한 보급으로 인도의 전자상거래 시장은 앞으로
도 현재와 같은 증가세를 계속 이어갈 것이다. 2007년이면 인터넷
이용자 수가 1억 명을 넘어설 것으로 내다보고 있다.

인도의 인터넷 보급 추세

단위 : 백만 명, 백만 대

	2000	2001	2002	2003	2004	2005
인터넷 가입자	0.65	1.13	1.76	3.66	4.40	6.67
인터넷 사용자	-	6.6	10.6	29.0	31.7	52.8
PC 판매량	1.40	1.88	2.00	2.22	2.78	3.65

자료 : NASSCOM, KOTRA 뉴델리 무역관 현지시장 정보 재인용. http://www.kotra.or.kr/common/login.jsp.

도시 소비자의 특성

도시 소비자의 소비구조 및 성향

인도 도시 소비자의 소비구조를 살펴보면, 2005년도 기준 식료품 비중이 50%로 가장 높고 여가와 생활용품에 대한 지출이 각각 14%와 10%로 나타났다. 과거와 비교해보면, 여가활동·생활용품·의류의 소비가 증가한 반면 저축 및 투자·내구소비재·식료품 등은 감소하고 있다.

AC닐슨(A.C. Nielsen)의 〈유통과 소비자 성향에 대한 2004년 보고서〉에 따르면, 인도 소비자는 매달 평균 2,500루피를 음식·식료품·개인 관리 물품을 사는 데 지출한 것으로 나타났다. 하이퍼마켓이나 슈퍼마켓과 같이 현대적 유통업체에서 쇼핑을 하는 비율은 47%이고, 이들 중 유통업체 자체 브랜드를 알고 구매하는 비중이 30%를 차지한다. 인도 소비자는 활기차고 다양한 제품이 진열된 쇼핑 형태를 선호하고, 또한 아시아 태평양 지역 중에서 새로운 것을 구매하려는 욕구가 가장 높다고 평가되고 있다. 이와 같은 인도 소비자의 성향은 유통업자에게 중요한 시사점을 제공한다. 즉 새로운 것을 찾는 태도는 인도 소비자가 신제품 출시와 쇼핑 진열에 대한 중요한 선행조건으로 혁신과 변화를 받아들이고 있음을 나타낸다.

그렇다면 실제로 소매유통 시설을 주로 이용할 고객인 인도 도시 소비자의 성향은 어떠한가? 이들이 가사 도우미와 휴대전화에 지출하는 비용은 전체 소비액의 큰 부분을 차지하고 있다. 도시 소비자는 두 얼굴을 가졌다. 규칙적으로 나가는 식료품비는 철저하게 체크하지만, 생활과 관련된 가사 비용과 휴대전화 서비스 요

인도 도시 소비자의 소비구조

단위 : %

	1999	2002	2005	
	5	6.7	6.2	도서 및 음반
	1	2.5	2	신발
	8	10.2	14	여가활동
	14	5.2	4.5	저축 및 투자
	6	8.8	10	생활용품 (FMCG)
	9	5	4.8	내구소비재
	6	6	8.3	의류
	51	53.6	50.2	식료품

자료 : Business World, The Marketing Whitebook 2004-05 ; Government of India, Ministry of Statistics and Programme Implementation.

금 지출에는 쉽게 지갑을 연다. 인도 소비자가 음식·식료품·외식·휴가비에 지출한 비용은 2004년에 전년 대비 4% 정도 높아졌지만, 인터넷·컴퓨터·모바일 폰과 같이 생활의 편의와 관련된 부분에서는 20% 이상 상승했다. 이것은 인도 소비자의 생활이 풍요로워진 동시에 생활방식이 변화했음을 나타낸다.

주요 도시의 특성

도시 소비자의 특성을 좀더 잘 이해하기 위해서는 4대 도시의 특성을 간단히 알아볼 필요가 있다. 인도국가응용경제연구소(NCAER : National Council for Applied Economic Research)의 국가 부(富)에 대한 조사에 따르면, 4대 도시 중 델리의 연평균 가계소득이 27만 9,000루피로 가장 높고, 뭄바이 19만 5,000루피, 첸나이 17만 4,000루피, 콜카타 14만 9,000루피 순이다. 그러나 저축은 달랐다. 뭄바이의 저축률이 17%로 가장 낮은 순위를 보인 반면, 델리와 콜카타는 각각 25%, 첸나이는 33%의 저축률로 높은 수준을 보였다.

상대적으로 높은 수익을 창출하면서도 저축을 덜하는 델리 사람들은 다른 도시보다 더 많은 가전제품이나 자동차를 소유했다. 델리에 거주하는 가정의 30%는 자동차를, 19%는 오토바이를, 58% 정도는 식기세척기를, 70%는 냉장고를 소유한 것으로 조사되었으며, 이는 다른 대도시에 비해 매우 높은 수준이다.

NCAER의 조사는 사람들이 돈을 어디에 쓰는지 여러 가지 흥미로운 결과도 보여주고 있다. 예를 들어 뭄바이 사람들은 음식에 수입의 35%, 외식에 4.5%, 전화비에 6.3%를 소비한다. 뭄바이 사람들의 전화비 소비가 높은 이유는 대화하기를 좋아하는 성향 때문이다. 교육에 대한 소비 조사를 보면, 델리·뭄바이·콜카타는 교육 부분에 10% 미만을 지출하는 데 비해, 첸나이 사람들은 저축하고 남은 비용 중 19%를 교육에 투자한다. 델리 사람들의 교통비는 총지출의 18.9%이고, 뭄바이 사람들은 15%에 이른다. 하지만 콜카타와 첸나이는 불과 6.1%만을 교통비로 지출하고 있는 것으로 나타났다.[48]

이들 주요 도시들의 생필품 소비 비율과 인도의 8대 도시(델리, 뭄바이, 첸나이, 콜카타, 방갈로르, 하이데라바드, 푸네, 아흐메드바드)의 평균 생필품 소비 비율을 비교해보면, 델리는 치약·인스턴트 국

(48) Business World, The Marketing Whitebook 2003-04, 2004.

인도 4대 주요 도시의 월 지출 비중

단위 : %

	델리	뭄바이	콜카타	첸나이
교육	9.8	9.5	6.0	19.3
교통	18.9	15.0	6.1	6.1
오락	3.5	4.4	4.5	3.9
외식	4.0	4.5	3.8	3.5
백색가전	1.7	1.7	5.1	1.7

자료 : NCAER.

수·냉장고의 소비율이 가장 높고 뭄바이는 비스킷 소비율이 높게 나타났다. 델리의 치약 소비율은 87%로 43.5%의 인도 전체 소비율보다 2배나 높고, 냉장고도 8대 도시 평균 36.7%의 약 2배인 60.2%로 매우 높았다.

인도는 지형적으로 남북 3,300킬로미터, 동서 2,700킬로미터에 이르는 넓은 국토로 이루어져 있으며, 도로 및 운송설비 등의 물류 기반이 제대로 갖춰지지 않아 거점도시별로 상권이 분리되어 있다. 주요 상권은 북부 델리, 서부 뭄바이, 동부 콜카타, 남부 첸나이(마드라스)의 대도시를 중심으로 한 4대 경제권역으로 구성된다. 외국기업의 진출 초기에는 인도의 넓은 국토, 취약한 물류 인프라, 정치·경제·사회·문화의 지역별 차이 때문에, 인도 전역의 상권을 동시에 공략하기보다는 특정 지역이나 상권에 집중하다가 성과에 따라 사업범위를 확대해가는 방식이 효과적인 것으로 알려져 있다.

북부 상권의 중심 도시인 델리는 정치 및 행정의 중심지로서, 최근 다국적기업을 포함한 많은 기업의 본사가 들어서면서 활발한 발전을 보이며, 중소 제조 및 무역 등이 주요산업으로 자리 잡고 있다. 델리는 고대로부터 여러 왕조가 흥망을 거듭했던 역사의 도시로서, 서구의 침략자가 부유한 인도 대륙으로 진출하게 된 발판지이자 20세기 영국의 지배 본거지가 되었던 지역이기도 하다. 야무나 강을 끼고 있는 델리는 현재 인도의 수도인 동시에 인도에서 3번째로 큰 도시다. 올드델리와 뉴델리의 두 지역으로 나뉘는데, 올드델리의 구시가지는 서울의 강북, 뉴델리는 강남으로 비유할 수 있다. 올드델리는 13세기 델리술탄왕국 이후 이슬람왕조의 중심지였던 곳으로, 당시의 성곽·모스크·기념비 들이 오늘날까지 남아 있다. 뉴델리는 식민지 시절 1911년에 영국이 콜카타에서 수도를 옮기며 발전시킨 곳이다. 방사선 모양의 계획도시이며, 화려한 상점, 은행, 호텔과 인도의 대통령궁, 붉은성(Red Fort) 등이 인접해 있어 현대 인도이 화려함을 엿볼 수 있다. 델리는 또한 교육의 중심지이기도 하다. 올드델리에는 인도 최고의 국립대학인 델리대학(University of Delhi), 뉴델리에는 자와하를랄네루대학(JNU: Jawaharlal Nehru University)이 위치해 있다.

인도의 뉴욕이라 불리는 경제 수도 뭄바이는 마하라슈트라 주의 주도로서, 인도 최대의 상업도시이자 최대의 국제무역항이다. 1875년에 설립된 아시아 최고(最古)의 뭄바이 증권거래소가 있어서 인도 전체 금융 거래의 3분의 2를 소화하는 금융의 중심 지역이며, 의약품·자동차·화학 산업이 발달해 있다. 인도에서 가장 현대적인 도시이기도 한 뭄바이는 1885년 독립운동의 중심으로서 인도 국민회의가 열렸던 역사적인 장소로, 민족자본의 근간이 되었던 곳이다. 1995년 7월 28일 봄베이에서 현재의 뭄바이로 명칭이 변경되었다. 지정학적으로 서부 해안에 위치한 항만도시인

인도의 4대 경제권역

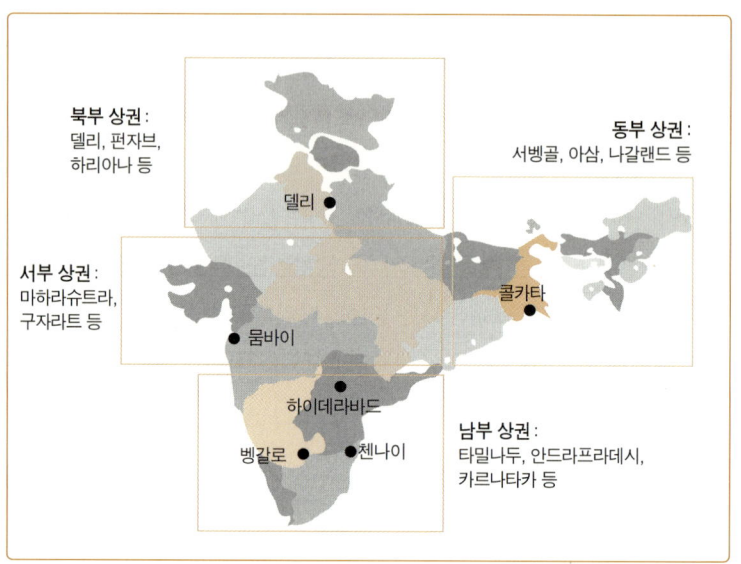

북부 상권 :
델리, 펀자브,
하리아나 등

동부 상권 :
서벵골, 아삼, 나갈랜드 등

델리 ●

서부 상권 :
마하라슈트라,
구자라트 등

콜카타 ●

● 뭄바이

● 하이데라바드

남부 상권 :
타밀나두, 안드라프라데시,
카르나타카 등

벵갈로 ● ● 첸나이

자료 : *India Today*, August 2004(《인디아쇼크》에서 재인용-).

인도 4대 상권의 주요 도시 개관

단위 : 명, 달러

	델리	뭄바이	방갈로르	콜카타
주 언어	힌디어, 펀자브어, 영어, 우르두어	마라티어, 구자라트어, 힌디어, 영어	타밀어, 카나다 등	벵골어, 힌디어, 영어
인구*	9,817,439	11,914,398	4,392,223	4,580,544
산업	전자, 가죽, 섬유, 방직, 화학	자동차, 화학, 유제품, 전자, 비료, 영화 산업, 수산업, 중경 공업, 주류, 종이, 제약, 설탕, 원단	IT, BT, 전자·통신, 우주항공, 자동차, 금융 등	화학, 석탄, 면화원단, 중·경공업, 철강 등
1인당 GDP	612	516	490	443

주 : 인구는 2001년 기준.
자료 : *India Today*, August 2004(《인디아 쇼크》에서 재인용-).

뭄바이는 인도 최대의 상공업이 발달했으며, 뭄바이의 발전이 내륙 지역까지 이어지고 있다. 현재는 뭄바이와 푸네를 중심으로 철강 및 자동차 산업 등의 중공업체뿐만 아니라, 인도 최대의 기업인 타타그룹을 비롯해 인도 100대 기업 중 52개 기업의 본사가 위치해 있다. 또한 뭄바이 국제공항은 40%의 국제 승객과 32%의 항공운수 물류량을 담당하고, 뉴뭄바이 항구는 인도 전체 컨테이너의 57%를 처리하는 등 물류의 중심이기도 하다. 한편 연간 약 1,000여 편의 영화를 제작하는 영화 산업의 중심지인 '볼리우드'가 자리 잡고 있어 인도 문화 산업의 중심지 역할도 하고 있다. 반면 도시의 60%가 슬럼으로 이루어져 세계 최대의 빈민 지역이라고 불리는 양면적인 모습을 가진 도시이기도 하다.

남인도의 관문인 첸나이는 인도에서 4번째로 큰 도시이며, 타밀나두 주의 주도이다. 인근 방갈로르와 하이데라바드 등의 도시와 함께 급속히 발전하고 있으며, IT·자동차·섬유 등을 중심으로 남인도 경제발전의 중추적 역할을 하고 있다. 첸나이와 하이데라바드는 여름에 고온다습하고 겨울엔 비교적 쾌적한 날씨를 유지한다. 내륙 지방에 위치한 방갈로르는 나무가 많은 곳으로, 여름에 상대적으로 시원하고 겨울에는 매우 쾌적한 편이다. 첸나이는 곳곳에서 전통과 현대가 공존하는 도시다. 1640년 영국의 동인도회사가 이곳에 성채를 구축하고 교역기지로 삼은 이후, 성채를 중심으로 시가지가 발달하고 남서쪽으로는 새로운 상업지구가 들어서 있다. 또한 뭄바이와 함께 인도 영화 산업의 중심지이며, 마드라스대학을 비롯해 우수한 공과대학과 의과대학 등이 위치해 있어 남인도 교육의 중심지이기도 하다.

인도 동부 상권의 중심 도시이며 서벵골 주의 수도인 콜카타는

인도의 상권별 도시 소득 수준 및 성장률

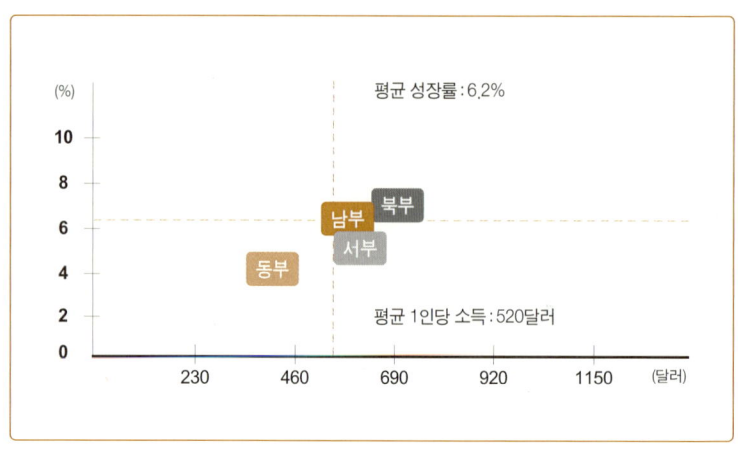

주:평균 성장률은 6.2%, 평균 1인당 소득은 520달러. 북부와 서부 상권은 소득 수준과 성장률이 높은 반면, 동부
　　상권은 상대적으로 낮게 나타남.
자료: *India Today*, August 2004(《인디아 쇼크》에서 재인용).

뭄바이 다음으로 인구가 많은 도시다. 인도 동북부 지역의 관문인
동시에 벵골 만으로 진출하기 위한 관문 역할도 하고 있다. 영국
식민지 시절 인도의 수도가 된 당시 캘커타는 런던에 버금가는 대
도시로서 전성기를 누렸다. 그러나 1911년 수도를 델리로 옮기고
독립된 후로는 상권마저 뭄바이로 이전되어 더 이상의 발전이 없
는 곳으로 전락했다. 게다가 방글라데시 난민과 가난한 비하르 주
출신의 농민이 도시로 몰려들면서 슬럼 지역이 광범위하게 형성
되어 있다. 그래서 테레사 수녀가 운영했던 빈민구호단체 등 많은
NGO 단체들이 위치한 곳이기도 하다. 또한 콜카타는 예술의 도
시로서 문화적이고 종교적이며 열정이 넘치는 곳이고, 시성이라
불리는 라빈드라나드 타고르(Rabindranath Tagore)의 고향이기도

하다. 델리가 인도의 우아한 수도이고 뭄바이가 중심 상업도시라고 한다면, 콜카타는 지성의 도시라고 할 수 있다.

신소매유통시장의
성장 요인 및 전망

최근 급성장 추세에 있는 인도의 신소매유통시장은 크게 소비 지향적 젊은이층의 증가, 중산층의 빠른 증가, 브랜드 제품의 다양화, 전통적 생활방식의 변화, 소비시장의 현대화로 대변되는 5가지 요인에 기인한다.

소비 지향적 젊은이층의 증가

신소매유통업을 주도하고 있는 백화점 및 할인점 이용 고객의 직업군과 나이를 살펴보면, 백화점은 대학생(25.3%)의 비중이 상대적으로 높고 할인점은 주부(34.5%)의 비중이 높다. 또 백화점은 20대(42.1%)의 비중이 가장 높은 반면, 할인점은 30대(46.3%)의 비중이 높게 나타났다.[49] 인구구조적 측면에서 평균 연령대가 24세

---

(49) 인도 현지조사, 2005. 8. 15~2005. 8. 29.

라는 점을 감안하면, 인도에서 신소매유통시장이 최근 급성장 하고 있는 것도 무리가 아니다. 또한 젊은이층이 두터운 인도의 인구구조는 신유통 산업에 대한 수요의 고급화와 수요 규모의 확대로 이어질 것으로 전망된다.

1996~2002년 인도의 인구 및 노동력의 증가율은 각각 1.7%와 2.2%인 반면, 같은 기간 중국은 0.8%와 0.9%를 기록했다. BRICs 중 2020년까지 경제활동 인구가 증가하는 나라는 인도뿐이다. 전체 인구의 약 37%가 15세 이하, 50% 이상이 16~50세 인구로 구성되어 있으며, 65세 이상 인구 비중도 중국(7.1%)보다 적은 5%대에 머물고 있으므로 세계에서 가장 젊은 국가라고 할 수 있다. 현재 10억 8,000만 명의 인구를 보유한 인도는 전 세계 총인구의 16.7%를 차지하고, 지금도 시간당 1,800명의 인구가 계속 늘어나고 있다. UN인구국이 〈세계 10대 인구대국 전망〉 통계에 따르면,

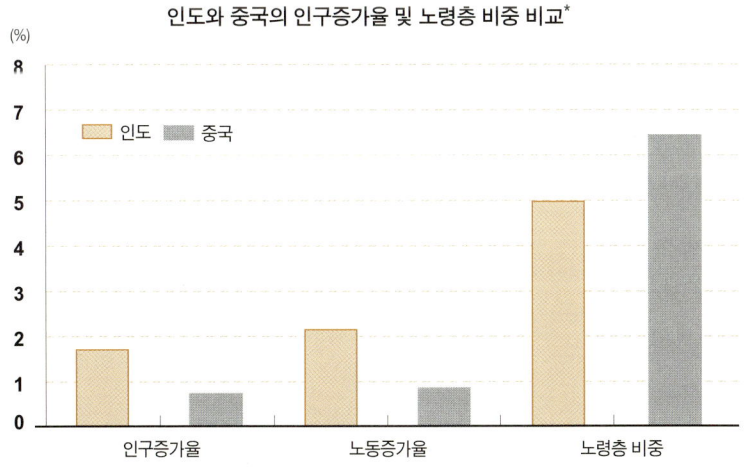

인도와 중국의 인구증가율 및 노령층 비중 비교*

주 : 인구증가율은 1996~2002년, 노령층(65세 이상) 비중은 2001년 기준.
자료 : World Bank, *World Development Indicator 2004*, 2005(《인디아쇼크》에서 재인용).

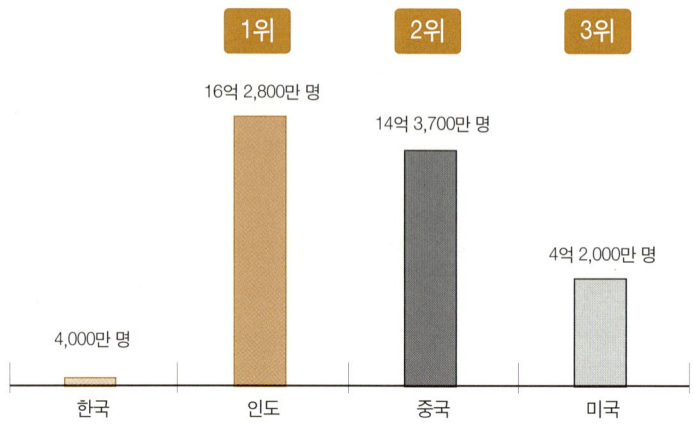

2050년 각국의 예상 인구 비교

1위
16억 2,800만 명

2위
14억 3,700만 명

3위
4억 2,000만 명

4,000만 명

한국   인도   중국   미국

자료 : OECD, UN(《인디아쇼크》에서 재인용).

인도 인구는 2030년에 14억 1,700만 명으로 중국보다 3,400만 명
적지만, 2050년에는 세계 최대 인구인 16억 2,800만 명이 될 것이
다. 평균수명은 1951년 33세에서 1981년 54세, 1990년에는 59세
로 점차 길어지는 추세다.

중산층의 빠른 증가

인도에서 신유통업태가 급성장하는 또 다른 배경으로는 빠르
게 증가하는 중산층을 들 수 있다. 인도 소비시장의 성장을 이끄
는 계층은 중산층으로, 자동차나 에어컨과 같은 고가 소비재의 주
고객이다. 이들은 2004년 신규 승용차 판매량 80만 대 중에 약
60%를 구매한 것으로 파악된다. 인도에서 소득세를 내는 인구는
11억 중 고작 3,000만 명이고 공식 등록된 직장인은 2,700만 명

(2002년 기준)에 불과하므로, 중산층을 정의하고 그 규모를 평가하기란 쉬운 일이 아니다. 이러다 보니 학자나 연구소마다 인도의 중산층을 다르게 측정하고 있는데, 많게는 전체 인구의 15%에서 적게는 5%를 중산층으로 평가한다. 인도에서 가장 권위 있는 국영연구소인 인도국가응용경제연구소(NCAER)는 연간 가계소득이 20만~100만 루피(4,400~2만 2,000달러)에 이르는 중산층을 약 5,600만 명으로 산정하고 있다. 인도 중산층은 2001/2002년에 겨우 5.7%였으나 2009/2010년에는 인도 전체 인구의 13%까지 증가할 것으로 예측된다. 또한 NCAER은 연간 소득 수준 9만~20만 루피(2,000~4,400달러)인 가정을 소득상승층(Aspirers)으로 분류하면서, 그 인구 규모를 약 2억 2,000만 명으로 평가했다. 소득상승층은 중산층의 소비 수준보다는 미약하나 모터사이클, 냉장고, 컬러TV 등의 고가 제품에 대한 구매력을 가진 신흥 소비층으로 보고 있다. 단순히 이 두 부류의 소비층을 합치기만 해도 약 2억 7,600만 명으로 미국 전체 인구와 비슷하다. 이들 엄청난 규모의 인구가 인도의 소비시장을 주도적으로 이끌어나간다고 할 수 있다.

  NCAER 조사는 전체 인구를 4개의 카테고리로 나누었다. '빈곤층(Deprived)'은 1년에 9만 루피 미만의 수입을 갖는 가정으로, 2001/2002년에는 전체의 71.9%를 차지했지만 2009/2010년에는 51.6%로 줄어들 전망이다. 다음 '소득상승층'은 매년 9만~20만 루피를 버는 가정으로 2001/2002년에 21.9%를 차지했지만, 2009/2010년쯤에는 33.9%로 증대될 것이다. 그리고 '중산층(Middle-class)'은 2001/2002년에 1,070만 세대였으나 2009/2010년에는 2,840만 세대가 될 것으로 예상된다. '고소득층(The Rich)'은 2001/2002년에 80만 세대에서 2009/2010년에는 380만 세대로 성장할 것이다. 이들 중 빈곤층과 소득상승층의 대부분은 2010년 말까지 농촌 지역에, 그리고 고소득층의 4분의 3과 중산층의 3분의 2는 도시 지역에 거주할 것이라고 예측했다. 이러한 전망은 30만 세대(858개 마을, 660개의 읍과 도시)를 광범위하게 조사해 작성된 것이다. 20개의 내구재(자동차 및 주택 등)와 7개의 소모품, 그리고 의료보험·생명보험·신용카드 등을 포함한 서비스 분야에 걸쳐 조사했다.

NCAER 조사는 2009/2010년까지 자동차와 오토바이 시장은 각각 연평균 20%와 16% 정도 성장할 것이라고 예측한다. 냉장고와 컬러TV 제조업자들은 10~11%의 성장을 이루고, 라디오·전자제품·자전거·손목시계 역시 한 해 약 7~9%씩 성장할 것이라고 내

인도의 계층별 연평균 가계소득과 비중

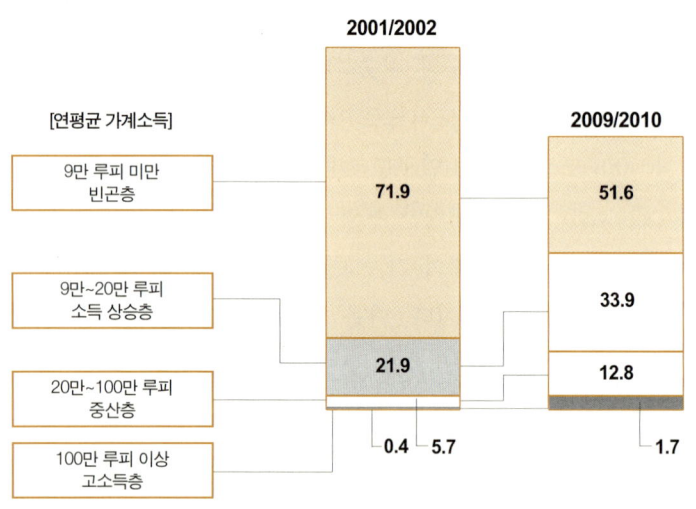

자료 : Unni Krishnan, "Middle Class Drives India's Consumption Boom," *Financial Express*, December 27, 2005. http://www.dawn.com/2005/12/29/int6.htm.

다보았다. 반면 흑백TV와 스쿠터 및 모터사이클의 수요는 실질적으로 감소할 것이라고 추측했다.

이러한 소비 붐은 비단 도시 지역에만 국한되지 않고 농촌 지역으로 확대될 것이다. 2010년 말경 도시의 소비는 포화 상태에 이르는 반면, 농촌 지역의 수요는 증가할 것으로 전망했다. 2009/2010년이 되면 인도 전체 인구의 80%가 라디오를, 65%가 컬러TV를, 48%가 오토바이를, 40%가 스쿠터를, 33%가 냉장고를, 11%가 자동차를 소유하게 될 것으로 예측된다. 전반적으로는 내구재 시장이 매년 9% 정도 성장할 것이라고 전망된다.

브랜드 제품의 다양화

인도 신소매유통 산업의 급성장을 받쳐주는 원인 중 하나는 신

인도 내 브랜드 제품의 종류

해외 명품 브랜드	해외 고가 브랜드
—Louis Vuitton, Chorpad, Cartier, Canali, Zegna, Dolce&Gabbana 등 —Bally, Aigner —Bulgari, Piaget, Tiffany, Montblanc, Tagheuer, Rolex, Omega	—Hugo Boss, Marks&Spencer, Ecko, Diesel —Tissot —Swarovski —Christian Dior, Calvin Klein, DKNY 등 수입 향수류

해외 중가 브랜드	선도 로컬 브랜드
—Loreal, Clarins, Revlon 등 화장품류 —Philips, Samsung, LG, Sony —Swatch, Timax —Nike, Reebok, Puma —Esprit, Louis Philippe, Levi's, Pepe, Lee, Leecooper, Arrow, Dockers, Redtape, Corelle, Magppi, Jockey, Tommy Hilifiger —Raiban, Parker, Lego	—Bata, The Raymond Shop, Tanishq, Titan, Liberty, Van Heusen, Black Berry, Gini&Jony, Freelook, Wills Lifestyle, Zodiac, Park Avenue, Pro Vogue, Lakme, Color Plus, Newport, Indian Terrain, VIP, Siyaram's 등

유통 채널에 적합한 해외 중·고가 브랜드들이 최근 많이 등장하고 있으며, 로컬 브랜드들도 품질이 좋아지면서 브랜드 이미지가 두드러지게 향상되고 있는 것이다.

전통적 생활방식의 변화

앞에서 살펴본 것처럼, 인구구조적 측면에서 인도의 평균 연령은 24세고 15세 이하의 인구가 37%를 차지한다. 이들은 현재 인도 신소매유통시장의 중요한 소비 주체로 부각되고 있다. 이들은 매우 빠르게 증가하는 용돈을 저축보다는 주로 소비에 치중하는 생활방식을 택하고 있다. 전통적으로 저축을 미덕으로 여기고 소비를 하는 데 도덕적 책임감을 느끼던 기성세대와는 사뭇 다른 생활방식이다. 20대까지의 인도 젊은이들은 개인주의 성향이 강하고 현대적 가치관을 지닌 것으로 조사되었다.[51] 특히 도시의 20대는 몰(mall)에서 친구를 만나 외식하고 데이트를 하면서 쇼핑을 즐기는 것으로 나타났다.

소비시장의 현대화

몰의 개발이 급속도로 확대됨에 따라 신유통 채널도 빠르게 성장하고 있다. 2003년에 25개였던 몰은 2006년에 220개(4,000만 평방피트) 정도로 늘어나고, 2010년에는 600개 이상(1억 평방피트)으

---

(51) Business World, *The Marketing Whitebook 2003-04*; "Mall Mania," *India Today*, November 7, 2005.

로 확대될 전망이다. 뭄바이에는 2007년까지 현재 10개의 몰이 22개로 늘어나며, 델리에는 18개의 새로운 쇼핑몰이 건설될 예정이다.[52]

　이러한 몰 개발의 열풍은 개발이익이 어느 정도 보장될 수 있는 환경에다 주요 소매업체가 등장하고, 소비자가 현대식 쇼핑 환경을 원하는 데 기인한다. 이러한 몰 공간의 절대적 증가는 향후 3~5년간 임대료의 하락을 가져오면서 신유통업체들의 전국적 확장 계획을 지원해주는 역할을 할 것으로 예상된다. 몰 개발이 델리를 비롯한 주변 지역(특히 구르가온)과 뭄바이에 집중된 중요한 이유는 지방정부가 적극적으로 정부 소유 부지를 상업 개발용으로 허용한 데다 구매력이 가장 높은 곳이기 때문이기도 하다.

인도의 쇼핑몰 면적의 증가 추세

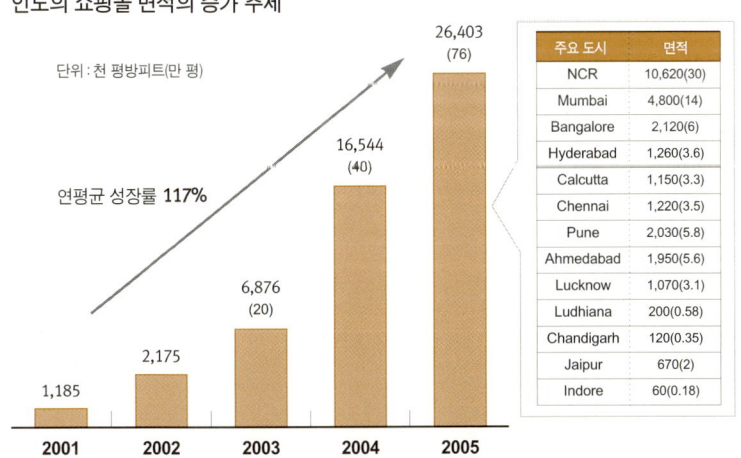

단위 : 천 평방피트(만 평)

연평균 성장률 **117%**

주요 도시	면적
NCR	10,620(30)
Mumbai	4,800(14)
Bangalore	2,120(6)
Hyderabad	1,260(3.6)
Calcutta	1,150(3.3)
Chennai	1,220(3.5)
Pune	2,030(5.8)
Ahmedabad	1,950(5.6)
Lucknow	1,070(3.1)
Ludhiana	200(0.58)
Chandigarh	120(0.35)
Jaipur	670(2)
Indore	60(0.18)

	2001	2002	2003	2004	2005
	1,185	2,175	6,876 (20)	16,544 (40)	26,403 (76)

주 : 몰 개발은 현재 NCR(델리 주변)과 뭄바이 중심으로 이루어지고 있으며, NCR과 뭄바이는 전체 몰 면적의 65% 차지.
자료 : *KSA Technopark India Retail Report-2005 ; Image Retail Future of Businesses*, July 2005.

---

(52) "Mall Mania," *India Today*.

소매유통시장 개방 전망

최근 신소매유통이 급속히 발전하면서 이 분야의 외국인 직접 투자에 대한 논의가 불거지고 있다. 그러나 그 개방 수위를 두고 국민적 합의가 도출되지 못한 상태다.[53] 아직까지 인도 공산당과 같은 세력이 개방을 반대하며, 개방에 찬성하는 세력과의 타협을 거부하고 있기 때문이다. 지금까지 알려져 있는 주요 반대 의견을 간단히 정리해보면 다음과 같다.

- 인도 유통업체는 해외업체와 경쟁하기에는 아직 미숙한 수준 이기 때문에 당분간 경쟁력 강화에 필요한 시간을 줄 필요가 있다.
- 해외 유통업체로 인해 인도 유통업체가 도산할 가능성이 크고, 이는 고용 문제를 야기해 결국 사회문제로 대두될 것이다.
- 해외 유통업체는 인도 현지에서 제품을 조달하기보다는 수입에 의존할 가능성이 크다.
- 해외업체는 시장점유율을 높이기 위해 저가 공세를 펼 가능성이 있다.
- 유통업 자체는 초기 투자 규모가 작으므로 수익을 낸 해외업체는 이익을 본국으로 돌리기 쉽다.

---

(53) 현재 인도는 단일 브랜드를 제외한 소매업(Retail)에 대한 해외업체의 직접투자는 허용하지 않는 것이 원칙이다. 해외업체의 백화점과 할인점 등의 소매업 직접투자는 허용하지 않으나 프랜차이징 또는 도매업에 대한 허가는 부분적으로 허용하므로, 이러한 방법을 통한 해외업체의 인도 진출은 이미 이루어지고 있다.

이러한 반대 의견도 있지만 소매유통 산업을 개방해야 한다고 주장하는 세력도 상당하다. 이들의 주요 의견을 살펴보면 아래와 같다.

- 유통 개방은 기술적 노하우를 전수할 기회가 될 것이다.
- 신유통 채널이 성장하고, 이로 인해 공급 체인이 구축되며, IT 기술도 도입될 것이다.
- 해외업체와의 합작으로 기존 업체의 자금난을 해결할 수 있을 것이다.
- 인도 유통업체는 최신 경영기법에 접근할 수 있는 기회를 갖게 될 것이다.
- 인도 상품에 대한 구매가 더욱 증가할 가능성이 높다.
- 관련 부품 및 제조 등 다른 경제 분야에 대한 투자가 증대될 것이다.
- 경쟁을 통해 전반적으로 가격이 내려갈 것이다.
- 보호 정책은 인도 산업 내의 비효율성을 가져올 것이다.
- 개방은 다양한 유통 형태의 개발을 가져오고, 유통 산업의 현대화를 촉진할 것이다.
- 다른 국가의 경우, 유통업의 개방은 해외자본의 투자를 견인하는 효과를 가져왔다.

이와 같은 찬반 의견은 주로 정치집단에서 표출되고 있다. 기본적으로 현 통합진보연합(UPA : United Progressive Alliance)을 이끌고 있는 인도국민회의는 유통 산업을 개방하는 데 찬성하지만, UPA를 장외에서 지지하는 공산 좌익 계열 정당들과 인도국민당(BJP)

은 반대하고 있다. 하지만 현재 개방은 피할 수 없는 추세다. 단지 그 시기와 방법 및 범위에 대한 합의가 필요할 뿐 개방은 기정사실화가 되어 있다. 인도에서 주요 경제 정책 결정에 가장 강력한 영향력을 행사하는 인도 전경련 피키(FICCI : Federation of Indian Chambers of Commerce and Industry)와 같은 경제단체들이 적극적으로 개방을 요구하고 있으며, 미국과 영국 등 국제사회도 소매유통 산업의 개방을 강력하게 요구하고 있기 때문이다.

FICCI는 2005년도에 소매유통 산업의 개방이 인도 경제에 긍정적인 효과가 있다고 평가하고 개방 찬성의 공식 입장을 표명했다. 그리고 구체적인 개방 시기 및 범위를 언급하면서, 2005/2006년 26%, 2006/2007년 49%, 2007년 이후 100% 개방의 가이드라인을 제시했다. 인도 정부는 소매유통 산업 개방에 대해 미국과 유럽 등의 선진국으로부터 통상무역 정책 차원의 압력을 받고 있다. 2005년 8월 인도를 방문한 EU 집행위원회와 영국의 토니 블레어 총리는 인도 소매유통 산업은 조속히 개방해 인도 시장에 수월하게 접근할 수 있도록 노력해줄 것을 강력하게 요구했다. 한국도 2003년부터 인도에게 지속적으로 유통 산업의 개방을 요구하고 있다.

인도 정부는 유통 산업의 개방이 경제 활성화에 도움이 된다는 자체적 판단과 함께 경제단체는 물론 국제적으로 압력을 받고 있는 상황에서 개방을 미루는 것은 국익에 도움이 되지 않는다고 보고 있다. 문제는 개방 반대 세력, 특히 공산당 세력을 설득하는 것이다. 현재 만모한 싱 정부는 공산당과 갈등을 겪으면서 소매유통 부문을 개방하는 것은 무리라고 판단한다. 이미 공기업 민영화 부문과 이란 원자력 문제 및 가스관 건설과 관련해 공산당과 갈등을

인도의 주요 정치세력 및 유통 산업 개방에 대한 이들의 입장

주요 정치세력	주요 정당	정치 성향 및 영향력	유통 산업 개방에 대한 입장
UPA연정	The Congress	UPA연정을 이끌고 있는 대표 정당으로서, 1991년 인도 경제개혁을 추진한 정당이지만 현재는 성장과 분배를 동시에 추구하려는 정책을 선호한다.	유통 산업의 현대화에 필수적 요소로 보고 있으며, 개방 시기를 가급적 앞당기려 하고 있으나 공산당 등 정치적 저항 때문에 그 시점을 고려 중이다.
	군소 연합정당	UPA연정 14 소속 정당 중 21석의 RJD와 16석의 DMK 등은 연정 내에서 강력한 정치적 영향력을 행사하고 있다.	원칙적으로 찬성하면서도 재래시장 등 영세 상인들에 대한 피해와 고용 불안정을 우려해 개방 시기와 범위를 점진적으로 추구하길 바란다.
	공산당	61석의 좌익공산연합은 현 UPA연립정권 내각에 참여하지 않고, 장외에서 UPA 정권을 지지하며 강력한 정치적 영향력을 행사한다.	아직까지는 반대하고 있으며, 이러한 입장을 현 UPA연정에 전달한 상태다.
NDA 연합세력	BJP	힌두근본주의 정당으로서 지난 NDA연정을 이끌었으며, 인도 제2세대 경제개혁 추진 과정에서 성장 위주의 경제발전을 선호했다.	1999~2004년까지 연방정부를 이끌 때는 찬성했으나, 현재 야당이라는 입장 때문에 공개적으로 적극 지지하지는 않는다.
	연합정당	Shiv Sena와 BJD는 NDA 연합세력들 중 가장 강력한 영향력을 행사하고 있으나, 그 의석 수가 각각 12석과 11석에 불과하므로 BJP의 그늘에 있다.	국수주의 성향의 Shiv Sena 정당은 국내 유통업체의 경쟁력이 확보되지 않은 상태에서는 개방하면 안 된다고 보고 있다.
기타	군소정당	7개 정당이 인도 하원 총 545석 중 11석을 확보하고 있으므로 정치적 영향력이 미미하다.	일관된 정책을 펼치지 못하고 있다.

겪었으므로 더 이상의 마찰은 정권 유지 차원에서도 위험하다고 판단하고 있기 때문이다. 따라서 인도 정부는 유통 산업의 개방에 따른 농촌의 혜택을 부각시키는 동시에, 대형 외국 유통업체의 진출로 우려되는 영세 소매업체의 도산을 막기 위한 제도적 완충 장치를 마련함으로써 공산당의 지지를 얻으려 하고 있다.

농촌 혜택 부분에 대해서는 유통 시설의 현대화로 감모손실(파손 및 절도 등에 의한 손실)이 현격히 줄어들고 농민의 소득이 증가할 것이라는 점을 강조한다. 사실 한 조사에 따르면, 외국 유통업체의 투자가 이뤄질 경우 생산·포장·저장·물류 등 유통 전반에 걸쳐 발전이 이룩되어 현재 24~40%에 이르는 감모손실이 현격하게 줄어들 것으로 기대된다.[54] 외국인 투자로 현대 유통 산업이 발전하면 인도 재래시장을 통한 식음료 유통구조도 개선될 것이다. 현재 농산물의 유통구조를 살펴보면, 농부 → 매집인 → 커미션 에이전트 → 중개인(Trader) → 커미션 에이전트 → 도매업자 → 소매업자 → 소비자로 이어진다. 이처럼 많은 중간업자가 개입하는 복잡한 유통구조와 인프라의 한계로 발생하는 상품의 감모손실률은 외국인 투자로 상당 부분 개선될 수 있다. 대형 유통업체가 진입하면 냉동·냉장 부문과 식품가공 산업에 대한 투자가 자연스럽게 이루어지고, 유통업자가 직접 농부로부터 농산물을 구매할 수 있다. 그러면 농부는 중간상에게 들어가던 마진의 손해 없이 실질 이익을 올리고 소비자도 혜택을 입는 시너지 효과가 발생할 것이다. 현재 인도에서는 법적으로 중간도매상을 거치지 않고 농산물을 구매하지 못하게 되어 있다.[55]

---

(54) *Economic Times*, November 23, 2005.

인도 정부가 유통 산업 개방에 따른 혜택으로 여기는 두 번째 요소는 고용 창출의 효과다. 공식 부문 유통 산업의 발전은 고용 증가, 농업 발전, 수출 증가 등으로 72%의 국민이 혜택을 받을 것으로 조사되었다.[56] 이와 더불어 유통 산업 개방의 효과로 산업 전반에 걸쳐 생산력과 품질이 향상될 것으로 보고 있다. 개방을 반대하는 입장의 주장과 달리 세계적인 유통업체들은 지점이 위치한 현지에서 95%의 물품을 조달한 것으로 알려져 있다.[57] 또한 현대적 유통업체들은 질 좋은 제품을 판매하기 위해 생산자에게 품질 향상을 요구하거나 자사 브랜드로 직접 주문생산을 하고 있기 때문에, 결과적으로 소비재 산업 전체의 품질 향상에도 도움이 된다는 것이다.

이러한 인도 정부의 주장에 대해 공산당은 논리적으로 반대를 펼치지 못하고 있는 상태다. 그들 스스로 집권하고 있는 서벵골 주에서도 경제자유화를 추진하고 있기 때문이다. 2005년 초 서벵골 주총리가 싱가포르와 말레이시아를 방문해 투자 유치에 성공하자, 내나수 서벵골 주민은 주총리의 경제외교를 지지했다. 이를 계기로 서벵골 주정부는 경제구조 개혁에 적극적으로 나서고 있다. 한편 유통 산업의 개방으로 피해를 볼 수 있는 영세 소매상인들은 지역·계층·업종 간으로 분열되어 있을 뿐만 아니라 체계적이고 논리적으로 반대할 조직이나 자본도 없는 실정이다. 따라서 인도의 소매유통 산업 개방은 대세로 자리를 잡아가고 있다.

(55) 바쉬(Vashi) 농산물 도매시장 총지배인 키르티 라나(Kirti Rana) 인터뷰, 2005년 9월 6일.
(56) CII and PricewaterhouseCoopers 2005.
(57) PwC Principal Consultant(Retail and Consumer Industry) Asitava Sen.

퓨전의 역사

김찬완

인더스 문명으로부터 시작된 인도는 역사적으로 매우 복잡하고 다양한 특성을 갖고 있다. 이러한 인도의 다양성은 여러 인종, 언어, 종교, 사회제도, 지리적 특성에서 기인하며 지속적으로 통일과 분열의 원인을 제공해왔다. 이 과정에서 인도 사회는 퓨전의 역사를 가지게 되었으며, 자연히 다양성 속의 통일성으로 대표되는 퓨전의 사회문화 특징이 나타났다. 인도 사회 문화의 특징을 살펴보기 전에 퓨전의 인도 역사를 간단히 알아보면, 세계 4대 문명 중 그 분포 범위가 가장 넓은 인더스문명은 드라비다인에 의해 건설되어 질서정연한 도시문명을 간직하면서 기원전 30~15세기경에 존재한 것으로 알려지고 있다. 인더스문명이 멸망하고 인도에 아리아족이 침입해 들어와 갠지스 강 유역을 중심으로 정착농경생활을 하면서 결혼지참금 제도와 카스트 제도 등 갖가지 사회제도를 정착시킨다. 이로써 인도 역사의 중심무대는 인더스 강에서 갠지스 강으로, 주체 세력은 드라비다인에서 아리아인으로 이동하게 된다.

인도 최초의 통일왕국 마우리아(Maurya)왕조는 기원전 4세기에 건립되는데, 아소카(Asoka) 대왕에 의해서 왕국의 전성기를 맞이한다. 아소카는 불교의 비폭력·불살생 사상에 감화받아 불교를 전파한다. 이후 4세기경에 또 다른 통일왕조가 탄생하는데, 바로 굽타(Gupta)왕조다. 이때 오늘날 인도에서 널리 애송되고 있는 라마야나(Ramayana)와 마하바라타(Mahabharata)를 비롯한 힌두 대서사시가 완성되는 등 문학·예술·과학의 다방면에서 힌두문화가 부흥한다.

중세 시대에 무슬림의 침입으로 인도 역사는 새로운 이슬람문명을 경험하게 되고, 이는 기존 인도 문화의 파괴와 사회갈등으로 표출되는 동시에 힌두와 무슬림의 공생의 장을 마련하는 계기가 되었다. 무굴(Mughul)제국 때 악바르(Akbar)는 종교 포용 정책을 실시해 사회통합을 이룩하고 대제국을 건설한다. 근대에는 서양 기독교 세력이 인도를 식민지화하면서 인도 사회는 새로운 외래문화를 받아들이고 퓨전의 역사를 이어간다. 인도가 영국의 식민지가 되는 계기가 된 플라시전투 발발 이후 100여 년이 지나서 인도 최초의 반영 운동인 세포이항쟁이 발생했고, 이후 인도는 영국 왕실의 직접지배를 받게 된다. 영국의 식민치하에 있던 인도는 간디의 비폭력·불복종·무저항운동에 힘입어 1947년 8월 15일 평화적인 독립을 쟁취한다. 이 과정에서 인도 역사는 힌두 사회문화의 토양 위에 이슬람과 기독교 사회문화가 접목되면서 퓨전의 역사를 간직하게 된다.

제II부

인도의 산업 및 기업

1장 인도의 제조업

인도는 IT 산업, 특히 세계적인 경쟁력을 보유한 소프트웨어 부문에서 소프트웨어의 공급기지로서 세계의 주목을 받는 동시에 인도의 경제성장 및 발전을 주도하는 산업으로 확고한 위상을 확보하고 있다. 또한 IT 기술을 기반으로 나노테크·생화학·의학 부문은 물론 환경·문화 등 여러 분야에서 고부가가치를 창출할 수 있다는 장점도 있다. 그러나 상대적으로 발전이 미진한 전통 제조업의 육성·발전은 인도 경제의 과제로 남아 있다.

1장

인도의 제조업

박번순

India

인도 제조업의 현황

제조업의 위상

인도 경제가 세계의 주목을 받고 있지만 제조업 부문은 극히 취약한 편이다. GDP에서 농업이 차지하는 비중은 1990/1991년 31.3%에서 2003/2004년 21.0%로 감소한 반면, 서비스 산업의 비중은 41.9%에서 52.5%로 증가했다. 이에 비해 제조업을 포함한 광공업의 비중은 1991~2003년 GDP의 27% 선에 머물렀다. 2004/2005년 기준으로 농업 부문의 GDP 비중은 19.6%이고, 농업 고용은 60% 정도다. 또한 IT 서비스를 포함한 서비스 산업의 비중은 53.3%이지만, 제조업은 GDP의 16%에 불과한 실정이다. 실제로 제조업의 비중은 1980년에 16.3%에서 1990년 17.2%로, 1996/1997년에는 18.3%로 증가했다.[1] 그러나 이 비중은 다시 감소해 2000년대 들어 15% 수준에서 정체되었다. 이처럼 제조업은 GDP나 고용에서 아직까지 인도 발전의 주역이 되지 못하고 있다.

인도의 산업별 생산구조

단위:%

산업군		1999/2000	2000/2001	2001/2002	2002/2003	2003/2004	2004/2005
농림수산업		25.3	23.7	23.2	20.3	21.0	19.6
광공업	광업	2.3	2.4	2.3	2.8	3.0	2.6
	제조업	14.7	15.6	15.0	15.3	15.4	16.0
	전기·수도·가스	2.5	2.4	2.3	2.4	2.2	2.1
	건설업	5.7	6.0	5.9	6.2	6.3	6.6
	합계	25.2	26.4	25.5	26.7	26.9	27.3
서비스업	도소매 유통	14.2	14.5	15.0	15.4	15.7	16.2
	운수·창고·통신	7.4	7.6	7.8	7.9	8.2	8.5
	금융·보험·부동산	13.0	13.2	13.9	14.7	14.5	14.3
	행정·사회·개인 서비스	14.7	14.8	14.6	14.6	14.1	14.3
	합계	49.3	50.1	51.3	52.6	52.5	53.3

자료: 인도 통계청.

　　인도가 제조업을 강조하지 않았던 것은 아니지만, 적어도 동아시아 국가들이 수출주도형 제조업을 육성할 때 인도가 내내 시장적 수입대체형 제조업 육성 전략을 사용했던 것은 분명하다. 따라서 인도의 제조업은 비중이 증가하지 않았을 뿐 아니라 그 경쟁력 또한 취약하다.

　　제조업은 1991년 개혁 이후 1993~1997년 동안 투자가 크게 증가해서 상당한 호황을 누렸지만, 경기 하락과 함께 유휴설비가 늘어나면서 다시 정체했다. 그러다가 2003년 이후 인도 경제가 높은

---

(1) National Manufacturing Competitiveness Council, *The National Strategy for Manufacturing*, New Delhi, Feb. 2006, p. 7.

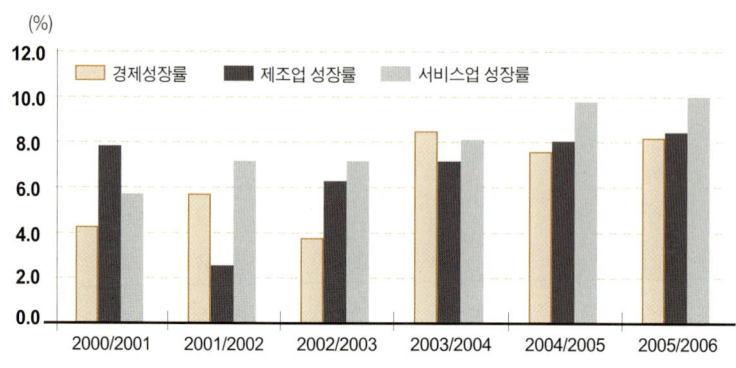

최근 인도 경제의 산업별 성장률

자료 : 인도 통계청.

성장세를 보이면서 제조업의 설비 가동률도 높아졌다. 사실 최근 수년간 경제성장에 힘입어 제조업도 빠른 속도로 성장하고 있으나, 서비스 산업보다는 낮은 수준을 보여왔다. 2001/2002년과 2003/2004년을 제외하고 제조업의 성장률은 인도 전체 경제성장률보다 높았다. 그러나 농업이 다른 산업의 성장률에 비해 낮다는 것을 감안한다면, 제조업의 성장이 경제 전체의 성장을 주도하고 있다고 보기는 어렵다.

공산품의 수출도 최근 급증하고 있으나 다른 동아시아 국가에 비하면 적은 편이다. 2005/2006년 인도의 총수출은 1,027억 달러에 불과하며, 게다가 수출 품목도 섬유와 보석 및 귀금속 가공제품이 각각 152억 달러와 155억 달러를 차지했다. 이는 수출산업의 구조가 극히 노동집약적이거나 자원 기반형임을 반영하는 것이다.

인도 제조업의 위상은 다른 국가와 비교해보면 잘 알 수 있다.

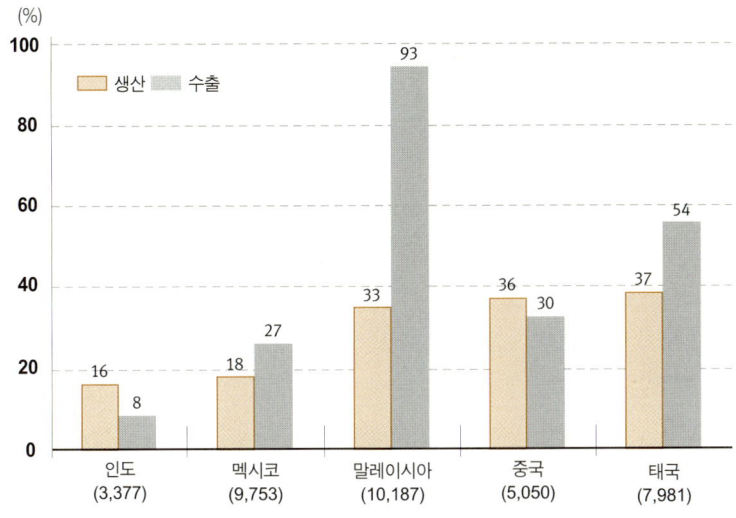

인도 및 주요 국가의 제조업 생산 및 수출의 GDP 비중

주: 괄호 안 수치는 2004년 구매력평가에 의한 1인당 소득.
자료: McKinsey, 2005.

제조업 생산이 GDP에서 차지하는 비중은 2004년 현재 신흥공업
국의 경우 한국 25.5%, 대만 25.5%, 싱가포르 27.7% 등이다. 동남
아 국가 중에서는 말레이시아 30.2%, 인도네시아 28.3%, 태국
35%, 그리고 이제 막 경제개발을 시작하는 베트남도 20.3%에 이
른다. 흔히 인도와 경쟁 대상국으로 인정받는 중국의 제조업 비중
은 46%에 달한다.[2] 결국 중국과 인도의 경제발전 성과의 차이는
제조업을 중심으로 한 공업 부문의 부진과 관련된 것으로 평가된
다.[3] 실제로 인도 제조업의 부가가치 규모(2000년 660억 달러)는 중

---

(2) 중국은 GDP 추계를 수정하면서 과거 서비스 산업의 생산을 확대했다고 한다. 이에 따르
면 제조업의 비중은 다소 줄어들 것이다.

국 제조업의 5분의 1, 한국 제조업의 절반 수준에 불과하다.

통계에 다소 차이가 있지만, 매킨지는 인도 제조업의 부가가치와 수출이 GDP에서 차지하는 비중을 몇 개 국가와 비교해서 제시하고 있다. 이에 따르면, 인도 공산품 수출의 GDP 대비 비율은 8%로서 비교 대상 국가 중 가장 낮다. 말레이시아의 경우 공산품 수출은 GDP의 93%에 이르고, 태국과 중국 역시 각각 54%와 30%로 인도보다 몇 배나 높다.

제조업의 구조

인도의 제조업은 크게 두 범주, 곧 등록 부문(registered)과 비등록 부문(unregistered)으로 나뉘어 정부의 관리를 받고 있다. 등록기업은 1948년 공장법(Factories Act 1948)에 따라 전력 사용 공장은 10인 이상, 전력을 사용하지 않는 기업은 20인 이상을 고용하는 기업이다. 비등록기업은 규모가 그보다 작은 기업을 의미한다. 2004/2005년 제조업 부가가치 생산은 4조 5,000억 루피이며, 이 중 등록기업의 생산은 3조 1,000억 루피로 비등록기업 1조 4,000억 루피의 2배 이상이다. 그러나 고용의 경우는 비등록기업이 더 많을 것이다.

등록기업에 대한 정부의 경영 내용 조사[4]에 의하면, 인도 제조

---

(3) Arvind Panagariya, "A Passage To Prosperity," *Far Eastern Economic Review*, Vol. 168, No. 7, pp. 35~38. 아빈드 파나가리아는 1980년 중국과 인도의 1인당 소득은 같은 수준이었지만 2배 이상으로 격차가 생기고, 중국의 빈곤인구가 5% 미만인 데 비해 인도는 26%에 이르며, 중국이 세계 수출에서 차지하는 비중이 2003년 5.8%인 데 비해 인도는 1%에도 미치지 못하게 된 가장 중요한 이유는 인도 공업 부문의 저성과라고 지적한다.

업체 수는 2003/2004년에 약 12만 6,000개에 이르고 제조업 부문 종사자 수는 777만 명 정도다. 또한 제조업 생산은 12조 77억 루피, 부가가치액은 2조 293억 루피로 나타났다.

주요 업종별로는 음식료와 섬유 산업의 사업체 비중이 각각 18.9%와 10.3%로 가장 높았고, 고용 역시 음식료와 섬유 산업이 각각 16.7%와 15.6%로 가장 많다. 생산에서는 화학 및 화학제품 제조업과 섬유 산업이 각각 14.1%, 그리고 코크 및 정유 제품 제조업이 14.0%로 높은 비중을 나타냈다. 부가가치를 기준으로 하면 화학 및 화학제품 제조업이 제조업 전체 부가가치의 17.7%를 차지한다.

이처럼 인도의 제조업은 노동집약적인 음식료와 섬유 산업의 비중이 크며, 생산이나 부가가치에서는 화학 및 화학제품과 기초금속(철강) 등 상대적으로 장치산업적 성격이 강한 부문이 비중이 크다. 반면 전자 및 기계 등 세계의 주요 산업으로 부가가치가 높은 산업의 비중은 극히 낮은 실정이다. 인도가 다른 동아시아 국가에 비해 경제발전 초기의 모습에서 아직 벗어나지 못했음을 알 수 있다.

한 나라의 산업구조는 다양한 요인에 의해 결정된다. 노동력과 자본, 그리고 천연자원을 포함하는 부존자원의 구조와, 그것이 결정하는 요소의 상대가격 체계 등이 중요 요인이다. 또 다른 중요 요인은 소득 수준이다. 소득이 낮은 단계에서는 필수소비재의 수

---

(4) 인도 정부는 제조업의 생산과 부가가치 및 고용 상황 등을 파악하기 위해 매년 등록기업의 경영 내용을 조사하고 있다. 그러나 모든 기업에 대한 전수조사가 거의 불가능하기 때문에 현재는 고용 200인 이하의 소규모 기업에 대해서는 샘플조사로 대신하고 있다.

인도 등록 제조업의 업종별 구성(2003/2004년)

단위 : %

	사업체 수	종사자 수	생산	총부가가치
화학 및 화학제품	8.1	9.5	14.1	17.7
기초금속	5.2	6.9	12.5	13.9
코크 및 정유 제품	0.7	1.0	14.0	12.0
음식료	18.9	16.7	14.1	7.9
섬유	10.3	15.6	7.6	6.3
자동차, 트레일러	2.2	3.7	5.5	5.9
기계 및 장비	7.0	5.1	4.3	5.4
비금속 광물 제품	9.4	5.9	3.2	4.0
전기기기 및 장치	3.1	2.8	2.8	3.2
고무 및 플라스틱 제품	5.6	3.6	3.2	3.1
기타 수송장비	1.4	2.2	2.5	3.1
조립금속 제품	6.4	3.6	2.4	2.5
담배 및 관련 제품	2.4	6.2	0.9	2.4
기타 제조업	3.8	1.8	2.6	2.0
라디오, TV, 통신장비 및 장치	0.8	1.3	2.2	1.8
종이 및 종이 제품	2.8	2.3	1.6	1.6
의류, 염색 가공	2.5	4.9	1.3	1.6
인쇄, 출판	2.4	1.5	0.9	1.5
가구 및 기타 제품	1.7	1.9	1.9	1.3
의료, 정밀 광학기기, 시계	0.8	0.8	0.7	1.0
사무용 기기	0.1	0.3	0.5	0.8
가죽 : 가방, 핸드백, 제복 및 신발	1.9	1.9	0.9	0.7
목제 및 목제품, 코르크	2.4	0.6	0.3	0.2
전산업	100.0	100.0	100.0	100.0

자료 : Annual Survey of Industries 2003/2004.

요가 높지만, 소득이 높은 국가에서는 사치재의 수요가 증가한다. 즉 소득 수준은 시장의 크기와 산업구조를 결정하는 것이다. 여기에 국민경제가 갖는 기술 수준 또한 산업구조에 영향을 미친다.

인도는 절대적으로 노동이 풍부한 국가다. 따라서 노동집약적 산업의 비중이 높을 수 있다. 또한 소득이 낮으므로 소득탄력성이 높은 산업보다는 생활필수품 산업의 비중이 높을 수밖에 없다. 그러나 시장은 국내시장과 해외시장이 존재하고, 대부분의 동아시아 국가는 인도와 달리 해외시장의 몫이 더 큰 부분을 차지한다. 인도의 제조업은 내수산업으로 개발되었으므로 현재의 산업구조는 이러한 내수시장을 반영한 구조라고 할 수 있다. 반면 동아시아 국가들은 선진국 시장에 맞는 상품을 개발하고 수출을 확대하면서 산업을 전자 산업 중심의 구조로 형성해간 것이다. 그리고 이러한 차이는 결국 경제성과의 격차를 가져왔다.

인도의 수출 규모는 2005/2006년 1,027억 달러에 이르렀다. 경제 규모가 비슷한 한국의 2,839억 달러보다 적고, 각각 1,613억 달러와 1,101억 달러를 기록한 말레이시아와 태국보다도 적은 규모다. 수출 품목에서는 화학 및 관련 제품, 보석 및 귀금속 가공 제품, 섬유가 3대 중심 부문을 이루고 있다. 2002/2003년 이후 공산품 수출 중 가장 높은 성장세를 보인 부문은 정유 제품으로 4.5배가 증가했다. 또한 기계 및 수송기기도 크게 증가했는데, 이는 자동차와 이륜차의 수출이 대폭 늘어났기 때문이다. 그러나 전자 제품의 경우 수출은 22억 달러로 인도 전체 수출의 2.2%에 불과하고, 전체 수출 증가율보다도 낮았다. 실제로 2004년 세계의 수출을 부문별로 살펴보면, 제조업 상품의 수출 비중이 73.8%에 이르고, 철강 3.0%, 화학 및 화학제품 11.0%, 사무 및 통신기기 12.7%,

인도의 업종별 수출

단위 : 백만 달러, %

	2002/2003(A)	2003/2004	2004/2005	2005/2006(B)	B/A
플랜테이션 상품	547	593	648	725	1.33
농산물 및 가공품	4,721	5,407	6,293	7,408	1.57
수산물	1,432	1,329	1,439	1,436	1.00
광물 제품	1,996	2,369	5,079	6,189	3.10
가죽 및 관련 제품	1,848	2,163	2,422	2,626	1.42
보석 및 귀금속 가공	9,030	10,573	13,762	15,547	1.72
화학 및 관련 제품	7,858	9,960	13,164	15,514	1.97
기계 및 수송기기	3,463	4,873	6,726	9,577	2.77
철강	1,856	2,478	3,921	3,511	1.89
기타 엔지니어링 제품	2,370	3,166	4,736	6,081	2.57
전자 제품	1,295	1,805	1,890	2,244	1.73
섬유	11,081	12,204	12,918	15,206	1.37
정유 제품	2,577	3,568	6,889	11,514	4.47
기타	2,645	3,355	3,649	5,147	1.95
총수출	52,719	63,843	83,536	102,725	1.95

자료 : Foreign Trade Statistics of India.

자동차 9.5%, 섬유 소재 2.2%, 그리고 의류 2.9% 등이다. 인도의 수출구조가 세계 전체의 수출구조와 크게 다름을 알 수 있다.

제조업의 상대적 열위는 외국인 직접투자에서도 찾아볼 수 있다. 인도에 대한 외국인 직접투자의 규모는 중국 등 주요 국가에 비해 극히 적은 편이다. 다행이라면 제조업 부문에서 특히 전기·전자나 수송용 기기 등에 대한 투자가 상대적으로 많다는 점이다. 1991년 이후 2006년 1월까지 인도에 투자된 외국인 투자를 업종

산업별 대인도 외국인 직접투자

단위 : 백만 달러, %

	2002/2003	2003/2004	2004/2005	2005/2006.1	1991-2006.1	비중
전기·전자	644	532	721	862	4,9071	16.2
수송기기	455	308	179	213	3,169	10.19
서비스	326	269	469	491	3,001	9.52
통신	223	116	129	202	2,894	9.38
정유 및 전력	118	113	166	203	2,691	8.81
화학	129	20	198	431	2,127	6.56
식품가공	37	111	38	40	1,177	3.60
제약	40	109	292	151	986	3.24
시멘트	21	10	0	452	747	2.48
금속	47	32	192	139	641	2.12

자료 : 인도 산업정책국.

별로 보면, 전기·전자와 수송기기 산업이 각각 1위와 2위를 차지
하고 있다. 즉 소비재 산업에 인도 기업이 활동하고 있기 때문에
내구소비재 산업에 외국인 직접투자가 집중되고 있는 것이다.

그러나 외국인 직접투자도 내수 지향의 투자 형태를 보이고 있
다. 최근 정부가 수출을 장려하고 있으나 인도가 우회수출기지로
서의 기능이 취약하므로 외국인 투자는 기존의 인도 기업을 구축
하는 현상을 보이기도 한다. 예컨대 1992년 인도의 승용차 시장에
서 인도 기업의 시장점유율은 100%였으나, 2004년에는 다국적기
업의 비중이 77%를 차지했다. 이 같은 상황은 TV 시장에서도 마
찬가지여서, 1992년 3%에 불과하던 다국적기업의 시장점유율은
2004년에 51%로 증가했다.[5]

제조업 발전의 취약 요인

제조업이 낙후된 이유, 특히 1990년대 후반 성장이 지체된 이유
는 다음과 같다.

먼저 인도는 독립 이후 40년 동안 자립을 목적으로 내수 중심
(inward oriented)의 중공업 육성 전략을 추구해왔다. 이러한 전
략은 대규모 산업의 성장과 산업 다각화에 이바지했으며, 시간이
지나면서 상당한 기술력을 축적했다는 긍정적 측면도 있다. 그러
나 경쟁의 부재와 수입 규제 등으로 기술 진보가 지연되고 비효율
성이 전반에 확산되는 문제점을 야기했다.

자립형 발전을 위한 다방면의 경쟁 제한도 제조업 발전을 크게
저해했다. 신기술 및 자본재에 대한 접근 제한, 외국인 투자 제한,
민간기업의 규모 제한, 공기업에 유리한 조건, 투자에 대한 정부
의 투자 지도와 같은 방향성 제시 등이 여기에 포함된다. 결국 인
도의 무역과 산업의 성장은 지체되었고, 다른 아시아 국가의 산업
발달 및 수출을 주도했던 세계화는 인도를 비껴갔다. 공업 수준을
제고할 만한 외국인 직접투자도 부진했고, 세계시장에서 다른 제
품들과 경쟁하면서 얻게 되는 품질 개발이나 기술 수준 향상의 기
회도 상대적으로 부족했다. 그 결과로 조악한 품질의 제조업이 형
성되었다.

둘째는 열악한 인프라의 문제다. 총 제조 비용 중 전기 비용이
차지하는 비중은 10.4%에 이른다. 전력은 아직 공급이 수요에 미

---

(5) V. T. Bharadwaj, Gautam M. Swaroop & Ireena, "Vittal, Winning the Indian Consumer," *The McKinsey Quarterly 2005 Special Edition*, 2005, p. 45.

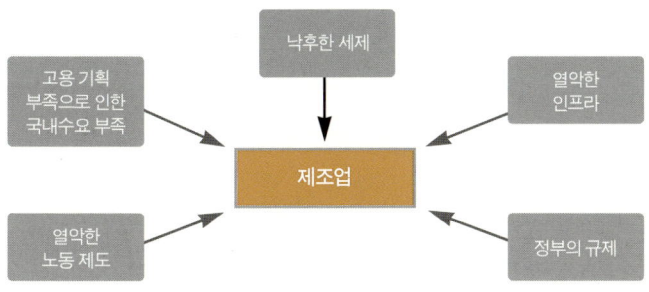

인도의 제조업을 둘러싼 환경

낙후한 세제

고용 기획
부족으로 인한
국내수요 부족

열악한
인프라

제조업

열악한
노동 제도

정부의 규제

자료 : Morgan Stanley.

치지 못하고 있으며 단전이 되는 경우도 많다. 비효율적인 항만 시설도 문제다. 또한 도로 시설도 아직 열악하다. 주요 도시 간 간선고속도로가 아직 완비되지 않았고, 포장도로의 비중도 낮다. 따라서 인도의 내륙 지역에서 항구로 이동하는 수송비가 상당히 높다. 그러므로 생산비 측면에서 결코 다른 나라보다 유리할 수 없는 것이다.

셋째는 정부의 규제다. 사회주의적 성향의 인도는 중소기업을 유지하기 위한 제도를 오랫동안 운영해왔다. 과도한 중소기업 우대 정책은 기업인의 성장 의지를 취약하게 만들었을 뿐만 아니라 비효율을 낳게 했다.[6] 그뿐만 아니라 각종 규제는 인도의 제조업 부문에서 큰 문제점으로 작용하게 되었다. 1991년까지 라이선스

(6) 인도의 영세기업(SSI) 유보 제도에 의하면 투자 규모 1,000만 루피 미만의 회사는 영세기업으로 분류되며, 주정부의 산업국에 등록하면 영세기업으로 특혜를 받게 된다. 즉 이들은 영세기업을 위해 유보된 품목을 모두 생산할 수 있다. 일반 기업이나 외국인은 영세기업의 지분을 24%까지 보유할 수 있고, 영세산업 지위를 포기하는 경우 외국인 투자 상한선이 철폐되지만, 유보 제품을 생산하는 경우 50% 이상을 수출해야 한다.

장벽을 통해 인도 산업을 보호함으로써 야기된 부정적 영향은 아직 해소되지 않은 상태다.

넷째로 열악한 노동 제도는 제조업 발전에 가장 큰 걸림돌로 작용하고 있다. 인도의 노동 관련 법률은 40여 개 이상이다. 예컨대 종업원 100인 이상의 기업은 해고가 자유롭지 못하다. 실제로 채용 곤란지수도 다른 경쟁국에 비해 높게 나타나고 있다. 가장 큰 문제는 바로 해고의 어려움이다. 노동 규제를 의식한 기업들은 저렴하고 풍부한 노동력에도 불구하고 고용 확대를 기피하고, 대신 자동화 등에 관심을 갖는다. 예컨대 2003년 최저임금을 살펴보면, 인도는 법정 최저임금이 제조업 전체 평균 임금의 90%에 달하고, 이는 20% 미만의 중국과 30% 정도의 한국에 비하면 아주 높은 편이다. 즉 인도의 최저임금은 산업별 생산성이나 노동자본 비율과 별로 관계가 없으므로 시장에서 육성해야 할 산업과 그렇지 못한 산업의 변별력이 생기지 않는 것이다.[7] 이처럼 인도의 노동 정책은 회사 규모, 산업 투자 및 국제경쟁력에 대한 원천적 제약을 낳는 원인으로 지적되고 있다.[8] 노동 규제를 피하기 위해 기업들은 소규모로 운영하려는 속성을 갖는다. 따라서 제조업의 고용 창출 효과가 크지 않다. 제조업의 고용탄력성은 1983~1987년에 0.59였으나 1987~1993년에는 0.38이었고, 1993~1999년에는 0.33으로 하락했다.[9]

---

(7) Yana Van Der, Meulen Rodgers & Gunseli Berik, "Asia's Race to Capture Post-MFA Markets : A Snapshot of Labor Standards, Compliance, and Impacts on Competitiveness," *Asian Development Review*, Vol. 23, No. 1, pp. 55~86.
(8) 이 때문에 1980년대 이후 가동되지 않는 많은 공공 및 민간 복합일관생산공장들이 아직까지 과거 종업원들에 대해 금전적 지원을 하고 있다.

인도·중국·인도네시아·한국의 사업 환경 평가(2005년 1월)

		인도	중국	인도네시아	한국
사업 착수	절차 수	11	13	12	12
	소요 일수	71	48	151	22
부동산 등기	절차 수	6	3	7	7
	소요 일수	67	32	42	11
채무 강제 이행	절차 수	40	25	34	29
	소요 일수	425	241	570	75
사업 청산	필요 햇수	10.0	2.4	5.5	1.5
	회수율(1달러당 센트)	12.8	31.5	13.1	81.7
고용	채용 곤란지수(1~100)	56	11	61	44
	근로 시간 경직성(1~100)	60	40	40	60
	해고 곤란지수(1~100)	90	40	70	30
	채용 비용(급여 대비, %)	12	30	10	17
	해고 비용(급어 지급 주간 수)	70	90	145	90

자료 : World Bank, 2006.

다섯째, 세제의 낙후가 지적되고 있다. FICCI의 연구에 따르면, 모든 상품의 판매가에 대한 평균 총 간접세율은 36.25%에 달한다. 관세가 지속적으로 하락하면서, 재정이 취약한 정부는 제조업에 대한 세금을 인상해왔다. 법인소득세도 실효세율이 33.66%에 이르는데, 이는 절대 수준에서 다른 지역보다 높다. 특히 중국이

---

(9) National Manufacturing Competitiveness Council, *The National Strategy for Manufacturing*, New Delhi, 2006.2, p. 3.

경제특구를 중심으로 광범위한 인센티브를 제공하고 있다는 점에서 인도의 제조업 경쟁력 및 외국인 직접투자 유치의 경쟁력을 저하시키는 요인이 된다고 하겠다.

　마지막으로는 고용 기회 부족에 따른 국내수요의 부족을 들 수 있다. 최근 제조업 제품에 대한 시장 규모가 증가하고 있으나, 아직은 소득 분배의 불균형으로 인해 수요가 일부 계층에 한정돼 있다. 특히 제조업에서 고용이 창출되지 않은 상태에서 유효수요를 가진 소비자가 많지 않다는 점은 제조업의 지속적 발전에 장애가 된다.

인도 제조업의 발전 전망

제조업 발전의 필요성

인도는 여러 측면에서 제조업을 발전시킬 필요가 있다. 첫째, 경제성장을 지속하려면 제조업이 발전해야 한다. 역사적으로 경제발전은 농업에서 제조업으로 이동하고, 그 다음으로 서비스업이 발전하는 단계를 거친다. 최근 일부에서는 인도가 IT 아웃소싱 산업의 발전으로 공업 부문의 발전을 거치지 않고 서비스 경제로 이행해간다고 주장하기도 한다. 즉 "인도는 미국이 되기 위해 중간에 한국이 될 필요는 없다"는 것인데[10], 이 주장은 커다란 결함을 갖고 있다. 소프트웨어나 IT 응용 산업이 고도로 성장하고 있는 것은 사실이지만, 서비스 산업 전체에서 차지하는 비중조차 극히 낮은 편이므로 경제성장에 대한 기여도는 크지 않다. 서비스

---

(10) 파나가리야도 이러한 주장이 타당하지 않다고 주장한다. Panagariya, 앞의 글, p. 36.

산업의 발전은 오히려 임금 수준이나 생산성이 낮은 비공식 부문에서 나오고 있다. 결국 인도 경제가 지속적으로 발전하기 위해서는 두 다리로 걸을 필요가 있다는 것이다.[11] 두 다리는 전통적인 노동집약적 산업과 근대적인 IT 분야를 의미한다. 경제주간지 《이코노미스트》도 "인도의 IT 기업들이 세계적 수준이지만 고용인원은 약 100만 명에 불과하다. 아시아의 호랑이들 중 어느 국가도(심지어 싱가포르조차) 수출 주도형 제조업의 발전 없이 중·상 및 고소득 국가로 급격히 성장한 예가 없다. 인도의 경우도 예외일수 없을 것이다. 인도도 다를 것 같지 않다"고 했다.[12]

인도 정부는 향후 국민의 충분한 생활수준 향상을 위해 8~9%대의 경제성장률을 달성해야 한다고 인식하고 있다. 또한 제10차 5개년 계획(2002~2007년)의 중간평가를 통해 2007~2012년에는 8% 이상의 성장은 무난할 것으로 보고, 장기적으로 8.5~9% 성장 목표는 합리적으로 여기고 있다. 이러한 목표를 달성하기 위해 제조업의 발전은 필수적이다. GDP에서 약 20%의 비중을 차지하는 농업의 생산성 제고는 어려운 일이므로 서비스 산업과 제조업의 성장률을 신장시켜야 하는 것이다.

제조업 부문의 발전은 산업 연관효과라는 측면에서도 중요하다. 제조업은 원자재부터 중간 부품에 이르기까지 모든 품목의 수요를 촉진한다. 뿐만 아니라 사업을 진행하는 과정에서 금융, 보험, 회계, 운송, 그리고 기타 서비스에 이르는 소프트웨어에도 영향을 미친다.

---

(11) Panagariya, 앞의 글, p. 36.
(12) The Economist, Oct. 23, 2005, p. 25.

둘째는 고용 창출에 제조업이 기여할 수 있기 때문이다. 인도의 노동력은 4억 명 이상이다. 2005~2015년에 매년 1,000만 명이 노동인구로 편입될 것으로 추정되며, 이들에게는 일자리가 제공되어야 한다. 2005년 기준 인도의 실업자 수는 3,400만 명에 달한다. 향후 20년 동안 농업 부문의 고용 비중은 현재 56%에서 40%로 감소할 것으로 예측되므로, 상당수의 비농업 부문에서 고용이 창출될 필요가 있다. 그러나 주로 고급인력에게 고용 기회를 제공하는 서비스 부문은 일부 구직자에게만 혜택을 줄 뿐이다. 현재 인도 경제에 대한 관심을 불러일으키고 있는 IT·BPO 부문에 종사하는 인구는 약 130만 명이고, 2010년이면 이 분야에 230만 명이 종사할 것으로 전망된다. 물론 고용에 관련해 간접적으로 일자리가 창출되겠지만, 대양의 물 한 방울 수준일 뿐이다.[13]

인도 기업인으로 일찍이 디젤엔진업체 키르로스카오일엔진(Kirloskar Oil Engine Ltd.)을 창업한 S. L. 키르로스카(S. L. Kirloskar)는 "인도가 다가오는 세기에 선도적 플레이어가 될 수 있는가 없는가는 상당 부분 우리가 어떻게 빨리 산업 활동의 범위를 확대하고 품질 좋은 제품을 해외에 파는가에 달려 있다"고 하면서, "자선은 누구에게도 자존심을 안겨주지 않는다. 일자리가 자존심을 갖도록 한다. 그리고 공업만이 대규모로 일자리를 창출할 수 있다"고 말했다.[14]

또한 제조업은 인도 경제구조의 변화에 맞춰 나타날 인구의 산업 간 이전에서 중요한 역할을 할 수 있다. 농촌 및 농업 부문의

---

(13) "A Survey of Business in India," *The Economist*, July 3, 2006, p. 8.
(14) 앞의 글, p. 8.

인프라가 개선되면서 탈농 인구가 증가할 것이고, 이들이 보다 생산성 높은 제조업 분야로 투입된다면 경제효율이 증가한다. 이미 언급했듯이, 인도에서 농업은 노동인구의 60% 가까이 되지만, GDP의 22%에 불과하다. 농업 분야의 이러한 노동력과 부가가치 창출의 불일치는 농촌 빈곤의 주된 원인으로 작용하며, 이러한 추세는 2010년대에 더 확대될 전망이다. 대다수 노동력이 농업에서 제조업으로 이동해야만 농촌 소득이 향상되고 빈곤이 감소될 것이다.

제조업의 성장과 고용 창출은 결과적으로 내수 기반을 강화한다. 최근 서비스 산업의 호황과 부동산 및 증시의 상승으로 고소득층의 소비 붐이 일고 있지만, 경제성장의 과실이 외연적으로 확대되어야 한다. 그래야만 경제가 지속 가능한 발전을 이룰 수 있기 때문이다. 소비계층의 확대는 고용을 창출해야 가능하다. 급증하는 노동인구를 제조업에서 흡수해야 내수가 충분히 성장할 수 있다.

셋째, 제조업의 성장은 인도의 외환유동성을 개선시켜줄 것이다. 인도는 1970년 이후 1972/1973년 및 1976/1977년을 제외하고 만성적인 무역수지 적자를 기록해왔다. 1990/1991년 인도의 외환보유고는 22억 4,000만 달러에 불과했고, 외환유동성 문제를 겪게 되었다. 이후 인도의 외환유동성 확보는 중요한 경제 정책 목표의 하나가 되었다. 그러나 원유 등 원자재를 수입해 공산품의 수출경쟁력이 낮은 상태에서 무역수지 적자는 지속적으로 증가해왔다. 무역수지 적자는 해외에 거주하는 인도 교포들의 이전수지 등에 의해 보충되어왔으며, 1990년대 후반 이후에는 소프트웨어 수출을 통해 경상수지가 흑자로 전환되기도 했다. 동시에 외국인 간접

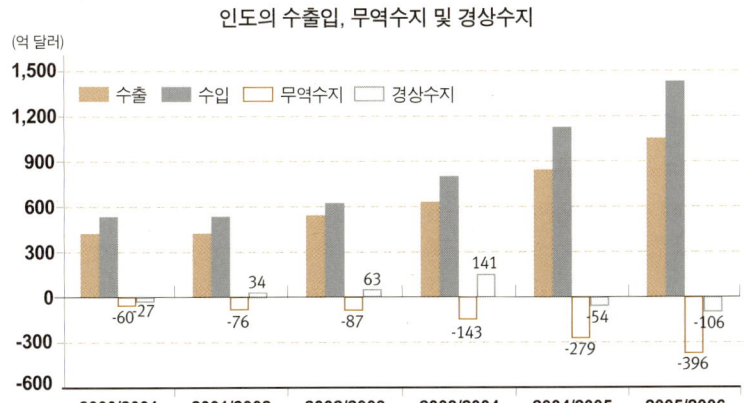

인도의 수출입, 무역수지 및 경상수지

(억 달러)

자료 : 인도 재무부 및 연방은행 자료를 이용해 작성.

투자 자금의 유입으로 외환보유고는 점차 증가했다.

그러나 2003년 이후의 고도성장은 수입수요를 유발해 무역수지 적자가 더욱 증가했다. 2005/2006년의 경우 무역수지 적자는 396억 달러에 이르렀는데, 이는 4년 전에 비해 4.6배나 증가한 수준이나. 2000/2001년까지 적자를 보였던 경상수지는 다음해부터 3년 동안 흑자를 기록했다. 그러나 무역수지 적자의 급증으로 소프트웨어 수출과 이전만으로 보전되지 못하면서 경상수지는 2004/2005년에는 다시 54억 달러의 적자로 돌아섰다. 수출은 30.9%의 증가율을 보였으나 수요 증가로 수입은 무려 42.7% 증가해 무역수지 적자가 143억 달러에서 279억 달러로 대폭 증가했기 때문이다. 2005/2006년의 무역수지 적자는 더욱 심화되었고, 이에 따라 경상수지 적자도 106억 달러로 확대되었다. 인도가 고도성장을 지속한다면 무역수지 적자는 계속 증가할 수 있고, BRICs 바람을 타고 인도로 유입된 간접투자 자금이 유출된다면 인도 경

제에 큰 부담이 될 것이다. 결국 건전한 발전을 위해서 공산품의
수출을 확대하고 무역수지 적자를 관리하는 것은 인도 경제의 가
장 중요한 과제 중의 하나라고 하겠다.

제조업의 발전 전망

인도 정부가 제조업을 육성하기 위해 구체적 목표를 설정하고
있는 것은 아니다. 대신 중장기적으로 일정한 경제성장률을 달성
하려면 제조업이 어느 정도는 성장해야 한다는 광의의 목표를 갖
고 있다. 이러한 목표는 2006년 2월에 국가제조업경쟁력위원회
(NMCC : National Manufacturing Competitiveness Council)에서 발표한
국가제조업전략(The National Strategy for Manufacturing)에서 드러나
고 있다.

NMCC는 일단 바람직한 전체 경제성장률이 장기간에 걸쳐
8~10% 정도는 되어야 한다고 본다. 10차 계획 기간(2002~2007년)
의 성과로 볼 때 2007~2012년 기간에는 8% 이상의 성장률을 기록
하고, 장기적으로 8.5~9%의 목표도 가능하다는 것이다. 이러한 목
표성장률을 가지고 농업·광공업·서비스업의 경제성장 기여율과
각 산업의 비중을 비교하면, 제조업의 바람직한 성장률을 도출할
수 있다. 예를 들어 농업의 경우 20% 정도의 비중에 최대 성장률
이 4%라고 한다면, GDP 성장에는 0.9%에 가깝게 기여할 것이다.
서비스 산업은 10% 이상 성장이 어려울 것이고, 현재 GDP 비중이
51% 정도라면 성장 기여율은 5.1%가 된다. 그러므로 GDP의 성장
률을 9%로 설정한다면 광공업이 나머지를 담당해야 한다는 결론
이 나온다. 이러한 이유로 NMCC는 경제성장률 9%가 목표라면 제

조업은 12.26% 성장해야 하고, 10%의 경제성장률을 이루려면 제조업은 훨씬 더 높은 성장률을 달성해야 한다고 주장한다.

인도에서 과거 10년간 제조업의 성장은 7%였지만 제조업의 비중이 3%포인트 상승하는 데 20년 이상 걸렸다. 따라서 제조업이 2005년 이후 10년간 12% 성장한다 해도 2015년 제조업의 비중은 23% 정도에 불과할 것이다. 물론 12%는 제조업 전체 평균을 의미하는 것이므로 개별 업종별 성장률에는 차이가 있다. 인도 정부는 산업 분류 2단위를 기준으로 제조업을 17개 산업으로 구분하고 있다.

이들을 업종별로 살펴보면, 기계 및 장비 제조업이 1999~2003년 기간 8.7%로 가장 높은 성장률을 기록했으며 향후 목표성장률은 20%이다. 기초화학 및 화학제품 제조업은 18%의 성장이 가능하고, 높은 비중 때문에 제조업 성장에 가장 큰 기여를 할 것으로 보인다. 섬유·기타 제조업·철강 및 비철금속·운송장비 제조업도 상대적으로 성장 가능성이 높은 업종으로 제시되고 있다. 그럼에도 불구하고 이 선망치에 의한 제조업 성장률은 9%대에 불과하다. 결국 개별 산업의 성장률이 더 높아져야 12%대의 성장률을 달성할 수 있고, 이는 정부의 개혁과 제조업 발전 노력이 더욱 강화되어야 함을 의미한다.

한편 제조업은 고용 창출의 목표를 가져야 한다. 인도 제조업의 고용 창출 능력은 시간이 경과할수록 감소하고 있다. 인도의 고용 증가율은 1983~1988년 연평균 2.89%였지만, 1987~1994년에는 2.5%로 감소했다. 그리고 1993~2000년의 고용증가율은 연평균 1.07%로 급격히 감소했다. 2005~2015년에는 연평균 1,000만 명이 신규로 노동시장에 진입할 전망인데, 현재와 같은 서비스 산업

인도의 제조업 17개 부문 목표성장률(~2015년)

단위 : %

코드명	부문	제조업 생산지수 내 비중	5년 평균 성장률 (1999~2003)	달성 가능 목표 성장률 (평균)	제조업 성장 기여도 (비중X 목표 성장률)
35-36	기계 및 장비(운송장비 제외)	9.6	8.7	20	1.92
30	기초 화학 및 화학제품 (석유 및 석탄 제외)	14.0	6.9	18	2.52
26	섬유 제품(의류 포함)	2.5	3.9	17	0.425
38	기타 제조업	2.6	2.5	15	0.39
33	기초금속 및 비금속	7.5	5.9	12	0.9
37	운송장비 및 부속품	4.0	8.4	10	0.4
28	제지 및 제지품, 인쇄, 출판	2.7	4.5	10	0.27
22	음료, 담배 및 관련 제품	2.4	12.1	10	0.24
23	면섬유	5.5	0.3	8	0.44
29	가죽 및 모피 제품	1.1	4.5	8	0.088
20-21	식품	9.1	4.6	7	0.637
31	고무, 플라스틱, 석유·석탄	5.7	6.4	7	0.399
32	비금속 광물 제품	4.4	6.6	7	0.308
34	금속제품·부속품(기계 및 장비 제외)	2.8	2.8	7	0.196
24	모직, 견섬유, 수제 섬유 제품	2.3	6.4	4	0.092
27	목제, 가구	2.7	-7	1	0.027
25	마·기타 식물성 섬유(면 제외)	0.6	-0.4	1	0.006
	총	80.0			9.258

자료 : NMCC, p. 79.

주도의 성장으로 고용증가율이 둔화된다면 도시와 농촌 간의 격차는 더욱 확대될 것이다.

1999/2000년 제조업 고용 인원은 4,000만 명이었고, 고용탄력성은 1983~1988년에는 0.59에서 1993/1994~1999/2000년에는 0.33으로 하락했다. 미래에도 현재의 고용탄력성이 0.33 수준으로 유지된다고 가정하면, 12%의 성장은 160만 명의 고용을 창출할 수 있을 것이다. 나아가 만약 고용탄력성이 1980년대의 0.59로 상승한다면, 290만 명의 직접적인 일자리가 창출될 수 있다. 게다가 승수효과로 인해 직접고용의 2~3배에 달하는 간접적 고용도 창출될 것으로 추정된다.

제조업의 고용 창출과 관련해서 두 가지 측면을 고려할 필요가 있다. 첫째, 제조업의 경쟁력 향상이 고용 성장과 같이 가도록 해야 한다는 것이다. 기업 차원에서는 경쟁력의 향상으로 초기에 고용이 감축될 수 있지만, 해당 산업 전체의 경쟁력 상승은 수요 증대뿐만 아니라 파급효과를 통해 고용 창출 기회도 확대시킬 것이다. 예컨대 섬유 및 의류, 가죽 및 가죽 제품, 식품가공 산업은 경쟁력을 가지면서 고용 창출 효과도 큰 대표적인 분야다. 이들 산업을 육성하기 위한 특별한 노력이 필요하다.

둘째, 1990년대 저하된 고용탄력성을 1983~1988년 수준까지 제고해야 한다. 인도 제조업 부문은 1990년대 경기 붐으로 투자가 증가함에 따라 유휴설비를 갖고 있었으나, 신규 투자는 2004년부터 나타나기 시작했다. 즉 2003년 이후 소비 확대가 투자로 연결되기 시작하면서 고용이 증가하고 다시 소비가 증가하는 선순환 구조로 진입할 수 있었다. 따라서 정부의 정책은 경제의 전반적인 성장이라는 목적을 희생시키지 않고 고용 내용을 향상시켜야 한다. 식품가공, 의류, 가죽 및 가죽 제품 분야는 정부의 적절한 정책을 통해 고용 창출이 가능한 노동집약적 산업이다. 제조업 전략은 경제의 전반적인 성장과 고용 창출 모두에 기여할 수 있는 이들 산업에 호의적인 방향으로 초점이 맞춰져야 할 것이다.

인도의 제조업이 발전하려면 풀어야 할 과제가 많다. 이러한 과제는 정부 차원일 수도 있고, 산업 차원일 수도 있다. 실제로 NMCC는 수많은 과제를 제시하고 있다. 먼저 성장과 투자 및 고용 확대를 위한 환경을 만드는 데 있어 정부의 주요 과제는 핵심 인플레이션 억제를 포함한 거시경제 안정성 확보, 비용 효율성 확보 및 내수 촉진, 혁신 및 기술에 대한 투자, 인프라의 신속한 확대, 거래 비용 삭감을 위한 올바른 시장 프레임워크 및 환경 구축, 중앙정부·주정부 간의 효과적인 조율, 제조업 정책 이슈를 해결하기 위한 스탠딩 메커니즘 창출, 중소기업의 경쟁력 제고, 공기업의 시장경쟁력 제고 등이다. 그리고 산업계의 주요 과제로는 R&D 및 기술에 대한 투자, 지속적인 기술 개발 및 지식 습득 노력, 글로벌 스탠더드와 벤치마킹 채택, 베스트 제조업 사례 및 생산기술 채택, 생산 규모 확대 등을 들 수 있다.

또한 제조업 전체로서는 최하위 소득계층으로 형성된 거대한 잠재시장에 접근할 필요가 있다. 이들 저소득층이 구매할 수 있는 가격으로 상품을 디자인하고 생산하여 제공하는 것이 필요하다. 이 거대 잠재시장은 아직 개척되지 않은 채 남겨져 있음을 주시해야 한다.

03

인도의 산업 및 기업

주요 업종의 현황과 과제

섬유 산업

섬유 시장의 현황

대부분의 개도국이 그렇듯이 섬유 산업은 인도의 가장 중요한 산업이다.[15] 인도의 섬유 산업은 풍부한 면화 생산을 기반으로 면직물 공업에서 시작되었으나 점차 다각화하는 추세다. 2000/2001년 기준 섬유 산업은 GDP의 4%, 산업 생산의 20%, 그리고 광공업 부문 고용의 18%를 차지하며, 수출의 20%를 점하고 있다. 한편 섬유 산업의 고용은 3,500만 명으로 농업 다음으로 가장 많다.[16]

---

(15) 인도는 중국과 미국에 이어 세계 3위의 면화 생산국이다. 면화 재배 면적은 900만 헥타르에 이르지만, 대체로 1.5~2에이커의 소규모 농가가 재배하고 있기 때문에 생산성은 낮은 편이다. 면은 인도 섬유 소비의 약 60%, 방적 생산의 75% 이상을 차지하고, 2003년 인도의 원면 생산량은 약 29억 킬로그램에 이르렀다.

(16) IBEF, "Textiles, 2006 Davos," 2006. 1, pp. 25~29.

섬유 산업은 2003/2004년 기준 등록 사업체 수의 12.5%를 차지하고, 고용과 생산의 각각 20.5%와 8.9%를 담당하고 있다. 그러나 비등록기업을 포함하면 섬유 산업은 다른 어떤 산업보다 인도 경제에 더 큰 역할을 하고 있다고 볼 수 있다.

인도의 섬유 산업은 크게 섬유사 및 직물 등 소재 부문과 의류 부문으로 구별된다. 섬유사 및 직물의 경우 등록기업의 공장 수는 1만 3,035개이고, 종사자 수는 121만 명이며, 총생산액은 9,710억 루피에 부가가치액은 1,266억 루피다. 공장당 평균 종사자 수는 93명이며, 평균 생산액은 7,449만 루피다. 종업원 1인의 연간 생산액은 80만 루피에 불과하다. 한편 의류 산업의 규모는 이보다 훨씬 작다. 공장 수 3,190개에 종사자 수 38만 명으로 공장당 평균 종사자 수는 119명이며, 평균 생산액은 5,394만 루피, 그리고 1인당 생산은 45만 루피로 섬유 제품 부문보다 훨씬 적다. 당연히 섬유 산업의 공장당 생산이나 1인당 생산은 전체 제조업보다 규모가 더 작은 것으로 나타난다.

방적 부문에서 인도는 세계 방추설비의 22%를 보유하고, 세계 최대의 섬유사 수출국 중 하나이며, 세계 면사 무역의 25%를 차지하고 있다. 그리고 방적 부문의 생산설비는 4,000만 추가 있다. 2003/2004년 기준 방적 부문은 1,135개의 소규모 개별업체와 1,564개의 대규모 독립업체, 그리고 이보다 적은 일관생산업체로 구성되어 있다. 비일관 개별업체들의 생산능력은 전체의 75%이며, 생산량은 92억 킬로그램 정도다. 대부분의 면사는 타밀나두 주에서, 인조섬유사는 펀자브 지역에서 주로 생산된다. 수출 지향의 방사 부문은 국제적 경쟁력을 갖췄으며, 중규모 기업들이 방사·제직·가공까지 일관생산을 하며 운영하고 있다. 면사가 방

인도 섬유 산업의 규모와 비중(2003/2004년)

	공장 수	종사자 수		총생산			순부가가치 (억 루피)
		전체 (천 명)	공장당 (명)	전체 (억 루피)	공장당 (만 루피)	종업원당 (만 루피)	
섬유 제품	13,035 (10.3)	1,210 (15.6)	92.9	9,710 (7.6)	7,449	80	1,266 (6.3)
의류	3,190 (2.5)	379 (4.9)	118.9	1,721 (1.3)	5,394	45	331 (1.6)
계	16,225 (12.9)	1,590 (20.5)	98.0	11,431 (8.9)	7,045	72	1,597 (7.9)
제조업 계	126,042 (100.0)	7,767 (100.0)	61.6	127,727 (100.0)	10,134	164	20,254 (100.0)

주 : 괄호 안 수치는 비중.
자료 : 인도 정부.

사 부문의 중심으로, 금액 기준으로 55%를 차지한다.

편직 및 니트 부문 역시 분절화되어 있으며 규모가 작고 노동집약적인 공정을 갖는다. 편직 부문에서는 2003/2004년 기준 390만대의 수직기와 180만 대의 동력직기를 보유하고 있다. 니트 직물은 총 직물 생산의 18%를 차지한다. 의류 부문은 국내용 생산업체·수출 제품 생산업체·하청업체로 구성되며, 소규모의 7만 7,000개 업체가 있다.

한편 미국무역위원회(USITC)에서 정리한 인도의 섬유 산업에 대한 일반 정보에 따르면, 2001년 기준 방적업체는 일관생산업체가 281개, 영세기업(SSI) 유보산업에 해당되는 업체가 1,046개, 그리고 기타 업체가 1,579개다. 원료의 측면에서 원면 생산은 26억 킬로그램에 이르고, 인조섬유는 그보다 적은 8억 킬로그램 정도다. 또 섬유사 생산을 보면 면사가 인조사보다 훨씬 많은 것을 알

인도의 섬유 산업 개관

		단위	1998	1999	2000	2001
방적업체	비-SSI	개	1,543	1,575	1,665	1,579
	SSI	개	901	921	996	1,046
	일관생산업체 (비-SSI)	개	281	285	281	281
원료 생산	원면	백만kg	2,723	2,574	2,310	2,607
	인조섬유	백만kg	782	835	904	834
섬유사	면사	백만kg	2,022	2,204	2,267	2,212
	인조사	백만kg	850	894	920	962
직물	면직물	백만㎡	17,948	18,989	19,718	19,769
	혼방	백만㎡	5,700	5,913	6,351	6,287
	100% 비면직물	백만㎡	12,479	14,306	14,187	15,978
섬유 원료 소비	면	천 M/T	2,707	2,911	2,979	2,917
	양모	천 M/T	49	52	54	56
	인조합섬	천 M/T	1,830	1,981	2,094	2,111

자료 : USITC, "Textiles and Apparel: Assesment of the Competitiveness of Certain Foreign Suppliers to the U.S.Market," Vol. 2, Jan. 2004, p. F-31.

수 있다. 그러나 생산증가율은 면사보다 인조사가 더 높게 나타난다. 생산량 세계 5위를 점하고 있는 인도 합성섬유사의 중심은 폴리에스테르이고, 주요 생산기업으로는 릴라이언스와 인도라마신테틱스(Indo Rama Synthetics) 등을 들 수 있다.

직물을 면직물과 비면직물로 구분해보면, 과거에는 면직물의 생산 비중이 더 높았으나 점차 비면직물의 생산이 증가하고 있다.

인도의 섬유 수출

단위 : 백만 달러, %

분야	2002/2003(A)	2003/2004	2004/2005	2005/2006(B)	B/A
기성복	5,690	6,231	6,561	8,404	1.48
면직물	3,351	3,395	3,450	3,863	1.15
인조섬유	1,417	1,821	2,051	2,000	1.41
천연실크섬유	311	379	405	526	1.69
울 및 관련 제품	51	58	70	84	1.65
아자껍질 섬유	73	78	106	134	1.84
황마	188	242	276	295	1.57
섬유	11,081	12,205	12,918	15,206	1.37
수공예품	785	500	377	410	0.52
섬유 카펫	533	586	636	829	1.56
섬유 산업 전체	11,919 (22.6)	13,291 (20.8)	13,554 (16.2)	16,447 (16.0)	1.37
총수출	52,719	63,843	83,536	102,725	1.95

주 : 괄호 안 수치는 총수출 대비 섬유 산업의 비율.
사료 : Foreign Trade Statistics of India.

2001년 기준 면직물은 전체 직물 생산의 47%를 차지하고 있으나 생산성이 낮고, 상대적으로 품질 수준이 낙후된 시설에서 생산되고 있다. 1998년의 경우 거의 71%의 직물이 SSI 부문에서 생산되었고, 불과 6%만이 등록공장 부문에서 나왔다.

한편 섬유 산업의 수출은 2005/2006년 164억 달러로 총수출의 약 16%를 차지하고 있다. 의류(기성복)의 수출은 84억 달러로 섬유 전체의 51.1%를 차지하고 있으며, 면직물이 38억 6,000만 달러로 23.5%를 차지하고 있다.

섬유 산업의 특징

인도 섬유 산업의 가장 큰 특징은 규모의 영세성이다. 섬유 원료의 생산에서 방적 및 방직, 그리고 염색가공에 이르기까지 일관 생산 체제를 갖춘 복합공장의 수는 많지 않은 편이다. 대부분의 섬유 산업 강국이 대규모의 수직 통합적인 생산 체제를 갖추고 방사·제직·기타 가공을 일관적으로 처리하지만, 인도에는 이러한 복합공장이 얼마 되지 않는다. 즉 일관생산 체제를 갖춘 일관공장은 전체 섬유 제품 기업의 3%인 280개 정도에 불과한데, 이들은 대부분 공공 부문이 소유하고 있으며 그나마 재무적으로 파산 지경에 몰려 있다.

방적은 1980년대 중반의 규제 완화로 가장 통합이 잘 되어 있고 기술적 효율성을 갖춘 부문으로 인정되지만, 평균 기업 규모가 다른 국가에 비해 작고 기술적으로도 낮은 것으로 평가된다. 편직 및 니트도 고도로 파편화되어 소규모의 노동집약적 형태를 띤다. 2003/2004년 기준 390만 대의 수직기와 180만 대의 동력직기가 있다. 직물가공 분야에는 2,100개의 독립적인 기업이 있고, 방적 및 방직 등과 일관생산 체제를 갖춘 기업은 200여 개에 이른다.

의류 분야에는 2004/2005년 기준으로 독립적(일관생산공장이 아닌) 소규모 기업이 7만 7,000개나 몰려 있다.[17] 1999년 기준 의류 산업은 5만 8,000개의 기업으로 구성되어 있었으며, 이 중 4만 8,000개의 기업이 편직물을 생산했고 나머지 1만 개의 기업이 니트를 생산했다. 이 가운데 50대 이상의 기계로 운영되는 기업은

---

(17) Maurice Landes, etc., "Growth Prospects for India's Cotton and Textile Industries," *United States Department of Agriculture*, June 2005, p. 12.

6%에 불과했고, 80%는 20대 미만의 기계로 운영되었다. 의류 수출업체들도 소규모이며 훨씬 노동집약적인 것이 특징이다. 의류 분야에서는 영세 규모의 제조업체가 대부분이며, 주로 큰 제조업체 또는 수출업자와의 계약 체제로 생산되고 있다. 수출 지향 업체들조차 국제 기준에서 보면 규모가 작은 편이다. 2002년의 연구에 따르면, 인도의 평균 의류 수출업체의 생산기계 대수는 119대에 불과하다. 홍콩의 698대와 중국의 605대에 비하면 터무니없이 작은 규모다.

이와 같이 섬유 산업이 노동집약적이고 소규모로 비조직화된 이유는 정부의 정책에서 비롯되었다. 조세와 노동 제도 및 기타 정부의 규제 정책이 섬유 산업의 구조에 다양하게 영향을 미쳤기 때문이다. 대규모 기업에 불리한 일부 규제가 1985년 섬유 정책으로 시작된 개혁에 의해 완화되었으나, 이전과 이후의 규제는 계속해서 섬유 산업의 영세성을 부채질하고 있다.

정부는 등록기업, 즉 제조 과정에서 전력을 사용하고 10인 이상 고용하는 기업에 대해서는 임금, 고용 안정, 기타 규제를 준수하도록 했다. 이런 규제는 유연성을 축소하고 임금을 비등록기업보다 50~60% 더 높이 책정하게 만든다. 또한 직기나 자동직기의 수를 제한하기도 했는데, 지금은 비록 폐지되었으나 그 효과는 여전히 남아 있다. HYO(Hank Yarn Obligation)라는 제도도 있었다. 즉 방적업체들은 수직기를 보유한 방직업체에게 생산량의 일부를 고정가격의 '실타래' 형식으로 공급해야 했다. 그 비율이 한때 50%에 이르렀다가 40%로 축소되었으나, 여전히 큰 영향을 미치고 있다.

의류 산업이 소규모로 운영된 주요한 이유는 니트와 편직의류가 2002년경까지 SSI로 지정되어 있었다는 데서 찾을 수 있다.[18]

정부는 편직물과 니트를 각각 2001년과 2002년에 SSI 리스트에서 제외시켰다.

섬유 산업의 이러한 영세성은 낮은 투자와 저생산성으로 연결된다. 중국과 비교해 인도는 현대 장비나 기술 이용에 대한 투자가 미비하다. 1992~2002년 중국의 섬유장비 수입은 세계 섬유장비 무역거래의 25%를 차지했으나, 같은 기간 인도의 섬유장비 수입은 중국의 5분의 1 수준에 머물렀다.

평가

인도의 섬유 산업은 중국에 이어 세계 2위를 차지하고 있지만, 잠재력을 충분히 살렸다고 보기는 어렵다. 인도는 저렴하고 풍부한 노동력뿐 아니라 세계 최대의 면화 재배 면적을 기반으로 막대한 규모의 면화 생산량을 보유하고 있으므로, 섬유 산업의 발전에 필요한 조건을 두루 갖추고 있다. 섬유 산업 종사자의 시간당 평균 임금은 2002년 현재 섬유소재와 의류 부문이 각각 0.57달러와 0.38달러로, 중국 연안 지역보다는 낮은 반면 인도네시아와 파키스탄보다는 높은 것으로 나타난다. 그러나 한국 섬유 산업의 5.73달러에 비하면 10분의 1 수준이다.

이와 같은 비용우위 및 1980년대 중반 이후 추진해온 방직 분야의 현대화에도 불구하고 섬유 산업의 산업구조, 기술 이용도 및 세계 수출시장 점유율은 거의 변함이 없었다. 면허세율은 소규모 기업들에게 지속적으로 유리하게 작용했다.

---

(18) 인도는 2000년 11월 신섬유정책(New Textile Policy)을 통해 영세기업 유보산업이었던 의류 산업을 개방했다.

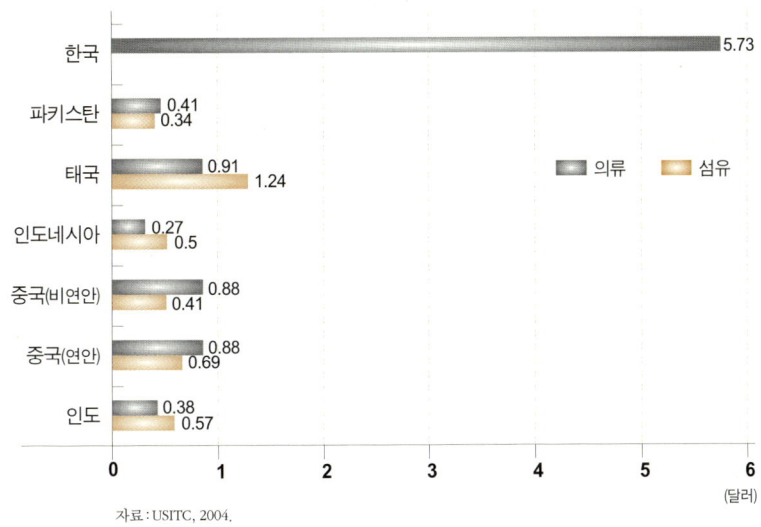

주요 국가별 섬유업계의 시간당 임금(2002년)

자료 : USITC, 2004.

한편 인도는 다자간섬유협정(MFA)의 완전 폐지로 가장 큰 수혜를 보게 될 국가로 인식되었다. 1995년 이후 MFA가 WTO 체제로 편입되면서 점진적으로 폐지되도록 되어 있었으나, 인도 섬유 수출의 절대적 비중을 차지하고 있는 미국·EU·캐나다가 이를 계속 유지하고 있었기 때문이다. WTO의 연구에 따르면, 미국의 의류 제품 수입에서 인도가 차지하는 비중은 4%에서 MFA 종료 이후 15%로 증가할 것으로 예측되었다.

인도 정부도 MFA의 폐지를 앞두고 포스트-MFA에 대비하기 위해 노력해왔다.[19] 의류수출단지(APE : Apparel Parks for Exports)와 의류센터 기반시설 발전안(TCIDS : Textile Centers Infrastructure Development Scheme)을 통해 의류수출단지에서 기업 설립이 가능하도록 장려했고, 노동 규제와 토지 구입 및 세금에 대한 제재도 축소했다. 또한 2001년 이후 의류 부문을 영세기업(SSI) 유보 분야에서 해제했고, 2003년에는 정부의 대형 및 소형 방적업체에 대한 면허세를 균등화했다. 아울러 2004/2005년 예산에서 부가가치세를 삭감했다.

2005년 MFA가 폐지되면서 인도는 상당한 기대를 가졌다. 비록 중국에 비해 경쟁력은 낮지만 적어도 세계시장 점유율을 확대할 수 있다고 생각했던 것이다. 그러나 MFA의 폐지 이후 나타난 세계 섬유 무역 사정을 보면, 예측 이상으로 중국이 가장 큰 수혜국으로 등장하고 있다. 미국 상무부의 조사에 따르면, 2005년 1~7월 기간 미국에 대한 섬유 제품 수출을 가장 크게 증가시킨 국가가 중국이었다. 미국의 대중국 수입은 이 기간 131억 달러로 전년 동기 대비 65.6%가 증가했고, 2위는 27억 달러를 수출한 인도로 증가율은 27.2%였다.[20] 비록 인도가 2위의 수출국으로서 증가율도 2위를 지켰으나, 중국에 비해서는 기회를 충분히 살리지 못하고 있는 것이다.

현재 인도 정부의 목표는 2010년까지 대미국 수출을 4배로 증가시키고, 전 세계 수출액 500억 달러를 달성하는 것이다. 인도의 섬유 및 의류 수출에 가장 큰 위협으로 간주되는 중국의 공장은 평균적으로 인도에 비해 2배 이상 크고, 중국에 대한 해외투자는

---

(19) 세계 섬유 무역은 1974년부터 MFA에 의해 규정되어왔다. MFA는 쌍무협정에 의한 섬유 쿼터제인데, 규제 대상 품목은 모직물 및 인조섬유 제품까지 확대되었다. 우루과이라운드의 타결과 함께 MFA를 점진적으로 폐지하여 2005년부터 섬유 무역은 완전히 WTO 체제로 편입되었다. MFA가 기본적으로 쿼터라는 보호무역 성격을 갖고 있기 때문에 이 체제에서는 섬유 산업의 경쟁력이 완전히 반영되지 않았다.

(20) 김기상, 〈MFA 폐지 후 대미 섬유수출 급신장〉, 《수은해외경제》, 2005.11, p. 50.

섬유 산업에 대한 인도의 개혁과 MFA 폐지의 효과(2003년)

단위 : %

	국내 개혁 추진			국내 개혁+MFA 폐지		
	생산	수출	수입	생산	수출	수입
면 의류	5.9	8.3	-14.0	15.1	20.1	-7.3
비면 의류	5.7	8.8	-14.1	10.8	14.5	-7.7
면 섬유	5.1	36.7	2.2	10.1	60.9	7.4
비면 섬유	0.2	-0.8	1.4	-0.2	-6.3	4.9
면화	3.2	77.5	3.5	4.8	66.9	8.1

자료 : Maurice etc., p. 23.

인도의 10배 이상이다. 게다가 인도의 낙후된 기반시설과 높은 운영 비용, 그리고 엄격한 노동법으로 인한 투자의 미비는 섬유 수출의 경쟁력을 더욱 떨어뜨리고 있다.

향후 인도의 섬유 산업은 국내의 개혁과 함께 국제시장 환경을 어떻게 유리하게 활용하는가에 따라 주도산업으로 계속 남을지, 아니면 중국에 밀려 사양 산업화할 것인지가 결정될 것이다. 인도가 국내 개혁을 순조롭게 추진한다면 면 섬유와 면화의 수출은 36.9% 및 77.5%가 증가할 것으로 전망된다. 또한 MFA를 이용하기 위한 개혁이 이루어진다면 생산과 수출은 더욱 증가할 것으로 전망되고 있다.

자동차 산업

인도의 자동차 시장 현황

인도의 자동차 생산은 급격히 증가하고 있다. 2005/2006년 자동차 생산 대수는 전년 대비 8.7% 증가한 170만 대였는데, 2001/2002년의 83만 대에서 4년 만에 2배가 넘는 것이었다. 승용차의 생산은 2005/2006년 131만 대로서 상용차 39만 대의 3배 이상이며, 이는 2001/2002년 이후 변함없이 유지되고 있는 일반적 현상이다. 2003/2004년에 36.4%, 2004/2005년에는 23.6%의 전체 성장률을 달성했다. 높은 성장의 요인은 인도의 자동차 보급률이 극히 저조해 잠재시장이 크고, 정부가 고속도로와 교량 건설을 적극적으로 추진하는 등 인프라 구축이 폭넓게 이루어지고 있기 때문이다. 또한 인도 경제의 전반적 성장으로 인한 국민소득의 증가 및 구매 능력의 향상과, 정부의 수출 장려 정책에 따른 수출 물량의 증대도 주요 성장 요인으로 분석된다.

2005/2006년 인도 내수 판매는 전년 대비 8.2% 증가한 149만 대에 이르렀다. 이 가운데 승용차 판매는 전체의 76.5%인 114만 대, 상용차 판매는 23.5%인 35만 대를 기록했다.

인도의 자동차 내수시장은 대부분 국내 생산업체에 의해 공급되고 있고, 수입은 고급 승용차를 위주로 미미한 수준이다. 승용차 내수 판매는 최소형(Mini)의 소형차종과 중소형(Compact)이 주종을 이루면서 시장의 75%를 차지한다. 그러나 최소형 차종의 판매 대수가 매년 감소하는 반면 중형(Mid-size) 차종의 시장점유율은 지속적으로 증가해 승용차의 대형화 추세를 엿볼 수 있다.

수출은 전체 생산의 12.7%에 해당하는 21만 6,000대로, 승용차 수출이 상용차의 4배 정도에 이른다.

인도에는 현재 13개의 자동차업체가 활동 중이다. 순수 현지 자동차사 3개, 외국 자동차사(단독투자) 3개, 합작투자사 7개 등이다. 이 중에서 마루티, 현대, 타타의 빅3 업체가 인도 자동차 시장의

인도의 자동차 생산·판매·수출 추이

단위 : 대, %

		2001/2002	2002/2003	2003/2004	2004/2005	2005/2006
생산	상용차	162,508	203,697	275,040	353,703	391,078
	승용차	669,719	723,330	989,560	1,209,876	1,308,913
	계	832,227	927,027 (11.4)	1,264,600 (36.4)	1,563,579 (23.6)	1,699,991 (8.7)
판매	상용차	146,671	190,682	260,114	318,430	350,683
	승용차	675,116	707,198	902,096	1,061,572	1,143,037
	계	821,787	897,880 (9.3)	1,162,210 (29.4)	1,380,002 (18.7)	1,493,720 (8.2)
수출	상용차	11,870	12,255	17,432	29,940	40,581
	승용차	53,165	72,005	129,291	166,402	175,772
	계	65,035	84,260 (29.6)	146,723 (74.1)	196,342 (38.0)	216,353 (10.2)

주 : 괄호 안 수치는 전년 대비 성장률.
자료 : Society of Indian Automobile Manufacturers.

70% 이상을 점유하고 있으며, 다른 업체들은 소규모 생산을 하고 있다.

마루티는 인도 최대의 자동차 생산업체로 55만 대 이상을 생산 했다. 타타자동차는 약 43만 대, 현대자동차는 약 25만 대를 생산 했다. 이들 3개 업체를 제외한 수입 조립업체들의 생산은 5만 대 미만으로 미미한데, 그 이유는 50%가 넘는 인도의 자동차 관세율 로 인한 낮은 가격경쟁력 때문이다.

한편 자동차부품 산업도 빠르게 성장하고 있다. 대부분의 대규 모 글로벌 자동차업체는 이미 인도에서 부품을 아웃소싱하고 있다. 자동차부품 수출은 다국적기업을 포함해 2003년까지 5년 동안 연간 25% 정도 성장했으며, 2005년 현재 10억 달러 이상에 달

인도 주요 자동차사의 승용차 생산 개요

단위 : 천 대

기업	생산 대수			개요
	2002	2003	2004	
마루티	296.5	375.5	468.2	인도 정부와 스즈키 합작조업 개시, 전체 생산의 50% 점유
현대	108.0	153.6	216.6	1998년 창업, 아토스를 기반으로 상트로 투입 후 판매가 급증함, 2010년 40만 대 생산 목표 (이 중 15만 대 수출)
타타	77.1	110.8	143.3	타타그룹을 배경으로 한 강한 기반, 디젤차 판매 증가, 초저가차(10만 루피) 계획 중
혼다	13.2	15.8	34.5	2006년 생산 능력 확대 예정(3만 대에서 5만 대)
포드	15.4	18.7	28.2	1999년 설립, 고급차 생산
GM	8.4	12.0	17.5	2006년 생산 능력 확대 예정(6만 대)
힌두스탄	14.2	14.2	15.1	1942년 설립, 역사가 가장 긴 업체
도요타	-	8.2	10.8	2005년 IMV 이노바 생산 개시
다이하츠	-	-	-	2007년부터 생산 개시(6만 대 예정)
스코다	-	1.9	7.1	주변국으로 수출기지화
DCX	1.2	1.4	1.8	1994년 설립
르노	-	-	-	2005년 M&M과 합작사 설립, 2007년부터 로간 생산·판매
BMW	-	-	-	2007년부터 3시리즈, 5시리즈 생산 개시 예정
계	571.9	712.1	940.1	

자료 : ジェトロセンサー, 2006年 4月, p. 20.

했다.

주요 자동차부품업체로는 아난드(Anand Automotive Systems)를 들 수 있다. 아난드는 1996년 설립 이후 현재 전 세계적으로 생산 및 판매 네트워크를 확장하고 있다. 18개의 자회사를 보유한 아난드는 엔진 베어링, 서스펜션, 필터, 배기 시스템 등 다양한 부품을 인도 및 외국계 자동차업체에게 공급하고 있다. 2005년 현재 생산하는 부품의 17%를 해외에 수출하고 있으며, 향후 30%까지 확장할 예정이다. 아난드는 외국 업체들과의 합작법인 설립을 통해 기술을 개발 중인데, 18개의 자회사 중 16개는 합작법인이다. 특히 (주)만도와의 만도브레이크시스템스인디아(Mando Brake Systems India) 설립과 씨와이뮤텍(주)과의 장윤인디아(Chang Yun India) 설립으로 한국 업체들과 좋은 관계를 유지하고 있다고 알려져 있다.

수미마더슨그룹(Sumi Motherson Group)의 자회사 미더슨수미시스템(Motherson Sumi Systems Ltd.)은 인도 자동차부품사 중 처음으로 와이어링 하네스(wiring harness) 생산을 시작한 대기업이다. 일본의 수미토모(Sumitomo Wiring Systems) 및 소지쯔(Sojitz Corporation)와의 합작법인으로 1975년에 설립되었으며, 와이어링 하네스뿐 아니라 커넥터(connectors)·터미널(terminals), 퓨즈박스(fuse box) 등 다양한 제품을 생산하고 있다. 전 세계 9개국에 제품을 수출하고 있으며, 2004년 총매출액은 약 3억 5,000만 달러를 기록했다. 수미마더슨그룹의 24개 계열사 중 규모가 가장 클 뿐만 아니라 가장 중요한 역할을 담당하는 마더슨수미시스템은 인도 와이어링 하네스 생산의 선도자로 인정받고 있다.

루카스TVS(Lucas-TVS Ltd.)는 1961년에 영국의 루카스(Lucas Industries plc)와 인도의 TVS그룹의 합작법인으로 설립되었다.

1996년 영국 루카스가 미국의 베리티(Varity Corporation)와 합병해 세계 10대 자동차부품사인 루카스베리티(Lucas Varity)가 탄생했다. 루카스TVS는 모회사의 뛰어난 기술을 바탕으로 인도에서 지난 30년간 계속 성장해왔으며, 2004년 총매출액은 약 2억 4,000만 달러를 기록했다.

도요타는 2001년 인도를 자동차부품의 조달기지로 인식한 최초의 자동차업체다. 단기적 문제점보다 장기적 이점이 더 크다고 결론지은 도요타는 인도 공급업체가 제조 활동에서 규모의 경제를 달성할 수 있도록 거의 2억 달러를 투자해 6건의 합작을 추진했다. 도요타는 또한 쿠알리스(Qualis)와 코롤라(Corolla) 모델의 부품 현지화에 초점을 맞추었다. 현지 부품 조달률은 현재 쿠알리스가 74%이고, 코롤라는 55% 정도를 차지한다. 제조에서 규모의 경제를 통해 이 지역을 아웃소싱 기지로 전환시키겠다는 계획을 실천하고 있는 것이다. 도요타는 이제 자동차에서 가장 복잡한 부품인 트랜스미션 어셈블리(transmission assemblies)를 인도 현지에서 생산해 수출하고 있다. 게다가 도요타는 인도의 공급업체를 글로벌 스탠더드로 끌어올리는 데도 투자를 아끼지 않았다.

자동차 산업의 특징

인도의 자동차 산업은 여러 가지 특징이 있다. 첫째, 시장이 고도성장한다는 점이다. 2001/2002년 승용차 내수 판매는 67만 5,000대였으나, 4년이 지난 2005/2006년에는 114만 3,000대로 거의 70%나 증가했다. 이와 같은 고도성장 산업이기 때문에 기존 기업들의 시장점유율 확대를 위한 경쟁도 치열하게 전개된다. 마루티는 국내 1위의 시장점유율을 지키기 위해 13억 달러를 투자

인도 자동차사의 생산 능력 확장 계획(2005년 하반기)

단위 : 천 대

회사명	생산 능력	주요 내용
마루티	500→750 (2010년 : 900)	— 13억 달러 설비 근대화 및 신규 공장 건설 — 제2공장 건설 : 2007년 25만 대에서 2010년 40만 대 — Tata가 석권하고 있는 디젤엔진 승용차 생산 예정
타타	225→270	— 2007년 목표로 600cc급 소형차 개발 추진 — 현 소형차의 절반 가격(10만 루피) 목표 — 조립라인 확장으로 생산 능력 증강
현대	250→400	— 현 공장 부지에 제2공장 건설 (2007년 6월 완공 목표)
혼다	38→50 (2010년 : 100)	— 조립라인 확장, 2005년 말 5만 대, 2010년 10만 대 — 고급 브랜드 이미지에서 소형차 추가 투입
도요타	60→100	— 합작사인 Toyota Kirloskar Motor와 공동으로 제2공장 건설, 소형차 생산 검토 — 2007년 소형차 본격 생산으로 5만 대에서 10만 대로 증강 — 2015년 인도 시장 15% 점유 목표
GM	60→80	— 구 대우자동차(10만 대) 인수 추진
포드	50→100	— 중형차 시장 선점을 위해 중형 신차 Fiesta 출시 예정
스코다	100→150	— 2교대 생산 정착 및 능력 증강 추진
마힌드라	100→150	— 1억 달러 투자로 R&D 시설 통합 추진 — 신규 공장 건설 추진(르노와 합작)
기타		— BMW는 첸나이에 4,100만 달러를 투자하여 조립공장 건설, 2006년 하반기 생산 예정 — 폭스바겐은 안드라프라데시 주와 승용차 생산 프로젝트 협상 중

자료 : 전재택, 〈인도 자동차 산업〉, 《POSRI India Insight》, 2005년 10월호, 포스코경영연구소 인도연구센터.

함으로써 2010년까지 추가로 40만 대를 늘려 총 90만 대의 생산 체제를 갖출 예정이다. 현대자동차도 2007년까지 현재 25만 대에서 40만 대 생산 체제로 시설을 늘릴 계획이다.

둘째, 인도의 자동차 산업에는 국내업체와 함께 다수의 다국적 업체가 진출하고 있어 경쟁이 극심하다. 자동차 산업은 규모의 경제가 중요하고, 그 결과로 세계의 자동차업계는 소수의 업체에 의한 과점 형태를 보이고 있다. 그러나 인도에서는 다수의 기업이 난립함으로써 규모의 경제를 창출하기 어려운 상태다. 현재 마루티와 타타, 그리고 현대자동차가 일관생산 체제를 갖추고 있지만, 나머지 업체들은 조립 중심이다. 그러나 이들도 모두 규모를 확대해가면서 인도는 이제 다국적 자동차업체들의 경쟁시장이 될 전망이며, 이러한 경쟁으로 인도 자동차 기업들의 수익은 저하될 가능성이 있다.

셋째, 인도 자동차 산업의 수출 산업화 가능성이 증가하고 있다. 인도의 자동차는 선진국에 비해 소형차로 개발되었으므로 선진국 시장에 수출이 어려웠다. 그러나 현대자동차가 국제시장 수준의 제품을 생산하고 수출시장 개척에 노력하면서 수출 산업화의 가능성을 높이고 있다. 인도 승용차의 수출은 2001/2002년 5만 3,000대에서 2005/2006년 17만 6,000대로 3.3배나 증가했다. 수출시장이 아직은 중동이나 아프리카 등에 한정되어 있으나 점차 확대될 전망이다. 더구나 다국적기업의 생산이 늘고 경쟁이 높아지면 수출 압력도 증가할 것이다. 인도 정부가 수입 자재 및 부품의 관세를 환급해주는 등 수출 확대를 위한 정책적 지원도 수출 증가에 한몫하고 있다.

넷째는 부품 산업의 전망이 밝다는 것이다. 2004/2005년 승용차 생산 대수가 전년 대비 22.3%의 높은 성장세를 보이면서, 처음으로 100만 대를 넘어섰다. 100만 대 생산 규모는 부품 산업의 존립에 상당히 긍정적인 의미를 갖는다. 실제로 2004/2005년 자동차부품 생산액은 약 87억 달러로 증가해 29%의 성장세를 나타냈으며, 2005/2006년에는 총 100억 달러의 매출액을 기록할 것으로 예상된다.

한편 인도의 자동차부품 산업은 인도 내 조립업체와의 관계에서뿐만 아니라 독립적으로도 세계의 아웃소싱 추세에 맞춰 성장산업이 될 가능성이 크다. 매킨지의 분석에 따르면, 자동차 부문의 세계 전체 아웃소싱 규모는 2002년의 650억 달러에서 2015년 3,750억 달러까지 증가하고, 이 중 인도는 약 250억 달러를 차지해 중국·멕시코·태국 등과 함께 개도국권의 상위 공급 국가가 될 것이라고 한다.

물론 오프쇼어링(off-shoring : 인도나 중국 등을 대상으로 한 아웃소싱) 과제 중의 하나는 공급업체와의 조화로운 협업이다. 이를 통해 품질이 개선될 수 있다. 도요타나 다른 외국기업들은 규모의 경제를 달성하고, 금융 기반을 공고히 하기 위해 합작투자를 이용했다. 이런 종류의 합작투자에서 서플라이어는 글로벌 수준에 맞추기 위한 훈련 프로그램을 제공하는 것이 보통이다. 다국적기업이 합작투자나 다른 형태의 협력을 통해 인도 기업들과 밀접한 작업이 이루어지면, 변화하는 현지시장에 대한 더 깊은 이해로 좀더 많은 이익을 창출할 수 있을 것이다.

평가

성장이 지속되면서 인도는 주요한 자동차 생산 및 소비 국가로 등장할 것이다. 여러 예측이 있지만 인도의 자동차 생산은 2010년까지 연평균 12.3% 성장해 연간 262만 대를 기록하고, 그 이후로 5년간 연평균 8.2% 증가하여 2015년에는 연간 388만 대를 생산할

것으로 전망된다. 이 중 승용차 생산은 2015년까지 연평균 10.2%
증가할 것으로 예상된다.

자동차 수요도 급속히 늘어, 2030년에는 인도의 자동차 시장
규모가 중국과 미국에 이어 3위에 오를 전망이다. 2004년 현재
100만 대의 시장 규모는 2030년에 2,000만 대 수준으로 증가할
것이다.

이에 따라 인도의 자동차업체뿐만 아니라 다국적기업의 적극
적인 시장 공략이 계속될 것으로 예상되고, 외국 자동차업체는 이
미 인도에 대한 관심을 더욱 높이고 있다. 피아트(Fiat)는 타타자
동차와 승용차 및 엔진 트랜스미션을 공동으로 생산할 합작사업
을 추진하기로 했다.[21] 연간 10만 대의 승용차와 25만 대의 엔진
및 트랜스미션을 생산할 예정이다. 트럭 부문에 강점을 갖고 있는
타타자동차는 이제 피아트의 기술과 글로벌 네트워크를 이용하
고, 피아트는 잠재력이 큰 인도 시장에 확실하게 발을 내릴 수 있
을 것이다.

GM도 마하라슈트라 주의 푸네 지역에 13억 루피(2억 7,930만 달
러)를 투자해 제2공장을 건설하기로 했다.[22] 새 공장은 주정부와
의 합작투자로 2007년 말부터 소형승용차 생산을 시작하고, 궁극
적으로는 현재 인도 생산설비의 2배 이상인 14만 대를 생산할 예
정이다.

자동차부품 분야에서도 인도는 중요한 부품 공급기지가 될 것
이다. 선진국의 자동차업체들이 지속적 혁신과 비용 절감 압력에

---

(21) *The Wall Street Journal Asia*, 2006. 7. 26.

(22) *The Wall Street Journal Asia*, 2006. 8. 4~6.

직면하게 되면서 인도를 중요한 아웃소싱 기지로 활용할 가능성이 높기 때문이다. 실제로 자동차업체들은 소비자를 만족시키기 위해 품질을 향상시키고 새로운 기능과 디자인을 자동차에 부가하는 한편, 강화되는 환경 및 안전 기준에도 맞춰줘야 한다. 반면 자동차의 기본 가격은 향후 10년간 거의 변동이 없을 것이다. 이러한 요인들의 조합은 기업들로 하여금 보다 많은 부품을 비용이 저렴한 지역으로부터 조달받도록 할 것이고, 인도는 이 기회를 이용할 수 있을 것이다.

철강 산업

현황

철강 산업은 독립 이후 풍부한 철광석을 기반으로 정부가 주도해 육성했으며, 오랫동안 인도 중화학 공업의 상징이었다. 그리고

인도의 조강 능력 추이

(백만 톤)

자료 : IISI, *Steel Statistical Yearbook 2004*(KPMG, Country Snapshot India Overview에서 재인용).

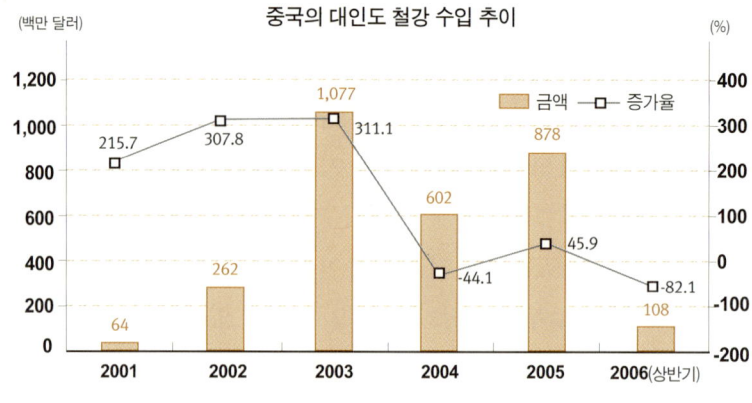

자료: 무역협회, KOTIS.

현재까지 상대적으로 국제경쟁력이 높은 편이다. 철강 산업은 인도 GDP의 1.3%를 차지하며, 400만 명의 직접고용과 600만 명의 간접고용을 창출하고 있다. 최근 전자 및 자동차 산업이나 국내 건설 수요의 증가, 수출의 급격한 성장으로 철강 산업의 중요성은 더욱 커지고 있다.

인도의 조강 능력은 2001년 8,050만 톤에서 2003년 1억 2,060만 톤으로 늘어 연평균 14.4% 증가했다. IISI(International Iron and Steel Institute)가 파악하고 있는 인도의 조강 능력은 2004년 3,260만 톤으로 세계 8위의 수준이다.[23] 인도의 조강 능력은 1994년 1,930만 톤이었으나 점차 증가하여 2000년에 2,690만 톤, 그리고 2003년에는 3,180만 톤으로 늘어났다.

인도의 철강 생산량을 품목별로 살펴보면, 2003년 기준 건설이

---

(23) 1위는 중국으로 3억 4,940만 톤, 2위는 일본으로 1억 1,250만 톤, 그리고 3위는 미국으로 9,490만 톤이다. 한국은 러시아에 이어 5위로 4,780만 톤이었다.

인도의 분야별 철강 수요 분야의 비중

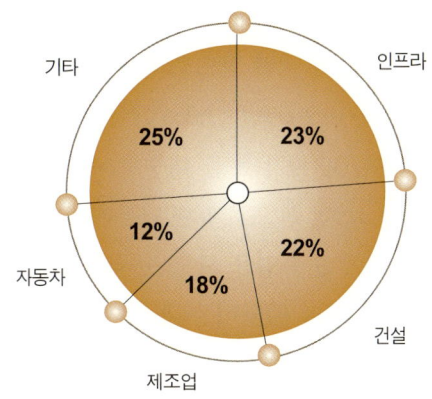

자료 : *Asia Wall Street Journal*, 2006. 3. 22(원자료는 CII and McKinsey의 공동연구).

나 중공업 분야에 사용되는 봉형강류가 전체의 41.7%를 차지하고 판재류가 56.7%였다. 2004년 조강 능력 3,260만 톤 중 판재류 생산이 1,990만 톤으로 61%를, 봉형강류 생산량이 1,270만 톤으로 39%를 차지하고 있다. 전기로 비중이 계속 증가하고 사회간접자본 투자가 많아지면서 봉형강류의 비중이 더 커질 수 있을 것으로 판단된다.

한편 철강은 인도의 주요한 수출 품목 중 하나다. 2005/2006년 철강 수출은 35억 달러로 전년도의 39억 달러에 비해 감소했지만, 2002/2003년의 18억 6,000만 달러에 비하면 여전히 1.89배에 이르는 실적이었다. 2005/2006년의 수출 부진은 국제적인 철강 가격의 하향 안정에 기인하는 것으로 보인다. 실제로 고도성장하고 있는 중국의 철강 수입이 급격히 증가했고, 인도에서의 수입 역시 증가했다. 중국의 수입 통계에 따르면, 대인도 철강 수입은 2001년

6,400만 달러에서 2003년 10억 7,700만 달러로 급증했다. 실제로 중국은 인도 철강 수출의 최대 시장으로 등장했으나, 2006년 상반기에는 중국의 수입이 1억 달러 정도로 급격히 감소했다.

수급구조를 보면 2004/2005년 4,006만 톤의 철강재를 생산하고 220만 톤을 수입하여, 3,349만 톤을 내수로 이용하고 439만 톤을 수출했다. 순수출은 219만 톤으로 1999년부터 순수출로 전환되었다. 2003년과 2004년에 순수입을 보였던 중국과는 달리, 아직 자동차·전자 등 수요 산업의 발달이 미흡하여 순수출을 보이고 있는 것이다.

내수를 보면 인프라 부문에 가장 많은 23%가 소비되며, 건설 부문에 22%, 일반 제조업에 18%, 자동차에 12% 투입되는 것으로 나타난다.

철강 산업의 특징 및 구조

인도 철강업체를 보면 일관제철소와 기타로 구분할 수 있다. 일관제철소는 3개사로서, 인도철강공사(SAIL : Steel Authority of India Ltd.)와 RINL(Rashtriya Ispat Nigam Ltd.)의 두 국영기업과 민간 철강사인 TISCO(Tata Iron and Steel Company)가 있다. 인도 최대의 철강회사 SAIL은 정부가 86%의 지분을 보유한 공기업(증시에 상장)으로, 조강 생산 능력이 1,000만 톤 이상인 유일한 기업이다.

SAIL은 1954년에 설립되었으며, 철강부 산하의 국영기업이자 인도 현지의 최대 철강업체다. 38개의 지사를 보유하고 철강 및 제철을 일관생산하는 SAIL의 제품들은 건설업, 공업, 전력, 철도 및 자동차 산업에 활용되고 수출도 많이 하고 있다. 인도 정부는 SAIL의 86%를 소유하여 지분에 관한 의결권을 행사하기도 하지

만, 회사는 운영 및 재무적인 자치권을 보유하고 있다. SAIL의 조
강 생산은 2005/2006년 1,347만 톤으로, 총 조강 생산 4,134만 톤
의 32.6%를 차지하면서 거의 70억 달러의 매출액을 기록했다.

TISCO는 민간 부문 최대의 철강사로서, 고부가가치 강 생산을
선도하며 일자리 창출 및 지역 경제발전이라는 측면에서 지역사
회에 대한 공헌도가 높은 기업으로 평가받고 있다. 1907년에 설립
된 아시아 최초의 민영 제철업체이자 인도 최대 규모의 민영 제철
사로 유명한 TISCO는 동인도 잠셰드푸르에 위치한 제철소 및 표
면 처리 시설을 통해 세계적으로 경쟁력 있는 저비용 생산자로 활
동 중이다. 2004년 8월에 싱가포르의 철강사 낫스틸을 인수한 이
후, 2005년 말에는 170만 톤의 생산 능력을 가진 태국 최대 철강
업체 밀레니엄스틸(Millennuium Steel)을 인수하는 등 세계화에도
적극적으로 나서고 있다. 2005/2006년의 생산은 473만 톤으로 인
도 전체 철강 생산의 11.4%를 차지했다.

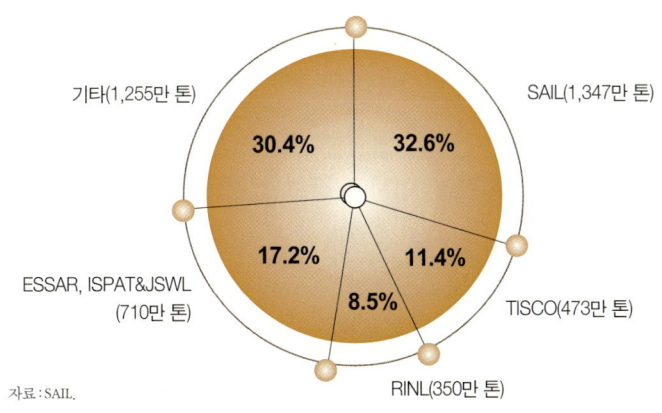

인도의 철강 업체별 생산과 비중(2005/2006년)

기타(1,255만 톤)

30.4%

SAIL(1,347만 톤)

32.6%

17.2%

11.4%

ESSAR, ISPAT&JSWL
(710만 톤)

8.5%

TISCO(473만 톤)

자료 : SAIL.

RINL(350만 톤)

50만 톤 이상의 중대형 미니밀은 판재류를 생산하는 민간 철강 사들로 최종 제품뿐만 아니라 냉연 소재용 열연코일을 생산해 냉연단압밀에 공급하고 수출도 적극적으로 추진하고 있다. 50만 톤 미만의 소형 미니밀은 전기로 또는 유도로 업체로 1,000여 개사가 넘으며, 생산 능력이 대부분 10만 톤 미만으로 저급의 조강류를 생산한다. 단압밀은 2,700여 개사로 고급재를 생산하는 부샨스틸(Bhushan Steel) 외에는 대부분 영세한 지역시장용 강재를 생산하고 있다.

1952년에 설립된 진달(D. P. Jindal Group)은 철강 사업을 특화한 인도 4위의 민간 재벌그룹이며, JWS스틸이 중심 기업이다. 보통강 부문에서 SAIL과 TISCO에 이어 인도 3위, 스테인리스강 부문에서 인도 1위의 철강기업이다. 인도의 다른 철강사들과 마찬가지로 현재 자회사들을 통해 대규모 철강 설비 신증설 계획을 추진 중이다. 진달은 현재의 남아공미탈스틸(Mittal Steel South Africa)인 이스코르(Iscor)와 포스코에 이어 세계에서 세 번째로 코렉스(COREX) 공법을 사용했으며, 1990년대 중반에는 미니밀 열연 기술을 채용했다. 현재 아르셀로(Arcelor)와 JFE 등 선진국 철강사와의 기술협력 체결을 통해 기술과 품질 수준을 개선 중이다.

평가

인도의 철강 산업은 오랜 역사를 갖고 있으나 기술 수준이 낮고 설비도 노후하여 전체적으로 경쟁력이 높지는 않다. 그러나 풍부한 원료를 바탕으로 한 잠재성은 어느 나라와 비교해도 높은 편이다. 또한 경제발전 수준이 낮아 1인당 강재소비(2001년 27킬로그램)가 세계 최저 수준이지만, 자동차 및 전자 제품의 보급 증대와 함께 소비도 증가할 것이다.

인도의 풍부한 철광석은 다국적 철강기업의 투자를 유인하면서 인도 철강 산업 발전에 청신호를 주고 있다. 한국의 포스코가 동북부 오리사 주에 대규모의 투자를 진행하고 있으며, M&A를 통해 세계 최대의 철강기업으로 등장한 미탈스틸도 오리사 주에 상당한 투자를 계획하고 있다.

인도는 1991년 경제자유화 이후 철강업 진출에 대한 사업허가 제한을 철폐하여 에사르(ESSAR), 이스팟(Ispat), 그리고 진달 등의 대형 미니밀업체들이 인도의 주요 철강업체로 부상하고 있다. 1990년대 후반부터는 철강업에 대한 낙관적 전망에 근거한 신규 업체가 대거 진입하고 기존 업체의 설비 생산 능력이 확충됨에 따라 공급 과잉, 가격경쟁 심화, 철강업의 수익성 악화 등의 문제점이 대두되었다.

최근에는 소득의 증가로 고급강판에 대한 수요도 늘고 있는 추세다. 정부는 철강 산업의 경영난을 타개하기 위한 노력으로 자회사 매각 및 합작투자 추진, 인원 합리화, 생산성 향상, 재무구조 개선 등을 통해 국영 철강사인 SAIL의 구조조정을 추진 중이며, 강재 관세율도 점차 인하하고 있다. 반면 이러한 개방화 및 자유화 정책의 진전과 더불어 반덤핑관세 부과 등 보호무역주의도 강화하고 있다. 최근까지 인도 철강업체의 경영난이 지속되고 있으며, 주원인으로는 설비 신증설에 따른 과도한 부채, 금융 비용, 감가상각비 증대가 지적되고 있다.

철강 산업은 산업연관효과가 높으므로 관련 산업의 발전에 따라 발전한다. 현재 인도는 소득의 증대에 따라 자동차와 전자의 수요가 증가하면서 철강 산업의 발전이 가능하리라 여겨진다. 또

한 인도가 막대한 사회간접자본을 확충해야 한다는 점도 기회로
작용할 것이다.

전자 산업

현황

동아시아 국가의 수출 주도형 전략에서 전자 산업은 가장 중요
한 역할을 담당해왔다. 동남아 국가의 전기·전자 제품의 수출은
전체의 60%를 차지하기도 한다. 전자 산업의 기초가 없었다면 동
남아의 발전은 불가능했을 것이다. 그러나 인도에서 전자 산업은
충분히 개발되지 못한 분야다. 전자 산업은 제품의 종류가 많고
기술수명주기가 짧다. 전자 산업은 가정용 전자제품에서 산업용
전자와 부품 소재, 심지어 의료기기와 통신 등 다양한 제품군이
있으므로 모든 제품을 다 생산하기는 어렵다. 동시에 반도체와 정
보통신 제품 등에서 보듯이 기술수명주기도 매우 짧기 때문에 소
비자의 선호도 당연히 빨리 변한다.

그러므로 개발도상국이 독자적으로 전자 산업 전 분야를 세계
수준으로 육성해내는 것은 쉽지 않다. 따라서 선진국 기업의 직접
투자로 전자 산업을 일부 부문에 특화하여 육성하는 것이 일반적
이다. 예컨대 싱가포르는 미국 반도체업체의 투자를 통해 전자 산
업을 육성하면서 컴퓨터 주변기기 생산기지로 성장했다. 말레이
시아는 여전히 반도체 후 공정 분야에 치중하고 있으며, 태국은
가전 산업에서 상대적으로 경쟁력을 갖고 있다. 종합적으로 전자
산업을 일군 국가로는 한국과 일본 및 대만 정도를 꼽을 수 있고,
지금 중국이 그 과정을 밟고 있다.

인도 전자 산업의 구조(2003년)

단위 : 백만 달러

	총공급			총수요		
	생산	수출	계	소비	수출	계
컴퓨터	814	1,899	2,713	2,323	390	2,713
사무용 기기	81	29	110	105	4	110
계측 제어기기	450	291	741	659	82	741
의료 및 산업용	203	126	329	270	58	329
TV류	635	1,943	2,578	2,547	31	2,578
통신기기	428	456	884	854	30	884
소비자 가전	2,281	148	2,429	2,308	120	2,428
액티브 부품		739			166	
패시브 부품	1,308	226	2,417	2,031	112	2,417
기타		144			108	
계	6,200	6,000	12,200	11,097	1,103	12,200

자료 : Yearbook of World Electronics DATA 2005.

인도의 전자 산업에 대한 정확한 실정을 파악하기는 어렵다. 영국의 리드일렉트로닉스(Reed Electronics Institute)에 따르면, 인도의 전자 산업 생산 규모는 2003년 현재 62억 달러이고, 소비와 수입은 각각 111억 달러와 60억 달러에 이른다고 추정한다. 대신 수출은 전체 생산의 20%에도 못 미치는 11억 달러에 불과하다. 생산은 소비자 가전과 부품이 각각 23억 달러와 13억 달러로 가장 큰 부문을 차지하고, 소비는 여기에 데이터 처리 장치 부문이 가세하고 있다. 생산 대비 수입이 많은 부분은 데이터 처리 장치 분야로서, 수입이 생산 규모보다 2배 이상 많고 TV류도 수입이 거의 3배에 이른다. 대신 일반 소비자 가전은 수입의 10배 이상 생산한다.

그러나 인도 측의 추정에 따르면, 전자 산업의 생산 규모는 2004/2005년에 110억 달러였다.[24] 이를 부문별로 살펴보면, TV를 포함한 소비자 가전이 전체의 34%를 차지한 37억 4,000만 달러에 이르고 있다. TV 생산은 2003/2004년 89만 대에서 2004/2005년 1,000만 대를 넘어섰으며, 이 중에서 평면 TV가 거의 20%를 차지한다. 가전 분야의 생산증가율은 13%에 불과했지만, 기타 가전제품인 전자레인지와 VCD·MP3 플레이어 등은 25~30% 정도 성장했다.

산업용 전자의 경우 2004/2005년 생산이 17억 2,000만 달러로 전년 대비 29% 성장했고, 컴퓨터는 19억 6,000만 달러로 33%가 성장했다. PCB, 커넥터, 디스켓 및 CD 등도 고성장을 이루었다. 개인용 PC 시장은 340만 대에 이르러, 인도 전체의 개인용 PC 보

인도의 가구당 전자제품 보급률(2005년)

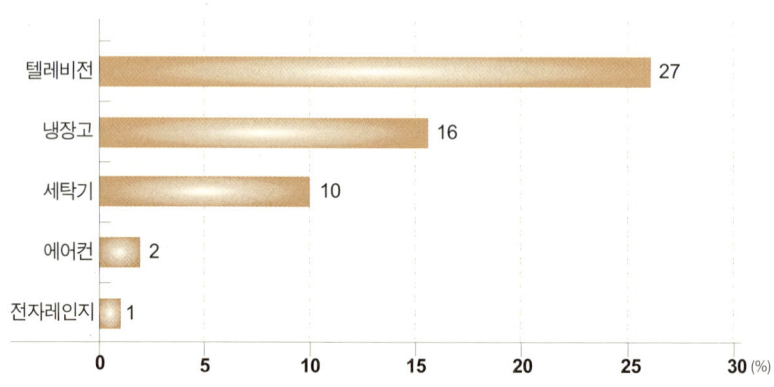

(24) *India Now-A Perspective*, Vol. 3, Issues. 1, p. 52.

급은 1,400만 대가 되었다.

전자부품은 전자 산업 전체의 18%를 차지하는 19억 6,000만 달러의 생산을 기록하며, 전년 대비 14% 증가율을 나타냈다. 전자부품의 성장을 주도한 품목은 CPT, 광학 디스크, PCB, 커넥터 등이다.

전자 산업의 수출은 생산의 5% 정도에 불과하지만 2003/2004년 인도 전체 수출의 2.64%를 기록했고, 2004/2005년에는 전년도보다 16% 증가한 19억 5,000만 달러에 이르렀다. 수출의 중심은 전자부품으로 레지스터, 캐패시터, CD-ROM, 커넥터, CPT, 컴퓨터 주변기기 등이다. 전자부품의 수출은 2003/2004년 전자제품 전체 수출의 48%를 차지했고, 나머지는 산업용 전자·컴퓨터·가전제품 등이다.

다국적기업이 지배하는 전자 산업

인도의 전자 산업에 다국적기업이 아직 본격적으로 진입한 것은 아니다. 그럼에도 불구하고 전자 산업의 중심 플레이어들은 다국적 전자기업이다. 가전 산업의 경우 한때 인도 기업이 중심 플레이어였으나, 점차 한국을 비롯한 외국의 다국적기업 주도로 넘어가고 있다. 가전업체로는 한국의 삼성전자와 LG전자가 대표적으로 활동하고 있으며, 특히 LG는 비약적 성공으로 국제적인 관심의 대상이 되고 있다. 2005년 전자레인지의 시장점유율 40%를 비롯해 가전제품 대부분의 품목에서 시장점유율 1위를 차지하고 있는 것으로 평가된다. 이러한 LG의 성공은 현지 기업 및 일본 기업의 시장을 잠식하는 형태로 나타났는데, 예컨대 TV의 경우 2002년 LG의 점유율은 11% 수준이었고 인도 업체인 오니다

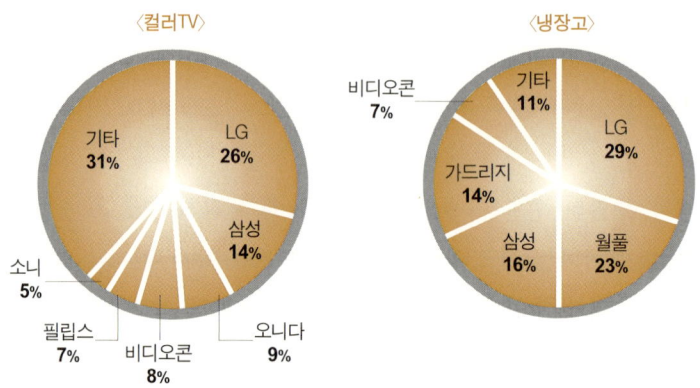

인도의 컬러TV 및 냉장고의 시장점유율(2006년 1/4분기)

〈컬러TV〉

기타
31%
LG
26%
삼성
14%
소니
5%
필립스
7%
비디오콘
8%
오니다
9%

〈냉장고〉

비디오콘
7%
기타
11%
LG
29%
가드리지
14%
삼성
16%
월풀
23%

(Onida)가 13%, BPL이 12%였으나 2006년 1/4분기에는 LG의 비중이 26%로 급증했고 오니다는 9%로 하락했다.

정보통신 제품 부문에서는 다국적기업의 경쟁이 더욱 치열하다. 인도에서는 2006년 중반 현재 매월 500만 대의 신규 이동통신 수요가 발생하는 것으로 추정되는데, 이 시장을 놓고 많은 기업이 경쟁하고 있다. 한국 기업으로 삼성과 LG는 동시에 현지에서 무선전화기를 생산하고 있으며, 다국적 IT업체로는 노키아가 현지에서 생산을 하고 있다. 그러나 반도체 부문이나 기타 부품 분야에 대한 다국적기업의 진출은 아직 제조보다는 R&D나 소프트웨어, 그리고 콜센터 등에 머물고 있는 상황이다.

모토롤라는 아시아 태평양 통신시장 공략을 위한 R&D 거점으로 인도를 선택했고, 노키아에 대응해 인도에 휴대폰을 포함한 통신기기 생산공장 설립을 검토 중이다. 방갈로르에 세워질 모토롤라의 통신 R&D 및 디자인센터는 CDMA와 GSM, UMTS 등 여러 방식을 넘나드는 네트워크 기술과 임베디드 통신 서버를 집중 개발하게 된다. 이번 R&D센터의 설립에 이어 생산 투자가 추진될 가능성도 높다.

삼성전자는 인도에 새로운 휴대전화 공장을 준공해 본격적인 휴대전화 생산에 돌입했다. 삼성전자의 인도 공장은 연간 7%대의 높은 경제성장률을 보이며 무한한 잠재력을 자랑하는 인도에서 첨단 생산설비 및 제조 기술과 우수한 인력을 바탕으로 향후 세계적인 휴대전화 생산기지로 부상할 것으로 기대한다. 2006년도에는 100만 대를 생산할 계획이며, 점차 그 규모를 확대해나갈 예정이다.

노키아는 타밀나두의 첸나이에 이미 1억 5,000만 달러를 투자해 GSM 무선전화기 생산을 시작한 것으로 알려지고 있다. 2005년 4월 타밀나두 주와의 협약 체결로 첸나이 서부 지역에 공장을 지어 2006년 1월 상업 생산을 시작한 것이다. 노키아는 공장 건설 23주 만에 상업 생산을 시작했고, 2010년까지 세계 2위의 모바일 디바이스 시장이 될 것으로 예측하고 있다. 노키아는 10여 년 전에 인도에서 최초로 GSM 무선전화 사업을 시작하기도 했다.

평가

인도가 성장을 지속한다면 국내의 가전제품에 대한 수요는 질적·양적으로 급증할 것이고, 전자산업에 대한 전망은 다른 어느 지역보다 밝다. 문제는 현재 인도의 전자 산업이 다국적기업에 의한 소비자 가전 생산과 국내 소프트웨어업체의 IT 관련 서비스 활동에 그치고 있다는 것이다. 다국적기업이 전자 산업을 지배하는 현상은 말레이시아나 태국 등 인도보다 선진 전자산업국에서 흔히 보이는 현상이기 때문에 특별히 문제 삼을 필요가 없을지도 모

다국적 IT기업의 대인도 투자 계획

단위 : 억 달러

기업	투자 금액	주요 내용	기존 투자
인텔	10.5 (향후 5년 계획)	—8억 달러 : R&D센터 및 마케팅과 교육에 투자 —2.5억 달러 : Intel Capital India Technology Fund에 투자	—1999년 개발센터 설립 —2,800명 고용 —7억 달러 투자
시스코	11.5	—7.5억 달러 : R&D —1.5억 달러 : 리스 및 금융 솔루션 —1억 달러 : 벤처 캐피털 —1억 달러 : 고객지원 활동	—1995년 방갈로르 진출 —1,400명 고용 (1,300명이 R&D)
셈인디아	30 (장기적으로)	—1단계 10억 달러 : 마이크로프로세서 및 웨이퍼 생산	
마이크로 소프트	17 (4년 계획)		—현재 2,700명 고용

른다. 그러나 중국이 다국적기업의 지배로부터 자국 기업 중심으로 이전하고 있듯이 인구가 많은 인도가 다국적기업에 언제까지 시장을 내주고 있을 것인지는 의문이다.

　그러나 문제는 지난 수년간 인도 전자업체의 시장점유율은 오히려 감소한데다 이제 중국의 중저가 제품까지 인도로 진출하고 있기 때문에 당장 인도 기업들이 시장 지배력을 높일 수 있을 것 같지는 않다는 점이다. 최근 수요가 급증하는 IT 관련 하드웨어 부문에서 무선전화기 생산이 증가하겠지만, 이 역시 다국적기업의 몫이 될 것이다. 이 점에서 인도가 다국적기업에게 성장 산업인 전자 산업을 계속 맡겨둘 것인지, 자국 기업을 육성한다면 그 방법은 무엇일지 지켜보는 것은 흥미로운 일이다. 또한 인도 전자

인도의 반도체 관련 서비스 산업 전망

단위 : 백만 달러, 명, %

		2005	2010	2015	연평균 증가율
VLSI 디자인	생산	583	2,010	5,090	24.2
	고용	11,300	33,000	77,000	
하드웨어 및 보드 디자인	생산	140	571	1,640	24.4
	고용	3,300	12,000	35,000	
IC 임베디드 소프트웨어	생산	2,550	11,800	36,300	30.5
	고용	60,000	241,000	670,000	

자료 : IBEF, *India Now Magazine*, Vol. 2, Issue. 6, 2006년 4월, pp. 18~22.

산업의 약점은 반도체 등 기초 산업이 존재하지 않는다는 것이다. 인텔 등 선진 IT업체들이 속속 투자 계획을 발표하고 있으나, 이들은 제조보다는 R&D에 더 많은 관심을 깊고 있다. 해외에 기주하는 인도 교포 컨소시엄인 셈인디아(Semindia)가 장기적으로 30억 달러를 투자해 반도체를 제조하겠다는 계획을 갖고 있지만, 언제 실현될 것이지 문명하지 않다. 일부 인도인들은 뭔새 만도제 산업의 취약성을 인정하고 IT 소프트웨어에 강한 인도가 반드시 하드웨어에 진출해야 하는가 의문을 제기하기도 한다. 반도체 산업의 국제 간 분업에서 고부가가치 부문인 디자인 작업은 미국의 인텔, AMD, TI 등이 주도하는 반면, 파운드리(Foundry)는 한국·대만·중국·말레이시아·싱가포르 등이 주도하고 있다. 인도가 끼어들 여지가 별로 없다는 것이다. 이 때문에 아예 인도가 경쟁력 있는 인도의 VLSI 디자인 시장 규모는 5억 8,300만 달러에 이르고 하드웨어 및 보드 디자인은 1억 4,000만 달러의 매출을 기록하고 있다. 그리고 IC 임베디드 소프트웨어의 매출은 25억 5,000만 달러에 이른다. 이 세 부문의 고용도 7만 5,000명에 이르고 있다.

인도의 업계에서는 VLSI 디자인이 2010년까지 20억 1,000만 달러, 2015년에는 50억 9,000만 달러로 증가하고, 고용도 현재 1만 1,300명에서 2015년 7만 7,000명으로 증가할 것으로 전망된다. 하드웨어와 보드 디자인의 경우 2015년까지 16억 4,000만 달러의 매출에 고용 인원도 3만 5,000명이 될 것이라고 본다. IT 임베디드 소프트웨어의 경우 2015년까지 363억 달러의 매출을 기록하고 고용도 67만 명으로 증가한다는 것이다.

이 점에서 실제로 반도체 조립 산업을 구태여 육성해야 하는가에 대한 논란이 있다. 그러나 반도체 부문이나 부품 산업이 발전하지 않는 상태에서 인도가 건강한 전자 산업을 육성하기는 어려울 것으로 보인다.

04

인도 제조업의 과제

인도의 제조업 발전은 대체로 4단계로 구분이 가능하다. 1단계는 독립 이후 1980년까지의 기간이다. 이 기간에는 정부 주도로 제조업을 육성했으며, 제조업에 대한 허가제를 강력하게 사용했다. 1965년까지 민간 부문은 거의 존재하지 않았으며, 이후 1980년까지 허가제를 실시해 소규모 민간 제조업이 등장했다. 이 기간에는 특징적으로 정부가 철강과 화학 등 중공업을 육성했고, 이때 설립된 기간산업 관련 기업들은 아직도 인도의 가장 중요한 기업으로 남아 있다.

제2단계는 1980~1991년이며 대외무역을 일부 개방하고, 일부 중요 부문에 민간의 참여를 허용했다. 민간의 참여가 가능했던 부문에서는 상당한 발전도 이루어졌다. 개방의 대표적 프로젝트는 일본의 스즈키와 인도 정부가 합작으로 설립한 마루티-스즈키의 합작투자 사업이다. 1982년 양측은 인도의 대외개방 정책의 상징적인 사건이 된 합작사업을 발족시켰고, 이 회사는 인도 최대의 자동차사로 성장했다.

제3단계는 경제개방과 개혁을 추진한 1990년대다. 1992년 경제개방을 통해 라이선싱 제도를 대폭 축소했고, 관세를 인하했으며, 외국인 직접투자를 유치하기 시작했다. 물론 국내에서는 다국적기업이 인도 기업을 구축할 수 있다는 점을 우려했다. 1990년대 후반에는 중국 및 동남아와 국제시장에서 경쟁이 심화되었다. 인도의 제조업체들은 생산성 증가, 규모 확대, 효율 증진에 관심을 갖게 되었다.

제4단계는 2000년 이후 진행되는 제조업의 육성이다. 규제가 더욱 완화되고 외국인 직접투자가 장려되고 있다. 경제가 발전하면서 내구소비재의 수요도 증가하고 있다.

이와 같이 4단계로 진행된 인도의 제조업 발전 단계는 다른 동아시아 국가들 중 신흥공업국은 이미 1960년대에, 그리고 ASEAN 국가도 1980년대 중반 수출 주도형 전략을 썼다는 점에서 크게 대조된다. 그 결과 인도는 제조업 부문에서 다른 아시아 국가에 뒤지게 된 것이다. 여기에 인도에서 활동하는 다국적기업은 전기 공급의 불규칙성과 도로·항만·공항 등 불충분한 인프라에 직면해야 하고, 고용 촉진을 방해하거나 다양한 분야에서 국내 수요를 억제하는 정부 정책들과 싸워야 하기 때문에 직접투자도 활발하지 않은 것이다.

이런 문제에도 불구하고 최근 많은 다국적기업은 인도 제조업 분야에 진출해 있다. 전기·전자 분야에 ABB·허니웰(Honeywell)·지멘스(Siemens), 자동차부품 및 엔지니어링 분야에 커민스(Cummins)·다임러크라이슬러(DaimlerChrysler)·도요타자동차가 진출했으며, 특수 화학 분야에는 데구사(Degussa)·로옴(Rohm)·하스(Hass) 등이 진출해 있다. 이러한 회사들이 인도를 선택한 것은 우연이 아니며, 모두 기술집약적인 분야에서 활동하고 있다. 이는 인도가 향후 중요한 공급 및 제조기지가 될 가능성이 높다는 것을 의미한다.

매킨지는 향후 글로벌 제조 아웃소싱의 파고가 이런 종류의 산업에서도 촉진될 것이라는 견해를 지지한다. 자동차부품 및 조립 외에 조립금속 제품, 기계, 의약 제품, 통신장비 등에서 아웃소싱이 활발해진다는 지적이다. 이미 미국의 해외 제조 활동의 50% 이상은 기술집약적인 부문이고, 2015년이면 70%까지 증가할 전망이다. 인도는 이러한 해외 조달의 상당 부분을 흡수할 수 있을 것이다. 인도는 풍부한 엔지니어링 및 기술적 인력을 제공한다. 매년 40만 명의 엔지니어가 대학을 졸업하고 있다. 게다가 기업들은 믿을 수 있는 공급업체를 활용할 수 있다는 가능성 때문에 인도에 매력을 느끼게 될 것이다. 국내에서 받는 무자비한 가격 압력을 피하기 위해, 그리고 인도 내수시장의 규모만으로도 끌리게 될 것이나. 예컨대 LG는 인도의 급증하는 이동통신 수요를 확보하기 위해 무선전화기를 현지에서 생산할 계획이다.

인도가 제조업 부문에서 본격적인 수출국으로 등장한다면 세계경제에 큰 영향을 미치게 된다. 즉 중국의 저가 상품이 공산품 시장에 몰고 올 가격 하락 압력에 인도가 동참함으로써 가격 하락은 더욱 가속화할 것이다. 그러나 인도가 중국과 상품경쟁을 하면서 당장 제조업의 수출국으로 나설 가능성은 별로 없다. 아직은 두 국가의 격차가 크게 벌어져 있기 때문이다.

인도의 제조업 발전을 위해서는 몇 가지 문제, 이를테면 적은 내수 규모, 제조업 클러스터의 결핍, 수송 인프라 등이 우선 해결되어야 한다. 이 같은 모든 과제의 해결로 외국인 직접투자가 증가한다면, 인도의 제조업은 향후 인도 경제의 성장을 주도할 수 있을 것이다.

협력만 있고 견제는 없는 외교 관계

김찬완

최근 몇 년간 미국, 중국, 일본, 러시아가 앞 다투어 인도와의 관계 증진을 도모하고 있다. 탈냉전시대가 도래하면서 그동안 유지되던 세력균형이 무너지자 미국 유일의 단극 체제가 등장하면서 중국의 위상이 강화되었고, 이는 세계 각국에 새로운 세력균형을 모색하게 했다. 한반도 주변 4강대국을 비롯해 유럽의 주요 국가들도 세력균형을 추구하기 위해 인도와의 경제협력은 물론 정치·군사안보 부문에서 협력을 강화해나가고 있다. 미국은 세계적 차원에서 자국의 헤게모니를 지키면서 아시아 지역 차원에서 세력균형을 유지하기 위해, 중국을 견제할 수 있는 세력으로 인도를 지원 육성하며 긴밀한 협력을 추구하고 있다. 이런 현상은 2001년 9·11테러 발생 이후 미국의 신보수주의적 일방주의 외교 정책이 지속되면서 강화되고 있다. 이에 중국은 위기의식을 느끼면서 자국 내 낙후 지역(동부 지역과 서부 지역)의 발전을 위해 적극적으로 전방위 선린외교를 추진하고 있다. 이를 위해 중국은 주변 주요국과의 안정과 협력이 필수적이라고 판단하고, 러시아나 인도와의 경제협력은 물론 군사안보 협력도 강화해나가고 있다. 일본은 아시아에서 그동안 유지되어왔던 한-미-일 안보협력 관계가 탈냉전 이후 지속적으로 약화되고, 한국이나 중국과는 역사 문제 등으로 불편한 관계가 계속되는 아시아 다자협력체에서 위기의식을 느끼고 있다. 또한 중국 군사력의 팽창, 에너지 안보 강화, 아시아 공동체에서의 중국 일방주의 견제 등의 목표를 달성하기 위해 인도와의 긴밀한 협력을 추구하고 있다. 러시아 또한 여타 강대국에 뒤질세라 인도와 긴밀한 협력을 추구하고 있다. 특히 러시아는 과거 구소련처럼 인도와의 전통적 동반자 관계를 회복하기 위해서 최근 군사안보 부문에서 협력을 강화해나가고 있다. 이렇게 세계 주요 강대국들이 인도를 위협이 아닌 협력의 대상으로 보고 있는 것은 국제정치에서 인도의 존재감을 높여주는 요인이 된다. 이 같은 추세를 누구보다 잘 파악하고 있는 인도는 교섭력과 존재감을 높이기 위해 미국·중국·일본·러시아 등 강대국과의 관계를 추진해나가고 있다. 무엇보다 4강이 앞 다투어 인도와의 긴밀한 협력을 추구하는 상황에서 인도의 부상은 이제 필연적이라는 사실이 중요하다. 인도가 이렇게 세계 여러 나라들과 협력만 있고 견제는 없는 시대를 맞이한 배경에는 1991년 경제개혁 이후 지속적으로 성장하고 있는 경제발전이 중요한 역할을 하고 있다. 이제 미국·중국·일본·러시아가 인도와 긴밀한 협력을 추구하려는 목표와 수단을 살펴보면서 인도 외교 관계가 협력만 있고 견제는 없는 시대를 맞이한 실제적 사례를 살펴보도록 한다.

일반적으로 개인 또는 국가 간 관계가 강화되려면 기본적인 사고가 같거나 비슷해야 한다는 조건이 있다. 이런 관점에서 본다면 최근 인도와 세계 주요 국가들과의 관계에서 이념적 측면에는 큰 차이가 없었다. 과거 냉전 기간, 특히 미국을 비롯한 서방국가들이 인도와의 관계 증진을 도모하는 데 있어 장애요소로 작용한 것은 물론 지정학적인 요인도 있겠지만, 인도의 사회주의 이념이 중요한 요인이었다. 그러나 탈냉전시대가 도래하면서 인도의 주요 집권 엘리트들은 네루 시대 이후 약 40년 이상 추구해왔던 정부의 간섭과 수입대체 전략 정책에서 벗어나 시장경제 원리를 받아들였다. 1990년대 초 친 시장경제주의자인 만모한 싱과 치담바람을 경제장관으로 임명한 것은 경제 이념에 대한 집권여당의 변화를 확인해준다. 만모한 싱은 1960년 중반에 이미 인도의 경제 정책을 수출 지향으로 전환해야 한다고 주장했다.

인도 집권 엘리트들이 시장경제 체제를 받아들인 배경에는 냉전의 종식과 함께 찾아온 동유럽 사회주의 체제의 붕괴와 시장경제로의 대변혁이 있었다. 1990년대 초 인도 정부의 경제자유화 정책을 주도적으로 추진했던 만모한 싱은 냉전의 종식과 동유럽 사회주의 체제의 붕괴는 인도가 시장경제 체제로 전환하는 데 중요한 사상적 기반을 제공했다고 말했다.

동유럽 국가들의 시장경제 체제로의 변혁은 서방의 많은 나라에 민주주의 시장경제 모델의 승리로 받아들여졌다. 이런 시각은 구소련의 사회주의 체제로부터 직·간접적으로 많은 영향을 받은 인도의 계획경제 체제에 중요한 의미를 부여했다. 약 40년간 인도 경제개발 정책의 초석이 되었던 마할라노비스 모델(Mahalanobis Model)은 인도 정부가 '사회주의형 사회' 건설을 위해 제2차 경제개발 5개년계획(1956~1961년)부터 중공업을 육성하고 수입대체 산업 정책을 핵심으로 실시한 경제개발 모델로, 구소련 경제 체제의 많은 부분을 답습한 주된 예로 알려져 있다.

구소련의 경제 체제 변혁은 인도가 경제자유화 정책을 수행하도록 정당성을 제공한 중요한 요인이 되었다. 상원의 산업자유화 정책 질의답변에서 당시 총리였던 라오는 "오랜 기간 동안 공산주의 체제를 고수해오던 소련이 자유화 정책을 펴고 있는 이때, 인도가 자유화 정책을 실행하는 데 무엇이 잘못되었는가?'라고 반문하면서 경제자유화 정책의 실행을 정당화했다. 구소련을 포함한 동유럽 국가들의 서구식 시장경제 체제로의 대변혁은 1990년대 인도가 서구 시장경제 체제로 이념적 변화를 추구해나가는 데 크게 기여했으며, 이는 여러 국가들의 대인도 접근을 원활하게 하는 토대가 되었다.

탈냉전시대 인도 외교 정책의 특징은 실용주의 외교라는 것이다. 인도의 실용주의 외교 정책은 2001년 9·11 사태 이후 테러와의 전쟁의 일환으로 수행된 아프간전쟁 이후 더욱 강화되었다. 미국의 대아프간전쟁은 남아시아 지역(인도, 파키스탄, 스리랑카, 네팔, 부탄, 몰디브 등 7개 국가로 이루어진 지역) 정세 변화에 많은 영향을 주었다. 남아시아 중심 국가인 인도는* 테러와의 전쟁을 지역적 차원은 물론 국제적 차원에서도 자국의 위상을 높이는 동시에 지역 안정화를 추구하는 기회로 삼아 발전해가고 있다. 지역적 차원에서 인도는 파키스탄에 '선강후온(先强後溫) 정책'을 추진해 테러리즘을 완화시키는 등 카슈미르 문제를 자국이 원하는 방향으로 이끌고, 결국 파키스탄과 통제선(LOC : Line of Control) 일대에 전면휴전을 선포해 남아시아 지역에 안정을 가져왔다. 국제적 차원에서 세계 유일의 강대국인 미국의 영향력을 파키스탄에 대한 압력으로 이용하는 동시에 자국에 대한 자주권 침해를 차단하고 교섭력을 강화하기 위한 포석으로 전통 우방인 러시아 등과 관계를 강화했다. 한편 전통적 라이벌 국가인 중국과도 정치·경제·군사안보 등 다방면에서 협력을 증진해나가고 있다. 게다가 이란·시리아·수단 등 미국의 적대 국가들과도 에너지 부문 등에서 협력을 강화하는 실용주의 외교로 교섭력을 한층 더 증진해나가고 있다. 이렇게 인도는 아프간 테러와의 전쟁을 국제사회에 대한 자국의 영향력 확대의 기회로 이용하는 실용외교를 발휘했다.

인도는 새로운 경제자유화 정책과 탈냉전시대의 국제 환경 변화에 맞추어 1991년부터 동방 정책을 적극적으로 추진해오고 있다. 지역협력체 적극 참여, 쌍무경제협력 강화, 고대 문화 관계 회복, 지역안보 강화라는 4가지 핵심 부문에 초점을 맞추고 있는 인도의 동방 정책은 1990년대 주로 동남아시아 지역과의 관계 강화에 집중되었다. 이 정책을 10년 이상 지속적으로 추진해온 결과 인도는 2002년 인도+아세안(ASEAN) 정상회담, 2003년 아세안+3(한·중·일)+1(인도) 정상회담, 2005년 동아시아 정상회담을 갖는 데 성공했다. 인도는 동남아시아와 경제협력을 강화하기 위해서 아세안과는 자유무역협정(FTA)을 추진하면서, 개별 국가인 태국과 싱가포르와는 이미 협정을 체결했다. 또한 남아시아지역협력연합(SAARC : South Asian Association for Regional Cooperation)의 문제점을 보완하고 동남아시아 국가들과 경제협력을 확대하기 위해 1997년 창설된 BIMSTEC(Bangladesh-India-Myanmar-Srilanka-Thailand Economic Cooperation) 활성화에 적극적으로 나서고 있다. 인도는 2002년 동남아 지역과의 인적·물적 교류 활성화를 위해서 인도-미얀마-태국을 잇는 고속도로를 건설하기로 이들 국가들과 합의했다.

인도는 전통적 라이벌 국가인 파키스탄은 물론 중국과도 우호 협력 관계를 증진해나갔다. 여기에는 인도가 동방 정책과 더불어 2003년부터 추진한 '미래 지향 정책(Look Ahead Policy)'이 중요하게 작용했다. 바즈파이(Vajpayee) 전 총리는 2003년 7월 31일 상원 연설에서 중국·러시아·독일·프랑스 방문은 미래 지향 정책의 일환으로 추진되었으며, 파키스탄에 '우정의 손(hand of friendship)'을 내민 것도 이 정책의 연장선에서 이루어진 것이라고 밝혔다. 그는 국제 정세의 변화를 지적하면서 "우리는 이제 미래를 내다보아야 하며 역사가 시사하는 바를 알아야 하지만, 이(역사) 미로 구조 속에서 허비하지는 말아야 한다"고 강조했다. 즉 파키스탄을 포함한 여타 국가들과의 외교 관계에서 과거사에 얽매여 미래를 잃어버리는 우를 범하지 말아야 한다는 주장이다.

인도의 이러한 미래 지향 외교 정책은 2003년 바즈파이 총리와 페르난데스(Fernandes) 국방장관의 중국 방문에서 명백히 드러났다. 바즈파이는 인도 총리로서 10년 만에 중국을 방문해 중-인 관계 원칙 및 전면협력선언과 경제·과학 및 기술·문화 분야 등 9개 협력 문서에 서명함으로써 중국과의 미래 지향적인 우호 관계의 초석을 마련했다. 페르난데스 장관은 1998년 핵실험 이후 중국은 인도 제1의 위협국이라고 말했던 인물로, 인도 정부 내의 대표적인 중국 강경파였다. 하지만 그는 사스(SARS)가 기승을 부리던 시기에 중국을 방문해 적극적으로 중국과 우호 협력 관계를 모색했다.

인도의 미래 지향 정책은 파키스탄과의 관계에서 더욱 명확히 드러나고 있다. 2001년 12월 13일 인도 의사당 테러 사건과 2002년 5월 14일 이슬람 무장괴한에 의한 카슈미르 주둔 인도 군부대 습격 사건으로 전쟁 일보 직전까지 갔던 인도와 파키스탄의 긴장 관계는 2003년 4월 18일 바즈파이 총리가 카슈미르 방문 중 파키스탄에 우호 관계 회복을 위한 우정의 손을 내밀면서 화해 국면으로 접어들었다. 이후 양국은 카슈미르 지역을 중심으로 대립과 갈등을 지속해왔던 과거사를 버리고 화해와 협력을 모색하게 되었다. 이 같은 미래 지향적 외교 정책은 최근 미국 등 세계 주요 국가들에게 교섭력을 발휘하면서 인도의 국익을 증진하는 데 크게 기여하고 있다.

---

* 인도는 남아시아 전체 인구의 77%, 경제 생산의 75%, 면적의 73%를 차지하고 있다. 한편 여타 모든 남아시아 국가들과 육지나 혹은 바다를 경계로 국경을 접하고 있을 뿐더러 이 지역의 주요 사회·문화적 요소들의 중심 국가이기도 하다. 이렇게 남아시아 지역의 중심이 되는 인도 내의 문제는 곧 주변 여타 남아시아 국가들의 정치·사회문제로 비화되는 경우가 자주 있어왔다. 동시에 남아시아 여타 국가들의 사회·문화적 문제들이 인도 국내 문제로 이어지는 경우도 빈번했다. 따라서 남아시아 지역은 인도 중심(Indo-centric)지역이라고 할 수 있다. 김찬완, 〈한국에서의 남아시아지역연구의 동향과 과제〉, 《국제지역연구》 제5권 제1호, 2001, p. 106.

2장

인도의 IT 산업

박번순

India

인도 IT 산업의 현황

IT 산업의 구조

IT의 성장 추세

인도가 소프트웨어 강국으로 부상하면서 IT 산업이 인도의 새로운 성장 동력으로 주목받고 있다. IT 산업은 크게 IT 하드웨어와 소프트웨어로 구분할 수 있는데, 인도는 소프트웨어 중심의 산업 특성을 보인다. 2005/2006년 IT 산업의 매출은 363억 달러에 이르러, GDP의 4.6%에 해당하는 눈부신 성장을 기록했다. 인도의 IT 산업은 일본의 자동차나 사우디의 석유와 같은 역할을 할 수 있다는 평가도 있다.[25]

1990년대 소프트웨어 산업의 발전은 인도 경제의 가장 놀라운 성과 중의 하나다. 1999/2000년 IT 산업의 규모는 82억 달러로

---

(25) "A Survey of Business in India," *The Economist*, 2006. 6. 3, p. 4.

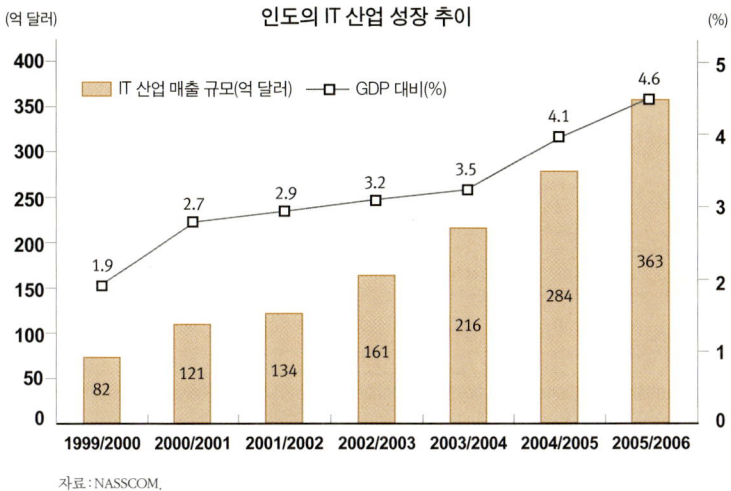

	인도의 IT 산업 성장 추이	

(억 달러) / (%)

IT 산업 매출 규모(억 달러) — GDP 대비(%)

1999/2000: 82, 1.9
2000/2001: 121, 2.7
2001/2002: 134, 2.9
2002/2003: 161, 3.2
2003/2004: 216, 3.5
2004/2005: 284, 4.1
2005/2006: 363, 4.6

자료 : NASSCOM.

GDP의 1.9%에 불과했으나, 6년 만에 4배 이상의 규모로 성장한 것이다. 이 기긴 동안 IT 매출은 연평균 28% 이상 성장해왔다.

IT 분야의 수출도 급격히 증가했다. 1999/2000년 40억 달러에 불과하던 IT 총수출은 2005/2006년 239억 달러에 이른 것으로 추성된다. 인도 총수출 대비 IT 수출의 비율은 6년 동안 약 11%에서 24%로 2배 이상 확대되었다. 하드웨어는 5억 달러 수준으로 매우 미미하며, 대부분은 IT 서비스 및 소프트웨어 수출이다. 부문별로는 IT 서비스 부문의 수출이 2005/2006년에 132억 달러에 달해 전체 수출 234억 달러의 56.4%를 차지하고 있다. 소프트웨어 및 서비스 부문의 수출은 2003/2004년 129억 달러에서 2004/2005년에 177억 달러로 37.2% 증가했고, 2005/2006년에는 234억 달러로 32.2% 증가했다. 각 부문별로 수출 성향을 보면, ITES·BPO 부문의 총매출 72억 달러 중 수출이 63억 달러로 87.5%의 수출의존도를 보이고 있다.

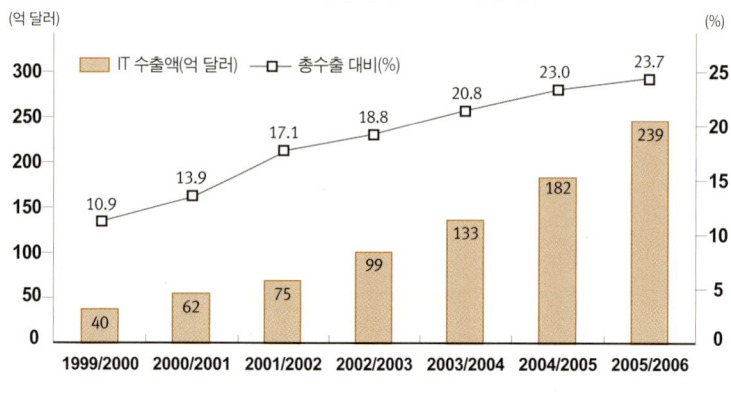

인도 IT 산업의 수출액과 총수출 대비 비중

자료 : NASSCOM.

IT 산업의 구조

인도 IT 산업은 소프트웨어 및 IT 관련 서비스 부문이 성장을 주도하고 있다. 2005/2006년 소프트웨어 및 IT 관련 서비스 매출은 295억 달러로 추정되며, 전체 IT 매출의 80% 이상을 차지한다. 이들 각각의 비중을 보면 IT 서비스 48.2%, ITES·BPO 19.8%, R&D 및 소프트웨어 제품 13.2%를 나타낸다.[26]

ITES·BPO 분야의 성장은 기존의 서비스 라인 규모의 증가와 서비스 내용의 심화가 주요한 요인이었다. ITES·BPO의 수출은 2005/2006년 63억 달러로 전년 대비 37% 성장했다.

이에 비해 하드웨어는 50억 달러에서 69억 달러로 증가했는데, 산업 내 비중은 23.1%에서 19.0%로 감소한 것이다. 2004/2005년 기준 하드웨어 시장을 보면 데스크톱PC 약 338만 대, 노트북PC

---

(26) IT 서비스의 비중은 2003/2004년에도 48.1%로 거의 변함이 없다. 대신 ITES·BPO는 2003/2004년 34억 달러 15.7%에서, 2005/2006년 72억 달러 19.8%로 증가했다.

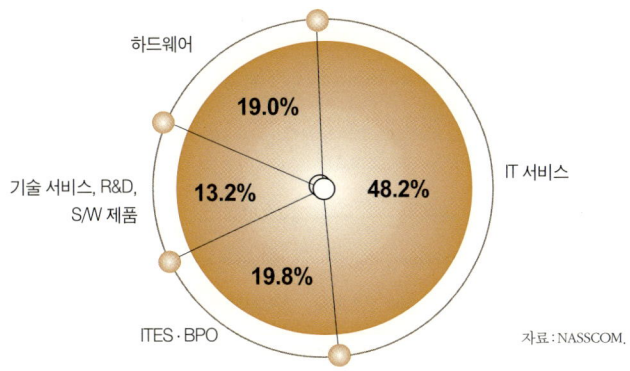

인도 IT 산업의 분야별 구성비(2005/2006년)

하드웨어

19.0%

기술 서비스, R&D,
S/W 제품

13.2%   48.2%   IT 서비스

19.8%

ITES · BPO

자료 : NASSCOM.

인도 IT 산업의 분야별 규모

단위 : 억 달러, %

		2003/2004	2004/2005	2005/2006
IT 서비스	수입	104	135	175(48.2)
	국내 매출	31	35	43
	수출	73	100	132
ITES · BPO	수입	34	52	72(19.8)
	국내 매출	3	6	9
	수출	31	46	63
기술 서비스 및 R&D, 소프트웨어 제품 수입	수입	29	39	48(13.2)
	국내 매출	4	7	9
	수출	25	31	39
소프트웨어 및 서비스	수입	167	226	295(81.2)
	국내 매출	38	49	61
	수출	129	177	234
하드웨어		50	59	69(19.0)
총계		216	284	363

주 : 2005/2006년은 추정치이고, 괄호 안 수치는 비중.
자료 : NASSCOM.

인도 국내의 하드웨어 시장 규모

단위 : 대, 백만 달러, %

		2003/2004		2004/2005		증가율	
		대수	금액	대수	금액	대수	금액
하드웨어 시스템		-	2,373	-	2,731	-	15.1
Non-PC 서버		3,939	200	5,853	231	48.6	15.5
PC 서버		52,193	191	67,093	230	28.5	19.9
PC	계	2,782,503	1,920	3,600,838	2,189	29.4	14.0
	데스크톱	2,691,823	1,772	3,382,767	1,883	25.7	6.2
	노트북	90,680	147	218,071	306	140.5	107.2
주변기기		-	980	-	1,162	10.4	18.6
프린터	계	1,382,993	329	1,622,443	385	17.3	17.0
	DMP	397,474	122	432,063	128	8.7	5.3
	레이저	155,902	64	258,512	94	65.8	45.3
	잉크제트	690,000	49	689,391	48	-0.1	-0.9
	MFD	139,617	94	242,477	115	73.7	22.4
기타 부품		-	651	-	777	-	19.3
네트워킹 장비		-	655	-	873	-	33.4
기타		-	434	-	589	-	35.9
총계		-	4,442	-	5,356	-	20.6

자료 : NASSCOM.

약 22만 대의 규모를 보이고 있다. 전체 PC 시장은 29.4%가 증가
했지만 매출금액으로는 14% 증가에 그쳤고, 데스크톱의 금액 증
가율은 6.2%에 불과했다. 이는 인도의 조립업체와 다국적기업 간
의 치열한 경쟁 속에서 가격이 하락했기 때문이다. 노트북PC 시
장이 급속히 증가하고 있는 점도 주목된다.

인도 IT 부문의 고용

단위 : 천 명

	1999/2000	2000/2001	2001/2002	2002/2003	2003/2004	2004/2005	2005/2006
IT, 엔지니어링 및 R&D, 소프트웨어 제품	110	162	170	205	296	390	513
ITES 수출	42	70	105	180	216	316	409
국내 부문	132	198	248	285	318	352	365
계	284	430	523	670	830	1,058	1,287

자료 : NASSCOM.

　　IT 산업 전체의 직접고용은 2005/2006년에 128만 7,000명인데, 1999/2000년의 28만 4,000명 수준에서 4.5배 이상 대폭 증가했다. IT 소프트웨어 및 서비스의 고용은 2005/2006년 51만 명이고, ITES · BPO의 고용은 41만 명으로 나타나고 있다.[27] 인도 전체의 인구를 고려하면 IT 부문의 직접고용이 크다고 할 수 없지만, 적어도 130만 명 가까운 인력이 상대적으로 고임금 부문에 종사하면서 중산층 이상의 소비수요 확대에 상당한 공헌을 하고 있는 것이다.

　　더구나 IT 부문의 고용은 급속히 증가하고 있다. 1990/1991년의 종사자 수는 불과 5만 6,000명 정도였지만, 10년 후 2000/2001년에는 43만 명으로 늘어나면서 연평균 22.6%의 증가율을 보였

---

(27) 인도의 IT 서비스업계에서는 IT 부문의 직접고용 외에도 간접적으로 300만 명의 고용을 창출하거나 유발하고 있는 것으로 평가한다. 간접고용은 텔레콤, 전력, 건설, 시설 관리, 수송 등을 포함하는 것이다. 또한 IT 부문의 고용이나 간접고용 인원의 소비수요는 경제 전반에 걸쳐 고용을 유발하고 있다. 이 같은 평가는 IT 산업의 고용 유발 효과가 적다는 주장에 대한 반론인 셈이다.

다. 그리고 2005/2006년에는 거의 130만 명에 이르렀으며, 이 기간에 증가율은 24.5%로 더욱 높아졌다. 현재와 같은 고용증가율이 지속된다면 2010년에는 350만 명 이상이 이 부문에 종사하게 될 것으로 추측된다.

IT 기업의 성장

기업 부문 개관

IT 서비스 산업의 발전 뒤에는 인도 기업의 성장이 있다. 한때 미국 등 선진국의 하청생산을 담당하던 인도의 IT기업들은 2000년대 들어 자체적인 기술 개발과 글로벌화를 통해 세계적인 기업으로 성장하게 되었다. 인도의 IT 산업을 구성하는 기업을 보면 몇 가지 유형으로 구분이 가능하다. 가장 먼저 규모가 크고 IT 산업을 선도하는 제1급 기업들이 있는데, 인포시스테크놀로지, 위프로, 타타컨설턴시(TCS) 등이 여기에 속한다. 개별업체로서 이들의 매출은 10억 달러를 상회하고 있으며, 이들이 시장에서 차지하는 비중은 IT 서비스의 45%, BPO의 4~5% 등이다.

그 다음 규모로는 10개 이내의 기업이 있는데, IT 서비스의 약 25%와 BPO의 4~5%를 차지하고 있다. 이들의 매출 규모는 1억 달러에서 10억 달러 정도다. 이들이 IT 서비스 분야에서 종합적인 기업이라면, 그 다음에는 글로벌 IT기업의 역외활동 기업이 있다. 약 20~30개에 이르는 이들 기업은 BPO 부문의 10~15%를 차지하고, IT 서비스 시장에서 역시 10~15%의 점유율을 유지한다. 순수하게 BPO 사업만을 담당하는 기업도 있다. 이들은 40~50개 정도이며, BPO 시장의 20%를 차지하고, 개별 기업으로 매출 규모는

인도의 IT 서비스업체 개관

범주	참여자 수	수출에서의 비중	성과
1급 기업	3~4개	—IT 서비스의 45% —BPO의 4~5%	수입 10억 달러 이상
2급 기업	7~10개	—IT 서비스의 25% —BPO의 4~5%	수입 1억 달러에서 10억 달러
글로벌 IT기업의 역외조업	20~30개	—IT 서비스의 10~15% —BPO의 10~15%	수입 1,000만 달러에서 5억 달러
순수 BPO	40~50개	—BPO의 20%	수입 1,000만 달러에서 2억 달러
다국적기업의 BPO 부문	150개	—BPO의 50%	수입 2,500만 달러에서 1억 5,000만 달러
신흥 참여자	3,000개 이상	—IT 서비스의 10~15% —BPO의 5%	수입 1억 달러 이하(IT) 수입 1,000만 달러 이하(BPO)

자료: NASSCOM.

1,000만 달러에서 2억 달러에 이른다. 다국적기업 소유의 내부 BPO 부문은 150개 정도에 이르고, BPO 시장이 50%를 차지한다. 새로 등장하는 기업은 3,000개 이상이 있으며, 이들은 IT 서비스의 10~15%, BPO의 5% 정도를 차지하고 있다. 수입 규모로 보면, IT 분야 기업은 1억 달러 이하이고 BPO도 1,000만 달러 이하다.

IT 선도기업

현재의 1급 및 2급 기업들은 미국 등 다국적기업들과 밀접하게 협력하면서 성장했다. 미국 500대 기업 중 인도 IT기업의 고객은 2001년 125개에서 2004년 400개로 급증했다. 예컨대 《포춘》선정 미국 10대 기업 중 8개가 타타의 고객이다. 인포시스는 《포춘》

인도의 10대 IT S/W 및 서비스 기업(2004/2005년)

단위 : 백만 달러, 명

순위	업체명	수출액	종업원 수
1	Tata Consultancy Services	1,644	40,992
2	Infosys Technologies	1,502	35,000
3	Wipro Technologies	1,198	41,857
4	Satyam Computer Services	745	20,000
5	HCL Technologies	588	22,034
6	Patni computer Systems	342	10,000
7	I-flex Solutions	245	4,747
8	Mahindra British Telecom	202	n.a
9	Polaris Software lab	154	6,003
10	Perot Systems TSI	145	n.a

자료 : NASSCOM.

500대 기업 중 300여 개 기업을 고객으로 확보하고 있으며, 위프로는 100여 개를 고객으로 확보했다.

주요 IT 서비스 산업 기업의 고객은 해외기업으로, 이들의 서비스 금액(수출)은 무역수지 적자를 기록하는 인도에 가뭄의 단비와 같은 것이다. 실제로 2004/2005년 TCS의 수출액은 16억 달러 이상이고, 인포시스의 경우 15억 달러에 이른다. 수출 상위 5위 기업까지 총 57억 달러에 가까운 외화 획득을 기록하면서 인도의 무역수지 적자를 보전하고 있는 것이다. 또한 일자리가 필요한 인도에서 고용 창출에도 공헌하고 있다. 2005년 12월 현재 위프로는 4만 1,857명, TCS는 4만 992명, 그리고 인포시스는 3만 5,000명에게 고급 일자리를 공급하고 있다.

이처럼 인포시스나 위프로 등은 혁신을 통해 기존 인도의 이미지를 변화시키는 데 결정적 역할을 했고, 인도 국민의 존경을 받는 기업으로 성장했다. 이들은 또한 높은 수익률을 올리고 있다. 예컨대 인포시스의 2005/2006년 2/4분기 수익은 42% 증가했으며, 2006/2007년 매출은 29억 달러로 전망되고 있다.[28]

한편 이들은 세계의 고객을 상대하기 위해 글로벌 시장 진출을 활발히 진행하고 있다. TCS는 이미 30여 국가에서 60여 개 기업에 서비스를 제공하고 있으며, 인포시스·위프로·HCL은 10~20개국에 진출해 있다. 또한 M&A를 통해 해외기업을 인수하면서 인도 기업의 국제화를 선도하고, 인도 기업의 지리적 경계를 허물고 있다. 최근 타타그룹과 AV비를라그룹은 아이디어 셀룰러(Idea Celluar)에 대한 뉴싱글러와이어리스(New Cingular Wireless)의 지분 33%를 3,000만 달러에 인수했으며, 위프로는 호주의 칩 설계 회사인 뉴로직(NewLogic)과 미국 엠파워(mPower)를 각각 5,600만 달러와 2,800만 달러에 인수했다. 인도 IT기업의 해외기업 인수는 경쟁력 제고를 목적으로 하는 동시에 IT 인력 및 사업 부문의 확대와 통합 서비스 제공을 위한 것으로 이해된다. 일부 IT기업이 인도를 벗어나 뉴욕증시에 상장되어 있다는 사실도 주목할 필요가 있다.

인도의 일부 IT기업들은 미국 IT 서비스 대기업들의 경쟁자로까지 부상하고 있다. 저렴한 비용을 내세워 IBM이나 EDS와 같은 글로벌 IT 서비스 기업들과 경쟁하고 있는 것이다. 일례로 2002년 인포시스는 다임러크라이슬러가 발주한 2,500만 달러 규모의 IT

---

(28) *Financial Times*, 2006. 7. 13.

서비스를 IBM과 EDS보다 25% 저렴한 비용으로 수주했다. 또한 바르티에어텔, TCS, 인포시스, 새티암(Satyam), 위프로 등 5개 IT 기업은 《비즈니스위크》가 선정한 2006년 글로벌 100대 인포테크 기업에 오르기도 했다.

인도 IT 산업의 특성

수출형 소프트웨어 중심의 불균형 발전

인도의 IT 산업은 수출을 중심으로 하는 소프트웨어 및 관련 서비스의 발전과 하드웨어의 미개발이라는 발전의 불균형을 보이고 있다. 소프트웨어 산업은 2005/2006년 기준 295억 달러 매출을 기록해 IT 총매출 363억 달러의 약 81.3%를 차지한다. 그러나 PC 서버, PC 및 주변기기, 네트워크 등 IT 하드웨어의 생산은 69억 달러로 전체 IT 산업의 19.0%에 불과하다. 소프트웨어 산업 매출 295억 달러 중 국내 매출 61억 달러를 제외하고 79.3%에 이르는 234억 달러를 수출하고 있으며, 전체 IT 산업 매출에서도 약 64.5%를 차지한다.

말하자면 인도의 IT 산업은 소프트웨어 및 서비스의 수출이 근간을 이루고 있다고 하겠다. 3년간의 변화를 보면, 소프트웨어 및 서비스 부문의 IT 산업 전체 내 비중이 다소 상승한 것을 알 수 있

인도의 소프트웨어 및 서비스 부문의 매출과 수출 규모

단위 : 억 달러, %

	2003/2004	2004/2005	2005/2006
IT 산업 전체 매출액(A)	216	284	363
소프트웨어 및 서비스 매출액(B)	167	226	295
소프트웨어 및 서비스 수출액(C)	129	177	234
B/A(전체 매출액 대비 매출액 비중)	77.3	79.6	81.3
C/A(전체 매출액 대비 수출액 비중)	59.7	62.3	64.5
C/B(매출액 대비 수출액 비중)	77.2	78.3	79.3

자료 : NASSCOM.

고, 같은 부분의 수출 또한 전체적으로 증가하는 경향이다. 즉 인도의 IT 산업이 소프트웨어 및 서비스 부문의 수출에 대한 의존도가 더욱 높아지고 있다는 것이다.[29]

2005/2006년 실적을 기준으로 소프트웨어 및 서비스 수출을 세 부문으로 나누어보면, IT 서비스의 수출은 132억 달러, ITES · BPO의 수출은 63억 달러, 그리고 기술 서비스 및 R&D와 소프트웨어 제품 등의 수출은 39억 달러를 차지한다. IT 서비스의 수출은 내수를 포함한 같은 분야 매출의 75.4%, ITES · BPO의 수출은 같은 분야 매출의 87.5%를 차지하고 있다.

지역별 수출은 2005/2006년 기준으로 북미 지역이 68.4%, 호주 23.1%, 유럽 8.0%를 차지하고 있다. IT 붐 붕괴 이후 비용 절감을 위한 미국 기업들의 아웃소싱이 급증한 데 따른 결과로, 미국에

---

(29) 이 점에서 인도는 소프트웨어 서비스센터이지 IT 파워하우스는 아니라는 비판도 받는다. Radhakrishnan, K. G., "India' s Adolescent Software Industry," *Far Eastern Economic Review*, Vol. 169, No. 4, May 2006, pp. 34~38.

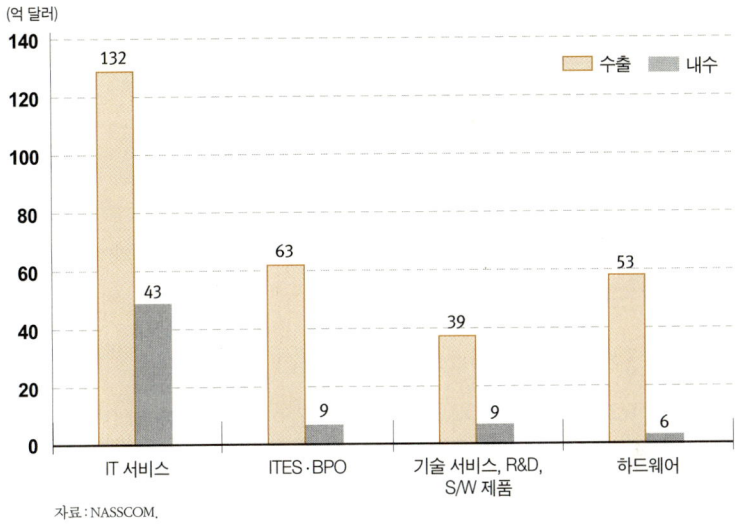

인도 IT 산업의 부문별 수출 및 내수 규모(2005/2006년)

(억 달러)

자료 : NASSCOM.

대한 수출의존도가 높은 편이다. 인도의 IT 수출이 선진국의 비용 절감을 위한 아웃소싱의 결과라는 점에서, 상대적으로 경기 변동에 민감하지 않다는 특징도 있다. 즉 선진국의 경기 부진에 따라 기업의 비용 절감 압력이 커질수록 인도에 대한 아웃소싱이 증가하고, 경기가 호조를 보이면 그로 인해 인도의 IT 소프트웨어 및 서비스의 수출은 증가한다. 그럼에도 불구하고 인도의 IT 산업이 미국에 대한 소프트웨어 및 서비스 수출에 상당 부분 의존한다는 사실은 다변화의 필요성을 제시하는 것이다.

한편 인도의 소프트웨어 산업은 서구 기업(특히 미국)의 하청업체로 출발했으나, 이제는 외연을 확장함과 동시에 자체 브랜드 개발 등의 질적 성숙을 꾀하고 있다. 소프트웨어 및 서비스의 수출은 2000년까지만 해도 현지 서비스 형태인 온사이트(Onsite) 인도

인도의 지역별 IT 수출 비중

단위 : %

지역	2004/2005	2005/2006
미주	69.4	68.4
호주	22.6	23.1
유럽	7.4	8.0
기타	0.6	0.5

자료 : NASSCOM.

가 오프쇼어(Offshore) 인도보다 많았으나, 2001/2002년 이후부터 역전되었다. 수출 중 온사이트와 오프쇼어의 비중은 2000/2001년에 각각 56.1%와 38.6%였으나, 2002/2003년에는 38.1%와 56.7%가 되었다. 이는 인도 소프트웨어 산업의 부가가치가 높아지고 있음을 의미한다.

취약한 IT 인프라와 급속한 환경 개선

인도 IT 산업에서 보이는 또 다른 특성은 IT 산업을 지원하는 인프라가 취약하다는 점이다. 인도의 컴퓨터 보급 대수는 2004년 기준 1,303만 대로, 인구 100명당 1.21대에 불과하다. 이는 한국의 54대나 중국의 4.1대 수준에 비해 극히 낮은 편이다. 인터넷 사용자도 인도는 3,500만 명으로 100명당 3.24명만 인터넷에 접근하고 있는데, 한국의 65.7명은 물론 중국의 7.2명 수준에 비해서도 역시 낮다.

그러나 2002년의 보급 상황에 비교해보면 IT가 급속히 확산되고 있음을 알 수 있다. 예컨대 PC의 경우 2002년 보급 대수는 750만 대로 인구 100명당 0.7대, 인터넷 이용자도 1,658만 명으로 인구 100명당 1.59명이었기 때문이다. 즉 불과 2년 만에 PC 보급은 2배 가까이, 그리고 인터넷 이용자 수는 2배 이상 증가한 것이다.

인도의 PC 보급이 급격히 증가한 배경에는 정부의 수입자유화 조치가 있었다. 소규모 국내 조립기업들이 활동하던 인도의 컴퓨터 시장은 수입자유화와 외국 제조기업의 진출로 급속히 변화했다. 부품 수입 규제의 완화로 수백 개의 브랜드 없는 조립업체가 등장했고, 이들의 시장점유율은 2001년 62%에 이르렀다. 나아가 경쟁의 강화로 가격이 인하되었고, 컴퓨터의 연간 수요 규모는 2004/2005년 360만 대 수준으로 증가했다.

인도의 취약한 IT 인프라가 IT 서비스 산업의 제약 요인으로 작용할 것인가에 대해서는 이견이 있다. 일반적으로 인프라의 구축은 소프트웨어 및 ITES·BPO 분야에도 긍정적으로 기여할 것이

한국·인도·중국의 IT 기본 인프라

		PC		인터넷 호스트		인터넷 이용자	
		대수 (만 대)	백 명당 대수	호스트 수 (만 개)	만 명당 호스트 수	이용자 수 (만 명)	만 명당 이용자 수
한국	2002	2,350	49.36	40.7	85.54	2,627	55.17
	2004	2,620	54.49	543.4	1,130.06	3,158	6,568
인도	2002	750	0.72	7.9	0.75	1,658	1.59
	2004	1,303	1.21	14.4	1.33	3,500	324
중국	2002	3,550	2.76	15.7	1.22	5,910	4.60
	2004	5,299	4.08	16.3	1.25	9,400	723

자료 : ITU.

분명하다. 그러나 현재와 같은 취약한 환경 속에서도 인도가 보여준 IT 서비스 산업의 발전 상황으로 판단하건대, 인프라가 개선된다면 경쟁력은 더욱 증가할 것이라는 점도 확실하다.

실제로 PC의 사례에서 보듯이, 인프라 환경은 급속히 개선되고 있다. 인도의 PC 대수는 1997~2002년에 연평균 30.3% 늘었고, 2002~2004년에는 31.8%가 증가해 그 속도가 더욱 가속화되고 있다. IT 환경에서 가장 주목받는 분야는 통신 부문의 급속한 환경 개선이다. 2005년 현재 인도의 전화 보급 대수는 1억 2,484만 대이고, 이 중 무선전화가 7,600만 대에 유선전화가 4,884만 대다. 1998년 120만 대로 전체의 5.3%에 불과했던 무선전화는 급속히 보급되어 2002년에 1,269만 대로 증가했고, 2005년에는 7,600만 대로 늘었다. 관찰 기간 내내 연평균 81.0%가 증가한 셈이다. 이에 비해 유선전화 보급은 12.4% 증가에 그쳤고, 최근 그 증가율은 더욱 둔화되고 있다.

인도의 급속한 IT화는 전화의 보급률을 높이고 통신 환경 개선에 우선순위를 둔 정부의 적극적인 인프라 개선 정책이 효과를 발휘한 결과다. 통신 부문의 급속한 확대는 이 분야에 대한 투자를

인도의 전화 보급 추이

단위 : 만 대, %

	보급 대수				증가율
	1998	2000	2002	2005	(1998~2005)
유선 전화	2,159	3,244	4142	4,884	12.4
무선 전화	120	358	1,269	7,600	81.0
총계	2,279	3,601	5,411	12,484	27.5

자료 : ITU.

높인 정부 노력의 결과이지만, 유망 분야에 대한 기업들의 관심 때문이기도 하다. 인도의 통신 산업은 정부의 시장자유화(규제 완화)와 미래 지향적인 규제 정책(예컨대 단일 라이선싱 계획 등)으로 인해 경쟁이 치열하다. 그 결과 인도의 통신 시장은 현재 세계에서 가장 자유로운 시장 중 하나로 발돋움하고 있으며, 외국인 투자도 증가하고 있다. 1991년 8월부터 2003년 10월까지 인도 통신 시장으로 유입된 외국인 직접투자 총액은 약 21억 달러로 추정되고 있다. 인도는 세계 10대 규모이자 아시아 지역에서는 중국 다음으로 큰 통신 네트워크를 보유하고 있다. 이러한 시장의 크기와 현재의 보급률을 고려하면, 인도의 IT 인프라 시장에 대한 다국적 기업의 관심은 더욱 증가할 것이다.

다국적기업의 활동

다국적기업들은 인도의 풍부한 IT 인력을 활용하기 위해 적극적인 활동을 벌이고 있다. 이들의 활동은 단순한 콜센터의 운영에서부터 고도의 R&D까지 다양하다. 초창기에 인도에 진출한 다국적기업은 GE다. GE는 1980년대 말에 이미 진출했고, 이후 다수의 글로벌기업이 인도에 진출하면서 투자를 확대하고 있다. 오라클(Oracle)은 미국에서 행하던 2,000개의 개발 직종을 인도로 이전하고, HP도 플로리다의 고객서비스센터를 인도로 옮겨 1,000개의 직종을 이동시켰다. IBM은 2004년 4월에 인도 3위의 BPO업체인 다크시(Darksh)를 인도 기업 인수 역사상 최고가인 1억 5,000만 달러에 인수했다. 콜센터 전문업체 다크시는 《포춘》 500대 기업을 상대로 이메일·채팅·전화로 고객서비스 및 텔레마케팅 서비스를

인도의 주요 지역별 외국기업의 진출

지역	주요 기업
방갈로르	인텔, IBM, SAP, SAS, 델, 시스코, TI, 모토롤라, HP, 오라클, 야후, AOL, 엑션추어 (위프로, 인포시스)
뭄바이	모건스탠리, 씨티그룹, EDS (TCS)
하이데라바드	마이크로소프트, HSBC (새티얌)
첸나이	스탠다드차타드, EDS, 씨티그룹, HP, AIG, 포드
콜카타	PwC, IBM (TCS)

주: 괄호 안은 인도 기업.

제공해온 개인 소유의 기업으로, 2003년 매출이 6,000만 달러를 돌파했으며 종업원 수는 6,000명에 달했었다. IBM은 다크시의 글로벌 경영 시스템을 인수함으로써 인도는 물론 전 세계 아웃소싱 시장에서의 영향력을 한 차원 높인 셈이다.

다국적기업이 인도로 진출한 이유는 비용 절감, 거대한 소프트웨어 시장 공략, 우수하고 저렴한 기술 인력의 존재 때문이다. 사실 인도 IT 산업의 급격한 성장은 다국적기업들의 비용 절감 노력에서 비롯되었다. 인도 소프트웨어협회(NASSCOM)는 미국 기업들이 인도에서 아웃소싱을 하면서 80%까지 비용을 절감할 수 있다고 주장한다. 부가적 관리 비용을 고려해도 약 60%의 비용을 줄일 수 있다는 것이다.

인건비 등의 비용 상승에도 불구하고 최근 들어 글로벌 IT 대기업의 인도 투자는 규모나 질적인 면에서 업그레이드되었다. 인도에서 R&D를 수행하는 다국적기업의 수가 증가할 뿐 아니라, 인도 R&D센터를 보조적 역할이 아닌 글로벌 R&D 활동의 중추로 인식하는 기업이 점차 많아지고 있는 것이다. GE의 인도 R&D센터는 미국에 이어 2위 규모이며, 여기서 GE는 소프트웨어 개발뿐만 아니라 백색가전·제트 엔진·의료기기·나노테크 등 광범위한 연구를 수행하고 있는 것으로 알려졌다.

또 시스코(Cisco)는 인도의 IT 잠재력을 인식하고, 1999년도에 미국 외 지역에서는 가장 큰 규모의 글로벌개발센터를 방갈로르에 설립했다. 방갈로르 글로벌개발센터에는 2,000여 명의 엔지니어들이 근무하고 있으며, 현재 HCL테크놀로지스, 위프로, 인포시스, TCS, 새티암, HSS(Hughes Software), 젠자(Zensar) 등의 업체와 함께 일하고 있다. 인도에 위치한 시스코 센터들은 인터넷 시대에 적합한 솔루션과 제품 개발에 전략적 역할을 다하고 있으며, 그 결과 다수의 시스코 제품들이 인도에서 개발되었다.[30]

BPO 산업을 선도하고 있는 EDS는 인도를 글로벌 아웃소싱 기지로 두고 있다. EDS는 세계적 대기업들에게 서비스를 제공하기 위해 인도에 진출했다. 현재 뭄바이, 푸네, 구르가온, 첸나이에 제품수명주기(PLC) 관리 사업 부문을 주로 하는 개발센터를 운영하고 있다. 특히 2003년에 설립한 뭄바이센터는 음성 및 데이터 통신, 데이터 입력, 금융 프로세스 관리 서비스 제공에 주력하고 있다. 또한 소프트웨어 개발 및 유지 허브로서 인도를 활용하기 위해 글로벌 고객들에 대한 소프트웨어 개발도 하고 있다. EDS는 영어 소통이 가능한 인도의 풍부한 우수 기술인력과 초고속 데이터 통신망을 활용해 자사의 글로벌 요구사항을 충족시키고 있다.

인텔은 1999년도에 방갈로르에 R&D센터(인텔인도개발센터)를

---

(30) IBEF, "Information Technology," 2006. 1. 25.

설립했다. 이 센터는 이비즈니스(e-business) 어플리케이션, 네트워킹 및 통신, 마이크로프로세서, 칩셋 디자인, 자동화 및 시스템 소프트웨어 제조 분야에 활용되고 있다.

개도국형 IT 산업 모델

인도의 IT 산업은 근본적으로 세계경제의 글로벌화에 따른 선진국 기업 간 경쟁의 산물이다. 1990년대 이후 진행되어온 글로벌화로 인해 기업은 비용 절감의 압력에 직면했다. 이러한 환경에서 인도의 IT 산업은 국내의 하드웨어 기반이나 통신 기반 없이 소프트웨어 수출 주도로 성장했다. 따라서 IT 산업의 매출이 증가해도 국내 다른 분야와 연관효과가 없으며, 지식의 확산효과도 나타나지 않는다.

실제로 인도 IT 산업의 발전 배경에는 미국 기업이 있다. 이들은 인도의 풍부한 인력에 주목했고, IT 아웃소싱 기지로서 인도를 육성한 것이다. 인도는 다국적기업에게 많은 장점을 제공한다. 개별 기업이 처한 상황에 따라 다르겠지만, 인도 시장에서 IT 서비스를 아웃소싱하는 기업은 대략 30~40%의 비용을 절감할 수 있다. 인도는 이를 충족시킬 만한 엄청난 인적 풀을 보유하고 있는 것이다. 인도의 IT 부문 연봉 규모는 1,500~5,000달러 정도지만, 미국은 각각 1만 8,000~2만 5,000달러, 유럽은 2만~3만 5,000달러에 이른다.

따라서 인도가 경쟁력 있는 IT 산업국으로 등장할 수 있었던 것은 저렴한 인력 덕분에 IT 아웃소싱을 위한 주요 소스로 부상했기 때문이며, 높은 수준의 IT 산업 능력에서 비롯된 것은 아니었다.

인도의 IT 및 ITES·BPO 서비스에 대한 수요 요인

구분	인도의 장점
비용	— 30~40% 저렴
범위	— IT, 콜센터, 프로세싱, R&D, 분석 등 교차 서비스 제공
품질	— 10~15% 개선 — 고객만족도 향상 — 정확도 개선
시간	— 미국과 10시간 시차, 유럽과 5시간 시차의 이점

자료 : IBEF, "Information Technology," 2006. 1. 25.

이는 소프트웨어 산업의 매출 중 국내시장이 차지하는 비중이 20% 이하라는 사실에서 알 수 있다. 실제로 이 같은 비중은 미국, 서유럽, 일본 등 IT 선진국과는 대조적인 현상이다. 이러한 수익 구조는 미국으로 대변되는 주요 시장에 대한 과도한 의존에 따른 것이다. 기술적인 면에서도 아시아와 남미의 경쟁국들과는 달리 소프트웨어 패키지의 개발 및 판매가 소프트웨어 수출에서 차지 하는 비중이 미미하며, 고객 주문으로 생산되는 소프트웨어와 프로그래밍 서비스가 주를 이루고 있다.

인도의 소프트웨어 생산은 저급 부문(low-end) 서비스에 초점이 맞춰져 있고, 내생적 성장 대신 수출 위주로 되어 있다. 인도 소프트웨어 산업의 고속성장은 상당 부분 노동 비용의 비교우위에 기인한다. 그러므로 대부분은 인도 소프트웨어 산업을 논의할 때 가장 먼저 소프트웨어 전문인력이라는 인도의 명성을 언급한다. 인도의 IT 전문인력에 대한 국제적 수요가 있는 것은 사실이나, 그 면모를 좀더 깊이 들여다보면 아직도 대부분 콜센터나 코딩과 같은 단순 업무에 종사하고 있음을 알 수 있다. 선진국 기업들이 IT를 아웃소싱할 때 디자인 등의 기술집약적 부분은 자국에서 처리하고, 창조성이 필요 없는 노동집약적 단계만 인도 같은 나라로 이전하고 있는 것이다. 실제로 인도 소프트웨어 산업을 선도하고 있는 인포시스나 위프로의 2005/2006년 매출액은 21억 5,000만 달러와 18억 6,000만 달러에 이르렀으나, 이들의 고용이 각각 3만 5,000명과 4만 명 이상이라는 점에서 1인당 매출 규모는 크지 않은 편이다.

인도 소프트웨어 산업은 이제 외연을 확장함과 동시에 자체 브랜드 개발 등의 질적 성숙을 꾀하고 있는 것은 사실이지만, 여전히 소프트웨어 서비스 센터의 성격이 강하다. 소프트웨어는 규모의 경제가 있으나, 동시에 진입장벽이 없다는 성격을 가진 산업이다. 인도의 소프트웨어 산업은 통합보다 분화된 상태에서 성장했다. 신제품 개발보다는 서비스 부문이 소프트웨어 분야를 지배하고 있는 것이다.[31] 소프트웨어 산업의 발전을 위해서는 R&D가 필요하지만, 2000년 소프트웨어 산업의 R&D 규모는 매출의 3.5%에 불과했다. 3대 대기업의 경우 R&D에 상당한 투자를 하고 있으나, 선진국의 IT기업에 비하면 여전히 낮은 수준이다.[32]

인도의 첨단기술 산업 전문가들은 인도의 R&D 잠재성에 대해 회의적이다. 미국 뉴저지에 본거지를 두고 있으며 IT 서비스 사업의 많은 부분을 인도에서 수행하고 있는 코그니전트(Cognizant) 사

---

(31) Radhakrishnan, K. G., "India's Adolescent Software Industry," *Far Eastern Economic Review*, Vol. 169, No. 4, May 2006, p. 35.
(32) Adobe Systems, Novell, SAP, 마이크로소프트 등의 R&D 지출은 14~19%에 이르고 있다. Radhakrishnan, K. G., 앞의 글, p. 37.

의 CEO 락쉬미 나라야난은 "인도가 아직 자체적인 성장에 있어 R&D 기여도가 미미하다"며, 시스코와 노텔(Nortel)과 같은 대형 다국적기업이 인도 IT 서비스 기업과 아웃소싱 계약을 할 경우 기존 제품에 대한 업그레이드 정도에 그칠 뿐 새로운 제품 라인업을 개발하지 않고 있다고 지적한다. 실제로 혁신 주도형 산업을 육성시키는 데 필요한 3가지 조건 중 인도는 기술적인 숙련과 자본 접근성이라는 2가지만 갖고 있으며, 자체적으로 발굴한 비즈니스 모델은 없다는 평가다. 실질적인 최첨단 기술이나 혁신적인 개발은 미국에 있는 고객의 연구소에서 이뤄지는 것이다.[33]

　인도의 IT 대기업을 위주로 자체 브랜드 개발이 이루어지고 있기는 하지만, 해외시장에서 두각을 나타낼 만큼 발전하지 못한 실정이다. 품질과 신용도 면에서도 미국과 같은 IT 선진 국가들에 비해 뒤처진다는 평가를 받고 있다. 실제로 세계적인 명성을 자랑하는 TCS나 인포시스가 올리고 있는 20억 달러 전후의 매출 규모도 종업원 1인당 매출액을 기준으로 보면 극히 낮은 수준이다. 결국 인해전술과 같은 산업구조에서 당장은 벗어나지 못하고 있는 셈이다.

---

(33) "Innovative India," *The Economist*, 2004. 4. 1.

인도 IT 산업의 발전 요인

풍부한 IT 전문인력

인도는 세계 제2위의 인구 규모를 보유하고 있다. 15~69세 인구 비중이 거의 60%를 차지하고, 평균 연령은 25세 미만이다. 고령화되고 있는 선진국과 비교해 인력 면에서 인도가 가진 장점이다. 이러한 인구구조는 IT 분야뿐만 아니라 다른 산업에서도 강점으로 작용하게 될 것이다. 현재 인도에서는 매년 약 1,300만 명이 신규로 노동시장에 진입한다. 이들 중 상당수는 기초 교육이 부족한 인력이지만, IT 부문에 필요한 인력 역시 대규모로 공급되고 있다.

교육 제도에서도 인도는 양호한 편이다. 2005년 3월 말 현재 인도공과대학(IIT)을 비롯한 343개의 대학과 1만 6,000개의 전문대학급에 930만 명이 재학 중이고, 공과계에서만 44만 명 이상의 졸업생을 배출했다. 230만 명의 다른 졸업생이 있으며, 30만 명이

인도 IT 인력의 공급

단위 : 천 명

	2003/2004	2004/2005	2005/2006	2006/2007F	2007/2008F
공과계 졸업자 수	316	365	441	501	536
4년제 학위자 수	139	170	222	270	290
3년제 학위자 수	177	195	219	231	246
IT 전문인 수	179	201	246	280	303
IT 공과계 졸업생(4년제) 수	84	102	133	162	180
IT 공과계 졸업생(3년제) 수	95	99	113	118	123

자료 : NASSCOM.

대학원 이상의 교육을 받는다. 인도 소프트웨어협회가 추정한 인도의 IT 인력 공급은 2005/2006년에 25만 명에 이른다. 이들 중 13만 명 이상이 4년제 대학을 졸업한 인력이다. IT 인력은 계속 증가할 것으로 전망되는데, 2007/2008년에는 30만 명을 상회할 것이다. 이들은 기존 IT 분야에 종사하는 130만 명의 인력 풀에 참여하게 되는 것이다.

풍부한 인력 덕분에 인도는 저임으로 IT 인력을 공급할 수 있다. 대규모로 증가하는 인도의 기술인력은 IT 및 ITES 부문 고도성장의 가장 중요한 요인이다. 실제로 글로벌 IT기업들이 인도의 IT 인력을 선호하는 이유는 고급인력의 인건비가 선진국에 비해 훨씬 낮기 때문이다. 최근 IT 인력의 수요가 급증함에 따라 인건비 상승과 인력 부족을 경험하고 있지만, 그래도 3~5년 경력 IT 전문가의 연봉은 미국(7만 5,000달러)의 27%인 2만 달러에 불과하다. 인도의 IT 인력은 글로벌 IT기업들에게 여전히 매력적인 요소다. IMD의 〈국가경쟁력 보고서〉는 인도의 IT 기술인력의 가용성을 10점 만점에 8.72로 평가하면서 8.78의 미국에 이어 2위의 자리에 올렸다.

글로벌기업이 인도 IT 인력을 선호하는 것은 비용적인 이유 때문만이 아니다. 인도에는 영어 능력이 우수한 인력들이 풍부하다. 완벽한 영어를 구사하는 인구가 5,000만 명, 일상 영어를 불편 없이 사용하는 인구가 1억 5,000~2억 명 정도고, 대학 졸업생의 80%가 영어를 능숙하게 사용할 수 있다고 한다. 또한 수학·과학 능력이 우수하며, 일찍부터 미국 등 해외에 진출(Onsite 등)해 개발 경험을 습득한 IT 인력이 많다.

정부의 육성 정책

인도는 1980년대 후반부터 소프트웨어를 중심으로 IT 산업 육성 정책을 적극 추진하는 등 정부 차원에서 관심을 가져왔다. 1986년에는 '소프트웨어 수출, 개발, 훈련 정책(Computer Software Export, Development and Training Policy)'을 통해 규제 완화 및 세제 혜택 등을 실시해 IT 산업의 성장을 촉진했다. 1990년대 들어서는 방갈로르와 하이데라바드 등지에 '소프트웨어 테크놀로지 파크 (STPI)'를 조성하고 독자 통신 시설과 자가발전 설비를 구축하여 인도 소프트웨어 산업이 급성장하는 계기를 마련했다.

1998년 5월 정부는 'IT 및 소프트웨어 개발에 관한 국가 태스크포스'를 구성해 장기 IT 산업 정책을 입안하고, 이 분야의 장애를 해결하고자 했다. 주요 목표는 인도를 IT 소프트웨어 슈퍼파워로 육성한다는 것이었다. 태스크포스 팀은 소프트웨어 액션플랜, 하드웨어 액션플랜, 그리고 장기 IT 정책 등 3개의 보고서를

인도 정부의 주요 IT 산업 육성 정책

구분	주요 내용
전반에 걸친 개혁·개방 정책	— 1990년대 초반부터 전반적인 경제개방 정책을 실시해 자유로운 기업 활동의 여건 마련 및 외국인 투자 유치에 노력
법과 제도의 정비	— 저작권법 강화, 불법 제품 단속 — 2001년 사이버법(IT Act) 발표
세제 혜택 부여	— 관세 감면 : 소프트웨어 수입에 대한 관세 폐지, 일정 규모 이상을 수출하는 기업에 자본재 수입관세 감면 등 — 세금 감면 : 소프트웨어 수출로 인한 소득에 대해서는 소득세 100% 면제, 소프트웨어 기업에 대해 5년간 감가상각률을 90%까지 인정 등
규제 완화를 통한 외국인 투자 촉진	— 소프트웨어 분야에 대해서는 51% 지분까지 외국인 투자 자동인가 — 외국인 투자 관련 창구를 일원화하고 절차 간소화
소프트웨어 집적단지 조성	— 소프트웨어 전용 수출단지(STPI) 및 수출촉진지구(SEPZ) 등을 건설해 소프트웨어 기업들에 인프라 제공
자금 조성 및 지원	— 벤처 캐피털 육성 및 해외자본 유치에 노력
기술 혁신 장려	— ISO 9000 인승을 획득한 소프트웨어 기업에는 특별 수입 라이선스 발급
정보화 기반 확충	— 정보통신망 확충, 정보화 저변 확대

자료 : 〈인도의 정보기술산업 발전현황과 한·인도간 협력방안〉, KIEP, 2005.

발표해 인도 IT 산업의 육성과 국내 확산을 권유했다. 이 보고서를 기반으로 인도 정부는 세제 혜택을 부여하고 사이버법을 제정했다.

선진 다국적기업과의 교류 협력

선진 다국적기업, 특히 IT 관련 기업과의 교류는 인도 IT 산업의 발전에 크게 기여했다. 인도는 2가지 측면에서 다국적기업과 교류하고 협력을 확대해왔는데, 하나는 다국적기업에 대한 소프트웨어 및 기타 IT 서비스의 공급을 통해서였다. 초기에는 온사이트 형식으로 관계를 맺기 시작하면서 역량을 키워왔다. 현재 《포춘》이 선정한 500대 기업 중 400개 이상 기업이 인도에서 소프트웨어를 아웃소싱 중이다. 미국이나 유럽 등 IT 선진국들과 공동작업을 수행하고 있는 인도의 IT 인력들은 뛰어난 적응력으로 신기술을 흡수함으로써 자체 경쟁력을 높여왔다.

그 결과 2001년부터 해외기업들이 인도 기업의 책임하에 프로젝트를 수행토록 주문하는 오프쇼어 방식이 하청 형태의 온사이트 서비스를 빠르게 앞지르기 시작했고, 오프쇼어의 비중은 점차 확대되고 있다. 인도 소프트웨어협회에 따르면, 2002/2003년 오프쇼어 비중이 57%에서 2003/2004년 64%로 증가한 반면, 온사이트 서비스는 43%에서 36%로 감소했다. 인도 인력이 자국 근무를 선호하는 것은 기술의 발전과 인도 기업의 역량 및 신용도가 높아짐에 따른 현상으로 볼 수 있다. 아메리칸익스프레스, JP모건, 골드만삭스 등은 인도의 풍부하고 숙련된 IT 인력을 활용해 분석 업무를 원격으로 아웃소싱하고 있는 대표적 글로벌기업들이다. 이들은 고객 정보를 인도로 전송해 현지에서 보험 가입 및 대출 심사를 수행한다. 미국-인도 간 시차를 이용해 24시간 업무를 수행할 수 있는 장점 또한 최대한 활용하고 있다. 오피스타이거(OfficeTiger) 등 인도 기업은 폐장한 미국 증시를 분석해 다음날 거래가 시작되기 전에 월스트리트 투자은행에 결과를 송부하는 방식으로 수익을 올리고 있다. 일부 기업은 미국과 인도에 R&D팀을 두고 24시간 연구개발 체제를 가동한다. 미국의 포털플레이어(PortalPlayer)는 6개월의 연구개발 기간을 단축하고 40%의 비용 절감 효과를 거두었다.

다른 하나는 인텔과 TI 등 다국적 IT기업이 인도에서 전개하는 소프트웨어 개발 등 R&D 활동과 연관을 맺으면서 역량을 키울 수 있었다. 다국적 IT기업들은 인도에서 우수한 인력을 고용하고 이들을 훈련시킨다. 이들이 다국적기업들의 노하우를 습득하면서 그 내용은 인도 사회에 자연스럽게 확산되었다. 실제로 다국적기업이 현지에 진출해 고용하는 인도인은 기업마다 다르지만, 수백 명에서 수천 명에 이르고 있다.

04

인도 IT 산업의 미래와 과제

인도 IT 산업의 미래에 대해서는 낙관론과 회의론이 공존하고 있다. 낙관적인 전망을 뒷받침하는 근거는 여러 가지다. 첫째, 제조업 내에서도 서비스 부문이 강조되고 비용 절감을 위한 아웃소싱이 증가하고 있는데, 이와 같은 글로벌 경영 환경의 변화가 인도에게 유리하게 작용할 것이라는 점이다. 둘째, 인도 IT기업들이 서구기업의 하청업체로서 기반을 다져오면서 나름대로 지식 및 기술 이전이 이루어지고 있다는 점이다. 셋째, 대기업 중심이긴 하지만 인도 IT기업들이 눈부신 성장을 지속하면서 자체 브랜드 개발에 관심을 갖는 등 고부가가치 사업으로의 전환을 꾀하고 있다는 점이다. 마지막으로 중국과의 IT 협력을 통해 서로의 비교우위에 바탕한 시너지 효과를 기대할 수 있고, 거대한 중국 소프트웨어 시장의 성장 잠재력이 인도에게 기회를 제공할 것이라는 기대 때문이다.

IT 산업의 전망

다국적기업의 지속적 진출과 기술 이전

전 세계 아웃소싱의 시장 규모는 2010년에 1,100억 달러에 이르고, 이 중 인도 기업은 절반 이상인 600억 달러까지 성장할 것으로 인도 소프트웨어협회는 예측하고 있다. IT 서비스 중 R&D 아웃소싱은 2003년 기준 23억 달러를 기록했고, 2010년에는 110억 달러를 창출할 것으로 예상된다. 이렇게 된다면 인도의 아웃소싱 시장은 2010년에 약 230만 개의 일자리를 창출할 것으로 보인다.

IT 산업은 인도가 세계로 통하는 창구 역할을 해왔고, 앞으로도 그 역할은 확대될 전망이다. 저비용의 IT 서비스를 이용하려는 글로벌기업이 투자를 시작하면서 인도가 그들의 관심을 끌기 시작했다. 물론 인도에서 제공하는 초기 IT 서비스는 단순 업무 처리 수준에서 아직 벗어나지 못했지만, 더 높은 단계로 발전하고 있는 중이다. 그 가운데 인도 토종 IT기업들은 성장을 거듭해 글로벌시 장으로의 진출을 시도하고 있다.

IT 산업이 인도 경제 전체를 견인하기에는 아직 역부족이고, 앞으로도 제조업의 발전 없이 소프트웨어 서비스 중심의 IT 산업만으로 인도라는 거대경제가 지속적인 성장을 구가하는 것은 힘들어 보인다. 그러나 그 잠재력에 대해서는 과소평가할 수 없다. 진정한 의미의 인도 IT 혁명은 아직 일어나지 않았다. 이것은 인도 IT 산업이 미성숙했다는 의미인 동시에 앞으로 새로운 혁명을 일으킬 만한 잠재력을 갖고 있다는 뜻이기도 하다. 그러나 글로벌시장에서 인도 IT 산업이 치열한 경쟁을 뚫고 자신의 잠재력을 현실화하려면 앞에서 지적한 과제들을 해결하려는 부단한 노력이 절실히 요구된다.

현재 인도의 대형업체들은 서방세계 경영자들 사이에서 불고 있는 비용 절감 움직임을 적절히 활용할 태세를 갖추고 있다. 예전처럼 단기 계약으로 선진국에 젊고 유능한 젊은이들을 무더기로 보내는 대신 '해외하청(Offshoring)'을 통해 인도 현지에서 일하는 것을 중시하고, 젊은 엔지니어도 국내에서 일하는 데 더 관심을 갖게 되었다. 또한 다국적기업은 10여 개의 회사와 거래하기보다는 몇몇 회사와 자신들의 IT 업무를 통합하고자 한다. 인도의 IT기업은 기업의 비용 절감과 IT 업무 통합의 요구에 효과적으로 대응하면서 글로벌 IT 대기업의 경쟁 상대로까지 부상하고 있다.

또 한 가지 인도에게 유리한 글로벌 환경 변화는 제조업에서도 서비스 부문이 강조되고 있다는 점이다. 전 세계 기업들은 경쟁력을 강화하고 성장의 새로운 소스를 찾기 위해 점점 더 서비스에 관심을 가지게 되었다(다수의 제조 회사에서 종업원 중 5분의 1 이하가 서비스 부문에 종사). 한때 부수적인 것으로 취급받다가 이제는 생산의 '핵심'으로 여겨지고 있는 서비스 부문은 디자인 개발, 공급업체와의 연결, 수요 패턴에 따른 변화를 충족시키기 위한 상품의 고객화(customize)까지 확대되었다. 소프트웨어 개발 및 BPO 성장에 더하여 제조서비스(manufacturing service) 부문에서의 성장은 영어 숙련도 및 낮은 임금에 의해 촉진되고 있다. 인도의 BPO 붐은 제조업자로 하여금 서비스 제공을 통해 기본 제조품에 부가가치를 더하는 데 관심을 갖도록 유도했다. IT 서비스 산업의 발전으로 인도는 제조 서비스 부문을 개척하는 데 있어 유리한 위치에 서게 되었고, 이는 IT 서비스 산업의 지속적 성장의 새로운 기반으로 작용할 수 있을 것이다.

이런 환경의 변화 속에서 다국적기업들의 인도 진출은 가속화되고 있다. 2005년 말에 마이크로소프트(MS)는 향후 4년간 인도에 17억 달러를 투자하고, 현지 연구인력 3,000명을 신규 채용할 계획이라고 발표했다. 세계 최대 네트워킹 업체인 시스코시스템스도 향후 3년간 인도에 11억 달러를 투자하고, 현지 직원을 3배 늘릴 예정이라고 발표했다. 인텔은 향후 5년간 인도의 벤처 투자와 R&D센터 확장에 10억 5,000만 달러 규모의 투자 계획을 세우고, R&D 분야에 8억 달러, 무선 기술·소프트웨어·하드웨어 디자인업체 지원에 2억 5,000만 달러를 투자할 예정이다. 또한 2007년까지 2억 달러를 투자해 R&D 인력을 3,000명으로 늘릴 계획을 발표했다.

인도의 IT기업들은 여전히 서구 기업의 하청업체로서 특화(specification)가 될 되어 있고, 디자인이나 기술집약적인 단계들은 이전이 안 되고 있다는 비판도 존재한다. 하지만 다국적기업의 인도지사가 획득한 특허의 건수를 살펴볼 때, 개략적으로나마 상당수의 혁신이 일어나고 있음을 파악할 수 있다. 2003년 인텔의 인도지사는 63건의 특허를 신청했다. 인텔의 방갈로르 지역 R&D 부문에서 인텔이 고용한 IT 전문가는 1,500명으로, 이들은 세계적 수준의 까다로운 기술적 과제를 해결해야 하는 프로젝트에 참여 것으로 알려졌다. 이들은 인도에서 가장 빠르고(세계에서 109번째로 손꼽는) 강력한 슈퍼컴퓨터를 활용하고 있으며, 초광대역 주파수(Ultra-wideband radio), 기업용 프로세스, 무선칩셋 및 통신에 걸친 4개 부문의 제품 개발 부서를 갖추고 있다.

또한 해외에서 경험을 쌓고 돌아온 IT 전문가들에 의해 축적된 기술력을 바탕으로 하는 창업이 증가하고 있고, 이로 인한 지식 및 기술 이전 효과도 상당히 클 것으로 낙관한다.

인도 기업의 고도화

인도의 선도적인 IT기업들은 그 규모가 급속히 확대되었다. 또한 이들은 단순한 소프트웨어 개발에서 다양한 서비스로 사업 영역을 확대하고 있으며, 과거에 비해 보다 크고 장기적이며 더욱 복잡한 프로젝트를 찾고 있다. TCS는 GE메디컬시스템스와 향후 4~5년 동안 여러 대륙에 걸쳐 기술을 제공하는 8,000만~1억 달러 규모의 거래를 발표했다. 인도 IT 대기업은 컨설팅, 소프트웨어 프로그래밍, 하드웨어의 설치에 이르기까지 다양한 서비스를 제공하는 미국 IT기업의 비즈니스 모델에 관심을 가지고 사업의 다각화를 꾀하고 있다. 또한 해외지사 설립 및 M&A 등을 통해 해외 시장 진출을 확대하고 있다.

위프로는 지속성을 띤 인하우스형 팀을 갖추고, R&D를 수행하는 기업을 대상으로 R&D 아웃소싱을 제공함으로써 새로운 대안을 제시하고 있다. 이를 통해 연간 매출 10억 달러(2003/2004년 기준) 중 3분의 1에 달하는 매출을 올리는 동시에 6,500명가량의 고용을 창출하는 중요한 사업 모델로 삼으면서, 세계 최대의 R&D 서비스기업을 지향하고 있다.

인도 기업은 기술적인 면에서도 단순히 값싼 대용품으로 취급받지 않는다. 예컨대 인도 기업은 카네기멜론대학의 SEI CMM[34]

---

(34) CMM(Capability Maturity Model)은 카네기멜론대학의 SEI(Software Engineering Institute)에서 개발되었으며, 미국 내 정부기관과 통신업체 및 대부분의 소프트웨어 개발 전문업체 등에서 공정평가 기반모델로 적용되고 있다.

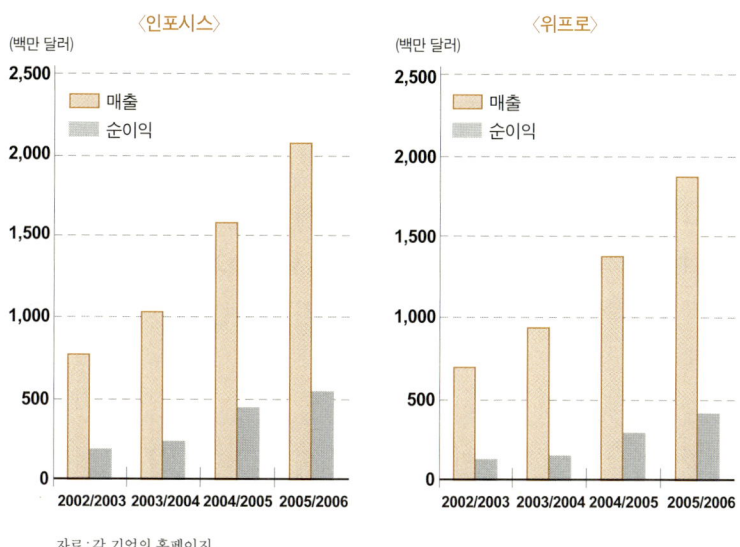

인포시스와 위프로의 매출 및 순익 추이

〈인포시스〉

(백만 달러)

2,500

■ 매출
■ 순이익

2,000

1,500

1,000

500

0

2002/2003 2003/2004 2004/2005 2005/2006

〈위프로〉

(백만 달러)

2,500

■ 매출
■ 순이익

2,000

1,500

1,000

500

0

2002/2003 2003/2004 2004/2005 2005/2006

자료:각 기업의 홈페이지.

레벨 5 인증을 계속해서 석권하고 있다. 일반적인 CEO들은 이런 생소한 방법을 중요하게 생각하시 않을 수도 있지만, 회사 내부 프로세스에서 에러를 발견하고 이를 제거하는 것을 목적으로 하는 6시그마 생산성 기술과 이 방법을 연관 지을 수 있다. 위프로와 같은 회사는 6시그마를 매우 적극적으로 받아들이고 있다.

인도 기업들은 또한 중국 진출을 통해서 막대한 시장을 개척하고 있다. 전통적으로 경쟁 관계에 있던 인도와 중국은 2002년 주룽지 총리의 인도 방문, 2003년 바즈파이 총리의 중국 방문 등을 계기로 관계가 급속히 호전되었다. 이는 하드웨어와 소프트웨어에 각각 비교우위를 지닌 중국과 인도가 IT 산업에서 협력하여 시너지를 창출할 수 있도록 길을 열어준 셈이다. 2002년 1월 중국의 주룽지 총리는 인포시스테크놀로지스 본사를 방문했고, 인포시스의 중국 진출을 허용했다. 중국은 인도 기업뿐 아니라 인도의 IT 인력까지 유치하고 있다. 가트너(Gartner)는 2007년 중국의 270억 달러 매출 중 40%를 중국에 진출한 인도 기업의 매출로 전망했다. 향후 인도 소프트웨어와 중국 하드웨어가 IT 산업 글로벌 재편의 '태풍의 눈'이 된다는 전망까지 나오고 있다. 중국과의 보완적 협력에서 창출되는 시너지 효과와 중국의 소프트웨어 시장의 성장 잠재력은 인도 IT 산업에게는 호기임에 분명하다.

  IT 서비스 관련 산업의 발전

  앞에서는 인도 IT 산업이 하드웨어의 생산과 통신 분야의 발전이 지체되고 있으며 수출 위주의 소프트웨어 중심이라는 점에서 전형적으로 개도국형이라는 점을 한 가지 특징으로 지적했었다. 또한 인프라가 급속히 개선되고 있다는 점도 살펴보았다. 실제로 최근 인도의 IT 인프라 및 통신망의 개선은 인도 IT 산업이 단순한 저부가가치형 개도국 산업에서 선진형 IT 산업으로 발전할 수 있는 가능성을 열어주고 있다.

  특히 통신 분야의 급속한 발전이 주목된다. 한때 정부 독점이었던 통신 분야는 이제 민간기업의 참여가 거의 모든 통신 산업 분야에 걸쳐 허용되고 있다. 민간기업의 국제전화 서비스 시장 참여는 2002년 4월부터 허용되었으며, 인터넷 기반 전화 서비스 라이선스가 별도로 도입되었다. 특히 인도의 통신 시장은 10개 이상의 이동통신 사업자가 치열한 경쟁을 펼치며 저가 서비스를 제공하고 있어서, 가입자 수의 확대가 꾸준히 지속될 전망이다. 이동통신 서비스 신규 가입자의 수는 2005년도에만 2,870만 명이 증가했고, 그 결과 전화 보급률은 2002년 100명당 5.19대에서 2004년 11.31대로 2년 만에 2배 이상 급증했다.[35] 이동통신 서비스 가입 자의 수는 앞으로도 꾸준한 성장률을 유지하며 2008년도에는 2억 명 선에 달할 것으로 전망된다. 미국의 조사기관인 스트래티지어 낼리틱스(Strategy Analytics)는 "인도는 일본, 브라질 등과 함께 중국, 미국, 러시아에 이어 세계 4위권 그룹으로 부상했다"고 분석 했다. 따라서 인도의 전화 보급률은 2010년에는 20~22% 수준으로 올라가고, 특히 인도 평균 전화 보급률에 비해 현저히 낮은 수준에 머물고 있는 중소 도시 및 지방의 성장률이 가장 높을 것으로 예상된다.

이와 같은 급격한 시장의 확대로 인도 통신 시장은 국제 R&D 허브로의 부상을 꿈꾸고 있다. 이에 따라 다국적기업의 진출도 활발하다. 중국의 주요 통신업체인 화웨이(Huawei Technologies)는 이미 방갈로르에 R&D센터를 설립했다. 또한 다수의 대형 통신사가 소형 통신사의 지분을 사들임으로써 통합·합병·합작법인 설립 등이 활발히 이루어지고 있다. 이러한 외국기업의 진출에는 통신장비(단말기) 제조업체도 포함된다. 이미 한국의 LG와 삼성이 단말기 생산 시설을 갖추었으며, 노키아도 2006년 초 첸나이에서 상업 생산을 시작했다.

한때 낙후된 IT 인프라가 인도 IT 서비스 산업의 발전을 지체시킬 것이라는 전망이 있었으나, 이제 다국적 기간망 사업자 혹은 장비 생산업자들이 인도의 문을 두드리면서 시너지 효과가 나타

---

(35) ITU에 따르면, 이동통신 가입자 수는 2004년 4,730만 명에서 2005년 7,600만 명으로 증가한 것으로 추정된다.

날 것으로 기대되고 있다.

IT 산업의 과제

그러나 이와 같은 밝은 전망에도 불구하고 IT 산업이 지속적으로 발전할 수 있을지, 나아가 인도 경제에서 성장 동력의 역할을 해낼 수 있을지에 대해서는 논란의 여지가 있다. 우선 인도 IT기업의 성장을 견제하는 서구기업의 노력이 강화되어 글로벌시장에서의 경쟁이 심화될 것이다. 또한 우수한 IT 전문인력 유치에서도 경쟁이 치열해져 IT 인력 부족 현상을 낳고, 이로 인해 인도 IT 산업의 경쟁력이 감소될 것이라는 우려도 있다. 노동집약과 저기술이 주류를 이루고 있는 인도의 IT 산업이 성숙하려면 무엇보다 고부가가치 상품과 서비스로의 이전이 필요한데, 이를 위한 기술력 부족과 브랜드 상품 개발의 어려움이 난제로 작용할 것이라는 견해다. 이러한 문제들을 해결하는 것이 인도가 가진 과제다.

인프라 확충

IT 분야의 고성장에도 불구하고 인도의 열악한 인프라 시설은 IT 산업 성장의 실질적인 장애 요인으로 작용하고 있다. 최근 IT 인프라는 개선되고 있지만 컴퓨터 밀도는 여전히 낮다. IT 개발의 지표라고 할 수 있는 컴퓨터 보급률은 2004년 말 현재 100명당 1.21대에 불과한 수준으로, 인도 IT 및 소프트웨어 산업 발전에 장애가 되고 있다. 컴퓨터 구입이 가능한 소비자의 수가 매우 적은 인도가 글로벌 IT 리더가 될 수 있을지 의문을 갖게 한다. 컴퓨터화의 혜택은 네트워킹을 통해서만 완전히 실현될 수 있다. 이런 측면에서 인터넷 성장은 빠르게 진행되고 있으나, 100명당 3.24명만 인터넷을 이용하고 그나마 주요 도시들에 한정되어 접근이 가능할 뿐이다. 인도가 소프트웨어 산업 성장의 잠재력을 최대화하려면 이러한 인프라적 지원은 필수 조건이고, 반드시 해결해야 할 과제다.

더욱 중요한 것은 전반적으로 사회간접자본이 낙후되어 있다는 점이다. 인도 IT 산업의 핵심도시인 방갈로르의 경우, 인프라 설비는 이미 수용한계를 넘어서 IT기업의 신규 진출 여력이 소진된 상태다. IT 고성장에 따라 다국적기업의 신규 진입과 함께 사업을 확장하는 기업이 급증하면서 인프라 부족 현상은 심화되었다. 많은 IT기업이 사무실 신축을 위한 부지 확보에 어려움을 겪고, 이에 따라 부동산 가격은 급등하고 있다. 만성적인 교통 체증과 전력 부족 현상은 심각한 상황에 이르렀다. 또한 주거 공간의 확보에도 어려움을 겪고 있는 실정이다.

인도 IT 분야의 지속적 성장은 인프라가 얼마나 빠르게 확대·보급되는지에 달려 있을 것이다. 기존 IT 도시의 인프라 확충을 위한 대규모 투자와 동시에 집중 현상을 막기 위한 새로운 IT 도시의 개발 및 이전이 요구된다. 새로운 경제특구의 개발 및 지원, 도로 확대 및 신설 등 인프라 확충을 위한 다양한 정부의 지원 정책도 확대되고 지속되어야 할 것이다.

R&D 투자 확대와 인력 개발

소프트웨어 산업은 지식집약 산업이며 R&D의 역할이 매우 중요하다. 그러나 인도에서 소프트웨어에 대한 R&D 지출은 2000년까지 3.5%에도 미치지 못했으며, IT 선진기업들에 비하면 크게 미미한 수준이다. 인도에서 소프트웨어 산업을 성숙시키기 위한 주요 과제는 R&D 투자를 증강시키고 현 상태의 저부가가치 활동에서 벗어나는 것이다. 최근 일부 다국적기업과 인도 소프트웨어 회사가 인도에 R&D센터를 설립하고 있는 것은 고무적이나, IT 산업 전반에 영향을 주기에는 역부족이다. 앞으로 정부 차원에서의 R&D 투자 확대를 위한 지원과 외국인 투자 유치가 필요하다.

인도의 IT 고급인력은 자랑할 만한 수준이며 IT 산업 발전의 원동력이 되고 있지만, 여전히 기초적 프로그래머나 코딩 기술자 같은 저기술 인력들이 주를 이루며 고급인력은 부족한 실정이다. 글로벌기업의 인도 진출이 확대됨에 따라 고급인력의 부족 현상은 심화될 전망이다. 매년 IT 고급인력에 대한 수요는 증가하고 있지만, 인도공과대학 등에서 배출되는 인력은 그 증가폭을 따라잡지 못하고 있다. 이로 인해 IT 인력의 인건비는 이미 상당 수준 상승했고, 인도의 가장 큰 매력이던 저임금 고급인력의 비용경쟁력을 잃게 될 가능성이 높아졌다. 새로운 IT 아웃소싱 기지로 부상하고 있는 중국과 필리핀이 이런 면에서 인도를 위협하며 IT 산업 발전의 발목을 잡을 수 있다. 게다가 소프트웨어 인력을 배출하는 사적 교육기관의 교과 과정은 산업 혁신을 따라잡기에 미흡하다는 지적이다. 따라서 IT 산업의 발전을 위해서는 R&D 투자 확대와 함께 대학원 교육 확대, IT 교육센터 및 대학의 교과 과정 개선 등을 통한 IT 교육 수준의 질적 제고가 또 하나의 과제가 된다.

소프트웨어 브랜드 상품 개발

인도 소프트웨어 브랜드의 취약성은 엔지니어링 전문성의 결여와 연관되어 있다. 소프트웨어 산업을 성숙시키려면 R&D 투자를 증강시키고, 저부가가치 활동 중심의 현 상태에서 벗어나 시스템 디자인 및 시스템 통합과 같은 고부가가치 분야로 확대할 뿐 아니라, 브랜드 제품을 개발해야 한다. 노동집약에서 기술집약으로, 비용우위에서 혁신우위로의 변화를 꾀해야 한다. 증가하는 노동력 수에 대한 강조는 수익 생산성 향상으로 옮겨져야 한다. 현재의 노동과 비용우위에 안주하거나 저급 기술 상태를 그대로 수용한다면 고속성장을 지속하기 어려울 것이다.

제조업과 IT 산업의 연계

인도 IT 산업의 문제로 지적되고 있는 특징 중 하나는 국내 경제와 분리되어 있다는 점이다. 국내 기본 산업에서 제공되는 적절한 지원 없이는 IT 성장으로 서구 국가들의 IT 진보가 낳았던 것과 같은 경제 전반에 대한 연결고리를 만들 수 없고, 지식의 확산효과도 기대할 수 없다. 인도는 제조업을 뛰어넘어서 바로 서비스 산업으로 가는 새로운 발전 모델이 될 것이라는 기대도 존재하지만, 고용 창출 효과가 낮은 서비스 산업, 특히 IT 서비스만으로는 역부족이다. 제조업 없이는 지속적 성장을 기대하기 어려운 것이다. 더구나 농촌에서 도시로 이주하는 인력에 대해 일자리를 제공해야 한다. 이를 위해 제조업의 발전이 필수적이며, IT 산업도 제조업과의 연계를 통해 경제 전반에 파급효과를 낳을 수 있어야 한다. 고무적인 글로벌 환경의 변화 중 하나는 기존의 제조업에서 서비스 부문이 강화되고 있고, 특히 IT 기술을 기반으로 한 글로벌 통합 서비스가 확대되고 있다는 점이다. 인도는 IT 산업의 고립 상태에서 벗어나 제조업 육성과 함께 제조업과 IT 산업의 접목을 시도하는 새로운 비즈니스 모델을 발굴해야 한다.

다인종 국가

김찬완

퓨전의 역사를 가진 인도는 자연히 다인종 국가가 되었다. 이 중 최대 인종은 아리아인(Aryan)으로 전체 인구의 72%를 차지하고 있으며, 다음은 드라비다인(Dravidian)으로 25%를 차지한다. 아리아인과 드라비다인이 주류를 이루고 있지만, 긴 세월 동안 이들 간의 혼혈인종도 많이 생겨났다. 기타 인종으로는 몽골로이드(Mongoloid), 니그리토(Negrito), 오스트랄로이드(Australoid) 등이 있으나, 이들은 소수 인종에 머물고 있다.

인도 대륙에 인류가 정착하기 시작한 것은 지금으로부터 약 20만 년에서 40만 년 전이라고 한다. 인더스문명의 주체 세력으로 알려진 드라비다인은 수세기에 걸친 혼혈 과정을 통해 현재의 모습을 하게 된 것으로 추측된다. 이들의 기원에 대해 지중해 지역이나 메소포타미아에서 이주해왔다는 설이 있는가 하면, 인도 현지 토착민이라는 설도 있다.

찬란한 인더스문명을 건설했던 이들이 남인도에 정착하게 된 배경으로, 기원전 1,500년경 아리아인들의 침략을 받아 점차 남인도로 밀려나 결국 데칸 고원 이남으로 내려오게 되었다는 설이 있다. 아직까지 인더스문명의 문자가 해독되지 않고 있기 때문에, 인더스문명이 멸망한 원인과 드라비다인들이 남인도에 정착하게 된 원인에 대해 정확히 알 수는 없다. 그러나 학자들은 아리아인들의 침략 이외에도 홍수 등의 천재지변이나 급격한 사막화 같은 환경 파괴를 인더스문명 멸망의 원인으로 추측하고 있다. 천재지변에 의한 멸망은 인더스 강에 인접하고 있는 도시의 인더스문명이 강의 범람으로 파괴되었을 거라는 추측이다. 도시가 몇 번에 걸쳐 붕괴되었다 다시 재건된 점이 발굴로 확인되어, 큰 홍수로 인해 문명이 파괴되었을 가능성에 대한 주장을 뒷받침하고 있다. 홍수로 인더스 강의 지류들이 변화하여 문명이 파괴되었을 가능성도 제기되고 있다. 이와 더불어 일부 학자들은 기후 변화에 의한 사막화를 인더스문명 멸망의 원인으로 들고 있다. 이런 멸망설을 주장하는 학자들은 인더스문명이 지속되어오면서 끊임없이 벽돌을 굽기 위해 주변 삼림을 파괴한 결과 기후가 변화했거나, 강우량의 급감으로 곡물 경작에 이상이 생겨 멸망했을 것이라고 추측하고 있다. 인더스문명이 어떻게 멸망했든 이 문명의 주체 세력이었던 드라비다인들은 오늘날 주로 남인도에서 살고 있고, 대체적으로 온순하고 부지런한 것으로 평가되고 있다.

아리아인들은 기원전 1,500년경 중앙아시아에서 페르시아를 거쳐 오늘날의 아프가니스탄을 넘어 인도 서북부 지역 펀자브 지방을 통해서 인도로 들어온 것으로 파악되고 있다. 이들은 인도 선주민인 문다(Munda)족이나 드라비다족을 점령히고 인도에 정착하게 된다. 아리아인들은 인도로 들어온 이후 초기 500년간 유목생활을 하면서 점차 인도 동부 지역으로 이동하다 기원전 1,000년경에 갠지스 강 유역에 정착해 농경생활을 시작한 것으로 알려져 있다.

아리아인들은 정착농경생활을 하면서도 소, 말, 돼지, 양, 닭 등 많은 가축을 사육했으며, 이 중 소를 가장 중요한 재산으로 간주했다. 이들의 초기 베다 경전인 《리그베다(Rig Veda)》에는 소에 대한 중요성이 자주 언급되고 있다. 소는 그 당시 인간에게 가장 중요한 단백질 요소인 우유를 공급하고, 농사를 지을 수 있게 축력을 제공해주었다. 또한 인간의 삶에서 빼놓을 수 없는 연료(쇠똥)도 제공했다. 인도 갠지스 강 유역은 끝없는 평야 지대로 산이 많지 않은 곳이다. 이런 곳에서 나무 땔감은 구하기가 쉽지 않고, 있더라도 마른 덤불이 대부분이었을 것이다. 이런 덤불 땔감들은 불이 붙으면 금방 타버리고 만다. 따라서 아리아인들이 불을 이용해 식생활을 하려면 천천히 타면서 지속적인 화력을 제공해주는 연료가 필요했을

테고, 이런 문제를 바로 마른 쇠똥이 해결해주었을 것이다. 마른 쇠똥은 아리아인들이 주식으로 하는 차파티(Chapati)를 굽는 데 최상의 연료가 된다. 이런 점으로 미루어볼 때 그 당시 인간에게는 소가 없어서는 안 될 가장 중요한 가축이었을 것이다. 그래서 아리아인들의 전쟁은 소를 획득하기 위한 투쟁이 많았다.

인도에 침입한 아리아인들의 생활상은 《베다(Vedas)》라는 그들의 문학작품에 잘 기술되어 있다. 이 때문에 이 시대를 베다시대라고 부르기도 한다. 베다시대는 크게 초기베다시대와 후기베다시대로 구분되는데, 기원전 1,500년부터 1,000년까지를 초기베다시대라고 하고, 1,000년부터 600년까지를 후기베다시대라고 한다.

베다시대 종교의 특징은 다신교라는 점이다. 아리아인들은 천둥, 바람, 비, 폭풍 등 자연신뿐만 아니라 전쟁과 승리의 신 인드라(Indra), 세계질서를 주관하는 바루나(Varuna), 불의 신 아그니(Agni) 등 많은 신을 섬겼다. 아리아인들은 종교생활에서 신에게 제물을 바치는 것을 중요하게 생각했는데, 특히 희생물을 바치는 것을 가장 신성한 종교의식으로 간주했다. 이러다 보니 희생제가 난무하기도 했다. 종교가 형식적인 제의식에 치우치자 이러한 종교의식에서 탈피하고자 하는 새로운 움직임이 나타났고, 이 과정에서 우파니샤드(Upanisad) 철학이 탄생했다. 우파니샤드 철학은 브라만(Brahman, 梵)과 아트만(Atman, 我)의 동일성에 대해 강조한다. 다시 말하면 "우주는 브라만이고, 브라만은 곧 아트만"이라는 범아일여(梵我一如)의 사상을 받아들였다. 소금물에 녹아 있는 소금은 보이지 않지만 그 존재는 맛으로 느껴지듯이, 아트만은 눈에 보이지 않지만 세계(우주) 속에 존재한다. 결국 똑같은 궁극적인 실재가 주체의 측면에서는 아트만이고 객체의 측면에서는 브라만으로 불린다고 볼 수 있다. 후기베다시대에 접어들면서 윤회(Samsara)와 업(Karma) 사상도 확립되었다.

아리아인들이 인도에 들어오면서 새로운 언어가 출현했는데, 바로 세계에서 가장 오래된 언어 중의 하나인 산스크리트(Sanskrit)이다. 산스크리트어는 오늘날 인도의 공용어인 힌디어(Hindi)의 모어(母語)가 된다. 한편 아리아인들이 침입해 들어오면서 인도 사회에 새로운 사회계급이 출현했는데, 이것이 바로 카스트(Caste) 제도다.

이외에 인도의 몽골로이드는 기존의 몽골 족과 구별해 'Paleo-Mongoloid'라고 부르며, 현재 인도 아삼, 치타공 및 미얀마 접경지대에 주로 거주하고 있다. 니그리토는 아프리카에서 이주해 현재 코친을 비롯한 남인도 일부 지역과 비하르 일부 산악지대에 거주하고 있다. 이들의 신체 특징으로는 검은 피부, 고수머리, 이가 돌출된 턱, 가로 퍼진 납작코, 두꺼운 입술 등을 들 수 있다. 오스트랄로이드는 니그리토 및 몽골로이드 인종과의 혼혈족이 많으며, 중부 인도의 콜(Kol)족과 문다족 등이 여기에 속한다. 멜라네시아 및 폴리네시아 토인들과 동족이며, 신석기 시대에 인도에 정착한 것으로 추측되고 있다. 이와 같이 인도는 여러 인종이 오랜 기간 함께 살면서 인도만의 다양한 문화를 꽃피웠다.

3장

인도의 기업 분석

박번순

India

인도 경제와 기업

인도 기업의 생성 및 발전

경제발전 과정에서 기업의 역할은 대단히 중요하다. 기업가 정신이 충만하고 기업 활동이 활발한 국가일수록 경제가 발전했으며, 그렇지 못한 국가는 경제발전이 지체되었다. 한 국민경제에 기업가 계층이 어느 정도 존재하느냐는 그 나라의 경제적 성과를 결정하는 중요한 요인이 된다.[36]

대체로 국가의 개입이 강한 국가에서는 자본주의적 기업가가 형성되기 어렵다. 그러나 경제발전 초기에 국가가 유치산업 보호 등 일정한 역할을 하면서 기업의 수익을 보장하는 경우, 기업은 오히려 빨리 성장할 수도 있다. 국가 중심의 경제발전을 이룩해온 인도는 사실상 다른 동아시아 국가에 비해 기업의 발전이 뒤진 편이다. 한동안 정부가 국가 기간산업을 장악했고, 특정 산업에 대해서는 민간기업의 진출을 금지하기도 했다. 그 결과 인도에는 중앙정부가 통제하는 공기업이 약 240여 개, 그리고 지방정부 통제 하의 공기업이 약 900여 개 있다. 반면 경쟁력이 있는 대기업은 발전하기가 어려웠다. 인도 정부는 1990년대 개혁·개방 이후 공 기업의 일부 지분을 민간에 매각하는 등 민영화를 추진했지만, 대 주주로서의 경영권을 확보하는 것을 원칙으로 했다. 공기업은 여 전히 에너지·철강·엔지니어링 등 인도가 독립 이후 추진해온 중 화학공업 분야에서 큰 영향력을 발휘하며 인도 경제의 중심으로 자리 잡고 있다.

동시에 인도 정부는 자급자족 경제를 완성하고 약자를 보호한 다는 철학을 바탕으로 영세기업 및 노동자의 보호를 중시했다. 먼 저 영세기업을 보호한다는 차원에서 일부 업종을 영세기업에 유 보하는 제도를 시행했다. 영세기업 유보 업종의 수는 지속적으로 감소했지만, 이 제도는 인도의 기업 규모 결정에 큰 영향을 미쳤 다. 또한 노동자의 권익을 보호하기 위한 과도한 제도 역시 기업 의 규모에 영향을 미쳤다. 일정 규모 이상의 기업은 종업원의 해 고가 거의 불가능하다. 때문에 기업들은 소규모 기업을 선호했고 규모의 경제를 활용하는 데 적극적으로 나서지 않았다.

이러한 상황에서도 150여 년의 역사를 가진 타타그룹이나 비

---

(36) 기업의 발전은 국가경제 발전의 필요조건이다. 최근 기업의 발전과 국가의 발전이 같은 방향으로 움직이는 것은 아니라는 주장이 있으나, 기업이 발전하지 않고 한 국민경제가 건전 하게 발전하기는 어렵다. 전후 아시아에서 경제발전을 이룬 한국·일본·대만 등은 모두 강력 하고 튼튼한 기업을 육성함으로써 경제성장을 달성할 수 있었다. 한국이나 일본은 상대적으 로 대기업과 기업집단이 발전했으며, 대만은 중소기업이 발달한 것으로 알려져 있다. 이는 기업의 발전이 상당 부분 각국의 경제사회적 구조에 의해서 영향을 받고 있기 때문이다. 동 북아 3국과 달리 동남아에서는 외국인 투자를 통해 경제가 성장해왔으므로 다국적기업이 경 제 내에 상당한 영향력을 행사하고 있다. 이에 비해 중국은 국유기업의 역할이 크다.

를라그룹과 같은 민간기업집단이 형성되었고, 1990년대 이후로는 정부의 규제가 적은 IT나 의약 분야 등에서 인포시스와 란박시 같은 신흥기업이 급성장하고 있다. 이와 같은 전통적인 기업집단과 신흥기업이 현재 인도 경제의 성장 및 발전을 주도하고 있는 것이다.

기업 형태

전통기업이나 기업집단은 대부분 가족기업의 형태를 띤다. 기업이 공개되어 있다고는 하지만 대부분 가족이 지배주주로서 지분을 확보하거나, 아니면 가족이 통제할 수 있는 재단이 대지분을 보유하고 있다. 인도에서는 가족기업이 일반적이며, 대부분의 국민은 이러한 운영 방법이 당연히 지속될 것이라고 생각한다. 가족기업이 비효율적이라는 평가도 있으나, 기업 규모가 큰 경우 세계화와 주식시장의 수요에 의해 투명성과 전문성을 더욱 요구받게 되었다. 인도의 가족기업도 그런 압력을 피할 수 없다.

인도 기업을 다른 형태로 구분하면, 대기업집단과 독립기업의 형태로 나눌 수 있다. 전통기업은 대개 대기업집단을 구성하고 다각화를 꾀하고 있다. 물론 40년 전통의 릴라이언스그룹처럼 석유화학에서 섬유까지 화학 산업에 일관 수직 계열화를 갖추고 있거나, 마힌드라앤마힌드라처럼 자동차 관련 분야에 집중하는 경우도 있다. 그러나 대체로 다각화한 사례를 더 많이 볼 수 있다. 다각화한 기업집단은 성장하는 개도국에서 흔한 경우다. 즉 다양한 사업 기회의 등장에 따라 기업집단이 새로운 분야로 투자를 확대하고 시너지를 확보하는 것이다.

이에 비해 새로 성장한 분야에서 성공한 인포시스와 위프로 등 신흥기업은 IT라는 특정한 분야에 집중하고 있다. 그러나 이들 기업은 역사가 짧기 때문에 한 분야에 전념하고 있는 것으로 생각할 수도 있다. 다른 분야의 성장 기회가 보이고 자금 동원력이 있다면, 새로운 분야로 관심을 갖는 것은 자연스러운 일이다.

한편 기업의 발전 정도와 진출 업종 등은 한 나라의 경제발전 수준에 의해 결정된다. 폐쇄국가에서는 소득 수준이 산업의 구조를 결정짓는다. 저소득 국가에서는 가격탄력성이 낮은 생필품 산업의 비중이 크고, 소득이 증가할수록 소득탄력성이 높은 내구소비재 산업이나 서비스 산업의 비중이 확대된다. 그러나 혁신적 기업이 새로운 생산 방법을 도입해 저가에 신상품을 공급한다면 다소 유형이 변할 수도 있다.

과거 인도는 개방 정도가 낮은 국가라는 점에서 소득과 산업이 매우 밀접한 관계를 보였다. 그 결과 인도의 선도적 기업은 주로 에너지 및 1차 상품 생산자나 필수품 생산자였다. 이는 곧 진출 분야와 기술 수준에서도 인도의 기업은 아직 저개발국 형태라는 점을 보여준다. 인도 최대의 기업집단인 타타그룹이 자동차와 철강 등에 진출하고 있으나, 자동차 부문에서는 외국기업에 밀리고 있다. 또 세계의 중심 산업인 전자 산업에서는 세계적인 플레이어를 찾아볼 수 없다. 그러나 인도 기업은 비제조업 분야, 특히 IT 소프트웨어 산업이나 의약 산업 분야에서 상당한 경쟁력을 보여주고 있다. 이는 개방과 글로벌화에 힘입은 것이다.

민영화 추진

민간의 자율신장이 기업의 발전에 도움이 된다는 점에서, 현재 인도의 기업 분야에서 해결해야 할 가장 큰 과제는 공기업의 민영화라고 할 수 있다. 인도는 개혁·개방 이후 민영화를 추진하고 있으나, 노동조합의 반대로 순조롭게 진행되지 않고 있다. 그러나 민영화는 기업의 발전과 인도 경제 전체의 발전을 위해서 필요한 과정으로 여겨진다.

민영화는 향후 인도의 기업계를 재편하는 가장 큰 요인이 될 것이다. 현재 정부는 주요 기업의 지분을 민간에게 매각한다고 하지만, 적어도 51% 정도의 지분을 소유해 통제권을 확보하겠다는 생각에는 변함이 없는 것 같다. 그러나 장기적으로 인도가 재정수지 적자를 보전하고, 인프라를 개선하며, 공기업의 비효율성을 제거하려면 결국 소수지분을 보유해야 할 때가 올 수도 있다. 민영화를 어떤 식으로 하느냐에 따라 인도의 기업이나 기업집단의 순위는 대폭 바뀌게 된다.

덩치가 크다는 점과 해외투자를 유치해야 한다는 점에서 민영화 과정에는 해외에 문호를 개방해야 하지만, 국민이나 노동자들은 이를 반기지 않는다. 민간기업에게 지분을 넘기는 방법 또한 기업집단 간의 경쟁을 불러일으킬 것이다. 공기업끼리 상호출자하는 형식도 사용될 수 있지만, 공기업의 비효율성을 제거하는 데 어려움이 따를 것이다.

인도 기업의 특성

급변하는 기업의 발전

1991년 개혁과 개방 이후 인도 경제는 급격히 변화했다. 기업도 마찬가지다. 시가총액 기준으로 1992년 3월 말 인도 최대의 기업은 인디아스테이트은행(State Bank of India)으로, 2,290억 루피에 이르렀다. 2위는 1위보다 한참 뒤진 1,380억 루피의 타타철강이었다. 그러나 2006년 3월 말 현재 시가총액 1위는 1조 8,670억 루피의 국영에너지기업인 ONGC(석유가스공사)이며, 2위 기업은 릴라이언스인더스트리로 시가총액은 1조 1,100억 루피에 이르고 있다. 1992년 시가총액 상위 10대 기업 중 2006년에도 그 이름을 유지하고 있는 기업은 릴라이언스인더스트리, 힌두스탄레버, ITC 등 3개사에 불과하다.[37]

시가총액 기준의 상위 기업 변화에서는 3가지 트렌드를 발견할 수 있다.

인도 상위 10대 기업(시가총액 기준)

단위: 억 루피

1992년 3월 말		순위	2006년 3월 말	
기업	시가총액		기업	시가총액
State Bank of India	2,290	1	ONGC	18,670
Tata Steel	1,380	2	Reliance Industry	11,100
ITC	910	3	NTPC(National Thermal Power Corporation)	11,050
Reliance Industry	670	4	TCS	9,190
Hindustan Lever	640	5	Infosys Technology	8,180
Tata Engineering	530	6	Wipro	7,950
Associated Cement Company	490	7	Bharti Airtel	7,810
Century Textiles	400	8	ITC	7,310
Grasim Industries	370	9	IOC(Indian Oil Corporation)	6,820
Tata Tea	350	10	Hindustan Lever	5,990

자료: *The Economist*, 2006. 6. 3-6. 9, p. 17.

첫째는 IT·BPO·통신 등 신산업 분야 기업의 등장으로, TCS·인포시스·위프로·바르티 등을 들 수 있다. 타타그룹의 TCS가 4위, 인포시스가 5위, 위프로가 6위, 통신서비스 기업인 바르티가 7위를 차지하고 있다. TCS의 매출액은 30억 달러에 이르고 위프로는 24억 달러, 인포시스는 22억 달러에 달한다. 위프로와 인포시스는 종업원이 5만 명 이상이며, TCS는 6만 3,000명에 이르고 있다.[38]

---

(37) 2006년 상위 10대 기업 중 1992년에는 상장되지 않은 기업이 있으므로, 순위 변화에는 큰 의미가 없을 수도 있다.

둘째는 국영기업이 여전히 중요한 위상을 차지하고 있다는 점이다. 현재 ONGC(석유가스공사)·NTPC(인도화력발전)·IOC(인도석유)는 모두 해당 분야의 지배적 사업자로서, 1991년 개혁 이후에 상장된 기업이다. 인도 정부는 독립 이후 국가 기간산업을 직접 운영했으나, 개혁과 개방 정책을 통해 이들의 민영화를 추진해왔다. 물론 민영화를 한다 해도 정부는 최대지분을 그대로 유지하고 있다. 예컨대 ONGC는 2006년 말 현재 인도 정부가 74.1%의 지분을 보유하고 있으므로, 경영권을 행사하는 데 무리가 없다. 국가 기간산업은 막대한 자본이 필요하다는 점에서 시가총액 기준으로 상위에 오르는 것은 당연하다.

셋째로는 에너지기업의 중요성이 증가했다는 점으로, 국영 부문의 민영화와 중복되는 부분이기도 하다. ONGC는 인도의 원유 및 가스 생산업체로서, 최근에는 인도의 장기적 에너지원 확보를 위해 해외사업을 적극 추진하고 있다. NTPC은 전력을 생산하고 있고, IOC는 최대의 정유업체다.[39]

시가총액 상위 10대 기업의 시간 경과에 따른 변화는 또 다른 정보를 제공한다. 바로 상장기업의 자산 규모가 대폭 증가했다는 점이다. 예컨대 릴라이언스인더스트리는 1992년 시가총액이 670억 루피에 불과했으나 2006년에는 1조 1,100억 루피로 16.6배나

---

(38) 인도의 통계는 신뢰성이 낮다. IT 산업 분석에서 인포시스·위프로·TCS의 종업원 규모는 여기의 종업원 규모와 차이가 있다. *The Economist*, 2006. 6. 3-9, p. 5.

(39) 1999년 인도 정부는 ONGC, IOC, 인도가스공사(GAIL: Gas Authority of India Limited) 등 3개사가 지분 일부를 상호교차해 보유토록 했다. 즉 인도 정부가 최대주주로서 3개 기업을 통제할 뿐만 아니라 일정 지분을 상호보유하도록 함으로써 정부의 통제력을 더욱 강화했다. 당시 IOC는 ONGC의 지분 10%, GAIL의 지분 2.5%를 보유하게 되었다.

증가했다. 이보다는 덜하지만 ITC나 힌두스탄레버의 경우도 시가 총액이 대폭 증가했다. 이들이 성장성이 낮은 소비재업체라는 점에서, 시가총액의 급증은 인도 경제의 규모가 확대된 데 따른 결과라고 할 수 있다.

증권시장에서의 주식가치 평가가 반드시 기업의 규모를 말해주는 것은 아니다. 해당 기업의 장래 수익성이 실제 시가총액에 큰 결정 요소가 되기 때문이다. 실제로 2004/2005년의 매출액을 기준으로 상위 30대 기업을 살펴보면, 시가총액 기준과는 상당히 다른 모습을 보이고 있다.

특이한 것은 상위 30대 기업의 업종이 극히 일부 산업에 집중되어 있다는 점이다. 즉 석유, 철강, 엔지니어링, 금융, 소비재 관련 기업 등과 몇 개의 IT 기업이 포함되어 있다. 그러나 대부분의 동아시아 국가에서 최상위를 차지하는 전자업체가 하나도 없다는 사실은 주목할 만하다.

인도의 매출 기준 상위 30대 기업(2004/2005년)

단위 : 백만 달러

순위	기업명	매출	업종	비고
1	INDIAN OIL CORPORATION	31,193	정유	공
2	RELIANCE INDUSTRIES	15,375	화학	민
3	HINDUSTAN PETROLEUM CORPORATION	14,479	석유	공
4	STEEL AUTHORITY OF INDIA	7,205	철강	공
5	STATE BANK OF INDIA	6,790	금융	공
6	TATA MOTORS	4,603	자동차	민(타타)
7	TATA STEEL	3,800	철강	민(타타)

8	LARSEN & TOUBRO	3,477	엔지니어링	민(외자)
9	ADANI EXPORTS	3,457	무역	민
10	CHENNAI PETROLEUM CORPORATION	3,358	정유	공
11	GAIL (INDIA)	3,192	가스 · 에너지	공
12	KOCHI REFINERIES	3,086	정유	공
13	IBP COMPANY	3,066	정유 · 엔지니어링	공
14	HINDUSTAN LEVER	2,473	소비재	민(외자)
15	BHARAT HEAVY ELECTRICALS	2,427	엔지니어링	공
16	HINDALCO INDUSTRIES LIMITED	2,398	비금속(알루미늄)	민(비를라)
17	ICICI BANK	2,320	금융	민
18	THE STATE TRADING CORPORATION OF INDIA	2,293	국영 무역회사	공
19	MAHINDRA & MAHINDRA	2,244	수송기기	민
20	TATA CONSULTANCY SERVICES	2,239	IT 서비스	민(타타)
21	GRASIM INDUSTRIES	2,201	섬유 원료	민(비를라)
22	INDIAN PETROCHEMICALS CORPORATION	1,903	정유	공
23	ITC	1,882	담배, 제지	민
24	WIPRO	1,872	IT 서비스	민
25	BHARTI AIRTEL	1,863	통신	민
26	HCL INFOSYSTEMS	1,795	IT 서비스, PC 제조	민
27	STERLITE INDUSTRIES (INDIA)	1,710	동 제련	민(외자)
28	HERO HONDA MOTORS	1,705	모터사이클	민(외자)
29	INFOSYS TECHNOLOGIS	1,633	IT 서비스	민
30	JSW STEEL	1,542	철강	민

자료 : Hoovers.

한편 선도기업의 지배주주를 중심으로 보면, 30대 기업 중 정부가 최대지분을 보유하고 있는 공기업이 11개로 나타나고 있다. 특히 상위 20대 기업 중에서는 10개가 공기업이다. 30대 기업 중 19개 기업이 민간기업이며, 이들 중 4개 기업은 외자계 기업으로 분류할 수 있다. 외자계 기업은 네덜란드인이 1930년대에 설립한 라센앤토브로(Larsen and Toubro), 유니레버가 투자한 힌두스탄레버, 그리고 영국계 자본이 투자한 스테르라이트인더스트리(Sterlite Industries), 일본의 혼다가 투자한 히로혼다(Hero Honda) 등이다.

순수 민간기업의 수는 15개사로 타타그룹의 타타자동차·타타철강·TCS가 포함되어 있으며, 비를라그룹의 힌달코인더스트리(Hindalco Industries)와 그라심인더스트리(Grasim Industries)도 여기에 속한다.

혁신과 높은 수익률

인도의 공기업 부문이 전통적으로 비효율성을 보이고 있는 반면, 최근에 성장한 민간기업은 서구식 경영 모델을 따르지 않으면서도 혁신을 이루어내는 사례가 자주 발견된다. 즉 인도 소비자들의 소득 수준에 맞춰 새로운 서비스를 공급하기 위한 기업들의 노력이 잇따르고 있는데, 이는 기존의 공기업에서는 찾아보기 어려운 현상이다. 인도 기업들은 가격경쟁력을 중시해 다양한 방법으로 가격을 인하하고, 유수의 국내기업들이 서구 모델과는 다른 경영혁신을 추진해 성공하고 있다.

인도의 기업가 활동은 두 가지 측면에서 전개되었다. 하나는 기존의 가족 소유 기업들에 의한 것이고, 다른 하나는 새로 등장한 기업을 통해서였다. 기존의 가족기업들은 다각화된 사업에서 얻은 현금을 새로운 분야에 투자했는데, 타타그룹의 TCS가 그 경우다. 그러나 바이오 분야나 IT 소프트웨어 분야에서는 완전히 새로 등장한 기업가들의 혁신에 의해서 발전되었다. 인포시스와 위프로 등이 대표적인 경우다.

이동통신업체 바르티는 2006년 7월 말 현재 GSM 가입자 2,434만 명, 광대역 유선 가입자 155만 명을 보유한 인도 최대의 통신업체다. 경쟁이 치열한 인도의 통신 시장에서 바르티는 이동통신 네트워크를 아웃소싱하는 실험적인 방법을 통해 투자비를 줄이는 대신 마케팅과 판매에만 전력을 다해 대대적인 성공을 거두었다. 2004/2005년에 바르티의 매출액은 18억 달러에 이르렀고, 순이익은 3억 3,000만 달러에 달한다.[40] 2005/2006년에도 바르티의 매출액은 루피화 기준으로 43% 이상 신장했다.

타타자동차는 또 다른 실험을 하고 있다. 1인당 소득이 낮은 인도 국민들에게 보급하기 위해 저가의 자동차를 개발하고 있는 것이다. 2008년부터 부품을 판매점에서 조립하는 방식을 이용해 본격적으로 생산·공급할 예정이다. 이 시스템이 성공할 경우, 타타자동차는 승용차 시장점유율을 대폭 높일 수 있고 인도 국민들의 생활도 대거 변모시킬 것이다.

인도 기업들의 수익성은 상당히 높은 편이다.[41] 인도가 공기업

---

(40) 바르티에어텔은 3개의 사업부로 구성되어 있다. 이동통신 서비스, 광대역 및 전화 서비스(B&T), 그리고 기업 서비스다. 이동통신 서비스 사업부는 인도의 23개 통신 영역에서 GSM 서비스를 공급하고 있으며, B&T 사업부는 90개 도시에서 광대역 및 전화 서비스를 제공하고 있다. 기업 서비스 사업부는 2개 부문으로 나뉘어 있는데, 그 하나는 장거리 운송이고 다른 하나는 기업 서비스업이다.

부문의 비효율성을 드러내며 오랜 산업의 역사에도 불구하고 IT
이외에는 세계적인 선도 산업이나 기업을 만들어내지 못했으나,
투명하게 기업을 운영하고 있는 것은 사실이다. 민간 부문에서는

인도와 중국 기업의 수익성 지표 추이

단위 : %

		자본이익률(ROE)			투자수익률(ROI)		
		1999~2001	2002	2003	1999~2001	2002	2003
자동차 및 부품	인도	13.0	21.9	20.6	8.6	14.8	12.8
	중국	6.6	-2.1	17.4	5.6	-1.9	14.2
자본재	인도	7.0	10.6	17.2	4.3	6.9	12.4
	중국	3.8	6.0	8.1	2.9	4.6	6.3
내구소비재 및 의류	인도	6.7	11.1	6.9	3.6	6.2	3.7
	중국	1.9	1.4	7.2	1.8	1.3	5.9
에너지	인도	15.2	23.6	21.4	10.0	16.0	15.3
	중국	15.7	13.7	17.6	11.3	10.3	13.9
음식료 및 담배	인도	22.5	21.2	26.6	17.4	16.1	23.6
	중국	5.9	8.7	10.6	4.7	7.0	8.8
소재	인도	2.6	7.2	22.2	1.2	3.1	11.9
	중국	3.1	4.8	13.5	2.5	3.7	10.5
제약 및 바이오 기술	인도	18.8	24.6	29.1	15.6	21.0	23.9
	중국	8.5	9.0	9.8	7.6	8.3	8.2
소프트웨어 및 서비스	인도	24.9	16.8	27.3	23.0	16.2	25.9
	중국	4.9	12.3	6.5	4.8	12.0	6.4
통신 서비스	인도	15.6	14.0	15.2	11.5	10.2	10.9
	중국	19.4	10.8	9.7	16.1	10.8	9.7

자료 : *BusinessWeek*, 2005. 8. 22~29, p. 59.

(41) 인도 기업의 성장 속도가 늦지만 적어도 재무 측면에서는 기초가 강하다는 것을 의미하
며, 이는 흔히 인도 경제의 강점으로 인정되기도 한다.

정부가 개입하지 않는 IT나 제약업 등 유형자산을 많이 필요로 하지 않는 분야에서 기업가 계층이 만들어졌기 때문이다.[42]

인도 기업은 중국 기업에 비해 수익성이 높다. 실제로 자본이익률과 투자수익률에서 인도 기업은 중국 기업에 비해 훨씬 높은 수준을 나타낸다. 인도 기업의 수익성이 높은 이유는 1차적으로 새로운 분야에서 이룩하고 있는 혁신이 크게 작용하고 있다. 그러나 전통적으로 다른 요인도 작용한다. 첫째는 중국 기업이 종업원의 연금 문제까지 맡는 등 정부의 한 기능을 담당했던 데 비해, 인도에도 공기업이 많긴 하지만 그 정도는 아니었다는 점이다. 둘째는 인도 경제에 경쟁이 제한적이라는 점이다. 인도가 시장경제에 의존한다고 하지만 규제와 진입장벽이 존재하고, 그 때문에 기존 기업의 수익성이 높을 가능성이 있다.

세계로 진출하는 인도 기업

인도 경제는 수입 대체형 전략을 통해 성장했으므로 인도 기업은 내수 충족형 경영 활동을 중심으로 발전해왔다. 따라서 인도 대기업의 활동도 국내에 한정된 것이 일반적이다. 그러나 최근 인도 기업의 규모가 확대되면서 기업의 해외 진출이 본격적으로 증가하기 시작했다. 타타 등 대기업에서부터 소규모 기업에 이르기까지 인도 기업의 해외투자가 진행되고 있으며, 그 분야도 자동차에서 IT에 이르기까지 다양하다.

---

(42) 물론 인도의 노동 규제가 노동을 사용하지 않는 이 분야의 발전을 촉진한 것도 무시할 수 없다.

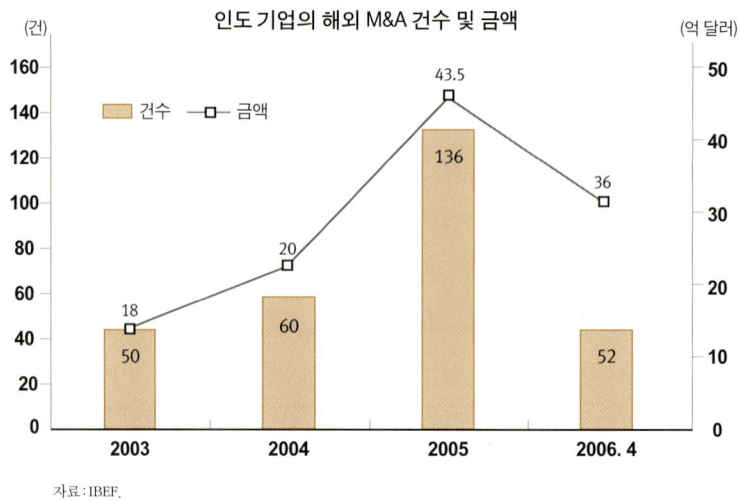

자료 : IBEF.

 IBEF의 자료에 따르면, 인도 기업의 해외 M&A 건수는 최근 급
격히 증가했다. 해외 M&A 건수 및 금액을 보면, 2003년 50건에
18억 달러, 2004년 60건에 20억 달러였으나, 2005년에는 건수가
136건으로 전년도의 2배 이상 증가했으며 금액도 43억 5,000만 달
러로 역시 2배 이상 증가했다. 2006년 들어 4월 말까지 52건에 금
액은 36억 달러에 이르고 있는데, 건수는 전년과 비슷한 추세지만
금액은 대폭 증가해 평균 M&A 규모가 커지고 있음을 알 수 있다.
 인도 기업의 해외진출은 크게 3가지 형태로 구분된다.
 첫째, 인도 에너지 관련 기업의 해외 에너지 확보를 위한 진출
이다. ONGC의 해외사업부인 OVL은 6억 달러를 투자해 앙골라에
서 유전을 매입했고, 수단에 12억 달러 규모의 정유공장을 건설했
다. 또한 2억 달러를 투자해 741킬로미터의 파이프라인을 건설하
고 있다. 인도석유(IOC)도 리비아에서 유전을 매입했다. 인도는
2006년 상반기 현재 에너지 분야에 30억 달러 이상을 투자했으며,

매년 10억 달러 정도를 투자할 계획이다. 그 외에도 OVL은 미얀마, 리비아, 이란, 이라크 및 시리아의 탐사권을 갖고 있다. 그러나 인도의 해외 에너지원 매입은 노력만큼 성과가 크지 않은데, 중국이 동일한 목적으로 해외의 유전 및 가스전 매입에 공격적으로 진출하고 있기 때문이다. 따라서 자금 여력이 부족해 불리한 상황에 놓이게 된 인도 기업은 중국과의 해외 에너지 협력을 확대하고 있다.

둘째, 전문적인 영역에서 활동하는 기업들이 해외시장에 접근하거나 기술 획득을 위해서 해외의 중소기업들을 M&A형으로 매입한다. 자동차는 중요한 해외 진출 분야다. 바라트포지(Bharat Forge)는 독일의 칼단페딩하우스를 2,800만 달러에 매입하여 세계 2위의 단조업체가 되었다. 바라트포지는 50억 루피 이상을 지출하여 지난 5년간 미국과 유럽에 5개의 기업을 인수했다. 타타자동차는 대우상용차를 매입하기 위해 1억 1,800만 달러를 투자했다. TVS그룹은 중국에 모토사이클 공장을 설립했으며 ASEAN에 추가적으로 2개의 공상 설립을 계획하고 있다. 마힌드라앤마힌드라는 미국에 자회사를 설립하고 매년 8,000대의 트랙터를 생산하고 있으며, 20~60마력 규모의 시장에서 25개주에 20%의 시장점유율을 보이고 있다. 또한 인도네시아에 조립공장을 설립하고 그 외에 러시아, 중국, 남아프리카공화국에도 진출을 모색하고 있다.

TV 생산업체 비디오콘(Videocon)은 2억 9,000만 달러를 들여 2005년에 프랑스의 톰슨(Thomson)을 매입했다. 이 거래는 2005년 1월 시작되어 6월에 완료되었는데, 톰슨을 인수하면서 비디오콘은 폴란드에 튜브·글라스·부품을 완전 일관생산하는 공장을 갖추게 되었다. 또한 멕시코에 튜브 공장, 중국에는 동콴(Dongguan)

인도 기업의 해외기업 인수 사례

단위 : 백만 달러

매수 기업	매입 기업	금액	분야
ONGC	브라질 유전(Shell로부터 매입)	1,400	석유가스
Dr. Reddy's Lab	Betapharm(독일)	570	의약
Suzlon Energy	Hansen Group(벨기에)	565	풍력 에너지
HPCL	케냐 정유공장(케냐)	500	석유가스
Reliance Industry	FLAG 텔레콤(버뮤다) Trevira(독일)	212 95	통신
Tata Motors	대우상용차	118	자동차
Infosys	Expert Information Service(호주)	3.1	IT
Bharat Forge	Carl Dan Peddinghaus	28	단조
Ranbaxy	RPG(Aventis) Laboratories(프랑스) Terapia(루마니아)	80 324	의약
Videocon	Thomson(프랑스)	290	전자
Wockhardt	CP Pharmaceuticals(영국)	18	의약
Cadila Health	Alpharma SAS(프랑스)	5.7	의약
Handalco	Straits Ply(호주)	56.4	
Wipro	NerveWire Inc.(미국)	18.5	IT
Aditya Birla	Dashiqiao Chem(중국)	8.5	
United Phosphorus	Oryzalin Herbicide(미국)	21.3	

자료 : *Asian Wall Street Journal*, 2003. 12. 31-2004. 1. 1, IBEF Research.

과 포산(Foshan)에 각각 튜브 설비가 있는데, 이 중 하나는 전자총과 일관생산 체제를 갖추었다. 전체 종업원은 1만 1,800명에 이르고 있고, 튜브 생산 시설은 1,910만 대, 글라스는 7만 4,000톤, 전자총은 1,450만 대, 그리고 요크(yokes)는 740만 대가 된다. 중국의 고용은 5,400명이 되고, 생산 시설은 약 950만 대다. 중국 국내 수요뿐만 아니라 유럽, 러시아, NAFTA, 그리고 동남아에 수출한다. CPT의 생산 능력은 연간 1,900만 대이며, CPT 글라스는 400만 본에 이른다.

제약도 중요한 해외 진출 분야다. 주로 유럽 기업을 대상으로 M&A 형태의 투자를 하고 있다. 인도 최대의 제약업체인 란박시는 10억 달러의 매출 중 70%를 해외에서 올리고 있고, 그 중 미국이 전체의 40%에 이른다. 란박시는 중국을 포함한 7개 국가에 25개 시장과 제조공장을 갖고 있으며, 70개 국가에 수출하고 있다. 최근에는 프랑스의 제약회사 RPG아벤티스(RPG Aventis)를 8,000만 달러에 매입했고, 그 이전에도 영국과 독일 기업을 매입한 바 있다. 워크하르트(Wockhardt)는 영국의 CP제약과 독일의 에스파르마(Esparma)를 매입했다. 유럽 지역이나 미국의 중소형 제약업체를 인수함으로써 인도 제약업체들은 이들 시장에 접근할 수 있고 높은 이익을 기대하고 있다. 예컨대 독일은 유럽 최대의 복제약(generics) 약품 시장인데, 워크하르트의 매출 중 40%가 독일에서 이뤄지고 있다. 인도의 업체들은 미국이 그린필드형 투자를 하기가 용이하지만 유럽은 어렵다고 생각하고 있다.

인포시스 등 IT 소프트웨어업체들도 세계 전역으로 진출하고 있는데, 중국은 IT 소프트웨어업체의 주요한 타깃시장이 되고 있다. 위프로는 미국의 컨설팅업체인 너브와이어를 1,870만 달러에 매입했고, TCS는 상하이와 우루과이에 소프트웨어 개발센터를 설립했다.

셋째, 릴라이언스그룹이나 타타그룹 등 인도를 대표하는 대기업집단의 국제화를 위한 해외 M&A도 증가하고 있다. 이미 2003년 말 이전에 릴라이언스는 플래그텔레콤을 2억 700만 달러에 매입함으로써, 세계적으로 광통신 네트워크 5만 킬로미터에 접근할 수 있게 되었다.

타타그룹은 영국 차업체 테틀리를 4억 3,000만 달러에 매입함으로써 세계 2위의 차 회사가 되었다.[43] 아울러 싱가포르의 철강 회사 낫스틸을 2억 8,300만 달러에 인수함으로써 태국, 중국, 베트남 시장에 진출했다. 또한 대우상용차를 1억 1,800만 달러에 매입했다.

---

(43) 콜카타의 차업체인 아피제이수렌드라(Apeejay Surrendra)그룹도 영국의 프리미어푸드 (Premier Foods)의 차 사업 부문을 1억 4,000만 달러에 매입했다. 이미 타타차가 영국의 테틀리를 인수한 바 있기 때문에, 영국의 차 시장은 인도 기업이 장악하게 된 셈이다.

인도의 주요 기업

타타그룹(Tata Group)

현황 및 경영구조

인도를 대표하는 기업집단인 타타그룹은 잠셋지 타타(Jamsetji Tata)가 1868년에 설립한 섬유무역업체에서 출발했으며, 뭄바이에 기반을 두고 있다. 이후 140여 년의 역사를 거치면서 한때 신흥기업인 릴라이언스인더스트리에 밀리기도 했으나 사업의 다양성, 경영구조의 투명성, 그리고 고용 창출 등에서 명실상부한 인도의 대표기업이자 존경받는 기업으로 확고히 자리 잡고 있다. 타타그룹은 전형적으로 다각화된 기업집단으로서 2005년 말 현재 93개 기업으로 구성되어 있으며, 이 중 32개 기업이 상장되어 있다. 그룹 산하의 타타철강, 타타자동차, TCS, 그리고 타타차 등은 각 분야의 선도적인 기업이다. 타타그룹의 2004/2005년 매출액은 전년 대비 29.9% 증가한 174억 달러(7,827억 루피)이며, 순이익은 18억

타타그룹의 실적 추이

단위 : 억 달러, 억 루피, %

		2003/2004	2004/2005	증가율
총수입	달러	143	178	24.5
	루피	6,542	7,992	22.1
매출	달러	134	174	29.9
	루피	6,143	7,827	27.4
순이익	달러	12	18	50.0
	루피	571	795	39.2
총자산	달러	120	152	26.7
	루피	5,506	6,802	23.5

자료 : 그룹 보고서 〈TATA〉.

달러(795억 루피)에 이르렀다. 종업원은 21만 명 이상이다. 그룹의 매출액은 인도 GDP의 2.8%에 달해 인도 경제를 이끌고 가는 역할을 담당하고 있다.

타타그룹이 진출한 분야는 자동차와 철강 등 중화학 제품은 물론이고 시계·보석·소금·출판업에 이르기까지 다양하다. 그러나 그룹은 이를 크게 7개 분야로 구분해 관리하고 있다. 정보 시스템 및 커뮤니케이션 분야를 필두로 엔지니어링, 철강, 호텔, 에너지 및 전력, 차, 화학 등이 그것이다. 7개 부문의 매출액을 보면 2004/2005년에는 자동차 및 부품 등 엔지니어링 부문이 2,448억 루피로 전체의 31.2%를 차지해 가장 비중이 높았으며, 철강 부문이 1,644억 루피로 전체의 21%를 차지했다. 그 다음은 IT 및 관련 서비스업으로 18.9%였다.

그러나 순이익은 795억 루피 중 철강 부문이 371억 루피로

46.6%를 차지해 가장 큰 이익을 창출하고 있으며, 그 다음이 자동차 부문으로 160억 루피에 20.1%를 차지했다. IT 관련 서비스의 경우는 매출 비중에 비해 낮은 순이익을 창출하고 있는데, 2000년에 5억 3,000만 달러로 정부의 지분 46%를 매입한 통신회사 VSNL(Videsh Sancher Nigram Ltd.)의 수익률이 낮았기 때문이다.

타타그룹에서 가장 큰 매출 비중을 차지하는 타타자동차는 1945년 설립되었으며, 인도 내국인 자동차업체로는 최대 규모다. 1954년부터 상업용 차를 생산했으며, 2005년 3월 말 현재 타타자동차의 인도 내 상용차 점유율은 60% 정도에 이른다.

철강 산업 분야에는 다수의 기업이 있지만, 중핵은 타타철강이다. 1907년 설립된 타타철강은 인도 민간 최대의 종합제철소다. 잠셰드푸르에 입지한 제철소는 400만 톤의 열연 및 냉연, 그리고

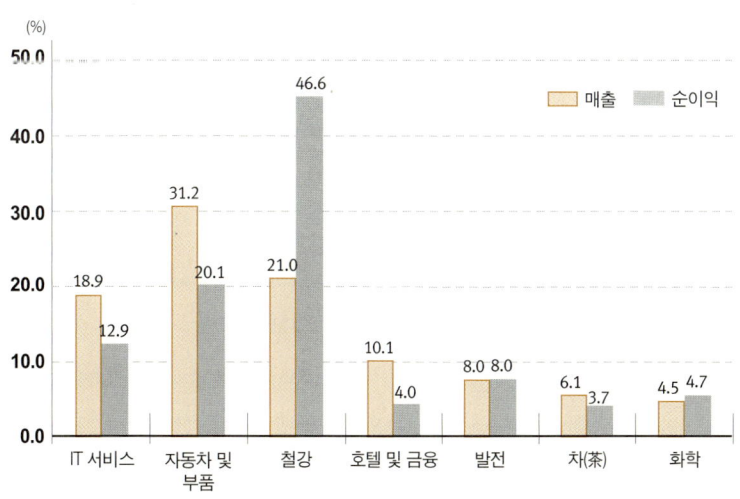

다다그룹의 **부문별 매출액 및 순이익 비중**(2004/2005년)

자료 : 그룹 보고서 〈TATA〉.

봉강류 제품을 생산하고 있다. 철광석 광산을 자체 소유하고 있는 타타철강은 원료 조달에서 비교우위를 갖기 때문에 세계에서 가장 비용 효율이 높은 제철소로 알려져 있다.

IT 분야의 TCS는 인도 최대의 IT 서비스업체로 33개국에 지사를 두고, 55개 국가의 기업 고객에게 기술 주도의 비즈니스 솔루션을 제공하고 있다. 최근 가장 각광받는 분야로 2005/2006년 TCS의 매출은 1,122억 루피(약 25억 달러)에 이르렀는데, 이는 전년 대비 39.7% 증가한 수준이다. 순이익도 6억 달러에 이르는 건전한 기업이다.

발전 과정 및 지배구조

창업자인 잠셋지 타타는 1904년 사망하기 전까지 봄베이(지금의 뭄바이)에 타지마할호텔(Taj Mahal Hotel)을 건립했고, 수력발전소, 기술교육 및 연구를 위한 포럼, 급속히 팽창하는 철도 공급을 위한 제철소 창설 등을 추진했다. 잠셋지의 사망 이후 아들 도라브지(Dorabji)가 그룹을 승계했다. 그는 1907년 부친의 뜻을 이어받아 TISCO(Tata Iron and Steel Company)를 설립했다. 그는 정글 지역에 제철소를 건설하고 아버지의 이름을 따서 잠셰드푸르라고 명명했다. 이어 그는 1910년 타타수력발전소를 건설했고, 1911년에는 창업자의 소망 중 하나였던 인도과학연구소(Indian Institute of Science)를 개교하면서 교육 사업을 시작했다.

1932년에 인척이었던 J.R.D. 타타(Jehanjir Ratanji Dadabhoy Tata)가 그룹을 승계했다. 인도의 독립 이후에 철강 산업은 국유화 산업으로 지정되었지만, 기존의 타타철강은 그대로 운영할 수 있도록 허가를 받았다. 정부 부문의 비효율이 고착화되고 있을 때에 타타철강은 상당한 이익을 거두었다. 그러나 정부의 사회주의적 정책들은 타타의 발전을 가로막는 장벽이었다. 게다가 그룹을 책임지고 있던 J.R.D. 타타가 갖고 있던 분권주의 철학의 결과로 그룹 내의 기업들은 거의 독립 기업처럼 운영되었다.

인도 경제가 침체를 보였던 1991년 J.R.D.가 은퇴하고, 현재의 그룹 회장인 라탄 타타(Ratan Tata)가 경영권을 승계했다. 라탄이 그룹 회장으로 취임해 경영권을 승계할 당시의 그룹 사정은 별로 좋지 않았다. 라탄은 전임 회장인 J.R.D. 체제 속에서 독자경영을 하던 기업들을 다시 중앙집중식으로 통합하기 시작했으며 구조조정을 실시했다. 즉 소프트웨어 산업의 발전으로 TCS의 이익이 크게 증가하면서 라탄 회장은 개별 기업의 지분을 그룹 차원에서 매입했다. 그는 그룹 내 기업들의 지분을 최소 26%까지 확보했고, 경영 목표를 제시해 이를 달성하도록 독려했다. 구조조정을 단행함으로써 예컨대 타타철강은 1994년 7만 8,000명의 종업원을 2005년 절반으로 줄였다. 시멘트, 제약, 화장품, 페인트 등의 사업을 철수하고 보다 선택적인 사업구조를 가셔가기로 했다.

동시에 그는 인도 내수시장의 한계를 뛰어넘기 위해 해외 진출을 시작했다. 2000년 타타차는 영국의 티백 제조사 테틀리를 인수함으로써 세계 2대 차 제조회사가 되었다. 테틀리 인수는 이후 타타그룹이 진행한 국제화의 출발점이 되었다. 타타는 TCS를 증시에 상장시키면서 막대한 자금을 조달했고, 일부는 국영통신업체인 VSNL의 지분 매입에 사용했다.

타타그룹의 창업자는 박애주의자였다. 1902년 잠셋지 타타는 아들에게 보낸 편지에서 타타철강 부근에 노동자의 도시를 건설하도록 했다. 그는 "그늘을 드리우는 나무를 심은 넓은 도로를 건

타타그룹의 지배구조

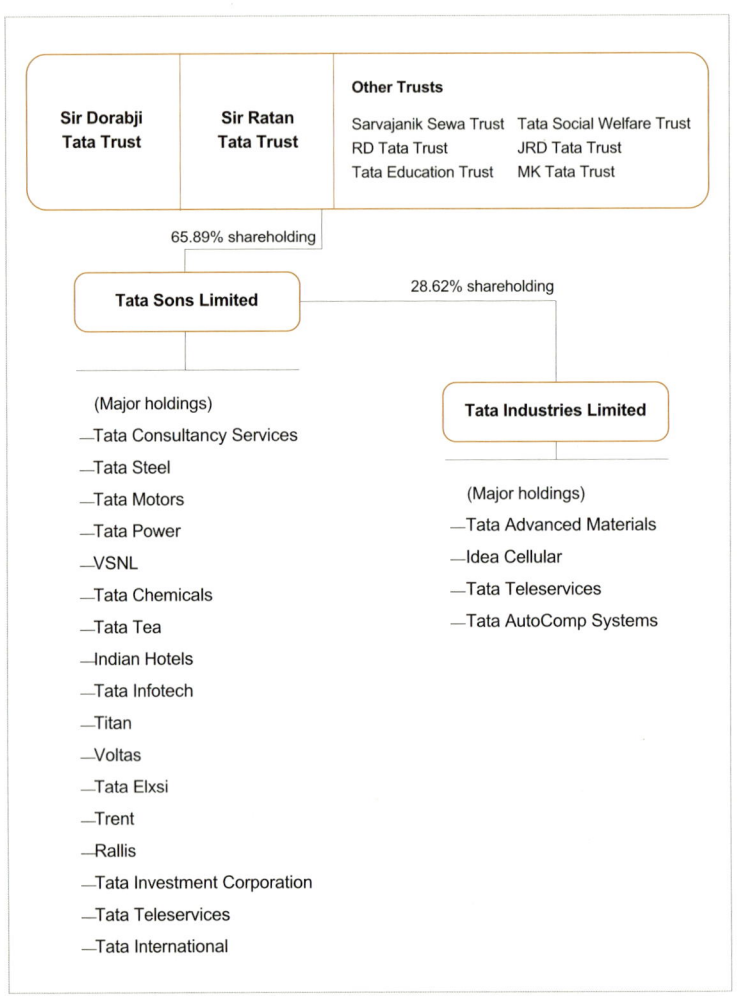

자료 : Tata Group.

설해라. 잔디가 펼쳐진 정원 공간을 충분히 마련해라" 라고 썼다.
타타그룹이 가진 박애주의의 전통은 타타자동차가 추진하고 있는

10만 루피의 승용차(2,200달러) 개발로 나타나고 있다. 라탄 회장은 많은 사람들이 자동차를 이용하도록 하겠다는 목표를 두고, 2008년 출시할 예정으로 이 프로젝트를 추진하고 있다. 타타자동차는 또한 5,000달러 이하에 상용차를 공급하기로 하고, 2005년 5월부터 700cc의 미니트럭 ACE를 판매하기 시작했다.

타타그룹의 지배구조 역시 박애주의라는 전통과 연결되어 있다. 타타그룹은 효율성 제고와 고수익 사업에 집중하기 위해 계층구조를 단순화하고 있다. 그룹의 지주회사 역할을 하는 기업은 타타선(Tata Sons)이다. 타타선은 산하에 있는 TCS, 타타철강, 타타자동차, 타타전력, VSNL, 타타차 등 주요 기업들을 직접 지배하고 있다. 그러나 그룹 각사에 대한 타타선의 지분은 크지 않고, 금융기관을 포함한 기타 투자자들의 지지로 통제권을 유지하고 있는 것으로 알려져 있다. 타타선은 동시에 또 다른 지주회사 역할을 하는 타타인더스트리(Tata Industries)의 지분 28.6%를 소유하고 있다.

타타 가족의 그룹 회사 내 지분은 타타선의 가족 지분 3%를 통해 운영하고 있으며, 나머지 대부분은 타타 가족에 의해 설립된 자선기금이 소유하고 있다. 즉 창업주 잠셋지의 두 아들인 도라브지와 라탄의 이름을 딴 재단(Trust) 및 기타 타타 계열 사회복지기금과 교육기금 등이 타타선의 지분 65.89%를 보유하고 있다. 더 나아가 타타선 이익금 중 약 60%를 자선기금에 기증하고 있다.

평가 및 전망

장기간 정체 상태에 있던 타타그룹은 2000년 이후 경영성과가 개선되면서 정상으로 돌아왔고, 릴라이언스인더스트리에 밀리던 규모도 점차 따라잡게 되었다. 2003년 이후 인도 경제의 성장과 함께

타타그룹의 주요 해외기업 매입

단위 : 백만 달러

기업	시기	매입 기업	금액	비고
Tata Tea	2001	Tetley(영국)	430	세계 2위의 차 회사로 부상
Tata Motors	2003	대우상용차(한국)	118	
Tata Steel	2004	NatSteel(싱가포르)	283	낫스틸이 보유한 태국 등의 자회사까지 인수
VSNL	2005	Teleglobe(버뮤다)	239	
VSNL	2005	Tyco Global Network(미국)	130	
VSNL	2005	Second Network Operator (남아공)	26% 지분 인수	

자료 : 각종 보도자료.

자동차, 철강, IT 서비스 부문이 높은 성장세를 기록하면서 그룹은 전체적으로 활기를 띠기 시작했다. 그룹은 2001년 영국의 차업체 테틀리를 인수하면서 적극적으로 해외 진출을 시작했다. 《타임》아시아판의 보도에 의하면, 과거 6년 동안 타타그룹은 14개의 해외기업을 인수하기 위해 19억 달러를 지출했다.[44] 2004년에는 TCS를 공개해 12억 달러를 조달함으로써 그룹의 자금도 풍부해졌다.

현재 타타그룹은 전성기를 맞고 있다. 해외에서 사업이 성공할 것인지는 더 두고 봐야 하겠지만 국내 산업은 계속 호조를 보이고 있다. 이미 지적한 대로 타타그룹은 철강, 자동차, IT 등 성장 산업에 다각화가 잘되어 있다. 철강 산업은 인도가 공업화를 지속하는 한 수요가 계속 증가할 것이다. 한국의 포스코 등 다국적기업이

---

(44) *Time*, 2006. 6. 12.

진출해 있지만, 타타철강은 세계적인 원가경쟁력을 갖고 있기 때문에 결코 불리하지는 않을 것이다. 자동차 시장도 소득 증가에 따라 소비수요가 계속 증가할 것이다. 소프트웨어업체인 TCS도 마찬가지다. 따라서 타타그룹의 미래는 다른 어느 기업보다도 밝다고 할 수 있다.

국내 경제에 미치는 영향력도 계속될 것이다. 그룹은 경쟁 기업인 릴라이언스에 비해 거의 10여 배에 이르는 고용을 창출하고 있다. 타타의 현재 주력 업종은 향후 인도가 경제발전을 해나가는 과정에서 가장 중요한 부분이기도 하다. 따라서 타타의 성과에 인도 경제의 미래 상당 부분이 달려 있다고 해도 과언이 아니다.

릴라이언스그룹(Reliance Group)

현황

릴라이언스그룹은 창업자인 디룹하이 암바니(Dhirubhai Ambani)가 1958년에 설립한 섬유 회사에서 시작되었다. 이후 40년이 경과하면서 릴라이언스는 타타그룹과 쌍벽을 이루며 인도 경제를 대표하는 기업집단으로 성장했다. 릴라이언스는 석유 탐사 및 생산-정유-석유화학-섬유소재로 이어지는 일관생산 체제를 갖춘 세계적인 규모의 기업이며, 단기간에 왕국을 건설한 암바니는 인도 경제의 상징으로 인정되었다.[45]

---

(45) 타타그룹이 장기간에 걸쳐 성장한 반면, 릴라이언스는 단기간에 성장을 이룩했다. 창업자인 암바니는 2002년 세상을 떠났는데 "릴라이언스의 성장은 한계가 없다. 나는 계속 내 비전을 수정해왔다. 꿈을 꿀 수 있을 때 그 목표를 성취할 수 있다"는 말을 남겼다.

릴라이언스인더스트리의 실적 추이

단위 : 억 루피, %, 명

	1999/2000	2000/2001	2001/2002	2002/2003	2003/2004	2004/2005	2005/2006
매출	1,585	2,302	4,540	5,010	5,625	7,316 (167)	8,912 (201)
순이익	240	265	324	410	516	757 (17)	907 (20)
순이익률	15.2	11.5	7.1	8.2	9.2	10.3	10.2
총고정자산	2,466	2,587	4,826	5,255	5,686	5,996 (137)	9,193 (206)
종업원 수	15,912	15,083	12,864	12,915	11,358	12,113	12,540
시가총액	3,345	4,119	4,199	3,860	7,513	7,608 (174)	11,096 (249)

주 : 괄호 안은 미 달러 표시 금액이며, 단위는 억 달러.
자료 : 릴라이언스인더스트리 홈페이지.

창업자 암바니가 2002년 세상을 떠나면서 그의 두 아들 무케시(Mukesh)와 아닐(Anil)이 경영권을 이어받았으나, 2004년부터 양자 간에 상속 문제를 둘러싸고 분쟁이 벌어졌다. 인도 최대 기업의 상속자 간 분쟁은 인도 경제뿐만 아니라 세계적으로 이목을 집중시켰다. 두 사람은 2005년 중반 그룹을 분리하기로 했는데, 형인 무케시는 릴라이언스인더스트리와 인디안 페트로케미컬을 담당하고, 동생 아닐은 릴라이언스인포컴(Reliance Infocom), 릴라이언스캐피털(Reliance Capital), 릴라이언스에너지(Reliance Energy) 등을 경영하기로 했다. 따라서 현재 릴라이언스그룹은 형인 무케시가 경영하는 릴라이언스그룹을 지칭한다고 봐야 한다.[46]

릴라이언스인더스트리의 2005/2006년 연차보고서에 의하면, 연간 매출액은 8,912억 루피(201억 달러)로 인도 GDP의 2.8%에 해당한다. 수출은 인도 총수출의 8.2%를 차지하며, 인도 간접세 수입의 8%를 부담하고 있다. 시가총액은 인도 전체 시가총액의 4.7%이고, 뭄바이 센섹스지수 비중의 11.5%를 차지한다. 개별 회사로서 릴라이언스인더스트리는 인도 최대의 기업이다.

릴라이언스인더스트리는 인도 최대의 민간 석유·천연가스 탐사 및 생산업체로서 인도 내에 32개 유전을 소유하고 있으며, 오만과 예멘에서 탐사권을 갖고 있다. 또한 영국의 브리티시가스(British Gas), 인도의 ONGC와 파나마-무가 및 탑티(Tapti)의 석유 및 가스 유전 개발을 위한 조인트벤처에 30% 지분을 보유하고 있다. 정유 정제 능력은 연간 2,700만 톤으로서 인도 총정유 규모의 28%를 차지하고 있다. 뿐만 아니라 폴레에스테르사와 직물 분야에서는 세계 최대의 생산자이며, 세계 4위의 파라실렌 생산자이고, 세계 5위의 모노에틸렌글리콜(MEG)업체이기도 하다. PTA 생산 및 폴리프로필렌 생산 능력도 각각 세계 7위다.

릴라이언스는 인도 서부 지역의 나로다, 파탈강가, 하지라 및 삼나가르에 세계 수준의 제조실비를 보유하고 있다. 이미디비드 인근의 나로다에는 150에이커 면적의 섬유 플랜트가 들어서 있다. 뭄바이 부근에 위치한 파탈강가 복합단지는 폴리에스테르, 파이버 중간재, 선형알킬벤젠 제조 플랜트가 있다. 파탈강가 공장에

(46) 1957년과 1959년 생으로 두 살 터울인 두 사람은 성격이 상당히 다르다고 알려져 있으며, 부친의 유언이 없는 상태에서 임시로 그룹 회장과 부회장을 맡았으나 곧 사이가 벌어지기 시작했다. 오랫동안의 알력과 갈등 끝에 모친과 정부의 중재로 두 사람은 2005년 6월에 그룹을 분리하기로 하고, 9월 1일부로 그룹은 분리되었다. 2003/2004년을 기준으로, 무케시 관할의 매출액은 188억 달러이고 아닐의 매출은 23억 달러 정도에 이르고 있다. 두 사람의 분배 자산 규모에 큰 차이가 있는데, 이 때문에 동생 아닐은 상당한 현금 보상을 받았다고 알려져 있다.

서 생산되는 폴리에스테르 방사 및 폴리에스테르 섬유는 직물을 제조하는 데 사용되고 있다. 하지라 복합단지에는 나프타 크래커가 가 있으며 약 700에이커의 면적에 섬유중간재, 플라스틱, 폴리에스테르 플랜트가 자리 잡고 있다. 잠가나르 복합단지에는 정유시설과 관련된 석유화학 플랜트가 있으며 그 면적은 7,400에이커에 이른다. 특히 잠가나르 복합단지는 민간 부문에서 조성한 인도 최대의 산업단지이며, 세계 최대의 그린필드 석유정제-석유화학 집합체다. 게다가 액화 제품을 연간 5,000만 톤이나 처리할 수 있는 자체의 항만 터미널을 보유하고 있다.

발전 과정 및 경영구조

분리되기 이전 릴라이언스인더스트리는 짧은 기간에 급성장을 이뤄, 1993년에는 타타그룹을 제치고 인도 최대의 기업으로 성장했다. 릴라이언스의 고성장 이유로는 창업자 암바니의 개인 역량이 주로 거론되고 있다. 10대 시절에 중동으로 건너가 노동을 한 경험이 있으며, 20대 후반에 인도로 돌아와 훗날 릴라이언스의 모체가 된 릴라이언스상사(Reliance Commercial Corporation)를 설립했다. 그는 꿈꾸는 자만이 꿈을 이룰 수 있다는 신념을 갖고 강한 추진력으로 기업을 성장시켰다. 타타그룹이나 비를라그룹이 다각화를 한 데 비해 그는 '일관 수직 계열화'를 추진하는 과정에서 사업을 확장했다. 1958년 섬유 판매업에서 시작한 그의 사업은 1966년에는 직물 생산으로 확장되었고, 1980년대 초에는 폴리에스테르 필라멘트사를 생산하기에 이르렀다. 1991년에는 석유화학 플랜트를 건설했고, 1990년대 말에는 일관 정유 공장을 건설했다. 그리고 2002년에는 석유가스전 분야에 뛰어들었다.

암바니는 또한 과감한 투자를 서슴지 않았다. 릴라이언스가 불과 20년 만에 매출 200억 달러의 대기업으로 성장할 수 있었던 원동력은 잠나가르 지역에 건설한 대규모의 석유정제 및 석유화학 공단에서 비롯되었다. 정부의 개방적 대외 정책에 힘입어 폴리머와 합성섬유 분야 등에서 수요가 급증할 당시, 외국 컨설턴트들조차 무리라고 판정을 내렸음에도 불구하고 암바니 부자는 계획대로 석유화학 공단 건설을 추진했고, 공사 기간을 2~3년 단축시켰다. 2002년에는 국영석유화학업체(IPCL)의 지분 26%를 매입해 사세를 확장하면서 인도 최대의 석유화학업체로 부상했다. 동시에

릴라이언스그룹의 주요 연혁

연도	주요 연혁
1958	디룹하이 암바니가 Reliance Commercial Corporation 설립(상품 거래 및 수출 회사)
1966	나로다와 아마다바드에 섬유 공장 설립
1977	주식 공개
2002	Reliance Prtroleum 인수 인도 제2의 석유화학 회사인 IPCL의 지분 26%를 인도 정부로부터 인수
2003	인도의 선두 민간 유틸리티 회사인 BSES 인수 릴라이언스에너지에 대한 릴라이언스캐피털의 지분을 58.2%까지 확대 모바일 전화 사업에 착수(RIC), 플래그텔레콤 인수로 국제 통신 시장에 진출 12월, 서부 우타르프라데시 주에 2,000~3,000메가와트 전력 공장 설립 계획 발표
2004	1월, Nocil 인수 4월, 인도 최대의 석유 및 천연가스 회사인 ONGC의 지분 0.94% 매입 6월, 유럽의 선두 폴리에스테르 섬유 생산업체인 Trevira 인수 계획 발표
2005	1월, SM Dychem의 Glycol 부문 자산 인수 (이 인수로 RIL은 세계 제5위의 MEG 생산업체가 됨) 6월, 암바니 형제들 간에 릴라이언스그룹의 소유권 배분

자료 : Datamonitor Company Profile에서 요약.

릴라이언스는 이동통신 사업에도 뛰어들었다. 당시 주류였던 GSM(유럽형) 방식 대신 CDMA(코드분할다중접속) 방식을 도입하는 모험을 걸었다. '우편 요금보다 싼 통화'를 기치로 내걸고 분할상환 등을 통해 가입비와 통신 요금에 대해 파격적 세일을 실시함으로써 대성공을 거두었다. 2005년 현재 릴라이언스의 이동통신 시장점유율은 20%를 상회했다.

평가 및 전망

그룹의 분리 과정에서 특히 성장 가능성이 높은 통신 분야가 떨어져나간 것은 상당한 타격이 될 수 있다. 그룹은 새로운 성장 분야를 찾아야 한다는 문제에 직면하게 된 것이다. 그럼에도 불구하고 릴라이언스인더스트리의 미래는 여전히 밝다. 릴라이언스는 2006년 6월 하리아나 주와 합작으로 구르가온에 인도 최대의 경제특구(SEZ)를 건설하기로 했다.[47] 총면적은 약 2만 5,000에이커에 이를 것이고, 400메가와트의 발전소를 건설하며 20만 명의 고용을 창출한다는 계획이다. 약 5,000에이커에 공항과 철도 등 상업용 시설을 설치하고, 수출도 5,000억 루피 달성을 목표로 하고 있다. 2006년 4월 릴라이언스인더스트리는 대규모로 유통 분야에 진출할 계획을 세웠고, 또 새로운 정유 공장도 건설하기로 했다.

인도는 지금 공업화 초기에 진입하고 있다. 릴라이언스는 다른 인도 기업과 달리 석유에서 섬유 소재까지 일관생산 체제를 갖춘 전문 기업이다.[48] 따라서 릴라이언스의 제품에 대한 수요는 안정

---

(47) *The Financial Express*, 2006. 6. 17.

적으로 성장할 것이다. 암바니 자신도 인도를 제조업의 허브로 만들겠다는 야심을 갖고 있었다. 사실 다른 인도 기업들이 다각화를 통해 성장하는 동안 릴라이언스가 한 분야에 집중하면서 세계적인 수준까지 끌어올린 것은 귀한 일이다. 그러나 릴라이언스의 고용 창출 기여도는 상대적으로 낮다. 타타그룹에 비해 고용 규모가 10분의 1 정도에 불과한데, 이는 주로 자본 장치적 산업을 영위하기 때문이다. 최근 타타그룹의 사업 다각화 효과가 크게 나타나고 있는 가운데, 릴라이언스와 타타그룹 간 인도 최대 기업의 위상을 놓고 벌일 경쟁은 흥미로워 보인다.

힌두스탄레버(Hindustan Lever)

힌두스탄레버는 인도 최대의 생활용품업체다. 다국적기업 유니레버(Unilever)가 51%의 지분을 소유하므로 엄밀히 말하면 인도 기업이라고 하기 어렵지만, 힌두스탄레버는 오랫동안 인도인의 생활 속에서 함께해왔다. 유니레버는 1931년 처음으로 인도에 자회사 힌두스탄바나스파티(Hindustan Vanaspati Manufacturing Comapany)를 설립했고, 1933년에는 레버브라더스인디아(Lever Brothers India Ltd.), 그리고 1935년에는 유나이티드트레이더스(United Traders Ltd.)를 설립했다.[49] 유니레버는 1956년 이 세 회사를 합병해 힌두스탄레버를 설립하고 51%의 지분을 갖게 되었다.

힌두스탄레버는 2005년 매출액 1,198억 루피(약 26억 달러), 순

---

(48) 정도는 다르지만 대만 최대의 석유화학 기업집단인 대만플라스틱그룹과 유사한 업종과 형태를 보이고 있다.

이익 135억 루피(약 3억 달러)에 이르는 우량기업이다. 종업원의 수는 약 3만 6,000명에 이르고 있다. 사업 부문은 크게 3개로 구분할 수 있다. 첫째는 비누 및 세제 등 가정용품 부문이며, 둘째는 치약·샴푸·피부 관리 용품·화장품 등 개인 용품 부문이며, 셋째는 차·커피·소금·아이스크림 등 음식료 부문이다. 매출 구성을 보면, 비누와 세제가 44.3%, 개인 용품이 26.4%, 음식료가 11.4% 등을 차지하고 있다. 세전이익에서는 개인 용품 분야가 가장 많아 47%, 비누와 세제 부문이 38% 정도다.

현재 힌두스탄이 직면하고 있는 문제는 매출과 순이익이 정체한다는 점이다. 2000년 1,139억 루피에 이르던 매출은 2005년에도 크게 증가하지 않았고, 순이익 또한 마찬가지다. 매출액 대비 이익률은 10% 이상으로 높은 편이지만, 기업 규모가 성장하지 않는 것은 문제가 아닐 수 없다.

힌두스탄레버는 오랜 기간 인수와 합작투자를 성장의 중요한 전략으로 삼아왔다. 1993년 타타오일밀스(Tata Oil Mills)와 합병했고, 1995년에는 타타의 라크메(Lakme)와 50 대 50 합작투자로 라크메레버(Lakme Lever)를 설립했다. 라크메의 대표적인 화장품과 기타 두 회사 제품들의 마케팅을 위한 것이었다. 1998년 힌두스탄은 라크메의 브랜드와 지분을 매입했다.

1994년에는 미국의 킴벌리클라크(Kimberly-Clark), S.C.존슨앤선

---

(49) 물론 유니레버와 인도의 인연은 1888년으로 거슬러올라간다. 유니레버가 탄생하기 이전 1888년 레버브라더스는 인도에 선라이트(Sunlight) 세탁세제를 수출하기 시작했고, 마가린유니(Margarine Unie) 또한 그 당시 바나스파티(Vanaspati)라는 식용유를 인도에 수출하고 있었다. 따라서 1930년 마가린유니와 레버브라더스가 합병했을 때, 이들 제품들은 이미 인도 시장을 상당 부문 점유하고 있었다.

힌두스탄레버의 실적 추이

	2000	2001	2002	2003	2004	2005
매출(백만 루피)	113,921	117,813	109,516	110,960	108,884	119,755
순이익(백만 루피)	13,101	15,410	17,313	18,043	11,993	13,545
순이익률(%)	11.5	13.1	15.8	16.3	11.0	11.3
고정자산(백만 루피)	12,035	13,201	13,223	13,695	15,176	14,835
주가(루피)	206	224	182	205	144	197
시가총액(억 루피)	4,541	4,923	4,001	4,506	3,159	4,342

자료: 힌두스탄레버 홈페이지.

(S.C. Johnson & Son), 그리고 네덜란드의 기스트브로카데스(Gist Brocades)와 각각 합작투자를 했다. 킴벌리클라크레버(Kimberly-Clark Lever)는 하기스(Huggies) 및 코텍스 생리용패드(Kotex Sanitary Pads)를 판매하고, 레버존슨(Lever Johnson)은 1995년부터 레이드(Raid) 브랜드의 모기 방충제·코일·바퀴벌레 살충제·그레이드(Glade) 공기청정제를 판매하기 시작했다.

또한 힌두스탄은 네팔에 진출해 네팔레버(NLL: Nepal Lever)를 설립했는데, 이 투자는 제조업 부문에서 네팔 최대를 기록했다. NLL의 공장은 네팔 국내시장 및 인도 수출용 비누, 세제, 개인 용품을 제조하고 있다.

식음료 부문에서도 중요한 M&A를 시도했다. 1992년 인스턴트커피 제조사 인수를 계기로 인수와 합병 등을 통해 다양한 식음료품 분야에 진출했다. 이러한 전략은 2000년 이후에도 계속되고 있다.

힌두스탄레버는 인도 저소득층의 거대한 인구 규모와 소비 지향적 성향, 경제성장에 따른 생활수준의 향상에 주목하고 저가시장을 공략하고 있다. 6억 명의 인구가 농업에 종사하면서 식생활을 스스로 해결하고, 비록 적은 금액이지만 모든 소득을 공산품 구입에 할애하며, 구매 관련 정보에 더 많이 노출되고 있다는 점을 주시한 것이다. 인도 저소득시장이 가지고 있는 문제점들, 즉 제품 인지도와 충성도가 낮으며 가격에 매우 민감하다는 점, 그리고 사회 인프라가 미비해 유통 시스템이 취약하다는 점 등에 대해서도 지속적으로 대응해왔다.

한편 힌두스탄레버는 제품의 소형화 및 간소화로 승부를 걸고 있으며, 현지화된 혁신 제품을 개발해 고객 충성도를 높이려 하고 있다. 힌두스탄레버는 세숫비누와 세탁비누를 구별하지 않고 사용하는 인도 소비자를 위해 피부에 무해한 부드러운 재질의 세탁 겸용 세숫비누를 개발했다. 2003년 인도 경제지 《이코노믹 타임스(The Economic Times)》의 브랜드 신뢰도 조사에서 힌두스탄레버의 브랜드는 10위 안에 6개가 포함되었다.

힌두스탄레버는 최근 제품 포트폴리오를 압축하고 있다. 한때 110개 브랜드에 이르던 제품 구성 중 비핵심 부문에서 철수하거나 합작투자 형태로 분리해내는 구조조정을 지속적으로 추진하고 있다. 또한 힌두스탄레버는 700개의 지점을 통해 100만여 개의 소매점을 관리하고 있다.

최근 힌두스탄의 매출이 정체하고 있다. 1992년 힌두스탄레버는 뭄바이 증시 시가총액 5위의 기업이었지만, 2006년 3월 말에는 10위로 떨어졌다. 힌두스탄은 오랜 세월 동안 수백 가지의 개인 및 가사용품을 인도 국민에게 공급해왔지만, 이제는 많은 기업이 각각의 품목 분야에 진출해 경쟁이 치열해지고 있다. 힌두스탄레버가 이러한 환경을 극복하고 계속 성장해갈 수 있을지 귀추가 주목된다.

란박시래버러토리스(Ranbaxy Laboratories)

란박시래버러토리스는 인도 최대의 제약 회사로서, 급성장하고 있는 기업이다. 란박시는 인도의 유전자 약품 제조업체로 항감염약(anti-infective), 영양제, 위장 및 피부약을 위주로 생산하고 있으나 점차 심장 및 중앙신경 체계 제품으로 시장을 확대하고 있다. 1961년 파르빈데르 싱(Dr. Parvinder Singh)이 창업했으며, 현재는 창업자의 장자인 말빈데르(Malvinder)가 CEO를 맡고 있다. 창업자 싱 박사는 연구 기반에 의한 국제적 제약사를 육성하겠다는 목표를 세우고 많은 노력을 기울였다. 이런 전통은 후대까지 이어져 2005년 란박시는 R&D에 1억 달러를 투자했으며, 매출의 상당 부분은 수출을 통해 얻고 있다.

란박시는 세계 10대 복제약 약품 생산업체의 하나로 8개국에서 제조 활동을 하고 있으며, 49개국에 지사를 두고 125개국에 약품을 수출한다. 2005년 란박시의 전 세계 결합매출액은 11억 7,800만 달러에 이르렀고, 약가의 하락으로 2004년 대비 매출 규모는 2% 감소했다. 순이익은 5,900만 달러였는데, 이 또한 2004년의 1억 5,400만 달러에 비해 대폭 하락한 것이다.

란박시는 세계의 4개 지역, 즉 인도, 유럽·CIS 및 아프리카, 아시아 태평양 및 중동, 중남미 및 북미에서 사업을 구축하고 있다. 결합매출액을 기준으로 하면, 총매출 중 해외시장 매출이 76%를 차지한다. 최대 시장은 3억 2,800만 달러로 전체의 28%를 기록한 미국 시장이었다. 미국에 이어 유럽과 BRICs에서 각각 17%와 29%의 매출을 올리고 있다.

란박시 본사의 2005년 매출은 354억 루피로 2004년보다 오히려 감소했다. 2004년에도 전년 대비 미증에 그쳐 일종의 매출 정체기에 접어든 상황이다. 순이익도 2003년까지는 급격히 증가했으나, 이후 대폭 감소세로 전환하고 있다. 인도 사업에서 수출은 중요한 매출 분야다. 2005년 수출은 234억 루피로 전체의 66.1%를 차지하고 있다. 수출 비율은 2000년 46%에서 계속 증가했으나 2003년 70%를 정점으로 감소하고 있는데, 이는 란박시가 해외에서 직접 생산 및 판매를 하기 때문인 것으로 판단된다.

란박시의 사업 부문은 크게 제약조제, API(Active Pharmaceuticals Ingredients), 관련 사업 등 3개로 구성되어 있다. 제약조제 부문은 처방 및 비처방 약품을 생산하며, 연간 매출의 3분의 2를 차지하고 있다. 또한 이 부문 매출액의 절반 이상이 항감염약 및 항박테리아제(anti-bacterials)에서 나온다. 란박시는 영국과 남아공 시장에 'Ranbaxy' 브랜드로 복제약을 판매 중이다. API 부문은 약품 제조에 사용되는 화학 성분들을 판매하는 것으로, 주로 항감염약 및 심장혈관 제품에 중점을 두고 있다. 기타 관련 사업 부문은 동물 헬스케어, 진단 및 기타 제품들로 구성되어 있다.

란박시는 국내시장의 한계를 인식하고 최근 공격적인 M&A를 통해 해외 진출에 더욱 박차를 가하고 있다. 2003년 12월 란박시는 아벤티스(Aventis)의 복제약 사업부인 RPG를 매입했다. RPG는 프랑스 5위의 복제약품 회사로 2002년 4,400만 유로의 매출을 기록했다. 2006년 7월에는 스페인에 있는 글락소스미스클라인(GSK)의 복제약 사업부인 Mundogen을 인수했다. 이는 란박시가 2005년 6월 이파머스(Efarmes)로부터 18개 제품을 인수한 이후 125억 달러 규모의 스페인 제약 시장에서의 두 번째 인수 사례다. 이를 계기로 란박시는 EU 전역으로 그 활동 범위를 확대하고 있다. 2006년 3월 란박시는 루마니아의 테라피아(Terapia)를 3억 2,400만 달러에 매입

란박시의 실적 추이

단위 : 억 루피, 명

	2000	2001	2002	2003	2004	2005
매출	174	205	282	353	364	354
수출	80	103	185	247	246	234
순이익	18	25	62	79	53	22
종업원	5,784	6,424	6,297	6,797	7,195	7,174

자료 : *Ranbaxy Annual Report 2005.*

했고, 벨기에의 이티메드NV(Ethimed NV)와 이탈리아의 앨런 S.p.A(Allen S.p.A)를 매입했다. 란박시는 EU에서 현재 40개 이상의 제품을 판매하고 있으나 Mundogen의 인수를 계기로 상품을 확대할 전망이다.

란박시는 2007년에 매출 20억 달러, 그리고 2012년에는 50억 달러에 5위권의 복제약 제약 회사로 부상하기를 꿈꾸고 있다. 또한 50억 달러의 매출을 달성하려면 미국 시장에 적극적으로 진출해야 한다고 판단하고 있다. 란박시는 미국에 1995년 신출했으며, 2005년 미국 내 매출은 3억 5,000만 달러에 근접했다.

인도의 제약 산업은 세계 제약 분야에서 독특한 위상을 차지하고 있다. 즉 아직 신약 개발 능력을 보유한 것은 아니지만 복제약 부문에서는 경쟁력을 갖추고 있는 것이다. 이런 제약업계의 대표적 기업이 란박시다. 란박시는 세계 제약 산업을 이끌고 있는 구미계 다국적업체에 비해 기술 역량은 밀리지만, 복제약 대량생산의 비교우위를 활용해 성장해왔다. 또한 란박시는 국내에서의 경쟁압력을 피해 해외 진출을 강조하고 있다. 일찍이 해외시장을 개척해 수출이 내수보다 많았으며, 이제는 해외에서 직접 생산을 확

란박시의 주요 연혁

연도	주요 연혁
1961	란박시래버러토리스법인 설립
1973	인도 증시 상장, 인도 모할리에 API 제조를 위한 다목적 화학공장 설립
1977	나이지리아 라고스에서 첫 조인트벤처 발족
1985	Ranbaxy Research Foundation 설립 —본사의 제2의 제약 마케팅 부문인 Stancare 사업 시작
1987	토안사(펀자브)에 있는 현대식 API 공장에서 생산을 시작하면서 인도 최대의 항생제 및 항균제 제조 회사가 됨
1988	토안사 공장은 US FDA 승인을 받게 됨
1990	Doxycyline을 위한 US 특허 획득
1991	모할리에서 cephlosporins를 위한 새로운 현대적 시설 세움, cephalosporins가 미국 특허 받음
1992	Lily 제품 취급을 위해 인도에 조인트벤처를 설립할 목적으로 Eli Lilly&Co와 협정 체결
1994	구르가온에 새로운 연구센터 전체 가동, 영국 런던 및 미국 롤리에 지역 본사 설립, 파온타 사히브에 발효공장 가동, GDR는 룩셈부르크 주식시장에 최초로 상장
1995	미국 제조시설 Ohm Laboratories 인수
1998	자사 브랜드를 가지고 미국 제약 시장 진출
1999	자체 개발한 oral, once-daily formulation of ciprofloxacin의 독점개발 및 세계적 마케팅 권리를 주는 협정을 바이엘과 체결
2000	임상실험을 완료한 asthma molecule RBx-4683을 위한 IND application 출시, 독일 바이엘의 유전자 사업 인수, 브라질 제약 시장 진출
2001	1,000만 달러를 투자해 베트남에 새 제조시설을 설립하면서 해외 사업 강화
2002	항균 oxazolidinone를 위한 IND, RBx-7644 출시, 미국 내 자회사 Ranbaxy Pharmaceuticals USA를 통해 뉴욕 소재 Signature Pharmaceuticals로부터 액체 제조 시설 인수
2003	미국에서 Sotret 및 Co-Amoxyclav 출시, 인도에서 Rosuvas와 Cilanem 출시
2004	9월, 유전자조합 세포 라인 분야에서 인도 생명공학 회사인 Avestha Gengraine Technologies와 합작연구 프로그램 발표
2005	1월, 2007년까지 20억 달러 매출 목표 달성을 위해 이사회 및 경영진 증원 5월, 조인트벤처 Laboratorios Ranbaxy의 일부로서 스페인 제약 회사 Efarmes로부터 18개 유전자 약품의 포트폴리오 인수

자료: *Ranbaxy yearbook* 각 호.

대하고 있는 것이다. 그럼에도 불구하고 2005년에 매출 및 순이익의 정체를 경험했다. 신약 개발 능력을 갖지 못한 란박시의 한계라고 할 수 있으며, 란박시가 이를 어떻게 극복할 것인가는 인도 제약 산업의 미래를 평가하는 지표가 될 것이다.

인포시스테크놀로지스(Infosys Technologies)

인포시스는 1981년에 설립되고 방갈로르에 본사를 둔 IT 컨설팅 및 서비스 기업으로, 전 세계적으로 5만 8,000명 이상의 인력을 고용해 서비스를 공급하고 있다. 인포시스는 현재 컨설팅, 디자인, 개발, 재설계 및 유지, 시스템 통합, 포장과 완성 등 생활 전반에 필요한 기술 솔루션을 제공한다. 1981년 7명의 젊은이가 단돈 250달러로 시작한 소프트웨어 서비스 회사 인포시스는 2000년 이미 시가총액 기준 인도 3위의 기업이 되었고, 2억 달러의 매출에 순이익이 6,000만 달러를 돌파했다. 1999년 인도 기업으로는 최초로 나스닥에 상장되는 등 명실상부한 인도 IT기업의 상징이 되었다. TCS나 위프로와 같은 배경 없이 순수하게 벤처 정신으로 성장해온 전문 기업으로서, 서구 대학에서 사례 연구의 대상이 되고 있으며 주룽지 총리를 비롯한 외국 정상들의 단골 방문처이기도 하다.

2005/2006년 인포시스의 매출액은 21억 5,000만 달러를 기록해 전년 대비 35.2% 성장했으며, 세후 순이익은 5억 5,500만 달러로 순이익률은 26%에 이르렀다. 인포시스의 고도성장은 특히 주목받을 만하다. 2001/2002년 매출액이 5억 달러를 넘어선 이후 2년 만에 10억 달러를 돌파했고, 다시 2년 만에 20억 달러를 돌파한 것

이다. 이처럼 2년마다 2배로 성장하는 고성장 추세는 순이익이나 고용에서도 비슷하게 나타나고 있다. 인포시스 CEO 난단 M. 닐레카니(Nandan M. Nelekani)는 한때 "최초로 10억 달러의 수입을 올리는 데 23년이 걸렸다. 하지만 2번째 10억 달러의 수입을 올리는 데는 그 다음 23개월이 걸렸다"고 말한 적이 있다. 지금까지 인도의 어떤 회사도 이만큼 놀라운 성공을 보여주지 못했다. 소프트웨어 산업은 인도에서 가장 빠르게 성장하고 있는 분야로, 인포시스는 인디언드림 실현의 실체로 성장한 것이다.

1981년 회사 창립 이후 인포시스의 발전 과정은 국제화 과정으로 볼 수 있다. 인도의 IT 서비스 산업 자체가 개발도상국형 수출 중심의 소프트웨어 개발 산업으로 발전해왔으므로 소비자가 있는 지역으로 진출할 필요성이 컸기 때문이다. 인포시스는 대부분의

인포시스의 매출 및 순이익 추이

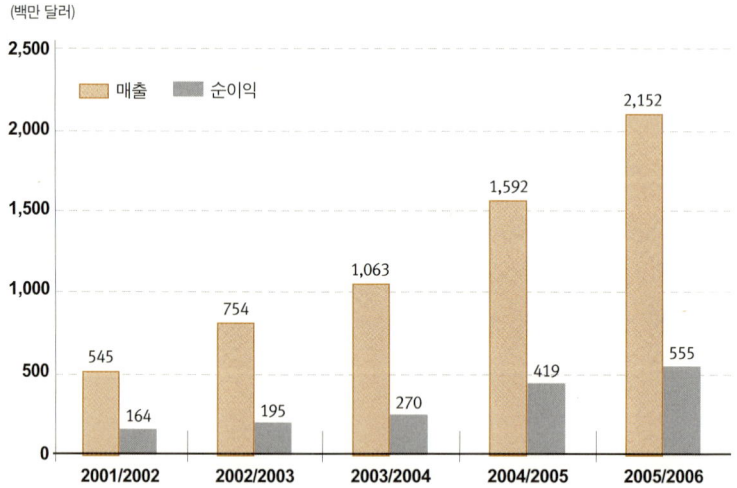

자료 : 인포시스 홈페이지.

경쟁사가 인도 기업을 대상으로 한 것과는 달리 외국 고객에 중점을 두었으며, 1987년 미국에 첫 해외지사를 설립했다. 1996년에는 유럽과 영국에 지사를 설립했고, 이후 캐나다에 진출하는 등 활동 범위를 점차 넓혀갔다. 그 결과 인포시스의 매출에서 수출이 차지하는 비중은 2005/2006년 98.2%에 이르고 있다. 지역별 매출 구성을 보면, 북미 지역이 가장 중요한 시장으로서 2005/2006년 5,921억 루피로 전체의 65.6%를 차지하고, 유럽이 2,187억 루피로 24.2%를 차지하고 있다. 영업이익에서는 북미 지역이 65.3%의 비중을 차지해 매출 구성비와 비슷하지만, 유럽의 경우 영업이익 비율이 26.7%로 매출 구성비에 비해 높은 편이다. 이는 유럽 시장이 상대적으로 수익률이 높다는 것을 의미한다. 따라서 인포시스는 다양한 산업의 새로운 고객을 유치해 유럽에서의 활동 영역을 넓히기 위해 노력하고 있다.

글로벌 IT 아웃소싱의 수요 증가와 더불어 경쟁자 역시 많아지는 상황에서 인포시스는 사업 영역을 확장하고 있다. 선두 글로벌 가전 브랜드 업체인 프로지온(Progeon)과 마스터 데이터 관리, 고객 데이터 통합, 제품 정보 관리, 장기적 사업 프로세스 아웃소싱에 대한 계약을 체결했다. 또한 하이테크 기업의 고객 데이터 통합에 대한 컨설팅 계약도 체결했다. 아울러 자사의 제품 라이선싱과 가격 전략을 기반으로 선도 소프트웨어업체에 대한 규모 있고 강력한 기능의 시스템을 개발해 제공하는가 하면, 은행 및 금융시장에서 거대 자동차보험업체와 공동으로 고객 만족을 위한 론오리지내이션 플랫폼(loans origination platform)을 개발 중이다.

인포시스는 TCS 및 위프로와 함께 인도 3대 IT기업으로 인식되고 있으나, 사실 가장 위대한 IT기업이다. TCS가 타타그룹이라는

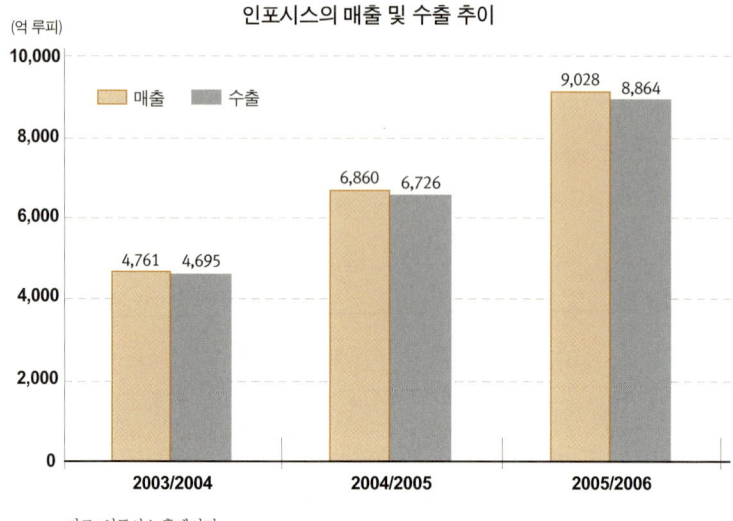

인포시스의 매출 및 수출 추이

(억 루피)

자료 : 인포시스 홈페이지.

거대한 배경을 두고 성장했으며, 위프로는 다른 업종이었지만 기반이 있는 가운데 사업을 시작했기 때문이다. 그러나 인포시스는 기업가 정신을 발휘해 오늘날 인도 최대의 IT 서비스 기업의 하나로 발전시킨 것이다.

인포시스는 이제 새로운 도전을 준비하고 있다. 바로 중국 시장에 대한 진출이다. 2001년 주룽지 총리가 인포시스를 방문해 양국의 협력을 강조한 이후 인포시스는 2003년 10월 500만 달러를 단독 투자해 인포시스 테크놀로지 상하이(Infosys Technologies (Shanghai) Co.)를 설립했다. 2006년 초 현재 인포시스는 상하이의 자회사를 아시아 태평양 지역의 허브로 조성할 계획을 세우고, 상하이와 항저우에 각각 개발센터를 건설하고 있다. 이 2개의 센터에는 6,500만 달러가 투자될 예정이며, 5년 내에 6,000여 명의 인력을 고용할 계획이다. 세계 최대의 하드웨어 생산국인 중국에 진출한 소프트

인포시스의 주요 연혁

연도	주요 연혁
1981	설립
1987	미국에 첫 해외지사 설립
1993	인도에서 성공적으로 IPO 완수 ISO 9001/TickIT certification
1995	ICAI로부터 최우수 연례보고서상 수상 국내 각 도시에 개발센터 설립
1996	유럽과 영국에 첫 지사 설립 e-business 시도(Infosys Internet Consulting Practice)
1997	캐나다 토론토에 지사 설립
1998	Economic Times India로부터 우수기업상 수여 기업 솔루션 시도
1999	연간 매출액 1억 달러 달성 인도의 가장 존경받는 기업으로 선정(《이코노믹 타임스》 조사) 나스닥 상장(미국 증시에 상장한 첫 인도 기업) 독일, 스웨덴, 벨기에, 호주에 지사 설립 미국에 개발센터 2곳 설립 Infosys Business Consulting Services
2000	연간 매출액 2억 달러 달성 프랑스, 홍콩에 신규 지사 설립 캐나다 및 영국에 글로벌 개발센터 설립, 미국에 개발센터 3곳 설립
2001	연간 매출액 4억 달러 기록 UAE와 아르헨티나에 지사 설립 일본에 개발센터 설립
2002	인도의 가장 존경받는 기업 1위에 선정(Business World's Survey) 5억 달러 매출 기록
2004	매출 10억 달러 돌파
2006	매출 20억 달러 돌파

자료: 인포시스 홈페이지.

웨어 분야의 기린아 인포시스의 성과가 인포시스뿐만 아니라 인도 경제, 그리고 중국과 인도의 향후 협력에 큰 영향을 미칠 것으로 전망된다.

위프로(Wipro Limited)

위프로는 인도가 자랑하는 글로벌 IT 서비스 기업의 하나다.[50] 1945년 하삼 프렘지(M.H. Hasham Premji)가 창업한 WIVP(Western Indian Vegetable Product)를 모태로 하고 있다. 이 회사는 1946년 사업에 착수해 식용유 및 조리용 야채류 공장을 세웠다. 이후 지속적으로 사업 다각화를 추진해 비누·왁스·철제용기 등을 생산했고, 1966년 프렘지가 사망한 후 그의 아들 아짐(Azim)이 사업을 승계했다. 1970년대 후반 IT 기술 시대의 개막으로 위프로는 1980년 방갈로르에서 IT 사업에 뛰어들었고, 1990년대에 본궤도에 올랐다. 위프로의 2005/2006년 매출은 1,063억 루피(약 24억 달러)로 전년 대비 30.1% 성장했다. 순이익은 207억 루피(약 5억 달러)로 전년의 163억 루피에 비해 27% 증가했다.

핵심 기업은 대표적인 IT 소프트에어 기업인 위프로테크놀로지스다. 위프로테크놀로지스의 2005/2006년 매출액은 807억 루피로서, 그룹 매출 1,063억 루피의 75.9%를 차지하고 있다. 위프로테크놀로지스는 미국, 유럽, 일본에 있는 고객들에게 IT 컨설팅, 디자인, 개발, 재설계 및 유지, 시스템 통합, 기술 인프라, 아웃소

---

(50) 일반적으로 위프로는 IT기업으로 알려져 있지만, 다수의 기업이 모여 일종의 그룹을 형성하고 있다.

싱, R&D 서비스 등을 제공한다. 또한 ITES는 비즈니스 프로세스 아웃소싱과 원거리 프로세스 서비스 등을 제공한다. 북미 및 유럽의 고객에게 대고객밀접서비스(direct customer interaction services), 데이터 프로세싱, 웹 기반 서비스를 제공한다. 기업 고객에게 e-비즈니스 전환 서비스를 제공할 뿐 아니라, 인터넷 인프라 고객에게 제품 실현 서비스를 제공한다. 기술 및 통신 회사에게는 하드웨어 및 소프트웨어 디자인을 위한 R&D 서비스 제공, 소프트웨어 어플리케이션 개발 서비스를 제공하고 있다.

다음으로 위프로인포테크(Wipro Infotech) 역시 IT 서비스를 제공하는데, 그 시장은 인도·중동·ASEAN 지역이다. 2005/2006년 매출액은 170억 루피로 전체 매출의 16%를 차지하고 있다. 그 외에도 WCCL(Wipro Consumer Care and Lighting)은 전통 생활용품 부문으로서 비누, 화장품, 전등 제품, 식용유를 생산하고 있다. 마지막으로 2002년에 신설된 건강과학 부문은 부상하고 있는 건강 관리 및 생명과학 시장에서의 IT 기술을 지원한다.

위프로테크놀로지스는 북미와 유럽 및 일본에 걸쳐 글로벌 사업을 추진하고 있다. 거의 5,000여 개에 달하는 기업 고객을 확보하고 있으며, 최대 고객은 루슨트(Lucent), NCR, 노텔(Nortel), 컴팩(Compaq) 등이다. 2005/2006년 매출은 18억 1,500만 달러를 기록했으며, 전년 대비 34% 증가한 수준이다. 전 세계적으로 44개에 이르는 개발센터를 소유하고 있는데, 이 또한 지속적으로 증가한 것이다. 고용 규모도 계속 증가해 2000/2001년도의 1만 명에서 2005/2006년에는 5만 3,000명 수준에 달했다.

위프로는 1989년 GE와 합작으로 위프로GE 메디컬시스템스(Wipro GE Medical Systems)를 설립하면서 소프트웨어 회사로서의 명

위프로테크놀로지스의 성장 추이

단위 : 백만 달러, 개, 천 명

	2000/2001	2001/2002	2002/2003	2003/2004	2004/2005	2005/2006
매출	384	475	625	943	1,353	1,815
고객(기업)	217	226	288	399	421	494
개발센터	22	26	28	34	40	44
고용	10	13	19	29	42	53

자료 : IBEF, WIPRO Limited, 2006년 6월 26일.

성이 높아졌다. GE가 파트너로서 장기 고객이 되면서 미국(Cisco system), 일본(Hitachi), 유럽(Alcatel)의 우량 고객으로부터 R&D 계약을 수주할 수 있게 되었다. 1990년대 초반 위프로는 비용이 비싼 미국 내 온사이트 소프트웨어 프로젝트로부터 인도 내 오프쇼어

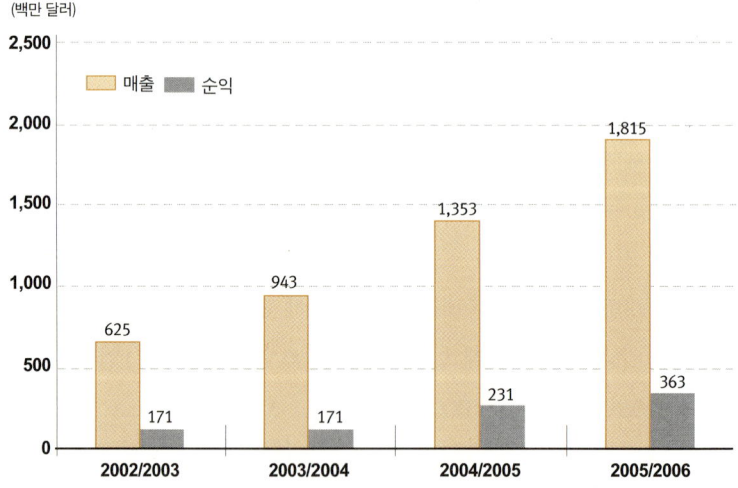

위프로테크놀로지스의 매출 및 순이익 추이

(백만 달러)

자료 : 위프로테크놀로지스 홈페이지.

개발로 전환하기 시작했다. 1992년 전등 사업에 착수해 1995년 대만의 에이서(Acer) 사와 합작투자함으로써 인도 현지에서 컴퓨터와 주변기기를 제조 및 판매하기 시작했다.

1999년에 독립적으로 운영하는 4개 회사로 재조직했는데 소프트웨어, 하드웨어 및 시스템, 소비재 및 전등, 유압류(hydraulic fluid) 등이다. 2002년에는 유전자 데이터 소프트웨어 분과인 헬스케어앤라이프 사이언스(Healthcare and Life Science)를 설치했다. 같은 해 인도의 콜센터 오퍼레이터 스펙트라마인드(Spectramind)[51]를 9,000만 달러에, 아메리칸매니지먼트 시스템스(American Management Systems)의 글로벌 에너지 사업을 2,400만 달러에 인수해 위프로BPO 솔루션(Wipro BPO Solutions)을 설립했다. 2003년에는 위프로BPO를 위프로테크놀로지스에 통합했다.

2003년 6월에 2개의 신제품을 출시했는데, 웹 기반 전화 관리 소프트웨어인 'Wipro eHelpline'과 IT 자산관리 툴인 'Wipro eAsset'이 그것이다. 2003년 7월 22일, 오리엔탈뱅크오브커머스(Oriental Bank of Commerce)는 위프로인포테크(아시아 태평양 및 중동 IT 계열사)를 고객들에게 최신 기술의 뱅킹 서비스를 제공하기 위한 IT 프로젝트의 파트너로 선정했다.

위프로는 2000년에 뉴욕증시에 상장되면서 국제기업으로 발돋움했다. 위프로의 성장에는 다양한 요인이 있으나, 가장 중요한 것은 기업의 인수를 통한 규모의 확대였다. 틈새시장에 있는 중소 규모의 기업들을 인수해 위프로테크놀로지스와 통합해가면서 기업의 규모를 키워온 것이다.

---

(51) 2002년 8월에 인수를 시작해, 2003년 1월에 100%까지 지분을 늘리면서 인수를 완료했다.

위프로테크놀로지스의 전략은 인포시스와는 다소 대비가 되지만, 단기간에 성장을 가져온 수단이 되었던 것만은 분명하다. 또한 인도의 IT 서비스 산업이 향후 지속적으로 성장할 것으로 예상됨에 따라 위프로의 전망도 밝다고 하겠다.

주요 4대 강국과의 외교 관계

김찬완

미국은 세계적 및 지역적 차원에서 반테러, 반확산, 민주주의 확산, 중국 견제, 경제협력이라는 목표 달성을 위해 인도와의 긴밀한 관계를 추구하고 있다. 미국이 9·11테러 이후 범세계적 동맹 네트워크를 재구축해나가는 과정에서 인도는 남아시아에서 그 중심축이 되고 있다. 이를 위해 미국은 인도-파키스탄 관계를 이용하고 중국 위협론을 부각시키는 한편, 인도와의 군사협력도 강화해가면서 민수용 핵협력을 추진하고 있다.

9·11 테러사건 이후 미국은 테러와의 전쟁에 대한 확고한 의지를 가지고 국제적으로 반테러 공감대를 형성해왔으며, 이로 인해 처음으로 카슈미르를 포함한 '남아시아 갈등 문제 해결에 대한 국제 정치·안보 환경이 조성되었다. 아프가니스탄 사태 이후 미국은 카슈미르 문제뿐만 아니라 스리랑카의 내전, 네팔 마오이스트(Maoist) 반군의 테러리즘 등 남아시아 지역 갈등 문제에 깊은 관심을 갖기 시작했다.

파키스탄의 지원하에 인도의 펀자브와 잠무카슈미르에서 테러가 자행되어왔다는 것은 잘 알려진 사실이다. 9·11사건 이후 국제적으로 형성된 반테러 공감대로 인해 파키스탄은 더 이상 인도령 카슈미르 통제선을 넘나드는 테러리즘을 부인할 수 없는 입장에 놓였다. 결국 파키스탄은 대통령의 대국민연설을 통해서 카슈미르를 빙자한 테러를 용납하지 않고, 파키스탄이 테러 활동에 이용되지 않도록 하겠다는 입장을 역사상 처음으로 표명했다. 이어서 2002년 6월 파키스탄은 미국 국무부 부장관 아미티지(Amitage)에게 인도령 카슈미르 통제선을 넘나드는 테러리즘을 차단하겠다고 약속했다. 파키스탄이 이런 입장을 정리한 배경은 9·11사건 이후 국제적으로 형성된 반테러 공감대 속에서 미국의 압력이 절대적이었다는 것이다.

남아시아 라이벌 국가인 인도와 파키스탄 간의 관계에서 미국의 역할은 매우 중요하게 작용해왔다. 1971년 인-파 전쟁 이후 남아시아에서 인도의 패권주의는 파키스탄-미국-중국으로 이어지는 전략적 우호 삼각관계로 견제되어왔다. 파키스탄에 대한 인도의 군사적 우위는 1979년 구소련의 아프가니스탄 침공으로 미국과 파키스탄 간의 전략적 동반자 관계가 강화되면서 약화되었다. 그러나 1989년 소련군이 아프가니스탄에서 철수하고 국제적으로 냉전 체제가 종식되면서 파키스탄은 더 이상 미국의 전략적 동반자라는 위치를 유지할 수 없었다. 반면 그동안 불편했던 인도와 미국의 관계는 점차 개선되기 시작했다.

인도와 미국의 관계 증진에는 소련군의 아프가니스탄 철수와 냉전 종식도 중요하게 작용했으나, 인도의 경제개혁 또한 큰 영향을 미쳤다. 인도가 1991년 중반 오랫동안 추진해왔던 네루식 사회주의* 경제 정책을 버리고 시장경제 원칙을 도입하는 획기적인 경제개혁을 단행하자, 미국은 인도의 방대한 시장에 매력을 느꼈다. 특히 탈냉전 이후 미국의 대외 정책이 정치·안보 우선의 정책에서 경제적 헤게모니를 우선으로 하는 정책으로 변하면서 경제자유화를 추진한 인도와의 관계 증진을 도모하게 되었다.

인도와 미국의 관계는 조지 부시 행정부가 들어서면서 더욱 발전했다. 미국이 국가미사일방어(NMD : National Missile Defense) 체제 개발에 박차를 가하고 중국을 전략적 경쟁자(strategic competitor)로 인식하면서 인도는 미국의 중요한 전략적 동반자로 부상했다. 미국은 인도가 아시아에서 중국을 견제할 수 있는 유일한 국가라고 간주하고 인도와 상업적 동맹자 관계를 넘어 군사협력 동맹자 관계를 구축했다.

미국이 인도와의 적극적 동맹 관계 강화를 위해 취한 행동의 대표적인 예는 2006년 3월 양국 간의 핵협정에서 찾아볼 수 있다. 핵확산금지조약

(NPT : Nuclear Non-Proliferation Treaty) 체제 훼손, 북한과 이란의 핵문제를 악화시키는 이중적 태도, 중국과 인도의 대결적 관계 초래 등의 비판에도 불구하고 미국은 NPT 회원이 아닌 인도에 평화용 핵시설에 대한 연료와 기술을 제공하기로 합의했다. 또한 군수용으로 분류되는 인도의 핵시설에 대해선 사찰을 면제해주고 비밀성을 보장하기로 합의했다. 이러한 파격적인 조치는 미국이 인도를 공인된(de jure) 핵 보유국으로 인정하겠다는 뜻이다.

이렇게 미국이 인도를 전략적 동반자로 여기고 있는 가운데 이러한 관계가 앞으로 더욱 강화될 것이라는 전망은 최근 실시된 한 조사에서 명확히 드러나고 있다. 미국의 여론조사 전문기관인 퓨리서치(Pew Research)는 경제·군사·외교 측면에서 향후 미국의 중요한 동맹 파트너는 어느 나라가 될지 질문했다. 외교전문가·안보전문가·언론인·군인·교수·종교지도자 등 8개 전문 분야 그룹 520명을 심층 조사한 결과, 인도가 일본과 중국보다 미국의 미래 동맹 관계에 더 중요한 국가가 될 것이라고 나타났다.

한편 중국이 인도에 접근하는 이유는 미국의 일방주의 견제, 미-인 협력 견제, 남아시아 지역 인정, 경제협력 등의 목표를 달성하기 위해서다. 이를 위해 중국은 러시아와 함께 인도와 3국 협력을 강화하고, 양국 간의 국경 문제 해결에 적극적으로 나서면서 군사협력도 확대해가고 있다. 또한 최근에는 에너지 개발 부문에서도 상호협력을 증진하면서 인도의 UN상임이사국 가입을 지원하겠다고 언급하고, 경제협력을 강화하기 위해 지역무역협정(RTA : Regional Trade Agreement) 체결을 서두르고 있다.

중국이 인도와 경제협력을 강화하고 군사합동훈련까지 실시하는 것은 무엇보다 미국과 인도 간의 협력을 견제하고 미국의 일방주의를 저지하기 위해서라고 할 수 있다. 동시에 서부 지역 개발을 위해서 인도와의 화해협력이 필수적이라고 여기고, 전통적 라이벌 국가인 인도와 함께 협력을 강화해나감으로써 국제사회에 책임을 지는 대국적 이미지를 부각시키는 효과도 가져올 수 있다고 판단하고 있다.

중국과 인도의 관계는 화평발전(和平發展, peaceful development)으로 우호 증진, 주변 안정, 경제협력의 3원칙하에 이루어지고 있다. 2002년 말부터 중국은 자국의 현대화를 위해 안정된 국제 환경이 필연적이라고 판단하고 화평굴기라는 외교 논리를 받아들였다. 중국의 원자바오 총리는 2005년 4월 인도를 방문하여 만모한 싱 인도 총리와 정상회담을 갖고, 양국 간의 '평화와 번영의 새로운 시대'를 천명하는 공동선언문을 채택했다. 이로써 지난 40여 년 동안 불편한 관계를 보였던 양국이 전략적 협력 관계를 구축하기로 합의했다. 양국 총리는 상호 동등한 안보 원칙에 따라 평화적이고 우호적인 방법으로 국경 문제를 해결한다는 데 합의했고, 군사적 긴장 완화를 위해 국경 지역에서 대규모 군사 훈련을 자제하고 주둔군 간부들이 수시로 회동하면서 오해의 소지도 없애나가기로 했다.

이러한 중국의 대인도 접근은 경제 부문에서도 이어졌다. 양국은 1962년 전쟁 이후 폐쇄해왔던 인도 시킴 주와 중국 티베트를 잇는 나투라 고갯길의 국경무역을 2006년 7월 6일 재개했다. 해발 4,545미터 높이에 위치한 나투라 길은 인도와 중국을 잇는 고대 실크로드 대동맥의 하나로서, 나투라 길을 통한 인도와 중국의 국경무역이 재개되면서 야등 시에는 인도와 상품을 직접 거래할 수 있는 농업무역시장도 문을 열게 되었다. 특히 중국이 베이징에서 티베트 라싸까지 잇는 칭짱(靑藏)철도를 개통함으로써 나투라 길을 통한 양국의 교류는 빠르게 진행될 것으로 보인다. 나투라 길을 통한 양국 간의 무역은 상하이에서 인도 콜카타까지 가는 해상 물류 비용을 20% 이상 절감할 수 있을 것으로 기대된다. 이러한 경제적인 효과 이외에도 중국은 군사안보 측면에서 파키스탄을 통하지 않고도 육로를 통해 남아시아로 진출하는 중요한 통로를 확보하게 된 셈이다.

중국은 여기에 만족하지 않고 인도와의 경제협력을 강화하기 위해 자유무역협정을 적극 제안했다. 양국의 산업구조적 측면에서 중국과 인도는 각각 제조업과 IT 관련 서비스에 강점이 있으므로 양국 경제에 상호보완적이라는 점을 강조하고 있다. 인도는 그동안 RTA에 회의적이었으나, 이와 같은 중국 측 노력의 결과로 2005년 12월 11일 쑨위시(孫玉璽) 주인도 중국 대사는 인도가 조만간 중국과 RTA를 체결한다고 밝혔다. 그는 "양국 간 지역무역협정을 통해 두 나라는 전략적 비즈니스 협력 관계를 구축하고, 장기적으로 상대국에서 생산기지를 건설하는 방향으로 나가게 된다"고 설명했다.

중국은 2005년 4월 양국 정상회담을 통해 인도와의 '전략적 협동 파트너'라는 관계를 더 돈독히 한다는 측면에서 인도의 UN상임이사국 지위를 지지했다. 이로써 중국은 미국이 인도에 내세우는 '중국위협론'이나 '견제론' 또는 인도의 전통적 라이벌 의식을 무마하려 하고 있다. 중국이 이렇게 적극적으로 인도와의 협력을 추구하는 것은 극동 지역을 담당하던 미·일 군사동맹이 중동에서 동북아시아를 담당하는 역외동맹으로 발전할 가능성 때문이기도 하다. 이 안보벨트를 잇는 축이 중동과 동북아의 중간에 위치한 인도가 될 경우에 중국은 고립을 면하기 어렵다고 판단하고 있는 듯하다.

이러한 견제와 고립 정책을 피하기 위해서 최근 중국은 인도와 에너지 개발협력을 강화해나가는 동시에, 미국으로부터 핵개발 우려 및 무장단체 지원이나 인권 유린 등으로 직·간접적으로 압박을 받아온 수단·이란·시리아 등을 끌어들임으로써 영향력 확대를 모색하고 있다. 인도 석유천연가스공사(ONGC)와 중국 석유천연가스그룹(CNPC : China National Petroleum Corporation)의 합작회사는 시리아 석유업체 알푸라트석유공사(AFPC : Al Furat Petroleum Company)의 일부 지분을 공동인수했다. 양국 간의 이런 협력은 이미 수단의 에너지 사업에서 시작되었다.

에너지 안보 부문에 있어 양국 간의 협력은 2005년 12월 3일 중국과 인도 간의 해상합동훈련에서도 잘 나타나고 있다. 양국은 사상 처음으로 인도양에서 합동군사훈련을 실시했다. 중국의 에너지 안보 측면에서는 중동에서 남중국해에 이르는 원유의 안전한 해상수송로 확보가 매우 중요한데, 이를 위해선 인도양에서 인도와의 긴밀한 협조가 필수적이다.

다음으로 일본은 중국 견제, 에너지 수송로 안전 확보, 경제협력 강화 등의 목표를 달성하기 위해 인도와의 군사협력을 강화하고 인도의 UN상임이사국 지원을 적극 지지하고 있다. 또한 인도의 요청을 받아들여 그동안 공적개발원조(ODA : Official Development Assistance) 위주의 경제협력에서 투자 및 무역 활성화로 방향 전환을 추진하고 있다. 일본이 대인도 무역 및 투자 활성화를 모색하고 있는 또 다른 이유는 그동안 인도에 많은 ODA를 지원해왔음에도 불구하고 인도 시장 선점을 한국에 빼앗긴 상태에서 새롭게 인도 시장에 진입할 필요성을 인식했기 때문이다.

일본은 중국을 견제하고 중국의 영향력 확대를 저지하기 위한 수단으로서 인도와 긴밀한 관계를 모색하고 있다. 이에 대한 좋은 예로는 2005년 12월에 개최된 제1차 동아시아정상회의를 들 수 있다. 중국은 동아시아공동체에 대해 'ASEAN+3'이 기본이라고 생각한 반면, 일본은 '열린 지역주의'를 전제로 인도는 물론 호주와 뉴질랜드도 포함시키길 원했다. 여기에는 미국의 입장을 반영한 측면도 있다. 일본은 베트남 및 인도네시아와 함께 동아시아정상회의에 인도를 끌어들임으로써 동아시아 주도권을 장악하려는 중국의 목표를 차단하는 데 부분적으로 성과를 거두었다고 할 수 있다. 일본의 이러한 대중국 견제 목표는 일본 외상 아소 다로(麻生太郎)의 2006년 새해 첫 해외순방에서도 잘 나타나고 있다. 아소 다로 외상은 1월 3일부터 3일간 인도를 방문해 UN안전보장이사회 상임이사국 공동진출 방안을 모색하는 동시에, 중국을 견제하기 위해 양국 간의 외무장관급 전략대화를 신설하고 국방장관의 상호방문을 제안했다.

일본은 최근 역사 문제로 한국과 중국은 물론 말레이시아나 싱가포르 등 동남아시아 국가로부터도 냉대를 받고 있으므로 인도와의 협력이 더욱 요구되는 상황이다. 또한 일본의 에너지 안보 측면에서도 인도는 매우 중요한 파트너가 되고 있다. 대부분의 에너지 자원을 중동 지역에 의존하고 있는 일본 입장에서는 에너지 자원이 수송되는 국제 해상로를 안전하게 지키는 문제에 국가의 사활이 걸려 있다 해도 과언이 아니다. 이를 위해 일본은 인도와 해상합동 군사훈련을 실시하는 등 해군협력을 강화해나가고 있다. 특히 최근 중국과 동중국해에서 가스 시굴 문제로 마찰을 일으킨 상황에서 에너지 안보는 일본이 인도와 긴밀한 협력을 강화해야 하는 또 하나의 이유가 되고 있다.

일본은 1994년 중국이 미얀마 코코 제도(Coco Islands)에 레이더 감시시설을 갖춰놓고 해양 수송로를 감시하기 시작하자, 중동에서 말라카 해협을 통과하는 원유 수송에 위협을 느끼고 있다. 더욱이 최근 중국이 호르무즈 해협과 인도양 사이의 아라비아해 꼭짓점에 자리 잡고 있는 파키스탄의 과다르(Gwadar) 항의 건설 비용 2억 4,800만 달러 중 80%를 투자해 자유이용권을 확보하고, 벵골 만의 꼭짓점에 위치한 방글라데시의 치타공 항구 건설도 지원하면서 더욱 심화되고 있는 상황이다. 중국이 파키스탄 과다르 항구 사용 권한을 확보했다는 것은 중국의 해양 전략이 바뀌고 있다는 것을 보여준다. 다시 말해 중국의 해양 전략은 벵골 만과 말라카 해협을 감시하고 동남아 진출을 모색하기 위한 기존의 일항(一港)전략에서 호르무즈 해협과 인도양까지 감시하고 진출하려는 이항(二港)전략으로 변화했다는 것이다. 중국이 이항전략을 추구하면서 일본의 에너지 수송 안전을 위협하고 있는 상황에서는 인도양을 지배하고 있는 인도가 일본의 생존을 위한 필수불가결한 동반자로 떠오를 수밖에 없는 것이다.

마지막으로 러시아는 인도의 전통 우방이었지만 과거 구소련과 비교해 탈냉전 이후 관계가 다소 소원해졌다. 그러나 러시아도 최근 여타 강대국들처럼 인도와의 긴밀한 협력 관계를 다각적으로 모색하고 있다. 러시아의 대인도 접근의 목표는 미국 일방주의 견제, 이슬람 근본주의 단체 및 테러 차단, 남아시아 지역 영향력 확대, 경제협력 등이다. 러시아는 이러한 목표를 효과적으로 달성하기 위해 2000년 푸틴 대통령이 인도를 방문해 "오랜 친구가 두 명의 새로운 친구보다 낫다"고 하면서 과거 탄탄했던 인도와 러시아의 관계 복원을 희망했다. 양국은 푸틴의 인도 방문으로 전략적 동반자 관계를 복원했다. 러시아는 인도와의 동반자 관계 회복의 일환으로 미국 등 핵공급국그룹(NSG : Nuclear Suppliers Group) 당사국(벨로루시 제외)들이 대인도 핵연료 수출을 강력히 반대함에도 불구하고 2001년 2월 인도 타라푸르(Tarapur) 원전 1, 2호기에 사용할 저농축 우라늄(1.66~2.6%) 58톤을 공급했다.

냉전시대와 탈냉전시대 인도 외교 정책의 변화

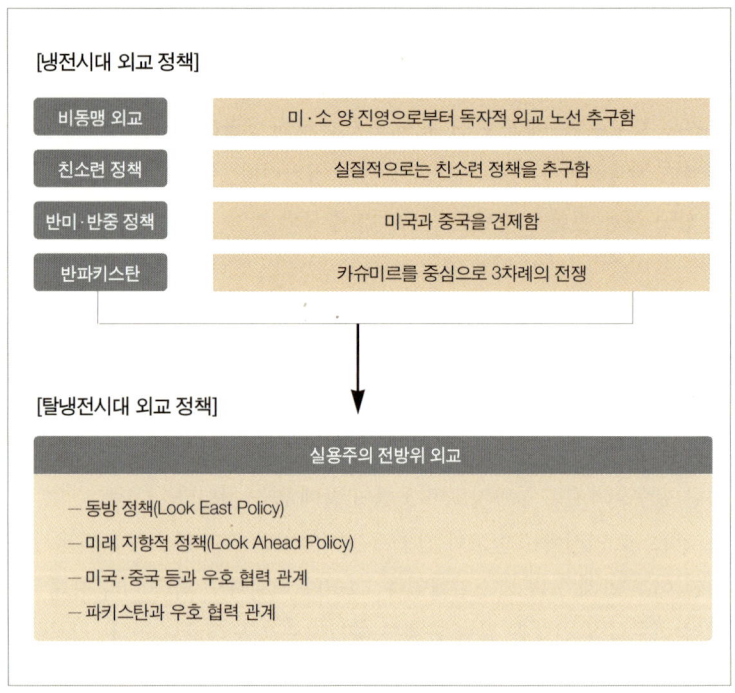

[냉전시대 외교 정책]

비동맹 외교	미·소 양 진영으로부터 독자적 외교 노선 추구함
친소련 정책	실질적으로는 친소련 정책을 추구함
반미·반중 정책	미국과 중국을 견제함
반파키스탄	카슈미르를 중심으로 3차례의 전쟁

[탈냉전시대 외교 정책]

실용주의 전방위 외교

- 동방 정책(Look East Policy)
- 미래 지향적 정책(Look Ahead Policy)
- 미국·중국 등과 우호 협력 관계
- 파키스탄과 우호 협력 관계

새로운 슈퍼파워 인도

- 핵 보유 : 1998년 핵실험을 성공적으로 마침
- 고동성장 : 1991년 경제개혁 이후 연평균 6~7%의 경제성장
- 세계의 협력 : 미국 등 세계 모든 열강이 인도와 협력하길 원함
- 21세기 리더 : 지식 기반 산업을 바탕으로 21세기를 이끌어감

러시아는 미국의 일방주의를 견제하기 위해 중국 및 인도와 긴밀히 협력하면서 아시아 국제정치에 적극 참여하기 시작했다. 미국의 단독 지배를 견제하려는 러시아·인도·중국 협력 관계는 다방면으로 급속히 진행되고 있다. 3국 간의 이러한 협력은 2006년 7월 17일 러시아에서 열린 G8 정상회담 직후 러시아의 푸틴 대통령, 인도의 만모한 싱 총리, 중국의 후진타오 국가주석이 별도의 정상회담을 개최함으로써 재차 확인되었다.

러시아는 인도와 지속적으로 군사협력을 강화하는 한편 전통적인 전략적 동반자 관계를 유지하려 하고 있다. 가장 최근 실시된 양국 간의 군사협력은 2005년 10월의 합동군사훈련이다. 러시아는 중국과도 산둥 반도 해역에서 합동군사훈련을 실시했다. 조만간 3국 합동군사훈련도 실시될 것이라는 전망이다. 하지만 이러한 3국의 협력은 공동으로 미국과 정면 대결한다기보다는 미국의 단극화 체제로부터 벗어나 다극화 체제를 만들자는 의도로 이해하는 것이 타당하다.

이상에서 살펴보았듯이 미국·중국·일본·러시아의 4강국이 경제적인 이익에서부터 정치·안보·군사 부문까지 모든 영역을 아우르는 포괄적인 목표를 가지고 인도에 접근하면서 인도의 위상은 날로 높아지고 있다. 냉전 시대의 인도 외교 관계와 비교해보면 현격한 차이가 있는 것이다.

---

* 인도는 사회주의식 사회(the socialistic pattern of society) 건설 목표를 달성하기 위해서 정치적으로 의회민주주의 체제를 받아들였고, 경제적으로는 국가 주도의 강력한 계획·통제·폐쇄 정책을 추구했다. 경제적 사회정의를 구현하기 위해서 사유재산과 민간기업 활동은 원칙적으로 허용되었지만 모든 경제활동에 있어서 시장원리보다는 사회적 이익이 최우선시되는 국가 주도의 경제 체제가 추진되었다. 학자들은 이러한 인도 경제 체제를 일컬어 혼합경제(mixed economy), 혼합자본주의경제(mixed capitalist economy), 부분국가자본주의(partial state capitalism), 사회주의국가(socialist state), 네루식 사회주의(the Nehruvian socialism) 등으로 묘사했다. 이 글에서는 1991년 이전까지의 인도 경제 체제를 '네루식 사회주의'로 표현했다.

제III부

진출 여건 평가 및
진출 전략

인도는 2000년 경제특구 등에 관한 특별법을 제정해 외국기업의 지분 100%를 허용하고, 면세 등의 인센티브를 제공함으로써 외국인 투자 유치에 적극적으로 나서고 있다. 인도에 대한 관심이 높아지는 상황에서 우리 기업은 1990년대 중반부터 인도에 적극 진출해 괄목할 만한 성과를 거두고 있다. 하지만 성공을 거두고 있는 기업은 일부 대기업과 이들 대기업과 관련한 부품을 생산 및 납품하는 소수의 중소기업에 불과한 실정이다. 앞으로 중견기업들도 잠재력이 큰 인도 시장 진출을 적극 고려해야 할 것이다.

3장 인도 진출 확대 방안

1장

외국인 투자 환경

김윤희

India

외국인 투자 정책

최근의 투자 정책 동향

인도 정부의 본격적인 외국인 투자 개방 정책은 1991년 들어 경제위기 타개책의 일환으로 경제개방 정책과 함께 도입되었다. 과거에 기술 이전을 조건으로 사례별 승인이 이루어졌던 외국인 투자 제도를 개선하고, 자국 경제에 도움이 되는 투자에 문호를 개방했다.

특히 외국 자본 및 기술을 적극적으로 도입하기 위해 외국인투자진흥위원회(FIPB : Foreign Investment Promotion Board)를 설립해 투자 유인 정책을 시행해왔으며, 2004년 말에는 투자 환경 개선을 위해 외국인 투자 정책을 평가하고 심의할 투자위원회(Investment Commission)를 구성했다.[1]

2005년 2월에는 종전에 49%로 제한해왔던 통신 산업에 대한

---

(1) 수출입은행, 〈인도의 외국인 투자환경과 한국기업 진출 사례 및 전략〉, 2006.

외국인 투자지분을 71%로 확대했으며, 중소기업 고유 업종으로 지정됐던 108개 제품 생산에 대한 외국인 투자 제한도 해제했다. 그 외에도 2006년 1월 24일에 단일 브랜드 제품을 판매하는 소매업에 대해 외국인 및 외국계 기업의 지분 소유를 51%까지 허용하는 외국인 직접투자 자유화 방침을 발표했다. 비록 다중 브랜드(multiple brand) 소매업 투자는 아직 허용되지 않았으나, 이전의 프랜차이즈 형태로 제한되던 투자 방식에서 투자 영역이 확대된 것으로 볼 수 있다.

또한 전력 판매, 커피 및 고무 처리, 보관 분야는 이미 100% 개방되었으며, 다이아몬드 및 귀금속 광산 개발, 신규 공항 개발, 도매 및 수출업, 천연가스 벨트 공사, 원유 인프라, 석탄 및 갈탄(lignite) 광산 개발, 알코올 증류, 산업용 폭발물, 유해 화학물질 등에 대해서도 100% 외국인 투자를 허용했다.

이와 같이 인도 정부는 다양한 산업 분야에서 외국인 투자를 개방하고 있으며, 특히 외국인 투자 유입에 심각한 장애 요인으로 작용하는 인프라 부문에 대한 외국인 투자 참여를 유인하기 위해 노력하고 있다. 일례로 항공 분야의 외국인 투자지분 한도를 40%에서 49%로 높였다. 그 외에 인도 정부는 금융 관련법의 개정과 조세 개혁 등을 통해 외국인 투자 활성화를 추진하고 있다.

투자 인센티브 정책

인도의 외국인 투자 인센티브 제도는 크게 3가지 형태로 나누어볼 수 있다. 첫째, 내외국인 투자 촉진 지역으로 경제특구라고 할 수 있는 '특별경제지역(SEZ : Special Economic Zone)', 둘째, IT

산업을 육성하고 발전시키기 위한 'IT 기술단지' 지원, 셋째, 수출 촉진을 위한 '수출촉진지역(EPZ：Export Promotion Zone)'이나 '수출특화기업(EOU：Export Oriented Unit)' 지원 등이다.

인도 정부는 외국인 직접투자(FDI) 유치를 확대하고 투자를 촉진시키기 위해 2000년 4월에 SEZ 관련 정책을 마련했으며, SEZ는 현재까지 인도의 외국인 투자 유치를 위한 가장 대표적인 정책으로 자리 잡고 있다. 또한 기존의 자유무역 지역들도 SEZ로 전환하는 경우가 많다는 점에서 SEZ 정책이 더욱 활성화될 전망이다.

대부분의 SEZ는 업종에 관계없이 진출할 수 있으나, 최근 전문 업종으로 특화된 SEZ 개발도 증가하고 있다. 전문 업종 SEZ로는 보석류, IT, 정보통신, 자동차, 전자, 의류, 가죽 제품, 수공예품이 주를 이루고 있다.

인도 정부는 SEZ에 입주하는 업체에 대해 관세 면제, 소득세 면제, 판매세 면제 등 각종 인센티브를 제공하고 있으며[2], 각종 조세 면제 특혜를 강화할 예정이다.

현재 SEZ에 입주하는 업체에게 제공되는 주요 혜택[3] 중 우선 관세 면제를 살펴보면, SEZ 입주기업 설립에 필요한 물품의 관세가 면제되고 SEZ 프로젝트에 이용되는 자본재·원자재·소비재·포장재·사무용품 등을 국내외에서 조달할 때 관세가 부과되지 않는다. 그 외에 국내관세지역(DTA) 제품을 SEZ 입주기업에 공급할

---

(2) 각 SEZ별 소재지와 현황, 주요 인센티브 등의 내역에 대해서는 관련 사이트(http://www.sezindia.nic.in)에 접속하면 자세히 알 수 있다. 또한 2006년 운영 규정은 http://www.sezindia.nic.in/sez-rules2006.pdf 파일을 참고하면 된다.

(3) KOTRA 국가정보, KOTRA 투자백서, http://www.sezindia.nic.in/faq.asp, 《India Insight》 2005년 9월호(POSRI), 모건스탠리의 자료를 종합했다.

때에는 중앙정부의 판매세(Central Sales Tax)와 서비스세도 면제된다.

법인세의 경우, 초기 5년간 100% 면제해주며, 그 후 5년은 50%를 면제해주고, 그리고 이후 5년은 영업이익의 재투자에 따른 이익에 대해 50%까지 법인세를 면제해준다.

금융 및 상업차관과 관련해서는 SEZ 내에 역외금융기관(Offshore Banking Units) 설립이 허용되며, 역외금융기관 이익에 대해 5년간 법인세를 전액 면제하고, 이후부터 항구적으로 80%를 면제한다.

SEZ 내에 입주하는 기업들은 SSI(영세기업) 유보 품목에 대한 투자 상한선이 없으며, 대부분의 제조업[4]에서 100% 외국인 투자가 허용된다.

한편 현재까지 인도 정부가 승인한 SEZ는 최대 수출을 기록하고 있는 뭄바이 인근 SEEPZ-SEZ와 델리 인근의 Noida-SEZ 등으로 14개가 가동 중이고, 61개는 정부의 승인을 받아 곧 가동 예정이거나 구역 정비 작업이 진행되고 있다. 현재 가동 중인 주요 SEZ로는 SEEPZ와 노이다(Noida) 외에 칸들라(Kandla), 코친(Cochin), 마드라스(Madras), 비사카파트남(Visakhapatnam), 팔타(Falta), 수라트(Surat) 등을 들 수 있다.

IT 산업은 최근 인도 경제성장의 주역을 담당하고 있으며, 인도 정부는 IT 산업의 육성과 발전을 위해 IT 테크놀로지 파크를 설립해 지원하고 있다. IT 파크는 하드웨어 산업단지인 EHTP(Electronic Hardware Technology Park)와 소프트웨어 단지인 STP(Software

---

(4) 무기, 폭탄, 원자력 물질, 유해 화학제품 등의 제조업은 제외된다.

Technology Park)로 구분된다. 현재 방갈로르·첸나이·하이데라바드의 3대 도시가 STP를 중심으로 '황금 삼각형'을 구축하며 인도 IT 산업의 총본산 역할을 하고 있으며, 델리와 뭄바이 등 다른 도시들도 치열한 경쟁을 벌이고 있다.

현재 STP로 지정된 지역에 대해서는 자본재를 수입하거나 중고품을 포함한 관련 장비 및 상품을 수입할 때 관세가 면제되며, 자금 대부나 임차에 의한 수입에도 동일하게 관세 면제가 적용된다. 또한 소득세가 면제되며[5], FOB(Free On Board) 수출액의 50%까지 국내 판매가 허용된다. 최근 인도 IT기업들은 STP에도 SEZ에 상응하는 수준의 인센티브가 제공되도록 정부에 적극적으로 요청하고 있다.

기타 지원 제도로는 수출 촉진을 위해 지정된 EPZ에 입주한 기업에 각종 인센티브를 제공해왔으나, 최근 SEZ에 정책의 초점이 맞춰지면서 기존의 EPZ는 SEZ로 전환되거나 통합되고 있는 상황이다. 수출특화기업(EOU)은 SEZ 입주기업과 거의 유사한 인센티브가 주어지고 있으나, 정책상 차이가 나는 경우가 있으므로 진출하기 전에 확인이 필요하다.

인도의 각 주별로 투자 유치를 위한 각종 인센티브의 제공도 늘고 있으므로, 주별 투자 유치 정책 및 인센티브 제도를 확인할 필요가 있다. 특히 중앙정부의 정책이 주 차원에서 실제 집행되지 않는 경우가 많기 때문에, 주정부와의 협상이 중요하다.

투자 제한 분야

인도 정부는 2006년 2월 10일에 외국인 투자 제한 완화 조치[6]

를 발표했다. 외국인 투자 금지 업종이 4개로 축소되어 투기 도박업, 복권 비즈니스, 소매유통업(단일 브랜드 소매업 제외), 원자력 에너지 분야만 투자 금지 분야로 유지되고 있다.

인도 정부는 외국인 직접투자 유치 활성화를 위해 일부 제한 업종을 제외한 대부분의 산업 부문에 자동승인 제도를 운영하고 있다. 이 조치로 외국인 투자 자동승인 100% 업종으로 변경된 부문으로는 주류, 산업용 폭약, 유해 화학물질 제조, 대도시(standard urban area) 주변 25킬로미터 이내 제조업 활동, 공항 건설 프로젝트, 천연가스 및 LNG 가스 파이프라인 설치, 원유 및 천연가스 부문 시장조사와 투자 파이낸싱, 석탄 및 갈탄 채취(제한된 소비용), 석유가스 부문 마케팅 관련 인프라 건설, 다이아몬드와 귀금속의 탐사 및 채굴 등을 들 수 있다. 그 외에 전력 거래, 커피와 고무가공 및 저장도 100% 외국인 투자 가능 업종으로 변경되었다.

외국인 투자한도가 제한되는 업종도 13개로 대폭 축소되었다. 이 업종들은 외국인 투자가 100% 허용되지 않는 업종, 즉 외국인 단독투자가 허용되지 않고 투자 상한선 이내로 투자가 제한되는 업종이며 각 업종별로 투자 조건과 한도 비율이 정해져 있다. 분야별로 투자 비율은 26%, 49%, 74% 등으로 구분되어 있으며, 단일 브랜드 유통업만 51%로 투자한도가 설정되었다. 대상 13개 업종은 민간항공, 부동산 재건축 회사(asset reconstruction companies), 원자 광물(atomic minerals), 민간은행(banking-private sector), 방송, 방위산업, 보험, 인프라·서비스(통신 제외) 회사, 원유 및 천연가

---

(5) Income Tax Act. Sec. 10A.
(6) Press Note No. 4(2006 Series), Rationalisation of the FDI Policy.

인도의 FDI 지분한도 지정 분야

번호	분야	지분한도	기타
1	민간항공 서비스	49%	
2	부동산 재건축 회사	49%	
3	원자 광물	74%	
4	민간 운행	74%	FDI(직접투자)+FII(간접투자)
5	방송	26~49%	비뉴스 채널만 100% 개방 뉴스 및 FM 라디오는 26%(FDI+FII)
6	방위 산업	26%	
7	보험	26%	
8	인프라·서비스 회사	49%	민간기업의 경우 100%
9	원유 및 천연가스 정제	26%(공기업)	신문 등 시사 정기간행 매체에 한함
10	뉴스 등의 인쇄매체	26%	통신장비 제조 100%
11	통신	74%	
12	단일 브랜드 제품 유통	21%	
13	위성 설치 및 가동	74%	

자료 : 인도 상공부, Press Note No. 4(2006 Series).

스 정제, 인쇄매체, 통신, 단일 브랜드 유통, 위성 설치 및 가동 등이다.

   100% 자동승인이 되거나 지분한도가 있는 업종 중에는 인도 정부의 승인[7]이 필요한 분야가 지정되어 있다. 부동산 재건축, 원자광물, 우편 서비스, 방위산업, 인프라·서비스, 공기업 정유 부문,

---

(7) FIPB 승인이 필요하다.

뉴스 정기간행물, 차(tea) 재배 등 차 관련 분야, 통신 분야에서 50~74%의 지분을 보유할 때(49%까지 자동승인), 그리고 영세 제조업 제품 판매, 단일 브랜드 유통업, 위성 설치 및 가동 등에도 인도 정부의 승인이 필요하다.

투자 장려 분야

인도는 대부분의 제조업 및 서비스 분야에 대해 외국인 투자가 자유화되어 있다. 또한 기본적으로 제조업 부문에 외국인 직접투자를 장려하고 있으므로 제도적인 장애 요인은 없다. 특히 IT 분야에는 원활한 인력 관리를 위해 다른 산업에 비해 유연한 노동법이 적용되고 있다.

인프라 개발 관련 투자에 대해서는 단순히 100% 단독투자를 허용한다는 차원을 넘어 상당한 투자 인센티브를 제공하는데, 법인세를 감면하고 자본재를 수입할 때 관세를 면제 또는 감면해주는 등의 여러 가지 인센티브가 있다. 대표적인 인프라 개발 분야는 발전(원자력 제외), 송전, 배전, 고속도로, 유료 도로, 교량, 항만, 호텔 및 관광, 도시 개발 프로젝트, 주택 건설 등이 주요 대상이다.

특히 인도 정부는 2005년 3월부터 주택, 상업 건물, 리조트, 교육기관, 여가 시설, 타운십, 도시 및 지역 차원의 인프라 건설 등을 포함하는 건설개발 프로젝트에 대해 100% 외국인 직접투자를 허용했다. 대규모 프로젝트 위주의 투자 유치를 목표로 하고 있으므로 단독투자와 합작투자는 각각 1,000만 달러와 500만 달러의 최소 자본금이 필요하고, 사업 개시 6개월 이내에 자금이 투입되어야 하며, 주택 건설 프로젝트의 최소 면적이 10헥타르로 지정되어 있다.

대규모 투자에 대해서는 해당 주정부와 직접 협상이 가능하며, 이때 제공되는 인센티브는 투자 규모와 고용 창출 효과 등에 따라 달라질 수 있다.

외국인 투자 여건

투자지로서의 장단점

A.T.커니의 2005년 외국인 투자신뢰도지수에서 인도가 미국을 세치고 중국에 이어 2위로 부상했나.[8] 대인노 투자신뢰노는 2003년 6위와 2004년 3위에 이어 2005년 2위로 상승하면서, 직접투자 대상지로서의 매력을 높이 평가받고 있음이 입증되었다. 인도의 외국인 투자 증가만 봐도 최근 추세를 알 수 있는데, 2005/2006년 외국인 투자금액이 55억 5,000만 달러로 2004/2005년 32억 2,000만 달러에 비해 72% 증가했다.

또한 유엔무역개발기구(UNCTAD)도 인도를 아시아 태평양 지역에서 '눈에 띄는 투자국(dominant host countries)' 중 하나로 보고 있으며, 2005년 세계경제포럼에서도 인도가 투자지로서 큰 관

---

(8) 브라질은 18위, 러시아는 26위에 올랐다.

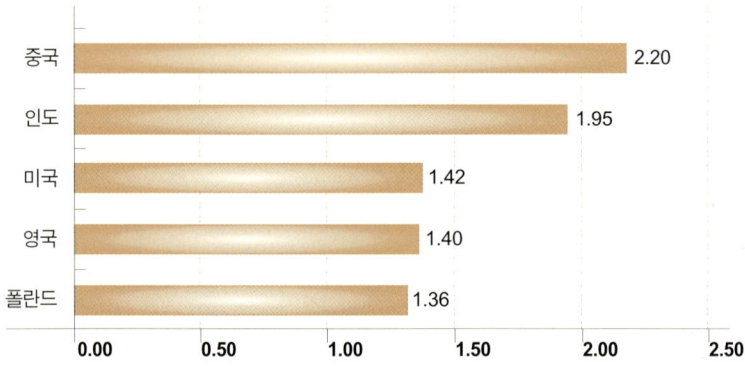

각 국의 FDI 신뢰지수(2005년)

중국	2.20
인도	1.95
미국	1.42
영국	1.40
폴란드	1.36

자료 : FDI Confidence Index 2005, A.T. Kearney, 2005. 12월.

심을 모았다.

　인도 시장의 투자 매력 요인으로는 우선 성장 잠재력과 시장의
확대 가능성을 들 수 있다. 인도는 2005년 기준 10억 9,000만 명의
인구로 중국(13억 1,000만 명)에 이어 세계 2위의 인구대국이며, 세
계 인구의 약 17%를 차지하고 있다. 특히 인도의 인구증가율은
1.5%로 중국의 0.58%에 비해 훨씬 높아, 2030년경을 전후해 인도
인구가 중국을 추월할 전망이다.

　경제성장 가속화로 인한 구매력 있는 소비계층의 확대도 매력

중국과 인도의 경제활동 인구* 추이

단위 : 천 명

	2000	2005	2010	2015	2020	2025	2030
인도	728,854	772,935	819,781	829,894	834,253	808,736	765,437
중국	494,008	552,039	612,804	671,767	723,980	769,206	807,923

주 : 경제활동 인구는 20세 이상 59세 이하.
자료 : World Population Prospects, UN.

적인 요소다. 미국 CIA 자료에 따르면, 2004년 실질구매력 기준으로 인도의 GDP는 미국, 중국, 일본에 이어 세계 4위를 기록하며 중국의 46% 수준으로 나타났다.

급속도로 확대되고 있는 인도 중산층을 대상으로 자동차, 가전, 음료 등에 대한 서방 다국적기업들의 진출 급증세는 이런 측면을 반영한 것이라 할 수 있다. 우리 대기업들이 자동차와 가전 부문에 적극 진출한 것도 내수시장은 물론 시장 성장 가능성을 고려한 시장 선점 전략으로 볼 수 있다.

그 외에 풍부한 저임 노동력과 고학력 기술인력도 장점으로 작용하고 있다. 15~64세까지의 인구가 전체의 64%를 차지해 노동 활용도가 높고, 14세 이하 인구가 전체의 31%로 젊은이층의 비율도 매우 높다. 또한 풍부한 고급 기술인력 활용 가능성이 크다. 매년 대학졸업자 200만 명을 배출하고 있으며, 낮은 R&D 비용과 자유로운 영어 구사력을 갖춘 인력을 기반으로 인도는 세계 지식 산업의 중심국으로 부상할 전망이다.[9] 2005년 IMD의 〈세계경쟁력 보고서〉는 젊은이들의 과학에 대한 관심도와 엔지니어 조달 용이성 측면에서 인도를 1위국으로 선정한 바 있다.

인도는 한반도의 15배, 남한의 33배에 달하는 광활한 국토와 풍부한 천연자원을 지닌 국가로 러시아, 캐나다, 미국, 중국, 브라질, 호주에 이어 세계 7위의 면적을 가졌다. 게다가 대부분이 평야로 이루어져 국토의 활용도가 매우 높다. 또한 세계 3위의 석탄 생산국, 세계 6위의 철강 매장량, 석유 생산 등 자원도 비교적 풍부한 나라다. 따라서 자원 보유국으로서의 협력 가능성도 높다고 볼 수

---

(9) SERI · KOTRA, 《BRICs의 기회와 위협》, 삼성경제연구소, 2005.

있다. 이와 같은 인도의 풍부한 천연자원을 활용하기 위한 자원 확보형 투자도 활발하게 진행 중이며, 세계적으로 유명한 인도의 대리석 또는 화강암을 겨냥한 우리 기업들의 발 빠른 투자도 추진되고 있다.

또한 인도 정부의 지속적인 개혁·개방 정책도 장점으로 작용하고 있다. 외국인 투자의 개방 확대, 지속적인 관세 인하, 공기업의 민영화 등이 경제 개혁·개방 정책을 가속화하고 있다. 인도 정부는 세계 각국과의 자유무역협정(FTA) 체결에도 노력을 기울이고 있다. 스리랑카 및 싱가포르와 FTA를 체결했으며, 남아시아자유무역지대(SAFTA)가 단계적으로 발효되었고, ASEAN 및 방글라데시와 협상 중에 있으며, 중국 및 일본과는 공동연구 중이다.

그 외에 한국 상품에 대한 높은 브랜드 이미지도 장점이다. 우리의 주요 진출 기업들이 가전과 자동차 등 주요 내구소비재 부문에서 시장을 주도해 한국 제품 전반에 대한 높은 브랜드 이미지를 구축한 상황이다. 컬러TV·에어컨·냉장고 등 주요 가전제품에서도 한국산이 석권했고, 자동차는 현대가 시장점유율 3위권을 차지하고 있다.

인도는 향후 풍부한 저임 노동력을 바탕으로 제3국 우회수출기지로 활용할 가능성이 높은데, 특히 차이나 리스크에 대비해 중국에 대한 생산의존도를 낮추고 유럽·중동·아프리카 등을 공략하기 위한 생산기지로서 장점이 있다. 특히 세계적인 소프트웨어 공급국으로 부상하고 있는 인도의 두뇌 자원을 활용한 소프트웨어 분야의 경우, 한국 시장은 물론 제3국 시장을 겨냥한다면 낮은 개발 비용과 풍부한 인적 자원 활용 등으로 매우 유망할 것이라는 전망이다.

그러나 이런 투자지로서의 장점에도 불구하고 열악한 인프라, 정책 집행의 비효율성 및 규제, 낮은 노동 생산성, 까다로운 근로자 해고 조건 등이 외국인 투자에 장애 요인으로 작용하고 있다.

인도의 열악한 인프라 수준은 장기적인 투자는 물론 안정적인 성장에 악영향을 미치며, 인도 투자 진출의 최대 걸림돌로 지적되고 있다. 모건스탠리의 〈인프라 중심의 인도 경제 보고서〉에 따르면, 인도의 인프라 투자 규모는 중국의 7분의 1 수준에 불과하다.

도로·철도·항구·공항·전력·용수 등 전반적인 인프라 수준이 열악한 상황이다. 특히 전국 4대 주요 도시를 연결하는 황금사분할 고속도로는 완공 예정을 훨씬 지나 아직도 건설 중이며, 대부분 도로 사정이 좋지 않아 시속 60킬로미터 이상의 속도를 내기 어렵다. 항만 시설 역시 낙후되어 수출입 화물의 정체가 자주 일어나 보관료 등의 간접비가 많이 발생하고 있다.

열악한 도로 여건은 운송 소요 시간을 증가시켜 생산요소의 적시 투입을 어렵게 하고 물류 비용을 증가시킨다. 실제 뉴델리-뭄바이 간 육상 운송 비용이 서울-뉴델리 간 수송 비용보다 높으며, 이처럼 높은 육상 운송 비용은 제3국 우회수출을 위한 생산기지로서의 매력도를 저하시키고 있다.

항공 면에서도 상황은 마찬가지다. 공항 현대화 계획이 준비 중이나 아직도 노후화된 공항이 대부분이며, 공항 내 서비스 시설도 세계 최하위 수준에 머물러 있다. 특히 결항과 지체는 예삿일로 공항 이용자 대부분이 이에 따른 불편을 경험했다고 해도 과언이 아니다.

인도의 불안정한 전력 공급도 투자를 꺼리게 하는 심각한 문제점으로 지적되고 있다. 인도 제조업체들의 61%가 자체 발전기를 보유하고 있으며, 뭄바이를 제외한 대부분의 도시에서 하루 3시간에서 16시간까지 정전이 발생할 정도로 심각한 수준이다. 아직도 총수요 측면에서는 평균 6%, 피크타임에는 12% 이상 부족한 수준이다.[10] 1인당 전력소비량은 우리나라의 9분의 1 수준인 582킬로와트에 불과한데, 소득 수준 향상에 따른 전기·전자제품 사용 증가 및 산업 부문의 전력 소비 증가와 함께 전력 부족 현상은 더욱더 심화될 것으로 우려되고 있다. 인도 정부는 2012년까지 10만 킬로와트 전력 증산 계획을 추진 중이나, GDP의 10%에 달하는 막대한 재정적자가 큰 부담으로 작용할 것이다.

정책 집행의 비효율성과 규제, 만연한 관료주의 및 부정부패도 투자 제한 요소로 작용하고 있다. 개혁 정책의 일관성 결여는 기업이 의사결정을 할 때 리스크를 증가시켜 투자를 어렵게 한다. 현 정권[11]은 2005년 8월에 이전 정권부터 개혁 핵심 과제로 추진해오던 마루티 자동차 회사와 국영전기회사인 BHEL을 포함한 13개 공기업의 매각 계획을 전면 취소했다. 또한 인도 정부가 2005년 11월 12일에 발표한 자료에 따르면, 646개의 정부 프로젝트 중 258개만 정해진 기간 내에 수행되었으며, 나머지는 최소 1개월에서 최고 21년까지도 지연되고 있는 것으로 나타났다.

2005년 반부패감시국제기구는 세계 159개국 가운데 인도를 88번째 부패국가로 평가해 발표했다.[12] 또한 인도 국제투명성기구

---

(10) 전력부족률 = (전력수요량 − 전력공급량)/전력수요량 × 100(%)
(11) 2004년 5월 13일 실시된 총선에서 야당이었던 의회당 연정인 통합진보연합(UPA)이 집권당인 BJP가 이끄는 국민민주연합(NDA)을 누르고 새로운 정부를 구성했다. UPA에는 공산당이 함께 연정을 구성하고 있어, 경제발전을 위한 개혁 정책 추진에 애로사항이 많다.
(12) 2004년 90위에서 두 단계 상승한 수준이다.

에 따르면, 인도 국민은 매년 공무원에게 46억 달러 규모에 이르는 뇌물을 바치고 있는 것으로 나타났다. 또한 세관원 부패는 심각한 수준으로, 바이어들에 의하면 상품 수입의 관세가 36% 이상으로 높아서 무자료 통관과 관세 미납 등의 조건으로 세관 관리에게 뇌물을 제공하는 것이 일상화되어 있다고 한다. 인도 공무원들의 부정부패 일상화로 인도 현지에 진출하는 우리 기업들이 비정상적인 부분까지도 신경을 써야 하는 게 현실이다.

노동 여건

노동력 및 노동법

인도의 근로 가능 인구는 4억 명으로[13] 노동력이 풍부하고 임금 수준도 비교적 저렴한 편이지만 노동생산성이 매우 낮아서 저임금의 효과가 생각보다 떨어지는 것으로 평가되어왔다. 그러나 최근 외국인 기업들의 인도 투자가 크게 증가하면서 노동자의 근로의식과 노동생산성은 점차 향상되고 있는 것으로 알려져 있다.

현지에 진출한 한국계 기업에 따르면, 일반적으로 북부 지역의 인력(특히 펀자브 출신)은 관리부서, 남부 지역은 기술직, 동부 지역은 비즈니스, 서부 지역은 예능 및 학술 분야에 각자의 장점이 있는 것으로 평가되고 있다.

최근에는 인도의 IT 붐 이후 산업계와 노동계의 노동 규율과 납기 준수에 대한 의식이 크게 향상되고, 외국인 기업의 인도 진출이 늘어나면서 과거 인도 노동력에 대한 부정적 이미지는 많이 개

(13) 2001년 인구센서스 기준으로, 인도 정부가 발표한 가장 최근의 자료다.

선되었다고 평가된다. 2005년 IMD의 〈세계경쟁력평가〉에 따르면, 인도의 숙련노동자 고용 용이성은 세계 7위로 나타났으며, 특히 과학기술 분야의 전문인력이 풍부하다는 장점이 있다.

인도 정부는 엄격한 노동법을 시행하고 있다. 특히 노동자 해고 정리 규정이 까다로운 편이다. 경직된 노동 법규가 외국인 투자 확대를 막는 주요 장애요인으로 지적되고 있으나, 좌파 계열 정당 및 노조들의 반대로 개정 작업이 순조롭게 진행되지 못하고 있다. 그러나 인도 정부는 기업 경쟁력 강화 및 경제개혁 정책 추진 차원에서 현 노동법을 신축적으로 운영하고, 노동법 개정 작업도 계속 추진할 예정이다.

인도 협력업체를 통해 근로자를 고용할 때는 근로자의 급여를 비롯한 근로 조건과 근로자 수 등을 세밀하게 점검해야 한다. 또한 근로자의 급여 수준은 산업별·회사별로 차이가 크고, 해당 근로자의 경험과 기술 수준에 따라서도 편차가 매우 크다는 점에 유의해야 한다. 합작투자나 100% EOU(수출특화기업)를 설립할 경우, 우리 기업은 한국 기술자 수와 월 급여를 정하고 한국 측 경영인의 지정 여부 및 급여 수준을 통보해야 하는데, 이는 인도 내에서 외국인 기술자 채용과 관련해 인도중앙은행의 승인이 필요하기 때문이다.

근로자를 고용할 경우에는 고용계약서에 채용 및 근로 조건을 최대한 명확히 해야 분쟁이 발생했을 때 피해를 줄일 수 있다. 일반 작업 근로자가 아닌 사무직 직원을 채용하려면 3개월 정도를 견습 기간으로 정하고, 정식 고용 계약은 테스트 이후에 결정하는 것도 하나의 방법이다. 또한 정식 직원으로 채용하더라도 해고할 수 있는 조건들을 제시하고, 필요한 상황이 닥쳤을 때 해고의 근

거로 삼는 것이 분쟁을 막을 수 있는 방법이다. 일반적으로 인도
에서 근로자를 해고하려면 3개월 전에 서면 통보를 해야 법적 분
쟁을 방지할 수 있다. 범죄 행위 또는 계약 위반에 따른 해고의 경
우도 복잡한 절차를 거쳐야 할 정도로 해고 조건이 까다롭다. 우
선 담당자에게 통보하고, 서면으로 해명할 수 있는 기회를 제공해
야 하며, 회사 내의 위원회에서 혐의가 인정되면 해고할 수 있다.
그러나 해고를 당한 자가 이의가 있을 경우에는 법정에 제소할 수
있고, 법정에서 해고당한 측에 유리한 결정을 내리면 재고용해야
할 뿐만 아니라 그 기간 중의 금전 및 승진 등 모든 불이익을 보상
해야 한다.

인도의 노동법에 따르면, 100인 이상을 고용한 경영자는 정부
노동위원의 승인 없이 노동자를 해고할 수 없다. 이러한 현실적
문제로 인해 다수의 우리 기업은 직원을 정식 채용하지 않고 인력
관리 회사를 통해 형식상 용역직 형태로 간접 채용하며, 근로자
관리는 주로 이들 인력 관리 회사가 맡아서 하도록 하고 있다.

임금 및 복지 제도

인도의 평균임금이나 최저임금 등은 도시별·주별·산업별로 차
이가 있다. 우리나라에서 진출한 대기업의 급여 수준은 중소기업
에 비해 30% 이상 높고, 고급 노동자일수록 임금이 높은 것으로
파악되고 있다.

EIU(Economist Intelligence Unit) 자료에 따르면, 인도의 평균임금
수준은 전기 엔지니어가 월평균 1만 2,000~2만 5,000루피, 회계사
가 1만 500~2만 500루피인 데 반해, 공장 노동자는 3,500~8,500루
피로 직종에 따라 큰 차이를 보인다.

인도 중소 제조기업의 임금 수준[*]

인도 중소 제조기업의 임금 수준[*]

직급 및 역량	평균 임금
미숙련 노동자	월 55달러(경험 없는 노동자)
숙련 노동자	월 80~90달러(2~3년 경험의 생산현장 노동자)
일반 사무직 근로자	월 130달러(대졸 사무직 초임)
대리급	월 220달러(입사 4~5년)~330달러(입사 7~8년)
과장급	월 550달러(입사 10년 이상)~660달러(입사 15년 전후)
부장급	월 780~900달러(15년 이상)
이사급	월 1,300달러 이상(20년 이상의 현지 직원 최고책임자), 공장장급

주 : 델리 인근에 플라스틱 사출 업종으로 진출한 우리나라 중소기업의 사례(2006년 1월 기준).

　인도 임금 정책의 기본이 되는 법으로는 1948년에 제정된 최저
임금법(Minimum Wages Act)을 들 수 있다. 중앙정부 및 주정부는
시장 상황에 의해 근로자들이 착취당할 수 있다고 간주되는 특정
직업들에 대한 최저임금을 결정할 수 있다.[14]

　가장 최근에 개정된 최저임금 규정은 2004년 12월 31일 발표되
었는데, 중앙정부는 44개 직종에 대한 최저임금을 조정했고, 33개
주 및 연방직할지(Union territory)도 3~83개 직종에 대한 최저임금
을 조정했다. 즉 중앙정부는 직종에 따라서 일당 56.71~104.89루
피, 지방정부는 일당 39.87~169.04루피로 최저임금을 변경했다.
이와 같이 최저임금 수준은 전국에서 일률적으로 적용되는 것이
아니고, 지역 및 직업에 따라 차이가 크다.

　급여 인상과 관련해 인도 정부는 정부 공무원의 임금 인상에 물

---

(14) 〈인도 진출기업 노무관리 안내서〉, 한국국제노동재단.

인도 경제를 해부한다

인도의 직종별 임금 수준[*]

단위 : 루피

직종	월평균 임금	직종	월평균 임금
전기 엔지니어	12,000~25,000	품질검사관	4,200~9,500
기계 엔지니어	12,000~20,700	타이피스트	4,000~7,000
회계사	10,500~20,500	전자 조립공	3,500~9,500
작업 감독(십장)	7,500~11,500	공장 노동자	3,500~8,500
공구 수리공	6,000~9,500	반숙련 노동자	3,500~6,500
숙련공	5,500~9,000	비숙련 노동자	3,000~4,500
개인 비서	4,500~11,500	청소부	3,000~4,500

주 : 2005년 10월 기준, 물론 지역 및 경험에 따라 차이가 있음.
자료 : EIU.

가상승률을 100% 반영하도록 하고 있으며, 민간기업도 이 가이드 라인을 따르는 것이 일반적이다. 그러나 진출기업들에 따르면, 최근 연평균 임금상승률이 20% 이상에 달할 정도로 상승폭이 큰 것으로 파악되있다.

상여금에 대해서는 연간으로 연봉의 최저 8.33%(1개월치 급여분)에서 최고 20%에 상당하는 보너스를 지급해야 하며, 근로자공제기금법(EPF)에 따라 고용주는 근로자의 연봉 중 8.33%를 퇴직연금으로 기탁해야 한다.

정규 근로 시간은 공장법(Factories Act 1948)에 의해 주당 48시간으로 제한되고 있다. 사무직은 보통 주 5일 근무에 37~38시간을 일하고, 공장 노동자는 주 6일 근무에 평균 43~48시간을 일하고 있다. 하루 9시간(휴식 시간 포함 시 10시간)을 초과하는 근무 및 공휴일 근무는 시간외 근무로 정상 임금의 2배를 지급하도록 하고 있다.

인도의 법정 공휴일은 14일이며, 유급휴가는 30일로 규정하고 있다. 또 휴가 기간이 15일 이내일 경우에는 잔여 휴가 가운데 15일분에 대해 특별 급여를 지급하도록 규정하고 있다.

근로자에 대한 사회보장 제도의 주요 규정 내용은 다음과 같다. 우선 사고나 재해 시 노동자보상법에 따라 보상해야 하고, 공장법은 공장의 조명·환기·안전·보건 및 복지 등 전반적인 작업 환경 기준을 규정하며, 고용자보험법에 따라 모든 산업 근로자에게 의료 수당이나 의료 서비스 등의 의료 혜택을 제공해야 한다. 또한 분쟁 해결, 해고, 감원, 축소, 공장 폐쇄는 1947년 산업조정법의 규정을 준수해야 한다.

노사 관계

인도에서 최초로 노동운동이 인정되고 보호받기 시작한 것은 1926년 노동조합법이 제정되면서부터다. 인도의 독립과 함께 노동조합의 수는 급격히 늘어났으나, 대부분의 노동조합은 규모가 작고 지역 또는 국가 단위의 연합체에 가입되어 있다.

인도의 노동조합법에 의하면, 노조의 설립은 7인 이상의 동의만으로 가능하며 복수노조가 인정된다. 복수노조의 경우에 중앙정부 차원의 대표노조 선정 기준은 없으나, 기업들은 대표노조를 선정해 해당 노조와 협상을 하는 것이 일반적 관행으로 자리 잡고 있다.

중앙정부나 주정부는 100명 이상의 근로자를 고용하는 기업의 고용주에게 노사 동수로 이뤄진 작업위원회(Works Committees)를 구성하고 활성화할 것을 명령할 수 있다. 작업위원회의 목적은 노사 간의 대화와 협조, 경쟁과 토론을 통해 건전한 노사 관계 문화를 형성하고 그 활동을 촉진시키는 것이다. 노동조합이 있으면 작업위원회에 근로자 대표 파견이 가능하다.

인도의 대표적 노동조합들은 INTUC(Indian National Trade Union Congress), AITUC(All-India Trade Union Congress), CITU(Center of Indian Trade Unions), IWA(Indian Workers' Association), UTUC(United Trade Union Congress) 등이 있다.

인도의 노조는 정치적 성향이 매우 강하다. 그래서 인도에서 발생되는 파업이나 기타 유사한 노동운동 관련 쟁의는 근로자들의 이익을 대변하기보다 특정 정당의 정치적 수단으로 활용되는 경우가 많다.

인도의 노동쟁의 현황을 살펴보면, 2004년 파업 건수는 236건이고 직장폐쇄 건수는 241건이었으나, 2005년 1~11월 기준으로 각각 185건과 202건으로 최근 점차 감소하는 추세에 있다.

노조와의 단체협상은 기업별 단위의 교섭 구조를 띠고 있는데, 인도에서는 단체협상의 내용 중 중요한 부분이 미리 법제화되어

인도의 노동쟁의 추이

단위 : 건, 명, 일

구분		2002	2003	2004	2005
파업	건수	295	255	236	243
	관련 노동자 수	900,386	1,010,976	1,903,054	2,111,433
	근로손실 일수	9,664,537	3,205,950	4,828,737	7,286,667
직장폐쇄	건수	284	255	241	215
	관련 근로자 수	179,048	804,969	169,167	183,750
	근로손실 일수	16,921,382	27,049,961	19,037,630	15,979,034

자료 : 인도 노동부(http://labourbureau.nic.in/).

있기 때문에 특별히 협상의 범위나 내용을 규정해두지 않는 경우가 많다. 즉 상당 부분이 사전에 법적 규정에 의해 해결된다고 볼 수 있다. 노사 간 갈등 해결 방법은 1947년 산업분쟁법에서 명기하고 있는데, 개별 기업들은 각자의 특정한 고충 해결 방식이 있으나 근로자나 노동조합은 인도 법에 따라 분쟁 해결을 조정위원회(Conciliation Board)에 맡길 수 있다. 조정위원회 외에 주(州) 산업법원이나 중앙법원의 결정으로 분쟁 해결에 대한 결정을 내릴 수 있으며, 이들 각 기관의 결정 사항은 최종적인 것으로 어떠한 이유에서도 재검토되지 않는다.

인도의 노동법은 특이하게도 중앙정부와 지방정부가 동일 사안에 대해 서로 다른 의견을 제시할 수 있다. 이에 따라 중앙정부의 노동 관련 기준법들은 각 주별로 서로 다르게 실행될 수 있다는 점에 유의해야 한다. 예를 들어 라자스탄 주와 우타르프라데시 주는 보다 우호적인 경제 환경을 만들기 위해 중앙정부의 노동 감독 범위를 축소하고 있다. 오리사 주와 서벵골 주는 복수노조가 비밀투표를 통해 대표조합을 선출하게 하는 법안을 통과시킨 바 있다. 따라서 인도에 직접투자를 할 때는 중앙정부의 노동법령에 대한 이해뿐만 아니라, 해당 기업이나 공장이 들어서는 대상 주의 노동법에 대해서도 반드시 점검해야 한다.

인도의 노동 환경을 동서남북으로 나눈 다음 대표적 도시를 기준으로 노사 관계를 설명하기도 한다. 동부 지역의 콜카타는 노동조합의 영향력이 가장 강한 곳으로, 외국기업들이 일반적으로 기피하는 대표적 지역이다. 이에 비해 남부의 첸나이는 사람들의 성격이 온순하고, 노사 관계에서 다른 지역보다 안정적인데다 외국기업에 친화적이며, 정부 지원이 많은 것으로 평가되고 있다. 서부의 뭄바이도 안정적으로 기업을 운영할 수 있는 지역이며, 북부의 뉴델리는 남부의 첸나이나 서부의 뭄바이에 비해 근로자 기질이나 노사 관계의 안정성 면에서 약간 뒤떨어진다고 보고 있다.

조세 제도[15]

인도의 조세 제도는 지사나 법인 등에 따라 법인세와 개인소득세가 상이하다.

인도 내 세금 부과 주체는 중앙정부와 주(지방)정부로 구분되는데, 중앙정부에서 부과하는 세금은 개인소득세(Personal Income Tax)·법인세(Corporate Tax)의 직접세와, 관세(Customs Duty)·소비세(Excise Duty)·중앙판매세(Central Sales Tax)의 간접세가 있다. 주정부 부과 세금으로는 등록세(Entry Tax)·물품통과세(Octroi)·주판매세(State Sales Tax) 등을 들 수 있다. 2005년 4월부터 23개주가 부가가치세(VAT)를 도입하면서 주판매세는 부가가치세로 통합되는 추세다.

인도에 진출한 한국 기업은 비상장 인도 회사에 해당되어 인도 기업과 동일한 세율을 적용받고 있다. 즉 투자 진출을 통해 인도 현지에 등록하면 인도 회사로 인정되어, 인도 기업과 동일한 세율을 적용받는다.

또한 법인세 세금 인센티브 제도가 운영되고 있는데, 수출기업(Industries Engaged in Exports), 낙후 지역(Backward Districts) 입주기업, 전자하드웨어테크놀로지파크(EHTPS) 및 소프트웨어테크놀로

---

(15) 〈인도 조세제도 현황〉, KOTRA 뉴델리 무역관, 2006. 3. 23.

인도의 법인세 과세 대상 및 세율

회사의 종류	과세 대상 소득	세율
인도 회사	—인도 외 지역에서 벌어들인 이윤 —인도 내에서 벌어들인 이윤	33%
외국 회사	—인도 내 운영으로 얻은 이윤 —인도 내에서 발생한 것으로 간주되는 소득 (예 : 로열티, 이자, 인도 내 자산 매각대금, 인도 회사로부터 받은 배당 및 기술 서비스료)	41%

지파크(STP) 입주기업, 100% 수출기업(EOU) 및 수출가공구(EPZ) 입주업체, 인프라 시설(도로·고속도로·공항·항만·철도·상수·관개·위생 및 하수설비)의 개발·보수·운영 관련 기업, 과학 및 산업 관련 연구 및 개발 활동 기업, 통신회선 관련 기업에는 10년간 법인세가 면제 혹은 감면된다. 아울러 100% EOU와 EPZ 기업은 수출용 원자재와 자본재에 대해서 무관세가 적용된다.

개인소득세는 거주자(일반 거주자와 비일반 거주자)와 비거주자로 구분해 과세 여부를 정한다. 거주자는 당해 회계연도 중 인도 내에 182일 이상 머무는 경우, 또는 지난 4년간 합쳐서 365일 이상을 인도 내에 머물렀으며 당해 회계연도에 60일 이상 머문 경우로 정의하고, 그 외에는 비거주자로 분류한다. 일반 거주자는 당해 회계연도 기준으로 지난 10년 중 9년 이상 인도에 거주자로 등록되었으며, 지난 7년 중 730일 이상 인도에 머무른 경우에 해당한다. 비일반 거주자와 비거주자가 외국에서 얻은 소득은 비과세 대상이다.

개인의 과세 대상이 되는 소득은 근로 소득, 부동산 소득, 영업 활동 또는 사업 소득, 자본 소득, 기타 소득 등이다. 연소득 10만

인도의 개인소득세 과세 여부

지위	인도 내 소득	외국에서 얻은 소득
일반 거주자	과세	과세
비일반 거주자	과세	비과세
비거주자	과세	비과세

루피(2005/2006년 평균환율로 약 2,235달러) 이하인 경우에는 과세가 면제되고, 소득 군에 따라 누진세가 적용되어 최고 소득세율은 30%에 이른다.

그 외에 제조품에 대한 소비세는 중앙정부가 부과하는 간접세로 종전 8%, 16%, 24% 등 물품별로 상이한 비율을 적용받았으나, 2001/2002년 예산안 발표 때 대부분의 품목이 16% 군으로 변경되었다. 2006/2007년 예산안에서는 소형차와 청량음료의 소비세가 24%에서 18%로 인하되었고, 농축우유와 아이스크림은 아예 면세되었으며, 가공식품과 인스턴트식품은 16%에서 8%로 조정되었다. 250루피(약 5,740원)에서 750루피(약 1만 7,220원) 가격대의 신발류에 대한 소비세는 16%에서 8%로 조정되었으며, DVD 드라이브, 플래시 드라이브 및 콤보 드라이브는 세금 부과가 면제되고 있다. 광고, 컨설팅, 신용카드 서비스 등 67개 부문의 서비스에 대해 부과되는 서비스세도 중앙정부가 부과하는 간접세에 속한다. 2006/2007년 예산안에서는 기존의 10%에서 12%로 2%포인트 인상되었다. 인도 정부는 2010년까지 제조품에 부과되는 소비세와 서비스에 부과되는 서비스세를 통합할 계획이므로, 소비세와 서비스세는 지속적으로 조정될 예정이다.

관세의 경우에는 2006년 발표한 새 예산안에서 기본관세율을

인도의 개인소득세율

과표(연간 소득)	세율
100,000루피 이하	0%
100,000~150,000루피	10%
150,000~250,000루피	20%
250,000루피 이상	30%

기존 15%에서 12.5%로 인하했으나, 부가관세(CVD : Countervailing Duty)를 일괄적으로 4% 부과하기로 결정함에 따라 평균 수입관세율은 2005년에 비해 1.72%포인트 인상된 35.16%에 이른다.

한편 인도는 우리나라를 포함해 총 65개 국가와 이중과세방지 협정을 체결하고 있으며, 우리나라는 배당세 20%, 이자소득세 15%, 로열티 15%가 적용되고 있다.

외환 제도

인도는 1973년에 제정된 외환관리법에 따라 인도중앙은행(RBI)의 외환관리국이 정부의 정책 방향을 고려해 외환을 관리하고 있다. 1990년부터 RBI가 지정한 외환 딜러, 즉 71개의 상업은행(그 중 20개 은행은 외국계 은행으로 구성)이 RBI로부터 허가를 받아 외환거래를 해왔다. 그러나 최근 신경제 정책의 추진과 금융기관에 대한 규제 완화로 외환거래 허가 은행들이 점점 증가하고 있다.

환율의 결정 및 거래와 관련하여 인도 루피화는 영국의 파운드화에 연계된 고정환율제가 유지되어왔으나, 1975년부터는 14개국의 주요 국제통화에 연계된 통화바스켓 방식으로 환율을 결정했다.

1992년 3월부터는 이중환율제가 도입되어 수출로 벌어들인 모든 외화의 40%는 공식환율로, 나머지 60%는 시장환율로 매각할 수 있는 제도를 마련했다.

그러나 1994년 3월부터 공식환율은 폐지되고 시장환율에 따라 거래가 이루어지고 있다. 수출업자는 수출경화 수입에 대해 시장환율로 매각이 가능해져 환율 상승의 프리미엄을 얻은 바 있다. 한편 수입허가를 취득한 수입업자는 외국환 거래 은행으로부터 수입에 필요한 외화를 매입할 수 있으나, 선적 서류를 제출하기 전에는 해외 송금을 할 수 없다.

수출대금은 아프가니스탄이나 파키스탄에 대한 수출인 경우에 수출 상품 선적 후 최고 3개월 이내, 여타 국가에 대해서는 최고 6개월 이내에 외국환 거래 은행에 매도해야 한다. 그러나 일부 자본재나 엔지니어링 제품의 수출에 대해서는 다소 기간 연장이 가능하다.

RBI의 외환통제는 기본적으로 매우 엄격한 것으로 평가되고 있다. 법제상으로 외국기업의 인도 내 사업에서 발생되는 과실 등의 송금(투자 진출 또는 프로젝트에 따른 과실, 로열티, 공사대금 송금)은 RBI의 사전 심사를 받아야만 가능하도록 까다롭게 운영되었다.

그러나 최근 인도의 외환보유고가 2006년 3월 기준 1,516억 달러에 이르는 등 지속적으로 증가하고 있어 인도의 외환관리도 점차 완화되고 있다. 이에 따라 2003년부터는 개인의 달러 계좌 개설이 가능해지고, 해외여행을 할 때 개인이 소지할 수 있는 외화의 한도가 1만 달러로 크게 늘어나는 등 자유화 추세가 확대되고 있다.

투자 유망 분야

한국 기업의 투자 유망 분야는 크게 4가지로 나누어볼 수 있다. 첫째, 가전·자동차·통신 산업 등 인도의 경제성장 및 소득 증대에 따라 중장기적으로 수요가 증가하는 산업이다. 둘째, 인도 정부의 정책적 지원이 집중되고 있는 IT(하드웨어 및 소프트웨어)·섬유·인프라 개발 산업 등이다. 셋째로는 생산 기반 확충을 위한 산업기계류 및 설비와 산업용 부품·중간재·소재 전반을 들 수 있다. 마지막으로 인도 정부의 신규 투자 개방 및 개방 확대 분야인 소매유통업·부동산·건축 등이 유망하다.

전자 및 자동차 산업의 경우, LG전자·삼성전자·현대자동차 등이 1990년대 중반부터 진출해 활발한 활동을 전개하고 있으며, 신규 모델 도입의 확대와 생산 및 판매의 호조에 따라 중소기업 협력업체도 다수 진출해 있다.

최근 인도의 가전제품 및 자동차 시장은 '지속적 수요 증가→시장 확대→경쟁 심화→가격 인하'로 이어져 원가 절감을 위한 기업 간 경쟁이 한층 심화되고 있다. 수출은 특정 기술이 체화된 경우가 아니면 기존 선진국 수출 모델을 그대로 도입하게 되어 가격경쟁에서 열위를 보일 수 있다. 그러므로 투자 진출을 할 때는 인도형 모델 개발 등의 보다 적극적인 대응이 필요하다.

특히 인도의 경제성장 및 소득 증대로 자동차와 가전 등 내구소비재의 수요와, 인도에 진출한 대기업들의 판매량 확대에 따른 부품 수요가 증가하고 있어 자동차부품과 전자부품 등 산업 부품류도 투자 유망 분야로 떠오르고 있다. 우리 진출기업들에 대한 공급을 우선으로 하되, 중장기적으로 외국계 기업 및 로컬 메이커로 공급선을 확대하는 전략을 추진해야 할 것이다.

통신장비 및 설비 산업에서는 통신 입찰시장을 통해 조달 기회를 발굴하려는 노력을 기울여야 한다. 2004년 12월 안드라프라데시 주의 1억 5,000만 달러 규모의 광대역(Broadband) 입찰 등 인도의 광대역 도입 확대 정책이 지속적으로 구체화되고 있는 상황도 새로운 진출 기회를 제공하고 있다. 이들 사업은 공개입찰을 통해 추진되므로 통신 부문 입찰시장에 관심을 두고 주요 기업과의 전략적 제휴를 통해 시장에 진출하는 것이 바람직하다.

IT 산업의 경우, IT 하드웨어는 통신기기 및 장비, 컴퓨터부품, 보안장비, 네트워킹 및 데이터 통신장비 등 분야에 대한 원가 절감형 투자가 필요하며, IT 소프트웨어는 어플리케이션 개발과 R&D 등 인도 IT 인력을 활용한 투자가 유망하다. DVR·CCTV·지문 인식 도어록 등의 보안장비는 외국기업의 인도 내 콜센터 확대와 인도 금융기관의 보안장비 도입 확대 등을 배경으로 지속적인 수요 승가 주세를 보이고 있다. 우리의 대표적인 수출 품목인 휴대전화 부문은 중국산과의 가격경쟁 전략이 향후 시장 확대의 관건이므로, 현지 투자 진출을 통해 가격경쟁력을 확보해야 한다.

섬유 산업에서는 인도 섬유업계의 생산설비 확대가 활발하고 시장 재편으로 새로운 조달 기회가 많은 편이다. 섬유 쿼터 폐지 이후 주요 제조업체들은 수출 증가와 함께 무한경쟁을 염두에 두고, 기업합병 및 규모 확대를 통한 몸집 불리기와 설비 확장 및 노후설비 교체에 주력하고 있다. 한편 미국이나 EU 등에 대한 수출 확대를 겨냥해 대인도 OEM 조달을 늘려나갈 필요도 있다. 인도 내 직접투자를 통한 생산거점으로 면제품은 티루푸르(남부 코임바토르 지역), 인조섬유는 구자라트 남부의 수라트 지역이 대표적이다. 섬유 분야에 진출하려면 인도 내 원가구조가 상대적으로 높은 합성섬유 중심의 투자가 바람직하다.

최근 수입이 급증하고 있는 섬유기계류(직기, 방적준비기계, 염색 및 표백가공기계, 피혁가공기계 등)와 원부자재류 등도 진출 유망 분야다. 기계류는 인도의 높은 수요 증가세와 잠재력에 비해 우리의 마케팅 노력이 부족한 대표적인 분야다. 부피가 크고 무거운 제품의 특성 때문에 제품의 현장 확인과 가동 및 A/S가 판매의 최대 걸림돌로 작용하고 있다. 해당 기계류의 유망 에이전트를 통한 시장 개척이 중요하며, 초기에는 북부·중부·남부 등 지역별로 나누어 관리하되 성과에 따라 관할 지역을 확대하는 것이 좋다.

관세 등 인도의 수입장벽이 상대적으로 높은 분야의 투자 진출도 바람직하다. 이를테면 농산품 및 식품가공과 포장 분야 등 기술적 우위 분야와, 화학제품[16] 등 수입 규제가 집중되고 있는 분야를 들 수 있다.

기타 원자재 확보를 위한 철강이나 석탄 등 자원 개발 투자도 확대 가능한 분야이며, 최근 신규 외국인 투자 개방 분야에도 투자를 강화할 필요가 있다. 쇼핑몰과 사무용 빌딩 등 일정 규모 이상의 상업용 건물과 주택단지 등에 대한 부동산 개발과 건축이 2005년부터 허용됨에 따라 건설업도 투자 유망 분야로 부상하고 있다. 또한 아직은 유통업 개방이 본격적으로 이루어지지 않고 있으나, 인도의 전근대적인 유통구조를 고려해 개방이 가시화될 경우 현대적 설비와 노하우가 결합된 외국인 투자가 급증할 것으로 예상된다.

---

(16) 한국에 대한 인도의 반덤핑 규제 중 80%가 화학제품이다.

최근 인도의 인프라 개발 분야, 즉 플랜트 프로젝트 사업도 진출 유망 분야로 각광받고 있다. 단순히 공사 수주에 의미를 두기보다는 기술적 우위를 바탕으로 한 채산성 있는 프로젝트 중심의 선별적 수주가 바람직하다. 일반 도로공사 등 토목 공사 위주의 공사는 채산성이 낮은데다 우리 진출기업의 경쟁력도 상대적으로 열위를 보이고 있다. 따라서 일정한 기술 노하우가 요구되면서 채산성이 높은 프로젝트를 선별해 수주하도록 노력해야 하겠다.

인도는 각 주정부가 전통적인 산업 환경과 발전 정도를 고려해 특정 산업을 지원하는 경우가 많고, 이들 주별 특화 산업에 대한 진출은 원부자재 및 숙련된 인력 공급과 제품 판매처 확보 등 여러 가지 측면에서 유리하다. 그러므로 현지에 투자할 때는 지역별 유망 산업에 대한 분석이 선행되어야 한다.

주요 지역별 투자 환경

주요 지역 경제 현황 및 경쟁력

1991년 이후로 구자라트 주와 마하라슈트라 주는 6~8%대의 높은 성장률을 기록했으며, 마하라슈트라 주의 뭄바이와 구자라트 주의 일부 지역, 하리아나 주 및 우타르프라데시 주를 포함한 델리 지역, 타밀나두 주의 첸나이, 카르나타카 주의 방갈로르가 산업도시로 급성장했다. 또한 첸나이, 방갈로르, 뭄바이, 하이데라바드 등 서부 및 남부 지역 도시에 집중된 소프트웨어 수출 붐이 경제성장에 큰 역할을 해왔다.[17]

BT갤럽(BT-Gallop)이 2003년에 실시한 여론조사에 따르면, 인도 전체 주 중에서 투자 환경이 좋은 5대주는 마하라슈트라·안드라프라데시·카르나타카·구자라트·타밀나두로 선정되었으며, 장

---

(17) EIU, "Country Commerce."

래 발전 가능성이 큰 주는 서벵골·뉴델리에 인접한 우타르프라데시·하리아나가 될 것으로 예상되었다.

인도에 진출할 때는 각 주별 주요 산업을 고려한 입지 선정이 중요하다. 각 주정부가 지원하는 특화 산업에 투자할 경우 여러 모로 유리한 점이 많기 때문이다.

1970년부터 2004년까지 인도의 주요 주별 경제 수준 변화를 조사한 IMF 자료에 따르면, 2003/2004년 기준 1인당 실질소득이 가

인도의 주별 및 거점 도시별 특화 산업

주	도시	주요 산업
마하라슈트라	뭄바이	금융, 의약품, 자동차, 화학
타밀나두	첸나이	자동차, IT, 석유화학
카르나타카	방갈로르	IT, 우주항공, 의류
안드라프라데시	하이데라바드	IT, BT, 보석류
구자라트	아메다바드	의약품, 석유화학, 섬유
서벵골	콜카타	IT, 피혁, 섬유, 전기·전자
펀자브	루디아나	섬유, ITES, 기계공구
하리아나	구르가온	자동차·전기·전자·IT(수도 델리와 인접)
우타르프라데시	노이다	전기·전자·자동차, IT
자르칸트	보카르	철강, 광산업
델리	뉴델리	중소 제조 및 무역
차티스가르	라이푸르	보석, 알루미늄, 철강, 시멘트
아삼	구와하트	합판, 석유화학, 섬유, 비료, 시멘트, 천연가스, 고무, 차
마니푸르	임팔	수공예 산업

자료:뉴델리 무역관.

인도의 소득·성장·빈곤지수(1970~2004년)

단위 : 루피, %

주 구분		1인당 실질소득	소득 순위		빈곤층 대비 부유층 1인당 실질소득		1인당 실질소득 성장률	인구 증가율
		2003/2004	1970~1974	1990~1994	1970~1974	2000~2004	1970~2004	1970~2004
저소득주	비하르	3,553	14	14	1.0	1.0	1.9	1.4
	우타르프라데시	5,702	13	12	1.8	1.5	1.4	2.1
	오리사	6,487	11	13	2.1	1.6	1.4	1.7
	마디아프라데시	8,284	12	11	1.8	2.1	2.6	1.3
	라자스탄	8,571	9	9	2.3	2.2	1.5	2.7
중간소득주	안드라프라데시	11,333	10	8	2.2	2.9	3.1	1.8
	서벵골	11,771	8	10	2.4	2.9	2.9	1.9
	케랄라	12,109	4	7	2.9	3.1	2.5	1.3
	카르나타카	13,141	7	6	2.4	3.4	3.2	1.9
고소득주	타밀나두	12,976	6	5	2.8	3.5	2.8	1.4
	구자라트	16,779	5	4	2.8	3.9	3.2	2.1
	하리아나	15,721	2	2	3.2	4.0	2.8	2.5
	마하라슈트라	16,050	3	3	3.1	4.1	2.9	2.4
	펀자브	15,800	1	1	3.6	4.2	2.6	1.9
14개 주요 주	가중 평균	10,410	-	-	2.5	2.6	2.3	1.9
	국가 평균	13,048	-	-	2.9	3.3	2.6	2.1
	표준 편차	5,415	-	-	0.67	1.05	0.67	0.44
	변동 계수	1	-	-	0.27	0.40	0.28	0.23

자료 : IMF.

장 높은 주는 구자라트와 마하라슈트라 주로 나타났다. 또한 이 기간 동안 1인당 실질소득 성장률이 높은 주는 카르나타카, 구자라트, 안드라프라데시, 마하라슈트라, 서벵골 주 등이었다.

주요 투자 유망 주

발전 가능성이 높은 투자 유망 주로는 델리, 마하라슈트라, 타밀나두, 카르나타카, 하리아나, 우타르프라데시, 안드라프라데시, 구자라트, 서벵골, 펀자브, 오리사 등을 들 수 있다. 이들 중 델리, 마하라슈트라, 타밀나두, 카르나타카, 구자라트에 대해 살펴보면 다음과 같다.

델리 주

델리 시는 인도의 수도이자 그 자체로 하나의 주를 구성하며, 가장 빠른 경세성장을 보이고 있는 도시 중 하나다. 도시 인구는 지난 10년 동안 50%의 증가를 보여 현재 약 1,600만 명으로 추정되고, 경제발전에 따른 극빈층의 감소[18]로 소비 패턴의 질적인 변화가 이루어지고 있다. 뉴델리 지역은 비교적 잘 정비된 인프라와 다른 지역과의 편리한 연계성이 장점으로 작용하며, 뭄바이와 함께 인도에서 가장 살기 좋은 도시로 선정되었다.

경제성장 지표를 보면, 실질 주 국내총생산(SDP)은 2003/2004년 4,781억 루피로 전년도에 비해 9.2%의 성장을 보였으며, 1인당 실질 국민소득은 3만 2,003루피로 가장 높은 수준이다.

---

(18) 극빈층은 1994년의 15%에서 2004년 기준 8%로 줄어들었다.

국제적 컨설팅업체 MHRC(Mecer Human Resource Consulting)는 〈2006년 삶의 질 보고서〉에서 세계 215개 도시 중 델리를 뭄바이와 공동으로 150위의 순위에 올렸으며, 이는 인도에서 제일 높은 수준이다. 델리 지역은 뭄바이에 이어 전통적으로 삶의 질적 측면에서 2순위로 간주되었으나, 최근의 CNG(압축천연가스) 버스 운행에 따른 대기오염 감소 및 지하철 개통으로 올해에는 뭄바이와 함께 인도 내 공동 1위를 차지했다.

주요 산업은 3차산업으로 생산의 80%를 차지하고 있으며, 지속적인 성장 추세를 보인다. 그러나 통신 분야의 발달과 함께 시(주)정부는 그 잠재력을 감안해 IT 산업을 육성하고자 노력하고 있다. 또한 관광·교통·호텔·전력을 우선 분야로 지정했으며, 풍부한 숙련 기술인력과 시 자체의 협소한 공간 및 용수·전력 사정 등을 감안해 최신 하이테크와 수출 지향적 중소기업을 권장하고 있다.

위와 같은 중소기업 육성을 위해 DSIDC(Delhi State Industrial Development Corporation)는 나렐라(Narela) 산업단지를 개발해 1,500여 업체에게 분양했고, DFC(Delhi Financial Corporation)에서는 장기 신용을 제공하고 있다. 델리 시는 제조업을 지원하기 위해 산업지역(Industrial Area)을 육성해왔는데, 델리 시 북쪽 지역에 나레이나(Naraina) 산업지역, 서쪽 지역에 키르티나가(Kirtinagar) 산업지역과 망골푸리(Mangolpuri) 산업지역이 있고, 남쪽 지역에 오칼라(Okhala) 산업지역이 있어 주로 수출품을 생산하는 소규모 업체가 들어서 있다.

델리 시는 인도의 수도로서 항공·철도·도로 등을 통한 다른 지역과의 연결이 쉬우며, 인프라가 잘 갖춰져 있는 편이다. 공항은 인디라간디 국제공항과 2개의 국내공항이 있으며, 국가 고속도로와 주 도로 및 철도를 통해 다른 모든 주의 수도 및 기타 주요 도시들과 연결되어 있다. 델리 시내에는 최신식 지하철이 운행되고 있으며, 현재 노선 확장 공사가 추진 중이다. 이 공사의 일부 구간에는 우리나라의 삼성건설이 참여했고, 로템(Rotem)이 지하철 차량을 공급했다. 델리 시내 대중교통 차량은 몇 년 전부터 연료를 환경 친화적인 CNG를 쓰도록 함으로써 과거에 비해 도시 공기가 매우 좋아졌다.

국가생산성위원회(National Productivity Council)의 〈2004년 주별 경쟁력 보고서〉에 따르면, 델리는 1인당 소비지출, FDI 유입, 상업은행 예금, 정부와 민간 부문의 조화, 투자자 친밀도 면에서 우수한 것으로 나타났다. 또한 인프라에서 철도, 휴대전화 이용자 수, 기초 의료시설 수혜자 수, 식수 이용 등도 장점으로 작용하고 있다. 반면 노동 비용이 높고, 여성의 노동 참여가 낮으며, 전기의 송배전 손실이 높은 점 등이 단점으로 지적되었다.

델리 시역의 가장 큰 장점은 인프라에 따른 다른 지역과의 연계성이 좋다는 점으로, 10만여 산업 관련 업체들이 등록되어 144만 명의 인원을 고용하고 있다. 하리아나 주의 구르가온 시와 우타르프라데시 주의 노이다 시는 행정구역상 델리에 속하지는 않지만 실질적인 델리 시의 위성도시로서, 최근 이 두 지역에 쇼핑몰·골프장·산업단지 등이 빠른 속도로 개발되고 있다. 델리 시의 서쪽에 접경한 구르가온은 인디라간디 국제공항과 10분 거리에 위치해 있으며, 삼성전자의 휴대전화 공장을 비롯한 많은 한국 기업이 조업 중이다. 델리 시 동쪽에 접경한 노이다에는 삼성전자와 LG전자 및 협력업체 등의 20여 업체가 활발하게 활동하고 있다.

마하라슈트라 주[19]

마하라슈트라 주는 인도에서 가장 산업화된 주 중 하나이며, 다른 지역에 비해 교통망 등의 인프라가 발달된 곳으로 평가되고 있다. 2004/2005년에 13.8%의 성장률을 기록했고, 2005/2006년에도 8.6% 성장한 것으로 추정된다. 마하라슈트라 주는 인도 전체 외국인 투자의 17%와 수출의 40% 이상을 차지하고 있으며, 석유·가스·석유화학·화학·자동차 산업의 중심지다. 또한 주도인 뭄바이는 인도의 금융과 산업의 중심지로 자리 잡고 있다. 특히 인도의 중앙은행인 RBI는 물론 다국적 은행들의 본부가 위치해 있는데, 메릴린치·골드만삭스·JP모건·도이체방크 등이 대표적이다. 또한 2004/2005년 기준 인도 전체 1인당 GDP가 2만 3,222루피인 데 반해 마하라슈트라는 3만 2,170루피로, 인도에서 평균 소득이 매우 높은 지역이다.

인프라 측면에서 보면, 전력 생산 가능량이 1만 2,909메가와트로 전국에서 가장 높은 곳이나, 최근 전력 수요의 증가에 비해 전력 생산량 및 효율성이 낮아 전력 부족 문제가 심각해지고 있다. 그러나 전체 전력 생산량의 22%, 전력 판매의 28%를 민간 부문이 차지하고 있을 만큼 전력 생산 및 공급 비즈니스에 민간 부문 참여가 큰 지역으로 향후 개발 가능성이 크다.

마하라슈트라는 1991~2004년 528억 달러의 외국인 투자를 유치해 다른 주에 비해 높은 투자액을 기록했으며 화학, 자동차, 엔지니어링 부분이 각각 30%, 12%, 15%로 다수를 차지했다. 최근 주정부는 대규모 고용 창출을 위해 기존의 화학, 석유, 섬유, 자동

---

(19) http://www.maharashtra.gov.in/index.php 참조.

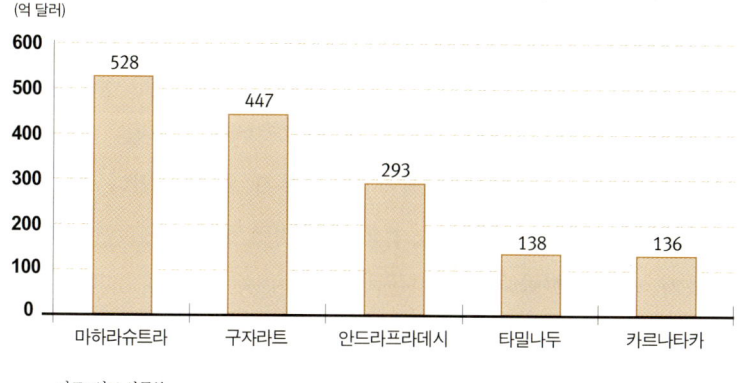

인도의 주별 외국인 투자 동향(1991~2004년)

(억 달러)

600
500 — 528
400 — 447
300 — 293
200
100 — 138 136
0

마하라슈트라 구자라트 안드라프라데시 타밀나두 카르나타카

자료 : 인도 상공부.

차 및 자동차부품, 엔지니어링 산업 이외에 IT, ITES, 금융 서비스
산업 발전에 노력을 기울이고 있으며, 관광 및 바이오산업 개발에
도 중점을 두고 있다. 이를 위해 IT파크(IT Park)에 입주한 기업들
에게 인센티브를 제공하고, 관광 프로젝트를 위한 단일창구를 운
영하며, 세제 혜택과 전력 공급을 지원하고 있으므로 향후 이 분
야에 대한 투자도 유망할 것으로 전망된다.

국가생산성위원회의 〈2004년 주별 경쟁력 보고서〉에서는 마하
라슈트라의 장점으로 많은 외국인 투자 유입, 경쟁력 있는 노동 비
용, 높은 제조업 분야 이윤, 높은 IT 이용도, 효율적 교육 시스템,
전기 공급 능력, 대학교를 통한 고급 인재 배출 등을 꼽고 있다.

마하라슈트라 주에는 다임러크라이슬러인디아(Daimler Chrysler
India), 다우코닝(Dow Corning), 쌤소나이트(Samsonite), 화이자
(Pfizer), 롬앤하스(Rohm&Haas), 산도츠인디아(Sandoz India), 스코
다오토인디아(Skoda Auto India), 월풀(Whirlpool) 등 유수의 다국적
기업이 활발하게 활동하고 있으며, LG전자·두산중공업·현대중

공업·LG화학 등 다수의 한국 기업도 있다. 주요 산업도시는 뉴뭄바이, 뭄바이, 푸네, 나시크, 나그푸르 등이다.

주도이자 전국에서 가장 인구가 많은 도시이며 인도 상업의 중심지인 뭄바이에는 AT&T, GM, 다임러크라이슬러, P&G, 셸(Shell)을 비롯해 여러 다국적기업의 지역 본부가 위치해 있다. 아울러 영화 산업과 엔터테인먼트 사업의 중심지로서 연간 800편 이상의 영화가 제작되고 있다.

마하라슈트라 주 제2의 도시 푸네는 인구 720만 명으로 전국에서 6번째로 큰 도시이며, 자동차와 IT 산업의 중심지다. 타타자동차, 바자즈오토(Bajaj Auto), 다임러크라이슬러, 피아트, 바라트포지 등이 위치해 있으며, LG전자의 제2공장이 운영 중이다.

그 외에도 나그푸르가 물류의 중심지로 성장하고 있으며, 뉴뭄바이가 뭄바이의 쌍둥이 도시로 개발되면서 위성도시 역할을 하고 있다.

카르나타카 주

인구 5,300만 명의 카르나타카 주는 1990년대 말 연간 GDP 성장률이 8%대를 유지할 정도로 고성장을 기록했으며, 2001년 이후 5%대로 둔화된 이후 2003/2004년 6.2%로 다시 상승세를 보이고 있다.

전체 주 GDP의 50%를 서비스 산업이 차지하고, 농업과 제조업은 각각 25%의 비율로 구성되어 있다. 한편 소프트웨어 수출은 인도 전체 소프트웨어 수출의 35% 이상을 차지할 만큼 IT 서비스가 발달되었다. 최근 주정부는 IT 이외에도 ITES, 바이오산업, 인프라, 식품가공, 관광 산업 등을 중점적으로 개발하고 있다.

카르나타카 주는 인프라 개발 투자에 집중하고 있으며, 특히 민간투자를 유치하기 위해 노력하고 있다. 정보통신 인프라가 전국에서 가장 우수한 지역으로 전역에 광섬유케이블(optic fibre cable) 네트워크가 조성되어 있으며, 인터넷 가입자 수는 전체 주 가운데 2위를 기록하고 있다. 또한 과학기술과 R&D 기관들이 다수 위치해 있으며, IT 관련 전국 졸업생의 10% 정도를 배출하고 있다.

국가생산성위원회의 〈2004년 주별 경쟁력 보고서〉에서는 카르나타카 주가 1인당 생산성, 외국인 투자 유입, 컴퓨터 이용도, 이동통신 가입자 수, 전화선 보유, 교육기관 및 연구소 수 등에서 우수한 것으로 평가되었다.

카르나타카 주에는 ABB, 보쉬(Bosch), GE, HP, IBM, 인텔, 모토롤라, 오라클, TI, 선마이크로시스템스(Sun Microsystems), 볼보

인도 카르나타카 주의 소프트웨어 수출 동향

(백만 달러)

자료: 카르나타카 주정부.

(Volvo) 등의 다국적기업이 활발하게 활동 중이다. 또한 삼성전자의 SISO(Samsung India Software Operation)와 LG의 IT 연구소 등이 위치해 있다.

특히 주도인 방갈로르는 인도에서 가장 기후가 좋고, 인도의 '실리콘밸리' 라고 불릴 정도로 IT 산업이 발달해 있다. 방갈로르는 인도 IT 수출의 50% 이상을 차지하고 있으며, 전 세계적으로 유명한 100개 이상의 IT기업들이 인도에서 IT 서비스를 아웃소싱하고 있다. 또한 1991/1992년에 13개에 불과하던 소프트웨어 회사가 2005년 말 1,200개를 넘어설 정도로 소프트웨어의 중심지로 자리 잡았다. 방갈로르는 인도 최고의 코즈모폴리턴 도시로서 전체 인구 중 55%가 다른 주에서 온 이주민이거나 외국인일 정도로 타지인의 비율이 높다.

한편 방갈로르가 하이테크 도시로 집중 개발되면서, 최근 들어 임차료와 물가가 상승하고 도시 포화 현상을 보이고 있다. 이런 상황을 해결하기 위해 방갈로르와 주변도시 마이소르를 연계하는 BMICP(Bangalore-Mysore Infrastructure Corridor Project)를 개발 중이며, 2007년 4월 완공을 목표로 총 8,700만 달러를 투자해 111킬로미터에 이르는 4차선 고속도로를 건설하고 있다.

타밀나두 주[20]

타밀나두는 인도에서 가장 발달된 주 중 하나이며, 인도 제3위 규모에 전체 공장의 16%가 위치해 있는 산업 중심 지역이다.[21] 주

---

(20) http://www.tn.gov.in/misc/tnataglance.htm 참조.
(21) IBEF.

인도 타밀나두 주의 주요 산업 비중

단위 : %

주요 산업	비중
자동차	21
중장비 상용차	33
자동차부품	35
기차(railway coaches)	49
면사	32
가죽 유성처리(tanning)	70
소프트웨어	19
파워 펌프	50

자료 : 타밀나두 주정부.

요 산업으로 섬유와 자동차가 특히 발달했으며, 포드 및 현대자동
차와 함께 자동차부품 회사도 다수 진출해 있다.

또한 소프트웨어 수출도 활발하게 이루어져, 1998~2001년에
700%나 수출 증가를 기록했다. 2004년 기준 타밀나두 주소득의
56.2%가 서비스 분야일 정도로 IT 산업 비중이 높고, 2004/2005년
에 총 1,200개 이상의 회사에서 23억 달러 규모의 IT 수출을 기록
했으며, 9만 명 이상의 IT 전문가가 종사하고 있다. 주요 도시인
첸나이는 'IT 허브'로 부상하고 있는데, 세계 유수의 은행 소프트
웨어 회사인 티메노스(Temenos)가 R&D설비에 1,500만 달러를 투
자했다. 핀란드의 엘리베이터 대기업인 코네(Kone)도 첸나이에서
소프트웨어를 아웃소싱하고 있다.

타밀나두 주의 빠른 경제성장에는 정부의 적극적인 산업 정책
과 인프라 개선 노력이 크게 작용했는데, 투자 단일창구 마련과

투자장벽 해소 노력 등이 성과를 거둔 것으로 평가되고 있다. 또한 ITES와 바이오테크놀로지 정책을 적극적으로 추진한 곳 중 하나이며, 바이오밸리(Bio-Valley) 건설을 목표로 추진 중이다.

특히 타밀나두는 안정적인 전력 공급이 가능하며, 인도에서 가장 낮은 전기료를 자랑하고 있다. 전력 공급 가능량이 11,729.8메가와트를 기록했으며, 2007년 3월까지 30% 증가시킬 계획이다. 또한 세계 최대 규모이자 인도 최초로 첸나이와 싱가포르를 연결하는 바르티-싱텔(Bharti-Singtel) 해저 케이블이 정보통신 발전에 크게 기여할 것으로 기대되고 있다.

국가생산성위원회의 〈2004년 주별 경쟁력 보고서〉에서는 타밀나두의 장점으로 높은 서비스 분야 점유율, 외국인 투자 유입의 증가, 높은 제조업 분야 이윤, 낮은 지방세, 튼튼한 주 재정, 낮은 노동분쟁, 풍부한 IT 숙련자 등을 들고 있다.

타밀나두 주의 주도인 첸나이는 남부 인도 금융의 중심지이며,

인도 타밀나두 주의 주요 외국인 투자 동향

단위 : 백만 달러

회사명	국가	분야	투자액
Hyundai Motors	한국	자동차	900
Ford Motor India	미국	자동차	380
P&O Ports	영국	항구 인프라	150
St. Gobain	프랑스	유리 제조	125
Visteon	미국	자동차 부품	120
Mitsubishi	일본	자동차	50
Matsushita	일본	전자	12

자료 : IBEF.

인도에서 숙련 노동자 고용이 가장 손쉬운 주로 알려져 있다. 특히 엔지니어 부문 졸업생이 연간 7만 9,800명에 달해 인도에서 가장 많다. 또한 다른 경쟁 도시보다 인건비가 낮은 편이며, 중국과 비교하면 월등히 낮은 수준이다. 일례로 2004년 국제노동기구(ILO) 조사에서는 첸나이의 숙련 노동자 월급이 67~78달러 수준인데 반해 중국은 222~556달러로 나타났다.[22] MHRC의 2005년 생활비 조사에 따르면, 첸나이는 전체 144개 도시 중 138위로 105위의 뭄바이와 110위의 뉴델리보다 낮은 수준이다. 이런 환경을 바탕으로 포드와 현대자동차 등이 첸나이에 진출해 '인도의 디트로이트'로 각광받고 있다. 이외에도 타밀나두에는 ABN암로(ABN Amro), 칼텍스(Caltex), 캐터필러인디아(Caterpillar India Pvt Ltd), 엘듀퐁인디아(El Dupont India), 마두라코트(Madura Coats Ltd), 마쓰시타전기산업(Matsushita Electric), 생고뱅(Saint-Gobain Glass India), 비스티온코퍼레이션(Visteon Corporation) 등이 활발한 활동을 보이고 있다. 또한 세계적인 면직물 생산지로서, 월마트(Wal-Mart), 토미힐피거(Tommy Hilfiger), GAP, 디젤(Diesel) 등 유수한 의류 다국적 기업의 글로벌 소싱 지역으로도 유명하다.

구자라트 주

구자라트 주의 주요 산업은 화학, 의약, 섬유, 보석, 광업 등이다. 인도 내에서 가장 중요한 화학 산업 지역으로, 구자라트 주 전체 산업 생산 및 수출의 30% 이상을 화학 산업이 차지하고 있다. 또한 인도 다이아몬드의 80%를 처리하는 다이아몬드 가공 산업

---

(22) 첸나이는 주간 48시간 기준, 중국은 주간 44시간 기준이다.

인도 구자라트 주의 주요 생산 제품 및 인도 내 점유율

단위 : %

순위	제품	점유율	순위	제품	점유율
1	정유 제품	50	8	해면철	35
2	의약품	45	9	비료	30
3	화학 제품	31	10	시멘트	9
4	소다회	n.a	11	소금	70
5	가성소다	35	12	땅콩	35
6	폴리에스테르, 필라멘트 사	45	13	금불초 껍질	100
7	섬유	15	14	파마자유	90

자료 : IBEF.

이 발달된 곳이기도 하다. 시멘트와 소다의 주요 생산 지역이며, 면화·파마자유(castor oil)·금불초 껍질(psyllium husk)의 주요 생산 지역이다.

구자라트는 인도에서 가장 먼저 항구 건설 민영화가 시작되었을 뿐만 아니라 항구가 BOOT[23] 방식으로 세워진 유일한 주다. 또한 39MMTPA 용량으로 규모가 가장 큰 칸틀라(Kandla) 항구를 보유하고 있다. 특히 구자라트는 최대의 천연가스 생산 지역으로 인도에서 가장 큰 LNG 터미널이 다헤즈(Dahej) 항구에 건설 중이다. 2010년경까지 천연가스가 전체 에너지 수요의 20%를 충족시킬 것으로 예상되고 있어, 구자라트가 인도 전력 생산에서 중요한 역

---

(23) BOOT(Build-Own-Operate-Transfer)는 시설 완공 후 소유권이 사업주에 귀속되어 일정 기간 운영 후 정부에게 소유권을 양도하는 방식으로, 기법상 BOT(Build Operate Transfer)와 차이가 없으나 사업주에 의한 시설의 소유를 강조하기 위해 구분한다.

할을 하게 될 전망이다.

구자라트 주는 양질의 노동력, 편리한 항구, 풍부한 전력 및 수
자원 공급에 힘입어 주요 제조업 지역으로 부상하고 있다. 또한
천연가스 매장량 및 LNG 터미널 건설 등을 통해 제조업 투자지로
서의 매력을 높여가고 있다.

그 외에도 국가생산성위원회는 소비자 물가가 낮고, 자본집약
도가 높으며, 노동 생산성이 높은 것을 구자라트의 장점으로 지적
한다. 또한 낮은 부패도 및 지방세, 풍부한 산업 인력 및 IT 숙련자
등도 강점으로 작용하고 있다.

구자라트 주에 진출한 주요 다국적기업은 ABB, GE플라스틱
(GE Plastics), 노바티스(Novartis), 브리티시가스(British Gas), 바이엘
(Bayer), 로열더치셸(Royal Dutch Shell), 인게르솔랜드인디아
(Ingersoll-Rand India Limited), 보쉬렉스로스(BOSCH Rexroth Ltd.),
GM, AT&T, 지멘스, 마쓰시타, 후버케미컬인디아(Huber Chemicals
India Limited) 등이다. 특히 셸은 6억 달러 이상을 투자해 하지라
프로젝트를 진행 중이며, 이 프로젝트에는 항구 및 LNG 터미널
건설이 포함되어 있다.

안드라프라데시 주

안드라프라데시 주는 인도 제5위 규모의 경제 지역이며, 대표
적인 산업은 농업·IT·섬유·가죽 제품·엔지니어링·의약·R&D
분야다. 인도에서 최초로 정보 보호와 소비자 보호 법안을 통과시
킨 주이며, 인도 전체 소프트웨어 인력의 23%를 차지하고 있다.

주도인 하이데라바드는 인도 소프트웨어협회가 선정한 제1의
ITES 투자지로 유명하며, 종합적인 ITES·BPO 정책을 추진하고

있다. 마이크로소프트, IBM, 모토롤라, 오라클, 바안(Baan), 위프로 등의 주요 회사들이 하이데라바드에서 활동 중이다.

또한 산업단지 수가 전국에서 두 번째로 많은 272개로 대표적인 산업도시다. 이를테면 의류 수출단지, 바이오산업 위주의 게놈밸리(Genome Valley), 해양 바이오테크 단지(Marine biotech park), 의약 단지, 보석 단지 등 다양한 특성화 산업단지가 운집해 있다.

의약품 산업도 의약품 전체 수출의 30% 이상을 차지할 정도로 발달해 있다. 샨타바이오테크닉스(Shanta Biotechnics), 바라트바이오테크(Bharat Biotech), 크렙스바이오테크(Krebs Biotech) 등 주요 바이오산업 회사들이 R&D센터를 운영하고, CCMB, ICRISAT, OSMANIA 대학과 함께 바이오 클러스터를 형성하고 있다. 주정부의 전략적인 바이오산업의 육성과 함께 양질의 노동력 확보, 풍부한 R&D센터, 우수한 대학 등을 보유하고 있으므로 세계 바이오산업에서도 경쟁력 있는 투자 지역으로 부상했다. 이 같은 추세에서 최근 인도의 의약 산업 수도로 각광받고 있다. 또한 관광 산업이 고용 창출 및 경제성장의 견인차 역할을 할 것으로 보고, 관광 산업 육성에도 노력하고 있다.

한편 전체 인구의 70%가 농업에 종사하고 있음에도 불구하고 서비스 분야가 크게 발달했다. 숙련 IT 노동자, 온화한 기후, 양호한 정보통신 인프라를 바탕으로 외국인 투자 유치에 노력하고 있다. 안드라프라데시 주에 위치한 하이테크시티(Hi-Tech City)는 전국에서 가장 큰 IT 시설 중 하나다.

안드라프라데시는 국가 전력 생산에서 중요한 역할을 하고 있으며, 전국에서 유일하게 전력이 풍부한 지역으로 평가된다. 2004년 기준 전력 생산량은 총 1만 273메가와트로 전국에서 세 번째로 많았으며, 2009년까지 4,715메가와트를 추가 생산하기 위한 프로젝트가 진행 중이다. 뿐만 아니라 민영화 및 전력 배분 등 에너지 부문 개혁이 성공적으로 진행된 것으로 평가되고 있다.

또한 광물자원 보유 면에서도 전국 2위다.[24] 특히 시멘트와 철강 자원이 풍부하며, 천연가스도 다량으로 매장되어 있다. 전국 석회암 매장량의 20%와 보크사이트 매장량의 27%를 차지하며, 국가 전체 광물자원의 3분의 1이 매장된 것으로 추정된다. 아울러 국가 전체 수산품 수출의 25~30%를 차지하고, 망고·기름야자·고추 등 주요 농산품의 최대 생산지이기도 하다.

안드라프라데시의 장점은 경쟁력 있는 노동 비용, 고용 증가, 쉬운 행정 절차, 여성의 노동 참여, 낮은 실업률, 낮은 전기세 등이다. 반면 낮은 취학률, 정부의 높은 부패도, 높은 물가 수준 등이 단점으로 지적되고 있다.

안드라프라데시는 1991~2004년에 36억 달러 이상의 외국인 직접투자를 유치했는데, 정유소·화력발전소·관개설비 등이 주요 투자 부문이었다.

---

(24) IBEF, 2005. 12. 12.

세계 최대의 언어집단

김찬완

인도에는 3,372개의 언어가 존재하며, 세계에서 언어가 가장 많은 국가로 알려져 있다. 이 중 10만 명 이상의 인구가 사용하는 언어는 216개이고, 헌법이 인정한 지정언어(Scheduled Languages)만 18개다. 인도의 언어는 크게 인도아리아 어족, 드라비다 어족, 티베트-버마 어족, 그리고 호주-아시아 어족 등 4가지 어족으로 나뉘는데, 73%의 인구는 인도아리아 어족의 언어를 사용한다. 인도의 언어를 파악하려면 공용어와 지정어를 이해해야 하는데, 여기서 공용어는 중앙정부 공용어와 주 및 연방직할지 공용어의 2가지 유형으로 나뉜다. 중앙정부의 공용어는 힌디어와 영어로서, 중앙정부가 28개 주와 7개 연방직할지에 공무를 전달할 때 쓰인다. 또한 헌법상에 '인도의 언어'로 선정된 18개의 지정어는 각 주나 연방직할지 내에서 공용어로 사용되고 있다. 인도 중앙정부의 공용어이자 델리를 포함한 9개 주에서 공용어로 채택하고 있는 힌디어는 인도 전체 인구의 40%가 사용한다. 다음으로는 벵골어(8.30%), 텔루구어(7.87%), 마라티어(7.45%), 타밀어(6.32%) 순이다. 정부의 공용어가 아닌 일상언어의 종류는 매우 많다. 예를 들어 방송매체에서 사용되는 언어는 104개, 초등교육에서 사용되는 언어는 67개, 신문으로 발행되는 언어는 35개, 문학어로 인정된 언어는 22개로 집계되고 있다.

인도 중앙정부의 제2공용어인 영어는 전체 인구의 약 5%에 해당하는 5,000만 명이 유창하게 읽고 쓸 줄 안다. 인도 연방정부 문서에서 영어가 차지하는 비중은 93%이고, 비즈니스 문서는 100% 영어를 사용하며, 영어

인도의 지정어 사용 인구 및 채택 지역 현황

단위 : 십만 명, %

언어명	지정어 채택 지역	인구 수		인구 비율	
		1981	1991	1981	1991
힌디(Hindi)	델리 외 9개주	2,645	3,372	38.7	40.22
벵갈리(Bengali)	서벵골	512	695	7.51	8.30
텔루구(Telugu)	안드라프라데시	506	660	7.41	7.87
마라티(Marathi)	마하라슈트라	494	624	7.24	7.45
타밀(Tamil)	타밀나두	n.a	530	n.a	6.32
우르두(Urdu)	잠무카슈미르	349	434	5.11	5.18
구자라티(Gujarati)	구자라트	330	406	4.84	4.85
칸나다(Kannada)	카르나타카	256	327	3.76	3.91
말라얄람(Malayalam)	케랄라	257	303	3.76	3.62
오리야(Oriya)	오리사	230	280	3.37	3.35
펀자비(Punjabi)	펀자브	196	233	2.87	2.79
아삼(Assamese)	아삼	n.a	130	n.a	1.56
신드(Sindhi)	-	20	21	0.30	0.25
네팔리(Nepali)	-	13	20	0.20	0.25
콘카니(Konkani)	고아	15	17	0.23	0.21
마니푸리(Manipuri)	마니푸르	9	12	0.13	0.15
카슈미르(Kashmiri)	-	31	n.a	0.46	n.a
산스크리트(Sanskrit)	-	0.06	0.49	0	0.01

주 : n.a는 지역 사정에 의해 조사가 실시되지 못해 통계가 누락됨.
자료 : Registrar General & Census Commissioner, Census of India 2001, Government of India.

로만 수업하는 고등학교도 14%나 된다. 이러다 보니 대부분의 인도 중상
층들은 영어를 이해하는 데 무리가 없다. 인도는 미국 다음으로 영어를 많

인도 내 영어 사용 비중

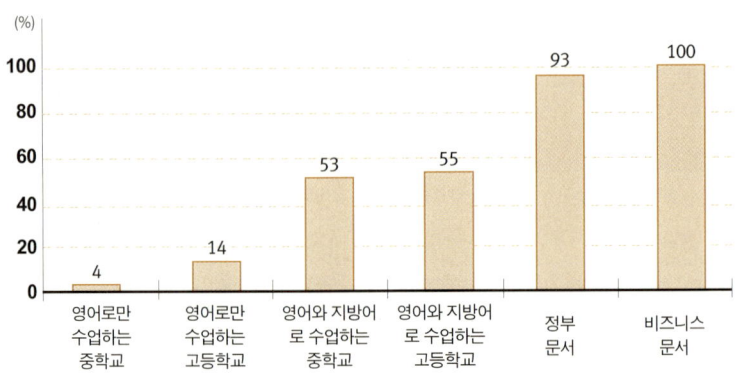

자료 : 《한겨레신문》, 2004. 12. 29.

이 쓰는 영어권 국가이며, 기본적으로 2~3개의 언어를 구사하는 인구가 많다. 인도 국민이 2~3개의 언어를 구사하는 것은 수많은 언어가 공존하는 다원복합사회에서 살아남으려는 생존을 위한 진화인지도 모른다. 특히 영어는 영국 식민지 이후 지금까지 인도의 다양한 지역과 인종을 연결해 주는 매개체가 되어왔고, '인도 거지도 영어를 한다'는 말이 있을 정도로 인도인들은 영어에 익숙한 편이다. 이처럼 영어 구사력을 가진 인도 인력들은 실리콘밸리 IT엔지니어의 약 30%를 차지하며 미국 신경제를 이끌고 있다. 또한 인도인의 영어 구사력을 활용하기 위한 세계적 기업들이 인도의 실리콘밸리로 불리는 방갈로르로 몰려들고 있으며, 다국적기업들이 콜센터를 이전하는 이유도 이 때문이다.

2장

한국 - 인도 경제협력

박민준

India

한국-인도 교역 현황

교역 규모

한국과 인도의 교역은 2003년 이후 급증세를 보이며, 특히 대인도 수출이 두드러진 증가세를 기록하고 있다. 2005년 대인도 수출은 46억 달러 규모를 기록해 전년 대비 26.6% 증가했으며, 2006년 1~6월 수출액도 27억 3,000만 달러로 전년 동기 대비 31.1% 증가했다.

양국 간 교역에서 한국은 인도에 지속적인 무역흑자를 보이고 있다. 특히 2003년 이후 10억 달러 이상의 흑자를 나타내고 있으며, 2005년에는 25억 달러의 흑자를 기록하는 등 무역흑자의 폭이 확대되고 있다. 그러나 최근 수출 증가세 못지않게 수입 증가도 두드러지는 현상을 보여, 수입 증가율은 2004년 50.1%와 2005년 14.2%에 이어 2006년 1~6월 중 53.8%를 기록했다.

한국-인도 수출입 동향

단위 : 백만 달러, %

연도	수출액	증감률	수입액	증감률	무역수지
1996	1,177	4.5	976	22.2	201
1997	1,150	-2.3	939	-3.7	211
1998	1,668	45.0	606	-35.4	1,062
1999	1,362	-18.3	768	26.6	594
2000	1,326	-2.7	985	28.2	341
2001	1,408	6.2	1,106	12.3	302
2002	1,384	-1.7	1,249	13.0	135
2003	2,853	106.1	1,233	-1.3	1,620
2004	3,632	27.3	1,850	50.1	1,782
2005	4,598	26.6	2,112	14.2	2,486
2006(1~6월)	2,726	31.1	1,496	53.8	1,230

자료 : KOTIS.

　　한국의 전체 수출에서 인도가 차지하는 비중은 2005년 기준 1.6%로 아직 미미한 수준이지만, 2000년 0.8%에서 지속적인 증가세를 보였다. 이와 같이 인도가 수출에서 차지하는 비중은 높아지고 있는 반면, 수입 비중은 0.7~0.8% 수준을 유지하고 있다. 그러나 최근 수입 증가세가 지속되면서 수입 비중도 높아질 것으로 전망된다.

　　인도는 한국의 수출국 순위에서 2002년까지 24위에 그쳤으나, 2003년부터 수출이 급증하면서 13위, 2004년과 2005년은 11위로 급상승했다. 2006년 1~6월에는 10위를 기록해 대인도 수출 비중이 꾸준히 증가하고 있는 것으로 나타났다.

　　이와 같은 수출 증가세 속에서 인도가 우리의 주력 수출시장으

한국의 대인도 교역 비중

단위 : %

연도	수출국 순위	수출 비중	수입국 순위	수입 비중
2000	25	0.8	25	0.6
2001	25	0.9	25	0.8
2002	24	0.9	24	0.8
2003	13	1.5	17	0.7
2004	11	1.4	26	0.8
2005	11	1.6	26	0.8

자료 : KOTIS, 무역협회.

한국의 수출국 순위

단위 : 백만 달러, %

순위*	국가명	2004		2005	
		금액	증감률	금액	증감률
	총계	253,845	31.0	284,419	12.0
1	중국	49,763	41.7	61,915	24.4
2	미국	42,849	25.2	41,343	-3.5
3	일본	21,701	25.6	24,027	10.7
4	홍콩	18,127	23.7	15,531	-14.3
5	대만	9,844	39.7	10,863	10.3
6	독일	8,334	48.7	10,304	23.6
7	싱가포르	5,654	21.9	7,407	31
8	영국	5,516	34.7	5,339	-3.2
9	인도네시아	3,678	8.9	5,046	37.2
10	말레이시아	4,480	16.3	4,608	2.9
11	인도	3,632	27.3	4,598	26.6

주 : 순위는 2005년 기준.
자료 : KOTIS.

로 부상할 가능성이 커지고 있다. 특히 투자 진출한 우리 대기업들의 생산 및 판매가 확대되는 가운데 부품·중간재·설비 수출이 증가하고 있으며, 인도 프로젝트 수주에 따른 설비 및 장비의 수출 확대도 대인도 수출 증가에 기여하고 있다.

품목별 수출입 동향

한국이 인도로 수출하는 품목은 대부분 전자·전기 제품과 기계류(자동차 포함)로 두 분야에 대한 수출 비중은 2005년 기준 62%에

한국의 대인도 수출구조

단위 : 백만 달러, %

품목 코드*	품목명	2004		2005	
		금액	증감률	금액	증감률
	총계	3,632	27.3	4,598	26.68
8	전자·전기 제품	1,264	14.7	1,595	26.2
7	기계류	1,163	19.6	1,259	8.3
6	철강금속 제품	460	119.5	690	50
2	화학공업 제품	381	34.0	585	53.5
1	광산물	134	66.9	249	85.8
4	섬유류	153	7.5	136	-11.1
3	플라스틱·고무· 가죽 제품	53	30.1	56	5.7
9	잡제품	7	30.2	12	71.4
5	생활용품	11	29.0	11	0.0
0	농림수산물	6	-19.0	6	0.0

주 : MTI 코드 기준.
자료 : KOTIS.

달했으며, 그 밖에 철강금속 제품·화학공업 제품·광산물 등이 주로 수출되고 있다. 이와 같이 기계류 등의 산업용 자본재와 원자재 및 부품류가 수출을 주도하고 있다.

2005년 대인도 수출 제품을 살펴보면, 무선전화기가 전체의 23.8%를 차지하며, 35.2%의 증가율을 기록했다. 자동차부품도 8.7%로 높은 비중으로 17%의 증가율을 보였다.

5대 주요 수출 품목의 최근 10년간 수출 동향을 살펴보면, 1996년 1만 9,400달러에 불과했던 휴대전화 및 부품 수출액이 2005년에 11억 달러 규모로 기하급수적으로 증가했다. 특히 무선전화기는 2003년부터 제1위의 수출 품목으로 자리 잡아왔으며, 점차 그 비중이 높아지는 추세다. 자동차부품 수출도 2002년부터 급증했

인도의 5대 주요 수출 품목의 수출 추이(1996~2005년)

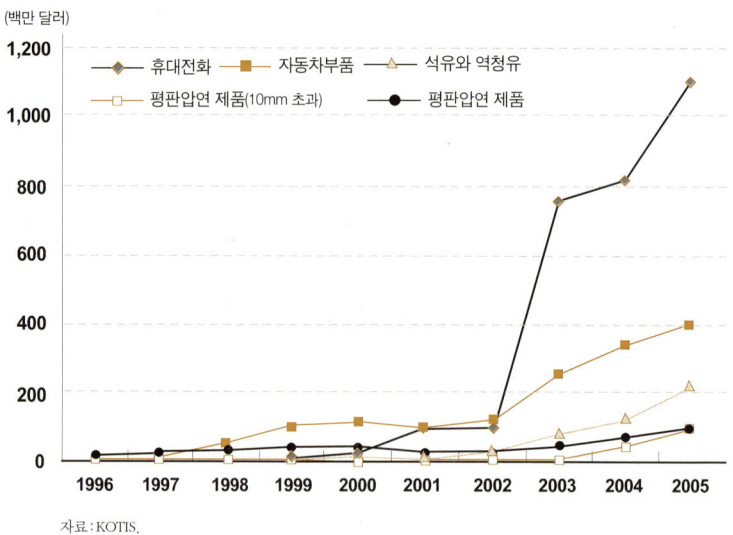

자료 : KOTIS.

한국의 대인도 10대 수출 품목

단위 : 백만 달러, %

순* 위	품목* 코드	품목	2004		2005		2006(1월~6월)	
			금액	증감률	금액	증감률	금액	증감률
		총계	3,632.0	27.3	4,597.8	26.6	2,725.9	31.1
1	852520	수신기기를 갖춘 송신기기	808.9	8.7	1,093.6	35.2	729.1	56.4
2	870899	자동차용의 기타 부분품과 부속품	342.1	35.3	400.2	17.0	276.6	52.5
3	271019	경질석유 및 조제품을 제외한 석유와 역청유 (원유 제외) 및 따로 분류되지 아니한 조제품	115.0	49.7	224.4	95.2	169.6	102.4
4	890120	탱커	161.1	-23.6	175.5	8.9	-	-100.0
5	720917	철·비합금강의 평판압연 제품 (코일상, 냉간압연, 두께 0.5mm 이상 1mm 이하)	66.8	63.7	97.2	45.5	34.6	-30.7
6	720836	철·비합금강의 기타 평판압연 제품 (코일상, 열간압연, 두께 10mm 초과)	31.9	-	79.7	150.1	00.0	474.7
7	390410	염화비닐수지 (타물질 혼합하지 않은 것)	24.2	26.5	71.4	194.8	16.5	-56.6
8	480100	신문용지 (롤상 또는 시트상의 것)	29.8	73.0	65.9	120.7	59.4	131.4
9	852990	무선송수신기기· 레이더·항행용·무선기· TV수상기의 기타 부분품	63.9	21.4	63.9	-0.1	81.1	237.4
10	852812	천연색의 것	14.3	-32.7	62.2	333.7	27.1	24.6

주 : HS CODE 6단위 기준, 순위는 2005년 기준.
자료 : KOTIS.

으며, 냉연강판과 열연강판 등 철강 제품 대인도 수출이 높은 증가율을 기록하고 있다.

주요 품목별 대인도 수출 증가 요인을 살펴보면, 우선 휴대전화와 컴퓨터 등은 인도 시장에서 수요가 크게 늘고 있기 때문이며, 기계류는 경제성장 가속화로 기업설비 투자가 확대되는 데 따른 수요 증가로 볼 수 있다. 전자관 등의 전자부품, 철강판, 자동차부품의 수출 증가는 우리 진출기업들의 판매 증가 및 한국으로부터의 부품 조달 확대에 따른 결과다.

수입의 경우, 2005년 기준 한국이 인도에서 수입하는 제품 중 47.6%가 광산물이며, 그 다음으로는 철강금속 제품, 섬유류, 화학공업 제품, 농림수산물 등이다. 이와 같이 대인도 수입 제품은 원

인도의 5대 주요 수입 품목의 수입 추이(1996~2005년)

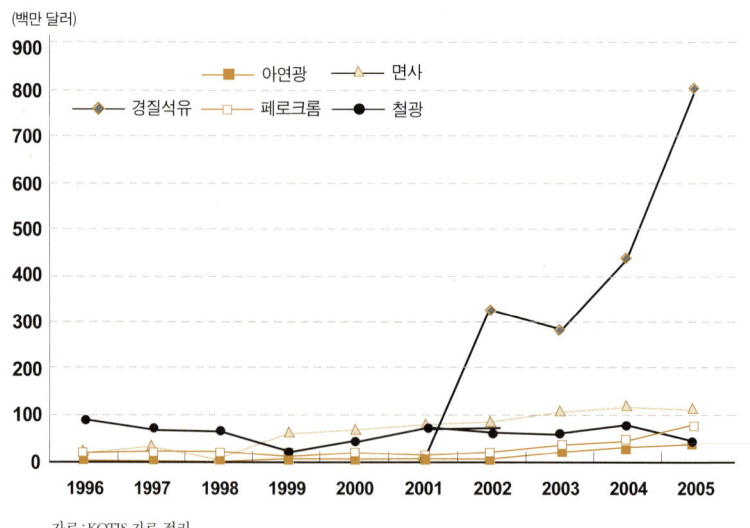

자료 : KOTIS 자료 정리.

한국의 대인도 10대 수입 품목

단위 : 백만 달러, %

순*위	품목*코드	품목	2004		2005		2006(1월~6월)	
			금액	증감률	금액	증감률	금액	증감률
		총계	1,850.0	50.1	2,112.1	14.2	1,495.8	53.8
1	271011	경질석유 및 조제품	434.8	55.5	803.0	84.7	522.6	90.5
2	520523	면사(코움한 면함량 85% 이상의 단사, 232.5 6-192.31데시텍스)	124.2	21.6	115.9	-6.7	55.7	-9.1
3	720241	페로크롬 (탄소 함유량이 4% 초과)	56.6	54.2	76.8	35.7	46.4	11.8
4	260111	철광과 그 정광 (응결하지 않은 것)	77.5	44.7	49.4	-36.3	40.2	49.0
5	260800	아연광과 그 정광	24.7	27.6	36.9	49.3	154.5	535.0
6	230400	대두유 추출 시 얻는 오일케이크와 유박	219.5	237.5	36.8	-83.2	94.4	166.1
7	840734	차량 추진용 왕복식의 피스톤 식 엔진 (실린더 용량 1,000cc초과)	6.3	-	35.4	465.6	16.6	2.8
8	740811	횡단면의 최대치수가 6mm를 초과하는 정제한 동의선	20.1	46.5	34.6	72.0	21.9	31.1
9	520524	면사 (코움한 면함량 85% 이상의 단사, 192.31-125데시텍스)	52.9	32.7	32.8	-38.0	19.9	15.3
10	270900	석유, 역청유(원유)	0.0	-	29.5	-	-	-100.0

주 : HS CODE 6단위 기준, 순위는 2005년 기준.
자료 : KOTIS.

자재가 주를 이루며, 경질 석유 및 조제품, 면사, 합금철, 대두유 추출물 등이 주요 수입 제품으로 자리 잡고 있다. 특히 석유와 석유 제품 및 관련 물질의 수입이 2005년 8억 달러 규모로 전년 대비 84.7%에 달하는 증가세를 보였으며, 피스톤 식 엔진도 465.6%라는 증가율을 기록했다. 반면 면사, 박류, 철광은 마이너스 성장했다.

대인도 주요 수출 유망 품목

우리의 수출 유망 품목으로는 기계류 등 중장기적으로 우리 제품의 진출 잠재력이 높은 품목(공작기계, 포장기계, 식품가공기계, 건설기계, 섬유기계 등)과, 수입 규모 및 수입의존도가 높은 산업부품류(자동차부품, 전자부품, 기계부품 등) 전반을 들 수 있다.

시장 확대가 가능한 유망 품목별 경쟁 동향을 살펴보면, 철강 및 철강 제품은 러시아·일본·한국 간 경쟁이 치열하며, 선박은 싱가포르와 일본이 주요 경쟁국이다. 인도 시장 내 우리나라와 경쟁국의 주요 경합 품목을 살펴보면, 중국이 전기기기(무선통신기기, TV부품 등), 컴퓨터, 사무기기 부품, 섬유기계, 유기화합물, 무기화학 제품, 인조섬유 등에서 강세를 보이고 있으며, 일본은 기계류(펌프, 에어컨, 섬유 기계, 기타기계 등), 전기기기, 철강 제품, 선박, 플라스틱 등에서 우리의 주요 경쟁 상대라 할 수 있다. ASEAN은 전기·전자 제품 및 부품, 유기화학, 인조섬유, 자동차부품 등에서 경쟁력을 갖는다.

인도 내 수요 증가에 따른 유망 품목으로는 기초산업기계, 섬유기계, 피혁가공기계, 건설 중장비 및 부품, 금속 공작기계, 정밀기계 등 각종 산업기계류를 들 수 있다. 기업설비 투자 확대로 수요가 크게 증가하는 데 반해 인도 내 기계류 제조가 취약하므로 수입이 증가세를 보이는 것이다. 특히 건설 중장비 및 부품은 도로 등 인프라 개발 프로젝트 확대에 따른 수요 증가와 함께, 인프라 프로젝트에 소요되는 자본재에 대한 무관세 혜택이 부여되고 있다. 섬유 및 피혁가공기계도 섬유 쿼터 폐지 이후 인도 섬유업계의 활발한 설비 현대화와 인도 정부의 5~10%의 특혜관세 부여로 수요 증가세를 보이고 있다. 인도의 높은 수입의존도와 아울러 섬유 교역자유화 이후 섬유 생산 증가에 따라 섬유기계 수요가 증가하고 있다. 스위스·벨기에·이탈리아를 비롯한 EU 국가들의 시장점유율이 매우 높고, 최근에는 일본과 중국의 시장 진출이 현저하게 증가세를 보이고 있다.

인도 내의 취약한 IT 하드웨어 제조 기반으로 IT 하드웨어 제품의 수출이 유망하며, 은행 등의 금융권과 외국기업 콜센터 등에서 수요가 승가하고 있는 보안장비도 수출 확대가 가능한 품목이다. 또한 급속도로 수요가 늘고 있는 휴대전화를 비롯한 정보통신 제품의 대인도 수출 역시 지속적으로 확대될 전망이다.

자동차부품은 인도의 중장기적 자동차 생산 증가로 그 수요가 점차 증가하고 있는데, 한국산이 가장 우세하나 일본과 그 외에 체코와 독일산도 시장점유율을 높여가고 있다.

합성수지 원료 및 제품의 최대 수입국은 미국이고, 한국이 2위의 수입국이다. 인도의 플라스틱 소비재에 대한 수요 급증으로 지속적인 증가세를 보이고 있으며, 인도 내 생산도 늘어날 것으로 예상된다.

도로 등 인프라 개발 확대 정책 및 주택 건설 붐으로 인도의 건설기계 수입이 급신장세를 보이며, 일본과 한국 간 경쟁이 치열한 가운데 중국의 시장 진출도 가속화되고 있다. 또 가전과 자동차 등의 산업 생산 확대로 공작기계의 수요 및 수입이 증가세를 나타내는데, 일본산의 높은 인지도에도 불구하고 한국산과 저가의 대만산도 판매가 늘고 있다.

발전기도 대인도 수출 유망 품목으로 볼 수 있는데, 인도의 전력 공급 부족이 심각한 수준인데다 발전 분야의 민자 유치 노력이 가속화되고 있어 지속적인 수요 증가가 기대되는 품목이다. 발전기의 경우 고가 제품은 독일산과 일본산이 주를 이루고, 저가 제품은 주로 중국산이 장악하고 있다. 한국은 그 틈새에 진출해 있는 상황이다. 업계에 따르면, 발전기 부품은 인도 업체들의 조립 생산용으로 주로 수입되며, 독일 및 덴마크가 전체 시장의 60~70%를 장악하고 있는 것으로 나타났다.

인도는 최근 유망한 플랜트 및 프로젝트 수주시장으로 부상하고 있는데, 전력·통신·도로·제조 플랜트 등 인프라 전반에 걸쳐 막대한 수요가 존재한다. 인도 정부는 통신과 전력 등 핵심 분야에 대한 민간 및 외국기업의 투자를 유인하기 위해 적극 노력 중이다. 인프라 개발 확대는 현 인도 정부의 중점 공약사항으로, 인프라 개발을 위한 정부의 노력이 지속될 것으로 예상된다. 지난 2004년에는 우리의 대인도 수주액이 6억 7,000만 달러로 러시아(7억 1,000만 달러)에 이어 2위를 기록했다. 이와 같이 최근 인도가 우리 기업의 해외 공사 수주의 주요 국가로 부상하면서, 플랜트 및 프로젝트 수주가 인도의 유망 진출 분야로 자리를 잡아가고 있다.

또한 대인도 수출 유망 품목을 선정할 때는 한-인도 CEPA에 따른 우리나라의 대인도 수출 여건의 변화도 살펴보아야 한다. 한-

인도의 FTA 추진 현황(2006년)

기체결	협상 중	검토 중
SAPTA(1995. 12) 스리랑카(1998. 12) 아프가니스탄(2003. 5) 태국(2003. 10) SAFTA(2004. 1) MERCOSUR(2004. 1) 싱가포르(2005. 6)	ASEAN	한국, 중국, 일본, 말레이시아, GCC

인도 CEPA가 발효될 시점이면 현재 인도가 여타국과 추진 중인 FTA도 발효될 가능성이 크므로, 인도와 여타국의 FTA를 동시에 고려한 종합적인 관점에서 파악할 필요가 있다.

현재 인도와 FTA를 추진 중인 수요국들의 2005년 인도 수입시장 점유율을 보면, 한국 3.0%, 중국 7.3%, 일본 2.6% 등이다. 그러므로 우리나라가 이들 국가와 동시에 FTA를 추진한다면, 한-인도 FTA에 따른 우리의 수출 증가 효과는 상당 부분 희석될 가능성이 크다.

우리 정부는 2007년 협상 체결을 목표로 인도와 CEPA를 추진 중이나, 중국·일본·ASEAN 등도 인도와의 FTA 협상에 적극 나서고 있다. 특히 2011년 발효가 전망되는 인도-ASEAN FTA는 우리의 대인도 수출에 미치는 파급 효과가 클 것으로 예상된다. 2004년 11월에 발효된 인도-태국 FTA는 일부 품목에서 FTA 역외국인 우리나라에 피해 사례를 일으킨 일도 있다. 인도의 FTA 체결

확대와 더불어 인도 시장에서의 경쟁은 더욱 치열해질 전망이다.

한국-인도 교역의 특징

한-인도 교역의 가장 큰 특징은 양국의 교역구조가 상호보완적인 성격을 보이고 있다는 점이다. 한국의 대인도 수출 품목은 주로 휴대전화·자동차부품·합성수지·철강 제품 등 제조업 제품인 반면, 인도에서 수입되는 품목은 석유·석유 제품 및 관련 물질·면사·박류·합금철 등 원자재 위주로 구성되어 있다. 또한 양국의 핵심 수출 산업과 주요 교역 상품군은 서로 보완성을 갖는데, 인도는 농수산 및 섬유 제품 등에 경쟁력이 있는 대신 한국은 공산품 위주의 제조업 제품에 비교우위를 지닌다. 따라서 한국과 인도는 상호보완적인 품목을 중심으로 수출입이 확대될 가능성이 큰 교역국이라 할 수 있다.

최근 우리 기업들의 현지 투자 진출이 확대되면서 현지 공장에 대한 부품 수출이 크게 증가하고 있다는 점도 중요한 특징 중 하나로 지적된다. 특히 자동차부품 수출은 2005년 4억 달러 이상을 기록하면서 전년 대비 17% 증가율을 나타냈다. 또한 최근 자동차, 전자산업용 냉연강판과 열연강판 등 철강 제품 수출이 급상승세를 보이고 있다. 전 세계적인 원자재 가격으로 인한 가격 상승 요인뿐만 아니라, 물량 수출도 크게 늘어나 수출액이 증가한 것으로 나타났다.

다른 특징은 우리 전체 수출에서 대인도 수출이 차지하는 비중이 최근 급상승하고 있다는 점이다. 인도 시장에 대한 전 세계적인 관심과 함께 우리의 대인도 수출도 증가세를 보이고 있으므로, 인도 시장이 차지하는 비중은 지속적으로 확대될 전망이다. 특히 대규모 내수시장을 보유한 인도는 효과적인 마케팅 전략에 따라서 제품 공급의 확대가 가능한 잠재력이 크고 유망한 시장이라 할 수 있다.

한국-인도 투자 현황

한국의 대인도 투자 현황

한국수출입은행 통계에 따르면, 우리의 대인도 투자는 2006년 3월 기준 총 191건에 8억 8,681만 달러를 기록했다. 이는 한국 해외투자 총액 606억 달러의 1.46%, 건수 기준으로는 0.65%에 불과하다. 또한 국가별 투자 순위는 투자금액 순으로 볼 때 12위로 비중이 매우 낮은 수준이다. 특히 대인도 투자는 우리의 제2위 투자국인 중국에 대한 투자금액의 6.2%에 불과할 정도로 아직 미미한 상황이다.

투자 건수에 비해 투자금액이 높은 이유는 인도 투자가 대기업 위주로 진행되고 상대적으로 중소기업의 비중이 낮아 단위당 투자금액이 높았기 때문으로 분석된다. 특히 전체 투자 건수 191건 중에 대기업은 50건이지만 투자금액은 8억 달러 이상으로 전체 투자액의 91%를 차지할 만큼 대기업 투자에 편중되어 있다. 중소

한국의 국가별 투자 현황(2006년 3월 말)

단위 : 건, 천 달러

순위	국가명	신고 건수	신고금액	투자 건수	투자금액
	총계	33,258	91,679,387	29,359	60,651,508
1	미국	6,557	18,958,250	6,102	15,499,044
2	중국	16,065	22,520,479	14,152	14,276,982
3	홍콩	860	3,274,606	754	2,320,610
4	네덜란드	87	2,732,865	77	2,293,184
5	인도네시아	883	4,601,455	768	2,276,699
6	영국	182	2,662,986	169	1,911,258
7	베트남	925	3,364,807	806	1,665,537
8	버뮤다제도	13	1,958,745	12	1,601,762
9	싱가포르	228	1,687,615	210	1,266,874
10	일본	1,040	1,580,349	967	1,220,718
11	독일	249	1,441,886	230	1,161,002
12	인도	224	1,528,299	191	886,806
13	오스트레일리아	354	2,907,412	320	861,432
14	폴란드	84	1,406,965	76	819,104
15	캐나다	298	1,701,603	274	795,981

자료 : 수출입은행.

기업은 대기업과 동반투자를 하는 경우가 대부분으로, 인도 시장에 대한 관심이 최근 급증함에도 불구하고 아직은 관망세를 보여 본격적인 투자 이전 단계로 볼 수 있다.

　BRICs 국가에 대한 한국의 대외 투자를 비교해 살펴보면, 중국은 143억 달러 규모로 전체 투자 진출 금액의 23.5%를 차지한 반면 인도는 8억 9,000만 달러로 1.5%에 불과한 상황이다. 그러나

한국의 기업 규모별 대인도 투자 동향(2006년 3월 말)

단위 : 건, 천 달러

기업 규모	신고 건수	신고금액	투자 건수	투자금액
전체	224	1,528,299	191	886,806
기타	38	15,113	34	8,259
대기업	64	1,388,632	50	807,204
중소기업	122	124,554	107	71,343

자료 : 수출입은행.

BRICs의 다른 국가들, 즉 브라질과 러시아보다는 대인도 투자금액이 높은 편이다. 브라질은 4억 6,000만 달러로 인도의 절반 수준이며, 러시아는 2억 8,000만 달러로 대인도 투자의 31%에 불과하다. 브라질은 전체 투자 국가 중 18위, 러시아는 26위에 머물러, 각각 1위와 12위를 차지한 중국과 인도에 비해 낮은 순위를 기록했다.

대인도 투자 동향을 연도별로 살펴보면, 1996~1998년에는 대인도 투자가 급증했음을 알 수 있다. 이는 현대자동차를 포함한 대

한국의 대BRICs 투자 동향(2006년 3월 말)

단위 : 건, 천 달러

국가	신고 건수	신고금액	투자 건수	투자금액
전체	33,258	91,679,387	29,359	60,651,508
중국	16,065	22,520,479	14,152	14,276,982
인도	224	1,528,299	191	886,806
브라질	70	1,009,872	59	460,622
러시아	246	537,123	184	277,335

자료 : 수출입은행.

연도별 대인도 투자 동향

단위 : 건, 천 달러

연도	신고 건수	신고금액	투자 건수	투자금액
1983	1	120	1	119
1984	0	0	0	0
1985	0	0	0	0
1986	0	0	0	0
1987	1	60	0	0
1988	1	24	1	25
1989	3	2,623	2	1,046
1990	2	2,060	2	963
1991	4	2,609	4	2,674
1992	6	4,176	2	3,234
1993	5	4,128	5	1,436
1994	15	52,257	8	43,065
1995	16	184,301	13	13,832
1996	19	372,988	11	150,296
1997	22	83,709	14	108,406
1998	10	301,805	14	285,748
1999	5	216,383	3	14,795
2000	6	12,077	7	15,379
2001	11	35,204	10	29,097
2002	8	43,040	9	44,837
2003	10	21,208	11	16,895
2004	29	48,946	26	40,771
2005	32	112,700	33	91,123
2006(1~3월)	18	27,881	15	23,065
전체	224	1,528,299	191	886,806

자료 : 수출입은행.

인도 진출 10대 한국 기업 리스트*

단위 : 천 달러

회사명	투자 연도	투자 내역	투자금액
현대자동차	1997	자동차 제조	125,597
삼성전자	1997	디지털 가전 및 반도체 등	56,379
포스코	2005	철강 제품 제조	51,253
대우건설	2001	건설	41,106
LG화학	1996	화학제품	35,400
패리스제과(롯데 계열)	2004	식품류 제조	19,041
LG전자	1998	디지털 가전 등	11,400
삼성소프트웨어	2005	소프트웨어 개발 등	7,101
스테리온(LG 협력사)	2005	가전제품, 정밀 제품 등 제조	6,500
화신자동차(현대차 협력사)	2002	자동차부품 제조	4,158

주 : 현지 활동 기업 위주로 정리.
자료 : 한국수출입은행, 뉴델리 무역관 자료 종합.

기업의 본격적인 투자에서 비롯된 현상이었다. 1999년 이후에도 한국 기업들의 대인도 투자가 꾸준히 지속되다가, 2003년에 잠시 주춤한 후에 2004년부터 다시 투자 증가세로 돌아섰다. 2005년에는 9,112만 달러로 전년의 4,077만 달러에서 123.5%나 증가했고, 2006년에도 투자 증가세가 지속되고 있다.

우리 기업의 대인도 투자는 1996~1999년 대우자동차, 현대자동차, LG전자, 삼성전자가 신규 진출하면서 대규모로 이루어졌고[25], 2000년 이후에는 현대자동차, LG전자, 삼성전자의 공장 확장과 이들 3사의 부품 생산 협력업체 및 기타 중소기업의 추가 진출에

---

(25) 1999년 말 누계 기준으로 5억 7,000만 달러이다.

한국의 대인도 업종별 투자 동향(2006년 3월 말)

단위 : 건, 천 달러, %

구분	신고 건수	신고금액	투자 건수	투자금액	비중
전체	224	1,528,299	191	886,806	100.00
제조업	157	1,329,942	141	750,405	84.60
도소매업	15	131,245	11	107,709	12.10
서비스업	27	51,222	20	24,011	2.70
건설업	10	5,761	9	2,639	0.30
농림어업	2	1,044	2	1,043	0.10
운수창고업	4	6,499	2	401	0.04
통신업	2	385	2	385	0.04
숙박음식점업	5	604	4	213	0.02
광업	1	667	0.00	0.00	0.00
부동산업	1	930	0.00	0.00	0.00

자료 : 수출입은행.

따른 투자가 주를 이루었다.

업종별로 살펴보면, 제조업 투자가 141건에 7억 5,041만 달러로 전체의 84.6%를 차지하고 있다. 현대자동차, LG전자, 삼성전자 등 대기업들의 현지 공장 투자가 제조업 투자의 주를 이루며, 중소기업들도 대기업의 협력업체로 현지 생산 체제를 갖추고 있다.

도소매업이 제조업 다음으로 1억 770만 달러를 투자해 전체 투자의 12.1%를 차지하면서 2위에 올라 있고, 서비스업이 2,400만 달러로 3위를 기록했다.

최근 각종 인프라 기반 확충에 대한 관심이 증가할 뿐만 아니라 인도 정부가 상업용 및 주거용 부동산 건축을 장려하고 있어, 건설업 및 부동산업에 대한 투자도 확대될 것으로 예상된다.

그 외에 포스코의 대형 투자가 변수로 작용할 전망인데, 연간 생산량 1,500만 톤 규모의 조강 능력으로 120억 달러 투자를 발표한 바 있다. 오리사 인근에 대한 포스코의 철강 생산 투자가 실행되면, 광업 부문이 제조업을 제치고 1위로 올라가는 동시에 한국이 인도 최대의 투자국으로 부상할 전망이다.

제조업 분야 내의 업종별 투자 동향을 살펴보면, 수송기계 투자액이 5억 203만 달러로 전체 제조업 투자액 7억 5,040만 달러의

한국 제조업의 업종별 대인도 투자 동향(2006년 3월 말)

단위 : 건, 천 달러, %

직종	신고 건수	신고금액	투자 건수	투자금액	비중
전체	157	1,329,942	141	750,405	100.0
수송기계	37	1,000,068	36	502,030	66.9
1차 금속	7	95,231	7	78,500	10.5
석유화학	14	58,358	14	55,137	7.3
전자·통신장비	23	69,485	22	47,277	6.3
음식료	3	22,627	3	19,575	2.6
조립금속	13	42,543	10	15,119	2.0
섬유 의복	17	17,296	12	12,259	1.6
기타	12	9,153	10	8,148	1.1
기계장비	19	7,713	16	6,235	0.8
비금속광물	7	6,734	7	5,498	0.7
신발 가죽	3	634	3	577	0.1
목재 가구	2	100	1	50	0.0

자료 : 수출입은행.

66.9%를 차지했다. 이는 현대자동차 및 40여 개에 달하는 협력업체들의 동반 진출에 기인한다. 특히 현대자동차는 2007년까지 현재의 연 25만 대 수준에서 40만 대로 생산 능력을 확장할 예정이라고 밝혔다. 그 다음이 1차 금속, 석유화학, 전자·통신장비 순으로, 제조업 전체에서 각각 10.5%, 7.3%, 6.3%를 차지하고 있다.

인도의 대한국 투자 현황

1981년 이래 2006년 4월 말까지 인도의 대한국 투자총액은 6,411만 달러 규모를 기록했으며, 제조업이 총 5,272만 달러로 전체 투자의 82% 이상을 차지했다. 신고 건수 기준으로는 226건 중 서비스 산업이 210건으로 다수를 차지하고 있다.

특히 2004년에 인도의 대한국 투자가 급증했는데, 이는 타타자동차의 대우상용차 인수에 따른 것이었다. 지난 2004년 3월에 인도 2위의 자동차 제조업체인 타타자동차는 30년간 상용차만을 전문적으로 생산해온 대우상용차를 인수함으로써 제조·마케팅·연구 부문에서 상당한 입지를 확보하게 됐다. 타타자동차는 각종 트럭은 물론 버스 및 승용차 등 150여 종의 다양한 모델을 생산하고 있으며, 특히 중대형 상용차 분야에서는 전 세계 5위 안에 포함되는 거대기업이다. 타타자동차는 최근 버스 사업 진출도 발표했다.

인도는 자동차 산업뿐 아니라 IT 분야에서도 기업 인수와 직접투자를 통해 적극적인 공세를 펴고 있다.

IT 서비스 전문업체인 새티암컴퓨터서비스는 2002년 한국 시장에 진출했다. 새티암은 인도 IT 솔루션 업체로 전 세계 45개 지역에 1만 1,500여 명의 인력을 갖춘 회사다. 《포춘》이 선정한 세

인도의 대한국 투자 동향(2006년 4월 말)

단위 : 건, 천 달러

구분	2004		2005		2006		합계	
	건수	금액	건수	금액	건수	금액	건수	금액
농·축·수산업 및 광업	0	0	0	0	0	0	0	0
제조업	1	51,272	0	0	0	0	15	52,717
서비스 산업	29	1,375	68	3,736	26	1,426	210	11,332
전기·가스· 수도·건설	0	0	0	0	0	0	1	57
합계	30	52,647	68	3,736	26	1,426	226	64,106

자료 : KOTRA.

계 500대 기업 중 90여 개 기업을 포함해 300여 개 다국적기업에 BPO 서비스를 제공하고 있다. 1987년 가족 회사에서 출발해 불과 10여 년 만에 세계적인 IT 서비스 회사로 성장한 새티암은 업계에서 '해가 지지 않는 IT 서비스 회사'라고 불리며, 20~40년의 역사를 가진 인포시스, 위프로, TCS의 뒤를 이어 인도 IT 서비스 업계의 가장 젊은 회사로 인정받는다. 1997년 이후 매출은 매년 평균 45%씩 성장했으며, 특히 이익률은 전체 매출의 30%를 웃돈다.[26]

새티암컴퓨터서비스는 노틸러스효성·동부화재·동원증권 등 국내 기업과 컨설팅 계약을 체결했고, 국내 IT 업체와 제휴해 LG 텔레콤·외환은행·신한은행 프로젝트와 삼성전자(ECM) 프로젝트 등을 수주하는 성과를 올리며 성장세를 보이고 있다.

---

(26) 〈인도 IT 사 국내 시장에 속속 도전장〉, 《매일경제신문》, 2005년 9월 27일.

또 다른 인도의 IT기업인 TCS는 타타자동차와 때를 맞춰 2004년 3월 한국에 진출했다. TCS는 모기업인 타타그룹이 인수한 대우상용차의 시스템관리(SM)를 비롯해 국내 금융기관에 첨단 IT 인프라와 솔루션을 제공하는 SI(System Intergration)까지 사업 영업을 확대하고 있다.

TCS는 1967년 설립된 인도 최대의 소프트웨어 개발사로서, 전 세계 32개국에 4만 3,000명 이상의 컨설턴트를 보유하고 있다. 2004/2005년에 22억 4,000만 달러의 매출액을 보고했으며, 인도 증권거래소와 뭄바이 증권거래소에 상장됐다.[27]

---

(27) 〈한국속 외국기업 중국·인도 기업이 몰려온다〉, 《매일경제》, 2005년 6월 14일.

한국 대기업의 투자 진출

현대자동차

현대자동차 인도법인(HMI)은 현대자동차의 가장 성공적인 해외투자법인으로 손꼽히고 있다.[28] 진출 초기부터 신모델을 투입해 고객의 신뢰를 확보함은 물론 현지 고객의 다양한 요구를 즉각 제품에 반영하고, 고객만족도 향상을 위해 24시간 A/S 출동 시스템을 가동하는 등 철저한 현지화 전략을 추진한 것이 성공의 요인이다.

현대차 인도법인은 2002년 11만 1,045대, 2003년 15만 724대,

---

(28) 현대자동차 인도법인(HMI:Hyundai Motor India)은 지난 1999년 12월 네팔에 상트로(국내명 아토스)를 수출한 이래 2005년 10월 수출누계 20만 대를 돌파했다. HMI는 현재 유럽·아시아·중동·중남미 등 총 60여 개국에 상트로(아토스 프라임)와 액센트(베르나) 등을 수출한다. 상트로는 HMI의 내수 및 수출의 베스트셀러 카로 현대자동차 판매의 선두주자 역할을 해내고 있다.

2004년 21만 5,630대를 판매해 지속적인 판매 성장을 이루었으며, 2005년에는 전년 대비 17% 증가한 25만 대 판매를 기록했다. 현대자동차는 인도 현지의 수요 증가에 적극 대응하기 위해 현재 25만 대 규모의 생산시설을 2007년까지 40만 대로 늘릴 예정이며[29], 글로벌 톱메이커로 도약하기 위한 글로벌 생산 핵심전략기지로 인도를 육성한다는 계획이다. 즉 최근 글로벌 경제대국으로 급부상하고 있는 인도 시장의 폭발적인 자동차 수요에 적극 대응하는 동시에 유럽·중남미·중동 등으로의 수출도 확대할 계획이다.

투자 배경 및 목적

1996년, 현대자동차는 인도 경제의 꾸준한 성장에 따라 자동차 내수시장이 확대될 가능성이 크다는 판단과 함께 수출거점으로서도 활용 가능성이 높다는 점을 들어 인도 진출을 결정했다. 특히 저임금과 수출기업에 대한 인센티브로 수출경쟁력을 확보할 수 있을 것이라고 판단했다.

1996년 5월에 인도 정부의 사업 인가를 획득하고, 같은 해 10월 기공식에 이어 1998년 5월 공장을 완공했으며, 1998년 9월부터 양산 체제로 돌입했다. 최초 투자액은 7억 달러이며, 해외업체로는 최초로 단독투자 허가를 받았다. 현대자동차는 신속한 의사결정이 필요했을 뿐만 아니라 합작 형태로 진출한 선발업체가 겪은 의견 충돌 등의 시행착오를 고려해 단독투자 진출을 선택했다. 당시 외국인 투자 비율 최고한도는 51%로 제한되어 있어 단독투자가

---

(29) HMI는 인도 제1공장에서 상트로·클릭·베르나·아반떼·소나타 등을 생산 중이며, 제2공장은 현대차의 인도 최고 인기 모델인 상트로 후속 모델 전용 생산공장으로 건설된다.

불가능한 상황이었으나, 현대자동차는 대규모 생산과 함께 4년 내에 현지화율 70% 이상 달성과 적극적인 기술 이전 등을 제시해 정부의 허가를 이끌어냈다.

투자지는 물류, 인력, 인프라 및 기반 산업, 정부의 지원 정책 등을 고려해 타밀나두 주 첸나이로 결정했다. 타밀나두 주정부는 공장부지 매각과 수용, 공단 조성에 따른 전기·용수·도로·통신 등 인프라 개발, 행정 편의 등을 제공하면서 현대자동차 공장 건설을 적극 지원했다. 이러한 지원 덕분에 현대자동차는 당초 목표 였던 3년 공사 기간을 크게 단축한 17개월 만에 공장을 완공했다.

부품 조달 및 현지향 제품 출시

현대자동차는 현지화율을 조기에 70% 이상으로 끌어올린다는 약속을 지키기 위해 노력을 경주했다. 부품 관세율이 27~42%에 달하기 때문에 현지화율 제고는 가격경쟁력을 높이는 수단이기도 했다. 현재 현대자동차 인도법인의 부품 현지화율은 85% 수준에 이르고, 엔진과 변속기 등 주요 부품까지 현지에서 생산하는 종합 자동차 공장을 실현하고 있다.

현대자동차는 마케팅 측면에서도 현지 상황과 소비자 특성을 고려한 현지향 제품의 출시를 목표로 삼았다. 중형차를 앞세워 선 발 진출한 해외업체와는 달리 소형차 부문에 주력했다.[30] 아울러 인도의 고온다습한 기후 조건과 도로 사정을 감안해 엔진 냉각 기 능 및 에어컨 성능 등을 강화함과 동시에, 브레이크 기능을 강화

---

(30) 현지 업체인 마루티가 독점하고 있던 1,000cc 미만의 소형차 부문은 공급량이 절대적으로 부족한데다 가격경쟁력이 매우 중요한 시장이다.

하고 서스펜션을 보강하는 등 현지 상황에 맞는 제품을 개발해 출시했다.

아울러 현대자동차의 인지도를 높이는 홍보 활동에 주력했고, 대도시를 중심으로 독점 딜러망을 구축하는 등 마케팅 활동에도 상당한 노력을 기울였다.

인사 및 노사 관계

현대자동차는 인도인의 문화적 특성, 즉 신분 제도와 종교적 영향 등을 충분히 고려해 작업의 능률을 극대화하는 데 초점을 맞추고, 업무 추진 방식이나 의사소통을 원활히 이끌어냄으로써 업무 및 근무 집중도를 제고했다.

동시에 현지 인력을 고위 관리직에 등용해 조직을 통솔하게 함으로써 한국인 관리자와 현지 인력 간의 불필요한 충돌을 피할 수 있게 유도했으며, 관리 업무에 대한 인도인의 열의와 능력을 제고시켰다.

다른 한편 근로자들에 대한 교육과 훈련을 철저히 했다. 특히 각 생산 단계의 관리자 후보자들을 울산 공장으로 보내 관련 기능과 지식을 쌓게 하는 동시에 현대에 대한 이해를 높였다. 이러한 훈련 및 교육과 함께 직원 스스로 권리와 책임을 지닌 회사원의 자세를 갖추도록 독려했다.

노사 관계에 대해서도 각별히 신경을 썼다. 인도는 복수노조 허용, 제3자 개입 허용, 정치 활동 허용, 해고 불가 등을 규정하고 있으며 노조 활동도 적극적인 편이다. 현대자동차는 이러한 문제점을 해결하기 위한 방편으로 근로자 대표 7인과 사용자 대표 6인으로 구성된 노사협의회를 설립하고, 매월 정례회의를 열어 노사 간

일체감을 형성하는 데 주력했다. 아울러 공장 내에 소규모 사원을 설치해 근로자들의 종교 활동을 지원함으로써 현지의 문화와 종교를 존중하는 등 직원에 대한 배려를 아끼지 않았다.

현대자동차의 철저한 사전 준비와 생산 과정에서의 협력 유도, 현지에 적합한 마케팅 활동 노력이 어우러져 상당한 성과를 거두고 있는 것이다.

삼성엔지니어링

투자 개요

삼성엔지니어링은 2000년부터 인도에 연락사무소를 운영해왔다. 2006년 상반기에는 'SAMSUNG ENGINEERING INDIA, PVT. LTD.'라는 이름의 현지 설계법인을 설립하고, 100여 명의 인력을 채용해 본격적인 대규모 인도 투자에 나섰다. 이와 같은 과감한 투자는 동종업계 중 최초이며, 플랜트 설계 인력의 글로벌 소싱을 통해 경쟁력을 강화하고 화공플랜트 부문에서 신흥시장으로 부상한 인도 시장을 적극 공략하기 위한 것이다. 글로벌 경영 전략의 일환으로 추진되는 상기 인도 설계법인은 글로벌 사업 수행 체제를 강화하기 위한 포석으로 풀이된다. 한편 삼성엔지니어링의 SAMSUNG ENGINEERING INDIA, PVT. LTD.는 지속적으로 규모를 늘려나가 2010년경에는 엔지니어 500명 규모로 확대한다는 계획이다.

투자 배경 및 목적

풍부하고 우수한 인력 | 삼성엔지니어링이 첫 번째로 고려한 사

항은 인도의 우수 인력이다. 중동 등 세계시장의 플랜트 수요가 늘어나면서, 삼성엔지니어링은 본사 자체의 능력만으로는 고도성 장에 한계가 있다는 사실을 자각하게 되었다. 이러한 상황에서 해외 아웃소싱을 통한 인력 및 인프라 확충이라는 계획을 세우게 되었는데, 이는 한국에서 수급할 수 있는 고급 엔지니어 인력의 수가 절대적으로 부족했기 때문이다. 즉 자체 조사 결과 국내 대기업 및 협력사에 소속된 엔지니어의 숫자가 약 4,000여 명에 불과하고, 신입 공채를 통해 확충되는 인력도 수요를 감당할 수 없는 것으로 나타났다. 반면 인도는 우수 공대를 졸업한 엔지니어의 수급이 원활하며, 인력의 질적 수준도 높은 것으로 판단했다. 물론 현재 인도의 엔지니어 급여는 한국보다 낮은 편이지만, 이 같은 임금 수준만을 고려한 것은 아니다. 인도 인력의 영어 구사력, 우수한 엔지니어 확보의 용이성, 풍부한 인력 풀 등을 더 높게 평가했다.

글로벌 경영을 위한 포석 ｜ 삼성엔지니어링은 '전 세계를 대상으로 다양한 사업을 수행하는 글로벌 경영 전략'을 수립하고, 이번 인도 투자의 초점을 본사와 동일한 수준의 프로젝트 종합 수행 능력을 보유한 글로벌 경영 및 소싱센터(Global Business/Sourcing Center)를 육성하는 데 맞추고 있다. 세계적인 엔지니어링 기업인 벡텔(THE BECHTEL CORPORATION)과 플루어다니엘(FLUOR DANIEL INC.) 등도 인도에 엔지니어링 센터를 운영하고 있으나, 어디까지나 본사에서 기본 설계 등을 수행하고 이들 엔지니어링 센터에 상세 설계를 맡기는 하청 개념이다. 하지만 삼성엔지니어링의 설계법인은 개설 초기부터 프로젝트 진행을 독자적으로 수행할 수 있도록 구상되었으며, 인력 채용과 정보 시스템 구축 등도 이러한 목표를 추구하기 위한 방식으로 세심하게 추진되었다.

인도 시장의 폭발적 잠재력 | 인도는 플랜트 분야에서 폭발적인 잠재력을 갖고 있다. 인도의 정유 및 석유화학 플랜트 관련 주요 발주처(사업주)는 IOCL·릴라이언스그룹·BPCL·HPCL·ONGC·GAIL 등이며, 대부분의 발주처가 대규모의 정유 및 석유화학 부문에 중장기 투자 계획을 세우고 있다.

향후 5년간 인도 전체의 투자 계획은 오일·가스 탐사 및 생산이 90억 달러, 정유·석유화학·마케팅 분야가 280억 달러, LNG 생산기반(Infrastructure)이 50억 달러로서 총 420억 달러나 된다. 또한 국영기업인 IOCL만 해도 석유화학과 정유 부문 등에 2010년까지 총 105억 달러를 투자할 계획이다. 이러한 시장 잠재력에다 그동안 다수의 인도 프로젝트를 진행하면서 얻은 경험 및 사업주와의 관계, 그리고 석유화학 분야의 성장 잠재력 등이 투자 매력이라고 할 수 있다.

인도 수행법인 추진 전략

삼성엔지니어링은 설계법인의 조기 운영 정상화를 위한 3단계 운영 전략 및 4단계 품질 확보 전략을 수립했다. 3단계 운영 전략은 독자 수행 기반 구축, 인도 내 설계 N/W 구축, 설계·구매·시공 일관 수행 체제 구축으로 구성된다. 즉 3단계 전략을 거쳐 인도 내에서 자체 수행 능력을 확보한 대형 설계법인으로 성장한다는 계획이다.

이와는 별도로 4단계 품질 확보 전략을 구축해 시행하고 있다. 품질 확보를 위한 1단계로서 인재 양성을 위해 SEFP-Global이라

삼성엔지니어링(인도)의 3단계 운영 전략

단계	연도	인력 규모	목표	세부방안
1단계	2006	100명	설립 / 독자 수행 기반 구축	─ 소규모 프로젝트 설계 수행 기반 구축 ─ 본사 설계 시스템 이식
2단계	2007~2008	200~300명	인도 내 설계 N/W 확보	─ Full Scope Engineering Work 수행 ─ 상세 설계 업무의 인도 내 외주업체 관리
3단계	2009~2010	400~500명	설계·구매·시공 일관 수행 체제 구축	─ 소규모 EPC (설계, 조달, 시공) PJT 자체 수행 능력 확보 ─ 인도 외주업체 관리

삼성엔지니어링(인도)의 4단계 품질 확보 전략

단계	추진 내용
1단계 : 인재 양성 단계	─ 인재 육성 프로그램인 SEFP*-Global India 적용
2단계 : 제품 품질 확보 단계	─ Reverse Engineering(역량 검증, 생산성 검증, 문제점 파악, 팀워크 구축) ─ Mentoring에 의한 프로젝트협업 ─ PDCA Cycle 준수, Reverse Engineering, Mentoring에 의한 협업
3단계 : 서비스 품질 확보 단계	─ 전문인력 양성, 성과문화 촉진, 교육 프로그램 개발 및 운영
4단계 : 경영 품질 확보 단계	─ 인재의 지속적 채용 및 양성 ─ 고객 중심 ─ 커뮤니케이션 활성화 ─ 재무성과 달성

주 : SEFT는 'Samsung Engineering Family Program'의 약자.

삼성엔지니어링(인도)의 서비스 품질 확보를 위한 기술 및 기능 측면의 품질 요소

기술		기능	
품질 요소	확보 대책	품질 요소	확보 대책
Alternative	— 윈윈 추구	Documentation	— 표준화 — Database화
Problem Solving	— 해결 프로세스 정립 및 개선	Skill	— Meeting Skill — Presentation — Negotiation
Management	— 리더십 교육		

삼성엔지니어링(인도)의 단기 미션

Key Word	인재 : Passion, Creativity, Leadership 조직 : 고객 중심, 품질 중심, 성과 중심 정보 : Speed, Efficiency, Real Time
2006 Target	문화 : 삼성의 가치 및 문화와 글로벌 비즈니스 스탠더드를 접목 (SEFP-India) 인프라 : 현지에 맞는 HR 시스템 개발 및 인프라 구축 인력 : 최고의 Loyalty, 책임감, 열정을 갖춘 엔지니어 배양 업무 : 인도 프로젝트 설계의 고품질 유지

는 교육 프로그램을 개발했다. 이 프로그램은 기업문화의 소개, 글로벌 스탠더드, 업무 매뉴얼의 습득, 베스트 프랙티스(Best Practice) 소개 및 설계 디자인에 대한 교육, 글로벌 리더십 등의 내용으로 구성되어 있다. 2단계는 전 종업원의 프로세스 및 일 처리 방식의 표준화를 통한 목표 공유와 효율성 제고를 추진하고, 3단계에는 서비스 품질 확보를 위해 기술과 기능 측면의 전문화 및 성과 중심 문화를 구축한다는 전략을 수립했다. 4단계는 우수한 인재 채용과 더불어 고객 중심 경영과 커뮤니케이션 활성화를 도모하는 동시에 재무성과를 극대화하는 완성 단계다.

운영 전략

삼성엔지니어링이 신규로 엔지니어링 센터를 개설하는 입장에서 가장 신경을 쓴 부분은 인재 채용 등의 인사 전략이다. 따라서 모기업의 부속기관이 아닌 모기업과 동등한 사업체로서 사업 운영 목적을 달성하기 위해 고급 인재의 확보와 비전 제시 및 공유를 위한 노력을 계속하고 있다. 일단 인력의 채용과 관련해서는 단기간에 고급 인력을 확충하고 지속적으로 인재 풀을 관리하기 위해 전방위 매트릭스 방법을 이용하고 있다. 즉 지인을 통한 네트워킹, 헤드헌터, 신문 광고, 인터넷을 활용한 수시 채용, 채용 로드쇼, 에이전트, 대학 등 여러 방법을 활용해 이사급, 과장급, 기타 인력에 대한 확보를 체계적으로 수행하고 있다.

인사 시스템의 구축을 위해 인도 내 외국계 동종사와 인도 내 한국계 기업의 운영 사례를 면밀히 분석했으며, 삼성 계열사로서의 경영 이념·경영 원칙·핵심 가치를 통합해 현지에 맞는 인사 시스템을 구축하고 있다.

채용이 일단락된 후에는 하나의 가치를 가지고 업무에 임할 수 있도록 비전의 제시와 동기부여에 힘쓰고 있다. 'Passion & Loyalty'라는 키워드를 이용해 인도 채용 인력에게 무한한 가능성이 있음을 주지시키고, 경력 관리(Career Development)를 위한 최고의 직장임을 알리고 있다. 이는 인도 내 고급인력의 이직률이 매우 높다는 점을 고려해 충분한 보상과 기회를 제공함으로써 핵심 인력을 확보하겠다는 의도다.

경영 시스템 구축 및 정비 현황

사내 정보 시스템으로는 모기업과 동일한 인트라넷 환경의 엔터프라이즈 포털 시스템(Enterprise Portal system)인 마이싱글 (mySingle)을 사용한다. 인도 내 모든 임직원은 이 시스템을 통해 이메일 송수신, 자료 공유, 전자결재 등의 업무를 수행하고 있다. 또한 이 시스템으로 7개의 설계 공정에 대한 커뮤니티(설계, 배관 등)를 만들어 자료 공유에 효율을 가하고 있다.

한편 한국과의 원활한 의사소통을 위해 임직원 전화기마다 인터넷 국제전화 기능을 제공하고, 화상회의 시스템을 이용해 도면 등 기술적인 부분은 한국에 있는 엔지니어와 토의할 수 있도록 하고 있다.

회사 자료의 외부 유출을 방지하기 위해 네트워크상에 방화벽을 설치하는 등 본사의 정보 보안 정책을 그대로 시행하고 있으며, 이와는 별도로 개인 PC상에 정보 보안 시스템을 설치해 USB 또는 외장 하드를 이용한 사용자의 자료 복사 및 유출을 방지하고 있다. 본사 및 사업주와의 데이터 전송을 위해 전용선을 이용한 인터넷망과 인도 통신업체를 통한 백업라인을 구축했고, 인도의 불안한 전기 사정을 고려해 무정전장치(UPS)와 사내 발전 시설 등도 구비했다.

또한 회계 시스템으로 SAP, 인사관리를 위한 글로벌HR 등의 시스템도 구축하고 있다.

LG전자

LG는 뭄바이 근처 푸네에 생산공장을 신규 설립해 운영 중이며, 인도 릴라이언스와 협력해 전체 물량의 70%가량을 납품하고 있다. 릴라이언스가 빠른 속도로 성장함에 따라 LG 역시 당분간

CDMA 시장에서 부동의 1위를 고수할 것으로 전망된다. 또한 CDMA와 GSM을 포함한 휴대전화 시장에서도 인도 내 2위의 자리를 지키고 있다. LG전자는 푸네에 위치한 생산거점을 활용해 2010년까지 2,000만 대의 휴대전화를 생산할 계획이다. LG의 지속적인 휴대전화 생산량 증가 계획은 폭발적으로 성장하는 인도 휴대전화 시장[31]을 가급적 빨리 선점하겠다는 포석으로 보인다.

LG전자 인도법인[32]은 1997년에 70개의 제품군을 한꺼번에 도입함으로써 LG 브랜드 침투에 힘을 실었으며, 신제품 개발에서는 인도 시장의 수요에 적합한 제품 제공을 모토로 '인도 취향을 가진 한국 기술'이라는 이미지를 정착시켰다. 예를 들면 인도의 민속 의상인 사리처럼 얇아서 세탁할 때 훼손되기 쉬운 옷들이 많다는 데 착안해서 중앙에 회전날개가 없는 세탁기를 개발해 크게 히트시켰다.[33] LG전자 인도법인은 《이코노믹 타임스》와의 인터뷰에서 LG전자의 성공 배경을 3가지로 밝혔다. 첫째는 세계 수준의 고품질 세품 생산, 둘째는 현시화 노력, 셋째는 강력한 딜러망 구축을 통한 농촌 지역 판매망 구축을 들었다.

LG전자 인도법인의 주요 제품별 시장점유율을 살펴보면, 컬러 TV·냉장고·세탁기·에어컨·전자레인지·DVD플레이어 등 주요

---

(31) 〈삼성전자 인도에 휴대폰공장 준공〉, 2006. 3. 17, 뉴델리 무역관.
노키아·LG·에릭슨(Ericsson) 등 주요 휴대전화업체는 앞 다투어 인도 투자 계획을 밝히고 있으며, 인도는 이들로부터 이미 8억 달러 규모의 투자 약속을 받은 상태다.
(32) LG일렉트로닉스 인디아는 LG전자의 100% 출자 자회사로 1997년에 설립되었으며, 컬러 TV·전자레인지·냉장고·세탁기·에어컨의 각 시장에서 높은 시장점유율을 기록해, 제1위의 가전기업으로 우뚝 서 있다.
(33) 사카키바라 에이스케 외, 《인도를 읽는다》, 정택상 옮김, 2005, 황금나침반.

가전 분야에서 1위를 차지하고 있으며, PC·모니터·휴대전화 등의 분야에서도 선전하고 있다.

LG는 최근 세탁기·식기세척기 분야의 신제품으로 다이렉트 드라이브(direct drive) 기능을 탑재한 드럼세탁기와 식기세척기 제품군을 출시했다. 한국에서 수입되어 인도에서 CKD 방식으로 조립되는 식기세척기 제품은 첫해에 4,000대 판매를 기록할 것으로 보고 있다. 가격은 4만~8만 루피 정도로 한화로는 약 88만~176만 원 선이다. 드럼세탁기는 푸네 근처 자체 공장에서 생산하는 것을 검토 중이며, 판매량은 2006년 4만 5,000대, 2007년 6만 5,000~7만 대 사이로 예상하고 이 중 수출량은 25~30%가 될 것으로 전망한다. LG는 제품의 세탁 시간 단축이나 물 소비량 감소 등의 장점을

LG전자 인도법인의 주요 제품별 시장점유율

단위 : 천 개, %

제품	2005		2006	
	판매량	시장점유율	판매량	시장점유율
컬러TV	2,365	24(1)	2,643	27(1)
냉장고	1,030	26(1)	1,100	29(1)
세탁기	485	35(1)	680	36(1)
에어컨	370	33(1)	460	34(1)
전자레인지	145	40(1)	250	38(1)
모니터	660	11(2)	1,000	20(2)
PC	44	2(5)	120	3(3)
휴대전화	5,100	30(3)	6,500	35(2)

주 : 괄호 안 숫자는 순위를 뜻함.
자료 : ORG-GFK.

부각시키면서, 신제품에 대한 품질의 자신감을 내보이기 위해 보통 2년의 무상보증 기간을 7년으로 연장해 출시할 계획이다. 세탁기 시장의 2005년 시장점유율은 35% 선이나 이들 신제품 출시를 통해 2006년 말까지 38% 수준을 기대하고 있다.[34]

또한 최근 수요가 급증하고 있는 컴퓨터 데스크톱 시장을 공략하기 위해 연말까지 채널 파트너 수를 기존의 490개에서 600개로 늘릴 것을 발표했으며, 현재 8%에 이르는 시장점유율을 2년 내에 19%까지 올리겠다는 목표를 세웠다.[35] 아울러 LG는 향후 5년간 매년 15억 루피(약 330억 원)가량을 투자할 예정이다. 인도 노트북 시장은 아직 규모가 크지 않은 편이나 연간 100%씩 성장하고 있으며, 휴대전화 시장도 폭발적으로 확대되고 있다.

삼성전자

삼성전자 휴대전화의 인도 시장점유율은 약 10%이며, 2006년에는 18% 확보를 목표로 하고 있다.[36]

삼성전자는 1,500만 달러를 투자해 뉴델리 근방 구르가온에 새로운 휴대전화 공장을 준공하고, 본격적인 생산에 들어갔다. 이 공장의 생산 능력은 100만 대 수준이나, 2010년까지 2,000만 대

---

(34) 〈LG전자 인도법인, 향후 3년내 매출 50억불 목표〉, 2006. 6. 20, 뉴델리 무역관.

(35) *Economic Times*, 6월 1일자 및 6월 20일자 ; *Business Line* 5월 23일자.

(36) 《2006 해외투자백서》, 2006, KOTRA. 인도의 휴대전화 가입자 수는 2006년 1월 현재 7,992만 명으로 1998년 119만 명에서 8년 만에 80배 수준으로 증가했고, 현재도 연 80% 이상의 폭발적 증가율을 보이고 있다. 이들 중 대부분을 차지하고 있는 GSM 방식의 경우, 바르티가 시장점유율 27.9%로 수위를 차지하고 있다.

규모로 점차 확대해 서남아 시장의 제조거점으로 활용할 계획이다. 투자금액 1,500만 달러 중 1,000만 달러가 삼성전자 본사에서 투자되었다. 지금은 관련 부품을 수입하고 있지만, 조만간 부품업체들의 인도 진출에 힘입어 완결된 생산 클러스터를 구축할 계획이다.

삼성전자는 인도 내 생산거점 확보로 보다 신속하게 인도 소비자의 요구를 반영한 제품을 생산할 수 있을 것으로 보인다. 이미 몇 종류의 GSM 방식 휴대전화는 방갈로르에 위치한 삼성의 소프트웨어연구소(SISO)를 통해 인도 시장에 맞게 설계·연구 및 디자인되어, 곧 생산에 들어갈 계획이다.

포스코

최근에 두드러진 한국 기업의 대인도 투자 진출로는 포스코를 들 수 있다. 포스코는 오리사 주에 120억 달러 규모의 제철소 설립 프로젝트를 추진 중이다. 이와 관련해 2005년 6월에 POSCO-오리사 주정부 간 양해각서(MOU)가 체결된 데 따른 후속 조치의 일환으로, 2005년 9월 중 5,100만 달러의 투자가 이루어졌다. 또한 포스코 인디아는 현재 추진 중인 1,200만 톤 규모의 일관제철소 건립에 2억 달러를 투자한다고 2006년 4월 26일에 발표했다. 한편 오리사 주의 제철소 부지에서 강제 이주된 노동자들을 위한 보상안이 인도 정부에 의해 확정된다면, 관련 자산의 지분 할당을 검토할 수 있을 것이라고 밝혔다.

오리사 주에 대한 투자는 해외투자를 통해 대규모 설비 확장의 한계를 극복하고, 철광석의 안정적 확보와 규모의 경제를 실현하

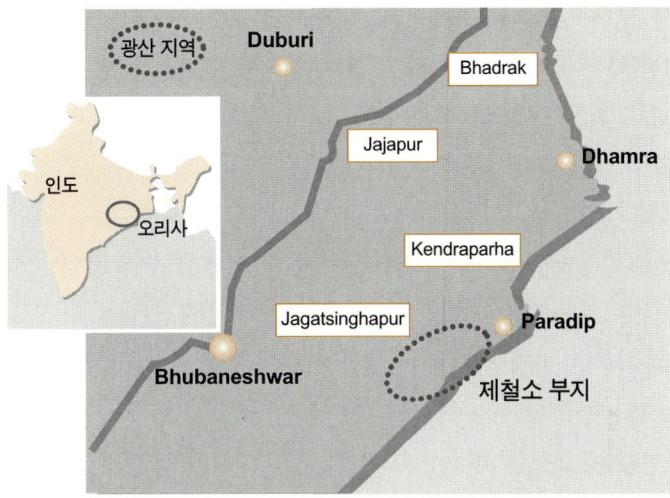

포스코의 인도 투자 지역

광산 지역 · Duburi
Bhadrak
Jajapur
Dhamra
인도 · 오리사
Kendraparha
Jagatsinghapur · Paradip
Bhubaneshwar · 제철소 부지

자료 : 포스코.

기 위해 진행되었다. 최근 원자재 값의 폭등으로 안정적인 원료
확보는 제철소 성공의 중요한 요소가 되었다. 오리사 주는 포스코
가 30년간 사용할 수 있는 6억 톤의 철광석을 안정적으로 확보할
수 있는 곳이다. 제철소 부지는 오리사 주의 파라딥이며, 주도인
부바네스와르와는 100킬로미터쯤 떨어져 있다.[37]

포스코의 1단계 투자는 2010년까지 계속되며 총 400만 톤(200
만 톤 규모의 파이넥스 2기) 규모의 제철소를 건립하는데, 1단계 투
자비만도 30억 달러(약 3조 원)에 달한다. 주정부는 오리사를 전 세
계적인 철강단지로 육성하기 위해 다른 세계 유수의 철강업체에
도 투자를 권유하고 있다. 오리사 주정부는 43개에 달하는 MOU

---

(37) 〈포스코, 올해 인도프로젝트에 2억불 투자〉, 2006. 4. 26, 뉴델리 무역관.

를 통해 총 5,800만 톤 규모의 제철단지가 설립되고, 총 319억 달러가 투자될 것으로 기대하고 있다. 포스코는 이 프로젝트를 위해 4,000에이커(약 500만 평)의 부지를 신청한 상태이며, 오리사 주의 고위관리는 이 중 3,500에이커가 정부 소유이기 때문에 부지 이용에는 문제가 없을 것이라고 밝혔다.

인도의 1인당 철강소비량은 30킬로그램으로 982킬로그램인 우리나라의 3%에 불과하나, 향후 철강 수요는 급속히 늘어날 것으로 전망된다. 인도 프로젝트에는 포스코가 원천 기술을 가지고 있는 파이넥스 공법이 적용되는데, 인도 제철소의 생산성 극대화와 글로벌 경쟁에서 우위를 선점하겠다는 의도로 풀이된다. 그 결과로 인도 제철소의 생산성은 세계 최고 수준인 광양제철소보다도 20~30%가량 높을 것으로 전망되고 있다.

04

한국-인도
CEPA 추진 현황 및 전망

성장 잠재력이 큰 인도와의 경제적 협력 확대, 보다 다양한 인도 시장 진출을 위한 포석 마련, 중국·ASEAN·일본 등 주변국들의 경쟁적 인도 시장 공략에 대한 보완 관계의 시급성 등으로 그동안 한-인도 포괄적 경제동반자 협정(CEPA) 추진의 필요성이 강조되어왔다.[38]

이런 상황 속에서 한-인도 양국 정부는 2006년 1월 5~6일 서울에서 CEPA 공동연구를 최종 합의했으며, 2월 서울에서 열린 노무현 대통령과 압둘 칼람(Abdul Kalam) 인도 대통령의 정상회담에서 3월부터 CEPA 공식 협상을 개시하기로 선언했다.[39]

이에 앞서 한-인도 공동연구그룹(JSG)이 발족되었다. 지난 2003년

---

(38) 한-인도 CEPA는 우리 정부의 동시다발적 FTA 추진 전략의 일환으로, BRICs 국가 중에서는 최초이며 2007년 말 타결을 목표로 하고 있다.

(39) 〈한-인도 CEPA에 임하는 인도의 FTA 전략과 우리의 대응 방향〉, KIEP.

12월에 한-인도 외무장관 회의에서 포괄적 협력 관계 수립을 위한 공동연구그룹 설치를 검토했으며, 2004년 10월 뉴델리에서 개최된 한-인도 양국 정상회담 때 CEPA 타당성 검토 등을 위한 JSG 설치에 합의했었다. 정부·학계·재계 인사로 구성된 JSG는 2005년 1월부터 8월까지 3차에 걸쳐 회의를 개최했으며, 11월 국장급 실무회의에서 공동연구 보고서 최종 문안에 실질적으로 합의하고, 제4차 회의 때 보고서 공식 채택에 합의했다. 2005년 12월에는 FTA 체결 절차 규정에 따라 한-인도 CEPA 공청회를 개최하면서 CEPA 추진의 필요성에 대한 공감대가 형성되었다.

CEPA 협상 개시 결정 이후 2005년 3월 23~24일에 뉴델리에서 한-인도 CEPA 제1차 협상이 개최되었으며, 협상 운영규칙(Terms of Reference) 제정, 협상분과 구성, 협정문 및 양허안의 교환 시기, 향후 협상 일정 등에 합의했다. 양국은 상품 교역, 서비스 교역, 투자, 기타 규범 및 경제협력, 일반 조항 및 분쟁 해결, 원산지 규정, 통관행정 및 절차 등을 다룰 총 7개의 협상작업반을 구성하기로 했다. 같은 해 5월 10~12일 서울에서 제2차 협상이 진행되었으며, 분과별 협상작업반 회의가 개최되어 양국의 각 분야별 관심 사항을 집중적으로 논의했다.[40] 상품 분야에서 우리 측은 포괄적이고 수준 높은 상품자유화를 추구해왔음을 설명하고, 서비스 투자 분야에서는 양국 간 자유화 방식 및 지방정부의 규제 리스크에 대한 의견을 교환했다. 3차 협상은 7월 18~21일 인도 뉴델리에서 진행되었다. 양국은 전체회의와 7개 분과별 협상작업반 회의를 개최했다. 상품 협정문안과 관련해 양자 세이프가드(긴급 수입제한

---

(40) 외교통상부 보도자료, 2006. 5. 12.

조치) 및 내국민 대우 등 거의 대부분의 조항에서 합의문을 마련했다. 또한 상품자유화 방식에 대해서는 양측이 모두 극히 민감한 품목들은 예외를 인정하되, 전체적으로 일정한 수준 이상의 개방은 이루어져야 한다는 공감대를 형성했다.

양측은 3차 협상까지 원활하게 진행되었다고 평가하고 있으며, 2006년 말까지 2회의 협상을 더 갖기로 합의했다. 서비스 및 투자 자유화 방식과 관련된 국내법 체제의 정비 상황, 경제발전 단계상의 격차, 그리고 양측의 FTA 경험 차이로 입장차가 있었으므로 향후 적절한 대안 모색이 필요한 시점이다.

세계 종교의 집합소

김찬완

'종교의 나라'로 불리는 인도는 세계 4대 종교에 속하는 힌두교와 불교뿐 아니라 자이나교와 시크교의 발상지이기도 하며, 무굴제국과 영국의 식민시대를 거치면서 이슬람교와 기독교가 정착해 각종 종교가 공존하고 있다. 따라서 인도 정부는 종교의 평화적 공존을 보장하고 사회적 통합을 유지하기 위해 세속주의(Secularism) 원칙을 헌법에 명시하고 있다. 주요 종교의 비중을 살펴보면, 인구의 80.5%가 신봉하는 힌두교가 단연 인도의 최대 종교로 인정받고 있으며, 다음으로 이슬람교 13.4%, 기독교 2.7%, 시크교 2.4%, 불교 0.7%, 기타 종교 0.3% 순이다.

인도 최대 종교인 힌두교의 '힌두(Hindu)'란 '큰 강'을 뜻하는 페르시아어

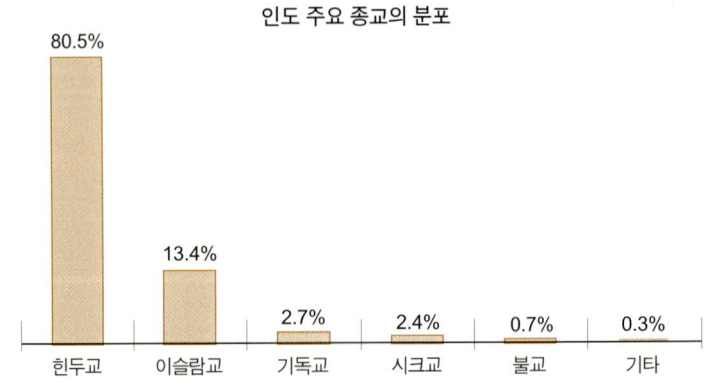

인도 주요 종교의 분포

자료 : Government of India, 2005, Ministry of Information(《인디아 쇼크》에서 재인용).

인도 주요 종교의 특성

종교		주요 특성
자생종교	힌두교	— BC 15세기경 아리아인의 침입 이후 고대 인도의 바라문교가 토착 민간신앙을 흡수해 발전하게 되었다.
	불교	— BC 6세기에 탄생해 AD 5세기까지 번창했으며 주로 마하라슈트라 주에 분포되어 있고, 현재 신도 수는 약 750만 명에 이른다. — 희생제사와 카스트 제도를 거부하고, 집착을 버리고 윤회의 고통으로부터 벗어나기 위해서 내적인 성찰을 해야 한다고 가르친다.
	자이나교	— 금욕 생활을 덕목으로 여기며 비폭력 불살생을 강조하고 신도수는 300만 명에 이른다. — 생명에 대한 존경심을 고양시켜서 숨을 들이마시다가 또는 농사를 짓다가 벌레를 죽이지 않기 위해 평소에 마스크를 착용하거나 농업을 장려하지 않았으며, 그 결과 신도들은 상공업에 종사해 일찍부터 부를 축적하게 되었다.
	시크교	— AD 16세기경 힌두 종교개혁가인 구루 나나크(Guru Nanak)에 의해서 창시된 종교로서 힌두교와 이슬람교의 대립을 없애기 위해 이슬람교의 유일신 사상과 형제애를 힌두교에 접목했으며, 불살생은 중요하지 않고 동물을 먹을 수도 있다고 가르친다.
외래종교	이슬람교	— AD 11세기 이슬람 세력이 인도 서북부 지역에 침입한 이후 델리 술탄 왕조가 탄생하면서 전래되었으며, 무굴제국을 기점으로 인도에 정착했다. — 현재 인도 카슈미르 등 특정 지역에 집중적으로 분포되어 있으며, 무슬림들의 대부분은 사회·경제적으로 열악한 환경에서 살고 있다.
	기독교	— 영국 식민통치 기간(1757~1947년)에 인도에 확고히 정착했으며 현재 주로 북동부 지역과 남부 지방에 분포되어 있다.

자료:《인디아 쇼크》, 2005.

'신두(Sindhu)'에서 나온 말로, 인더스(Indus)나 인디아(India)라는 어휘도 여기에서 비롯되었다. 기원전 25세기에 메소포타미아 문명권 사람들이 인더스문명권을 신두라고 부르기 시작했고, 기원전 5세기경의 고대 페르시아인들이 자신들의 서쪽 경계 지역을 힌두(Hindu)라고 지칭했다. 여기서

'힌두스탄(Hindustan, 인도)'이 유래했다. 'Shindu'의 'S'가 탈락해서 'Hindu'로 변한 이유는 아직 명확히 밝혀지지 않았으나, 알렉산더의 인도 침입 이후 'H'가 탈락해 'Indu'로 변했다. 바로 이 'Indu'에서 오늘날의 인더스(Indus)와 인디아(India)가 나타나게 된 것이다.

이러한 어휘 변화에서 알 수 있듯이, 힌두교란 힌두(인도)와 이즘(ism)의 합성어로서 인도에서 발생해 성장한 모든 인도 종교를 포괄하는 광범위한 개념이라 할 수 있다. 즉 힌두스탄(인도)에서 태어난 모든 종교를 뜻한다. 그러나 일반적으로 힌두교라고 할 때는 좁은 의미로 '베다(Vedas)'의 권위와 '카스트 제도'를 부정하는 여타 종교를 제외한 종교를 의미한다.

힌두교의 주요한 특징은 기독교나 불교, 이슬람교와 달리 창시자나 탄생 시기가 없다는 것이다. 성경이나 코란과 같은 일정한 경전이 없으며, 주술적인 원시신앙에서 형이상학적 고등철학까지 모든 것을 포함한다. 교 체계는 매우 복잡하고 다양하다. 조직의 통일성과 강제성이 없으며, 일정한 예배시간도 없다. 이단이나 박해의 개념도 없다. 따라서 힌두교는 종교라기보다는 생활방식(Hinduism is the way of life of Indians)이라 할 정도로 인도인의 삶 깊숙이 자리 잡고 있으며, 포용성·복합성·변화성의 특징을 가지고 있다.

힌두교도는 불교도와 마찬가지로 인생에서 궁극적으로 모크샤(Moksha : 해탈)를 추구하고 있다. 힌두들은 태어나면 어느 한 바르나(Varna : 브라만, 크샤트리아, 바이샤, 수드라)에 속해야 하고, 모든 바르나는 인생의 4단계인 아슈라마(Ashrama)를 따라야 한다. 이 과정을 따르는 모든 힌두들은 해탈에 이르기 위해 다르마(Dharma : 법, 규범, 도리, 의무)를 잘 지켜야 한다. 여기서 주의할 점은 다르마를 지켜나가면서 카르마(Karma : 업)가 쌓이지 않게 해야 한다는 것이다. 좋은 업이든 나쁜 업이든 업을 쌓지 않으면 아트만(Atman : 자아의 근본)을 찾게 되어 결국 해탈에 이를 수 있다. 즉 다르마, 카르마, 아트만, 모크샤의 단계를 거친다.

그러나 자신이 다르마를 잘 지키지 못하면 카르마가 나쁘게 쌓여 아트만을 찾지 못하고 삼사라(Samsara : 윤회)의 쳇바퀴에 들어간다는 것이다. 기본적으로 힌두교에서는 윤회가 고통을 의미하고, 이 고통에서 벗어난 영원불멸의 해탈의 경지를 최상의 것이라 믿고 있다.

다르마와 모크샤는 카마(Kama : 욕망), 아르타(Artha : 부귀영화)와 함께 힌두교의 4대 가치를 이룬다. 다시 말해 힌두교도가 생각하는 인생의 4대 가치 또는 목적은 욕망의 실현인 쾌락(Kama), 부나 재물의 축적(Artha), 의무의 실천(Dharma), 해탈(Moksa)이다. 그들은 인간 생활에서 사랑의 성적 감정인 애욕이 대단히 큰 비중을 차지한다는 점을 인정한다. 기본적인 도덕적 다르마를 지키기만 한다면 얼마든지 쾌락을 추구할 수 있다고 믿는다. 따라서 힌두교에서는 합법적이고 정당한 성생활을 인생의 중요한 가치이자 목적으로 여기고 있다. 사회 유지에 필요한 종족 보존을 위해 카마를 추구하는 것이다. 아르타란 부의 축적 수단인 재물은 물론 권력의 향유까지도 포함하는 것으로, 인생에서 부의 축적이 정당한 행위임을 인정한다. 따라서 인도인은 냉정할 정도로 부를 축적하고 자신이 축적한 부에 대해서는 그 누구의 눈치도 보지 않고 향유하며 살아간다. 따라서 인도인이 가난한 이유가 힌두교 때문이라는 식의 인식론은 힌두교를 제대로 이해하지 못한 데서 비롯된 것이다. 힌두교도에게는 부가 인생의 가치이자 목적이기 때문이다. 카마와 아르타는 힌두교도 인생의 4단계인 아슈라마의 두 번째 단계 그리하스타(Grihasta)에 중요한 가치이고, 그리하스타는 금욕 생활을 버리고 결혼해서 가정을 꾸려 재산을 축적하는 단계다. 힌두교에서는 개인적 욕망이 각자의 인생에서 가장 우선되는 목표다. 욕망을 억제하면서 욕망이 없는 것처럼 행동할 필요가 없다는 것이다. 쾌락과 부의 추구가 인간이 원하는 것이라면 당연히 추구되어야 마땅한데, 단 사심 없이 다르마를 잘 지켜나가면서 행하면 된다는 것이다.

힌두교에서 가장 중요한 신은 브라마(Brahma : 창조의 신), 비슈누(Vishnu : 유지의 신), 시바(Shiva : 파괴의 신)이다. 이들은 삼위일체적으로 '트리무리티(trimuriti : 三柱의 神)' 라고 불리며, 각각 우주의 창조·유지·파괴를 주관한다. 브라마는 창조의 신이지만 현재 인도에서는 거의 숭배되지 않고 있다. 이미 창조가 끝났으므로 더 이상 브라마에게 우주를 새롭게 창조해달라거나 나 자신을 창조해달라고 기원할 필요가 없어졌기 때문이다. 중요한 것은 앞으로 잘 살다가 죽는 것이다. 따라서 오늘날 힌두신자들은 대부분 비슈누나 시바를 믿고 있다. 비슈누는 '우주의 보존자'로서 항상 자애로우며 진리를 적극적으로 실현시키는 신으로, 세상이 타락하고 혼란스러울 때마다 지금까지 9번에 걸쳐 물고기, 거북이, 멧돼지 등 화신의 모습으로 지상에 나타나 세상을 구원했다는 설화가 있다. 힌두교의 비슈파에서는 불교의 부처(Buddha)를 비슈누의 9번째 화신으로 여긴다. 미래 인간 사회가 전쟁과 불화 등으로 암흑 시대를 맞게 되면 비슈누가 인류를 구원하기 위해 칼키(Kalki)라는 화신으로 세상에 내려온다고 믿고 있다. 시바는 파괴의 신이지만 파괴 자체를 위한 파괴가 아닌 생명 재창조를 위한 파괴를 하는 것이다. 시바의 머리 밑에서 갠지스 강이 탄생했다고 믿는 힌두교도들은 그 물을 마시고 그 물로 목욕을 함으로써 오염된 부정한 요소들이 정화된다고 믿는다. 또한 죽은 사람을 화장해서 그 재를 갠지스 강에 뿌리면 완전한 파괴, 즉 완전한 해탈에 이른다고 믿고 있다. 시바를 믿는 사람들은 시바를 '마하데바(Mahadeva : 위대한 신)'라고 여기며, 비슈누파와 함께 힌두교의 2대 종파를 형성하고 있다.

3장

인도 진출 확대 방안

오승구

India

01

중국의 보완시장으로서
인도 진출

2005년 말 현재 인도의 경제 규모는 6,919억 달러에 1인당 국민소득은 640달러로, 중국의 1조 6,493억 달러와 1,490억 달러에 비해 크게 뒤처져 있다. 수출 및 외국인 투자 유입 규모에서도 인도는 중국의 10분의 1에 불과하다. 게다가 한국의 대인도 수출은 대중국 수출 대비 7%, 수입은 5%대이고, 대인도 직접투자는 무역에 비해 더 낮은 수준이다. 즉 건수에서는 중국 대비 1.3%, 금액 기준으로는 6%대에 머물고 있다. 이처럼 현재 한국과 인도의 경제협력 수준은 지나치게 낮은 편이다. 그러나 향후 경제발전 전망이나 지역 또는 세계경제 내에서 차지하는 인도의 위상을 염두에 두면, 좀더 적극적인 교역과 투자 활동이 필요하다고 볼 수 있다.

골드만삭스에 따르면, 인도의 경제 규모는 지속적으로 확대되어 GDP에서 2032년에 일본을 능가하고, 2050년에 27조 8,300억 달러로 중국(44조 4,530억 달러)과 미국(35조 1,650억 달러)에 이어 세계 3위의 경제대국으로 부상한다. 모건스탠리는 구매력평가를 기준으로 10년 안에 인도 경제가 일본을 능가할 것으로 예측했다. 이는 인도가 머지않아 중국과 미국에 이어 우리 경제의 핵심 파트너로 부상한다는 것을 의미한다. 이처럼 성장 잠재력이 풍부한 인도 시장을 선점하기 위해서는 인도에 대한 투자 진출을 신속히 확대해 나가야 한다.

다른 한편으로 인도 시장 진출은 중국에 대한 위험 분산 차원에서도 필요하다. 무역과 투자의 대중국 의존도가 지나치게 높은 점을 감안한다면, 리스크 관리를 위해 인도를 새로운 시장으로 개발해야 한다. 최근 중국에 대한 기업들의 투자 급증으로 발생하고 있는 대중 경제의존도 심화와 기술 격차 축소 등의 리스크 요인들은 대인도 투자를 활성화함으로써 상당 부분 해소할 수 있다. 이는 통상외교 차원에서 인도를 중국의 보완시장으로 인식하고 전략을 수립해야 함을 의미한다. 인도와의 협력을 확대하려면, 현재 양국이 공동연구 중인 '포괄적 경제동반자 협정(CEPA)' 체결을 조기에 완료하고, 정무 간 협상을 신속히 진행해나가야 한다. CEPA가 체결되면 양국 간 교역은 물론 투자가 크게 증가할 것으로 전망된다. 나아가 기존 대기업 위주의 투자에서 중소기업들의 직접투자도 확대될 것이다.

이러한 상황에서 한국의 대인도 진출의 기본 전략은 교역과 투자의 점진적 확대가 되어야 한다. 중국과 동일한 수준의 경제협력 규모를 달성하기는 어렵겠지만 분명한 수치 목표, 이를테면 2010년에 투자와 교역에서 각각 중국 대비 15%와 20%로 확대하고, 2030년경에는 투자와 교역 모두 30% 수준을 달성한다는 목표를 제시하고 인도와의 협력을 강화시켜가야 할 것이다.

02

직접투자 및 수입 확대를 통한
시장 확보와 경제협력 강화

개도국은 외국인 직접투자(FDI)를 유치하면서 세계경제에 빠르게 통합되고 있다. 중국 역시 FDI를 통해 '세계의 공장'으로 급부상했다. 다국적기업들은 새로운 시장을 개척하는 동시에 비용을 절감하기 위해 생산거점을 이전하는[41] 등 본격적으로 해외투자를 추진해왔다.

현재 인도에 진출한 기업들은 거대 소비시장을 확보하기 위해 경쟁적으로 활발한 투자 활동을 벌이고 있다. 높은 관세를 회피하기 위한 투자는 물론이고 효율성 추구 측면에서 IT 및 BPO 분야에도 적극적으로 진출하고 있다. 진출 분야도 그동안 가전 등 제조업에서 최근에는 소매유통과 금융, 물류, 부동산에 이르기까지 확대되었다.

---

[41] 기업들은 국제무역이나 투자를 제한하는 무역장벽이 점차 제거되고 거래 비용이 지속적으로 하락함에 따라 노동집약적인 생산 공정을 전 세계적 차원에서 재배치하고 있다.

인도 정부는 외국인의 투자를 촉진하기 위해 경제특구를 설치하고 최장 20년까지 법인세 면제와 감면, 판매세 면제, 자본재 도입 시 관세 면제 등 각종 투자 인센티브를 부여하고 있다. 이러한 제도를 잘 활용하면 투자 비용을 절감하고 투자 리스크를 최소화할 수 있다. 경제특구는 아직 규모가 작아 중국과 같은 외국인 투자 유치 창구로서의 역할은 못 하지만, 노동집약적 업종의 경제특구 진출은 고려할 만하다.[42]

한편 IT 및 소프트웨어 분야에서는 IT 기술단지에 진출하는 방법도 있다. IT 기술단지는 IT 산업 발전을 위해 조성한 테크놀로지 파크로서 EHTP와 STP로 구분된다. 10년간 법인세 감면 및 자본재 도입 시 특혜관세를 제공하며, 각 주별로 특정 지역을 지정해 운영하고 있다.

한국과 인도 간 경제협력의 가장 큰 특징은 한국이 대규모 무역 흑자를 내고 있다는 점이다. 한국은 인도에 주로 내구소비재 등 공산품을 수출하고, 1차 상품을 수입한다. 무선통신기기 및 자동차부품이 수출의 33%를 차지하고 있으며, 수입은 1차 상품 위주로 석유 제품·천연섬유(면)·광물 제품 등이다. 인도가 경제성장을 지속하면서 내구소비재 수요가 증가하는 추세이므로 이러한 무역구조는 당분간 유지될 전망이다.

이 같은 무역 불균형은 양국의 호혜적인 발전에 부정적인 영향을 미치는데, 인도는 한국 상품 수입에 대해 심한 규제를 가하고

---

(42) 그러나 아직까지 인도의 투자 환경은 전반적으로 열악한 편이고, 법과 제도도 기업 활동에 걸림돌로 작용하는 경우가 많다. 그러므로 진출 지역을 결정할 때는 세심한 주의가 요망된다.

한국의 대인도 5대 수출 품목(MTI 3 단위 기준)

단위 : 백만 달러, %

	2004		2005	
	금액	증가율	금액	증가율
무선통신기기	835	6.2	1,170	40.1
자동차부품	373	41.3	427	14.6
선박 해양 구조물 및 부품	292	20.4	186	-36.1
철강판	201	119.0	361	79.1
합성수지	128	46.3	225	76.3
수출 총액	3,632	27.3	4,598	26.6

자료 : 무역협회.

있다. 따라서 우리의 무역흑자를 줄이면서 양국의 교역 규모를 확대해나갈 필요가 있다. 그러기 위해서는 무엇보다도 수입 품목의 개발이 필요하다. 특히 현재 비공산품 위주로 구성된 대인도 수입 품목을 다양화해 공산품으로까지 확대할 필요가 있다. 한 방법으로 노동집약적 산업의 현지 직접투자를 통한 생산 제품의 역수입도 고려할 만하다.

03

주변국 시장 진출을 위한
교두보로 활용

인도는 최근 중국, 일본, 한국, 동남아 국가 등과 적극적으로 FTA 체결을 추진하고 있다. 또한 벵골만-남아시아-동아시아를 잇는 FTA를 활용해 대서남아 경제권의 중심축으로 부상하고자 총력을 기울이고 있다. 한편 중국, ASEAN, 일본 등은 인도와의 FTA 체결을 통해 인도 시장 진출을 더욱 확대하고자 노력하고 있다. 인도와 중국의 FTA가 성사되면 전 세계 인구의 3분의 1을 차지하는 세계 최대의 단일경제권이 탄생하게 된다. 특히 일본은 인도-태국 FTA와 일본-태국 FTA를 활용하는 장기적인 전략을 실행에 옮겼다. 이는 향후 인도 시장에서 치열한 각축전이 전개될 것을 예고한다. 게다가 인도는 지리적으로 북아프리카와 유럽, 중앙아시아, 중동과 동남아 지역을 연결하는 허브 기능을 담당하고 있다. 특히 영국과 걸프만 연안국에는 인도계 이민자(NRI)들의 상권이 잘 구축되어 있고, 인도와 제3국의 특수한 관계로 인해 인도산 수출 상품이 우대를 받기도 한다.

따라서 우리나라는 인도 시장 진출을 확대하기 위해서는 물론이고, 인도 및 중국과 ASEAN까지 아우르는 범아시아 지역 통합에 대응하기 위한 장기 전략적 차원에서도 인도와의 FTA를 속히 추진해갈 필요가 있다. 다행히 한국과 인도는 2003년 12월 정부·학계·재계 인사로 구성된 공동연구그룹을 설립해, 상품 및 서비스 교역과 투자 및 기타 경제협력 관련 분야를 포함하는 '포괄적 경제동반자 협정(CEPA)'의 타당성을 검토하기로 합의했다. 2005년 1월 27~28일 인도 뉴델리에서 열린 공동연구그룹 제1차 회의를 시작으로 8월까지 3차례의 공동연구 회의를 개최했고, 11월에는 공동연구보고서 최종 문안에 실질적인 합의를 이끌어냈으며, 2006년 1월 한-인도 CEPA 협상을 개시했다.

이러한 추세 속에서 한국 기업들은 인도 내 거점을 허브로 육성하는 전략, 즉 인도를 주변국으로 진출하기 위한 교두보로 삼고 지역경제 블록을 공략해나가는 '허브 앤 스포크(Hub and Spoke)' 전략을 구사하는 것이 효과적이다.

경제 외적인 분야에서도 인도와의 협력을 확대해야 한다. 이미 언급했듯이, 중국에 비해 인적 교류가 극히 저조한데다 사회·문화적 이해도가 낮고, 현지 연구도 매우 미흡한 수준이다. 이를 개선하기 위해서는 무엇보다도 인도에 대한 연구를 확대하고, 대인도 전문인력을 양성하기 위한 다양한 프로그램을 수립·실행해야 한다. 특히 종교·문화·IT 분야에 대한 국비 유학생 제도를 확대하고, 인도인들의 국내 유학을 지원하는 등 양국 간 인력 교류 확대를 정부 차원에서 장려할 필요가 있다.

'선택과 집중' 전략

 인도는 광활한 국토에 인구가 분산되어 있으며, 소득 격차도 크고 인종·민족·문화적 스펙트럼도 다양하다. 이러한 특성을 충분히 이해하지 못한 채 성급하게 진출한다면 낭패를 보기 십상이다. 소비계층별 특성이 다양한 인도 시장에서는 고소득층과 중산층 등 공략 목표를 명확히 설정하고 해당 그룹에 맞는 마케팅 전략을 구사해야만 성공적인 경영 활동을 유지할 수 있다.

 매킨지가 분석한 인도의 소비시장을 보면[43], 우선 인도 내에서 가계소득 및 소비 피라미드의 최상층에 자리한 부유층은 약 100만 가구에 이른다. 이들이 바로 '세계화된 인도(global India)'라 불리는 계층으로 명품을 구매하고, 해외여행을 즐기며, 여러 대의 자동차와 TV를 소유하고, 선진국의 상류층과 유사하게 생활하며, 주로 인도의 8대 대도시에 집중 분포되어 있다. 중국의 비슷한 계

---

(43) McKinsey, *Winning the Indian Consumer*, Mckinsey Quarterly 2005 Special Edition.

층과 비교해 그 규모가 3분의 1에 불과하지만, 그 수는 매년 20% 이상 증가하고 있다.

인도 인구의 상당 부분을 차지하며 피라미드의 하단에 위치한 계층은 당분간 필수품 이외의 물건은 살 수 없을 만큼 구매력이 취약한 집단으로 '고통받는 인도(struggling India)'로 불린다. 1억 1,000만 가구 이상이 포함되어 있는 이 계층의 연간 수입은 1,500달러에서 4,000달러 수준이다. 4,000만 가구로 이루어진 '궁핍한 인도(destitute India)' 계층은 연간 수입 1,500달러 이하의 말 그대로 극빈층이 자리하고 있다.

인도 소비시장의 성장을 주도하는 계층은 피라미드의 중심에

인도 소비계층 현황

구분	연간 실질 가구소득	가구 수	주요 직업	소유재산
세계화된 인도	1만 달러 이상	100만 (0.6%)	중소기업 사장, 기업 및 정부기관 종사자, 부농	침실이 1~2개 있는 주택, 컬러TV, 휴대전화, 냉장고, 세탁기, 자동차(5,000~1만 달러 대)
상승하는 인도	4,000~1만 달러	4,000만 (21%)	샐러리맨, IT 및 미디어 부문 등 신흥업종 종사자, 상인	컬러TV, 냉장고, 전화기, 스쿠터, 오토바이 혹은 자동차 (4,000달러 이하)
고통받는 인도	1,500~4,000달러	1억 1,000만 (57.5%)	상인, 서비스업 종사자, 농부	자전거, 라디오, 흑백TV
궁핍한 인도	1,500달러 이하	4,000만 (21%)	자급자족 농민, 농장 인부	시계

자료 : McKinsey, *Winning the Indian Consumer*, McKinsey Quarterly 2005 Special Edition.

위치한 중산층으로, 연간 4,000달러에서 1만 달러 정도를 벌어들인다. 4,000만 가구에 달하는 인도의 중산층은 필수품 이외의 소비재 제품을 구매할 능력을 보유하고 있다고 평가된다. '상승하는 인도(aspiring India)'라고 지칭되는 이들 신흥 소비계층의 가구 수는 연간 약 10%씩 확대되고 있으며, 2010년에는 6,500만 가구에 달할 것으로 전망된다.

이들 거대한 소비계층을 모두 망라하기에는 기업들의 자원이 한정되어 있고 리스크도 크다. 따라서 특별 소비계층을 겨냥한 선택과 집중 전략이 요구된다. 기업들은 진출에 앞서 소비시장을 철저히 분석하고, 어느 소비자 계층을 목표로 삼을 것인지를 분명히 하는 시장 세분화와 특성화 전략을 세울 필요가 있다.

일부 기업들은 상류층을 겨냥한 특화 전략을 구사하며 전 세계 상류층에 판매되는 것과 동일한 제품들을 내놓고 있으며, 대체로 일부 대도시에만 관심을 보이고 있다. 이러한 사업 모델은 위험성이 낮고 성장이 쉬운 편이므로, 초기에는 물건을 수입해 들여오는 것만으로 사업이 가능하며 제한된 유통망으로도 유지가 된다. 그러나 수익성이 높을 수는 있지만 매출이 높지 않고, 시장이 성장하는 속도만큼 성장하지 못한다. 따라서 이러한 전략은 인도 같은 거대한 시장에서는 오래가지 못할 수 있다.

한편 좀더 규모가 크고 빠르게 성장하는 중산층을 겨냥하는 기업들은 규모의 경제를 실현하고, 선점효과를 통해 미래의 더 많은 수익을 보장하는 유리한 입장을 확보할 수 있다. 예컨대 다국적기업들은 소비자들의 욕구와 빠르게 변하는 시장 상황에 맞게 제품과 생산 방식을 바꾸고 판매 가격을 낮추는 동시에, 유통경로 확장을 위해 노력하고 소비자의 욕구 및 구매력에 적합한 제품을 체계

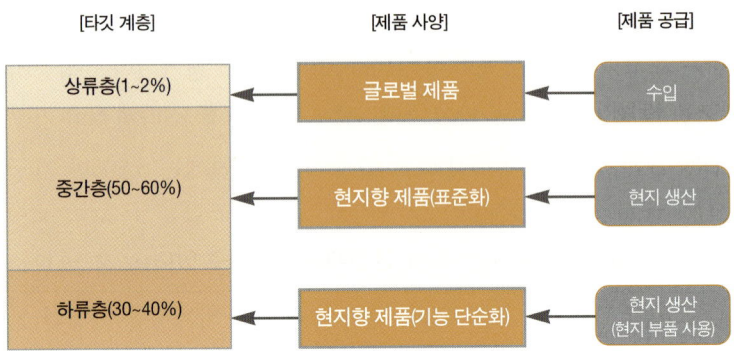

인도 소비계층을 타깃으로 한 선택과 집중 전략

[타깃 계층]　　　　　　　　　[제품 사양]　　　　　　[제품 공급]

상류층(1~2%)	←	글로벌 제품	←	수입
중간층(50~60%)	←	현지향 제품(표준화)	←	현지 생산
하류층(30~40%)	←	현지향 제품(기능 단순화)	←	현지 생산 (현지 부품 사용)

적으로 출시해 놀라운 성과를 거두고 있다. 예컨대 다국적기업인 유니레버가 인도에서 출시한 비누 브랜드인 라이프부이(Lifebuoy)가 대표적인 사례다.

소득계층 간 격차뿐 아니라 지역 간 경제 격차도 크다는 점을 염두에 두어야 한다. 인도의 경제활동 지역은 전국에 골고루 퍼져 있다고는 하지만, 크게 보면 일부 특정 지역이 경제성장을 주도하면서 부를 축적하고 있다. 즉 인도는 전체 인구의 3분의 2가 농업으로 삶을 영위하고 있는데다 제조업 분야가 크게 발달하지 못한 가운데 뭄바이·델리·첸나이 등 주요 대도시를 중심으로 경제활동이 비교적 활발히 이루어지고 있어, 인도의 부가 대부분 이들 도시에 집중되어 있다.

하지만 각국 정부의 정책적인 노력과 외국기업들의 진출로 경제성장의 혜택이 점차 다른 지역으로까지 확산되는 추세다. 그 결과 지방 대도시를 중심으로 새로운 상권들이 하나 둘씩 형성되고 있다. 기업들은 이러한 시장 변화에 대응해 진출 지역을 점진적으로 넓혀갈 필요가 있다. 그동안 한국 기업들은 주로 수도권 대도시에 판매 활동을 집중했으나, 앞으로는 지방 도시들로 확대해나가야 한다. 이는 '단핵(Single-point)' 시장에서 '다핵(Multi-points)' 시장으로 공략 지역을 다변화하는 것을 의미한다. 그러기 위해서는 군소 도시와 농촌 지역까지 망라할 수 있는 유통채널 구축이 필수적이다. 아울러 이 같은 전략을 원활히 추진할 수 있는 딜러와 에이전트를 확보하는 것이 선결과제라 할 수 있다.

인도는 2005년부터 단계적으로 유통시장을 개방하기 시작했다. 2006년 2월 제조업의 직판을 허용하고, 그동안 굳게 닫혀 있던 소매업 분야도 점진적으로 개방되고 있다. 이로 인해 인도 시장 내 경쟁이 치열해지면서 서비스 고급화와 차별화 차원에서 애프터서비스망 구축도 매우 중요한 과제로 부상했다.

현지 수요에 맞는 제품 개발 및
프리미엄 시장 개척

선진국 수출모델로 인도 시장에 진출한다면 수요 확대에 한계가 있을 수밖에 없다. 인도 시장을 공략하기 위해서는 현지인의 구미에 맞고 지역적 특성이 고려된 제품과 브랜드를 개발하는 노력이 중요하다. 왜냐하면 현지 수요에 민감한 품목들은 현지향 제품이 아니면 시장 진입 자체가 어렵기 때문이다. 그러나 독특한 사양의 제품에 대한 수요를 충족시키는 데 들어가는 개발 비용이 적지 않으므로, 기업들은 시장 규모와 투입 비용을 철저히 분석해 진입 여부를 결정해야 한다. 아울러 소비자의 문화적 특성을 철저히 분석하여 제품 설계와 마케팅 전략에 반영해야 한다. 즉 현지 소비자가 원하는 제품을 제공하는 동시에 가격경쟁력을 지닐 수 있어야 한다.

인도의 문화적 특성을 고려한 제품을 개발함으로써 시장 진입에 성공한 기업들은 쉽게 찾아볼 수 있다. 노키아는 인도에 판매하는 휴대전화 모델에 여러 기능, 예컨대 먼지가 들러붙지 않는

번호판에 손으로 쥐어도 미끄러지지 않는 그립부나 내장 플래시 불빛 기능을 추가해 휴대전화 시장을 확실하게 장악했다. 이러한 모델은 수십만 명에 달하는 트럭 운전자가 주로 조명이 어두운 인도의 고속도로를 달리다가 멈춰서 휴대전화를 사용하는 데 착안해 출시했다. 또한 우리나라의 삼성이나 LG전자, 현대자동차 등이 인도 진출에 성공할 수 있었던 것은[44] 국제경제 환경의 변화 외에도 인도 시장의 특성을 파악하고 그에 맞는 마케팅 전략을 채택했기 때문이다. 예를 들어 삼성전자는 세탁기 부문에서 상당한 성과를 거두고 있다. 삼성전자의 세탁기가 성공한 이유는 인도의 잦은 정전 사고를 염두에 두고 작동이 멈추기 전의 동작 상태를 기억하는 기능과, 인도 전통 의상인 사리가 꼬이거나 훼손되지 않도록 하는 특수 헹굼 기능을 추가했기 때문이다. 게다가 물이 귀하고 비싸기 때문에 물을 재사용할 수 있는 이중물통(double basin) 세탁기를 선호하는 구매 행태도 제품 설계에 충분히 고려함으로써 인도 소비자의 마음을 사로잡았다.

앞으로 인도 시장의 규모가 커지면 커질수록 소비계층의 특성은 더욱 다양해질 것이다. 그에 따라 우리 기업의 마케팅 전략도 당연히 달라질 필요가 있다.

현지 수요를 목표로 한 제품 개발 및 마케팅을 추진함과 동시에 시장이 급속도로 확대되고 고급화된다는 점을 염두에 두고 프리미엄 시장 개척에도 적극적으로 나서야 한다.

---

(44) 한국 기업은 인도 시장에서 냉장고는 30%, 세탁기와 휴대전화는 약 50% 정도의 압도적인 점유율을 보이고 있다. 현대자동차는 2004년 승용차 판매 대수로 제1위의 마루티스즈키, 제2위의 타타자동차에 이어 제3위(13.4%)를 차지했다.

이미 강조했듯이, 인도는 이제 선진국 기업에게도 중요한 시장으로 부상했다. 선진국 기업들이 진출해 현지 생산 체제를 구축하고 공격적인 판매 전략을 구사하면서 한국 기업들은 치열한 경쟁 체제에 돌입하게 되었다. 이러한 상황에 대처하려면 중·고급 프리미엄 제품 시장을 겨냥하는 포지셔닝 전략(positioning strategy)을 추구할 필요가 있다. 즉 인도 시장 특성에 맞는 상품과 마케팅 기법을 지속적으로 개발함과 동시에, 구매력이 풍부한 부유층은 물론 미래의 소비 주도 세력인 젊은 세대를 중심으로 한 장기적 관점의 고객관계관리(CRM：Customer Relationship Management) 등을 추진해야 한다.

현지에서 성공하려면 단순히 시장만을 보고 들어온 외부 침입자가 아닌, 더불어 사는 '상생(Win-win)의 얼굴'을 가진 현지기업의 이미지를 심어야 한다. 그러기 위해서는 현지화 노력을 지속적으로 강화해야 한다. 또한 현지에 진출한 국내 기업들의 국내 역수출 방안 등을 강구해 무역마찰을 해소하는 것도 한국 기업의 이미지를 제고하는 데 크게 기여할 수 있다.

중견 및 중소기업의 투자 확대

현재 대인도 투자는 현대자동차, LG전자, 삼성전자 등 대기업들의 내구소비재 생산을 중심으로 이루어지고 있다. 이들은 세계 수준의 다국적기업으로서 인도를 세계적 전략 차원에서 평가하고, 이를 근거로 인도에 진출해 좋은 성과를 거두었다. 이들 외에도 중소기업들이 협력업체로 동반 진출해 활동하고 있지만, 조립업체인 3개사에 납품하는 체제로 별다른 경쟁 없이 성과를 거두고 있어 대부분 독자적인 마케팅이나 유통 채널을 구축하지 않고 있다. 중국에 진출한 우리 기업과 비교해보면 그 활동 내용이 극히 제한적이다.

향후 인도 경제는 지속적 성장이 예상되므로 인도 시장에 진출하고자 하는 중견기업(카테고리 킬러형 기업)은 투자를 확대할 필요가 있다. 즉 전 세계를 대상으로 사업을 전개할 역량은 안 되지만 특정 분야에 세계적인 경쟁력을 갖춘 중견 전문기업들은 투자를 확대해 인도 시장을 선점하는 것이 중요하다.

이미 진출한 한국 기업의 인도 및 중국 투자 유형

사업 유형		인도	중국
대기업		○	○
카테고리 킬러	독자 브랜드	×	○
	기술력	×	○
한국 대기업 부품 공급업체		○	○
외국 대기업 부품 공급업체		×	○
위탁생산업체		×	○

자료 : 중국 진출 현황은 이근, 《중진국 함정과 2만불 전략》, 이투신서, 2005, pp. 189~196 참조. 인도는 삼성경제연구소 작성.

오랫동안 폐쇄적 경제를 운용해온 인도는 품질은 비록 떨어지지만 대부분의 공산품을 생산하고 있다. 따라서 외국인 비용(cost of foreigners)을 극복하고 이들과 경쟁하기 위해서는 기술이나 브랜드에서 독자적인 경쟁력을 갖춰야 한다.[45]

또한 인도는 장기적으로 노동집약적 제조업 육성에 나서고 있으므로 이 분야에 대한 투자도 강화해야 한다. 인도는 경제특구 등을 중심으로 수출주도형 공업화에 더욱 적극적으로 나설 전망이다. 따라서 섬유, 의류, 전자부품, 플라스틱 제품 등 우회수출 가능성이 높은 노동집약 산업 분야에 투자를 확대할 필요가 있다. 이 경우 시장은 중동과 동남아 지역이 될 것이다.

그러나 중견기업은 인도 전역을 대상으로 유통망을 구축하고

---

[45] 한국 중견기업은 타이어, 석유화학, 철강 제품, 일부 IT(온라인 분야) 등의 분야에서 기술 및 브랜드 경쟁력을 갖고 있다.

마케팅 활동을 전개하는 데 한계가 있다. 그러므로 동종 분야에 경쟁력을 갖춘 기업들끼리 인도의 경제특구에 공동 진출해 클러스터형 시너지를 창출하는 것도 고려해볼 만하다. 내수를 목표로 한 이러한 분야의 투자에서는 단독투자 또는 합작투자의 결정이 특히 중요하다.[46]

공장용지 매입, 조세 제도, 노동인력 관리 등 인도의 복잡한 규제가 야기하는 비용을 줄이기 위한 합작의 필요성도 거론되고 있으며, 실제로 인도 정부도 합작투자를 권유하는 편이다. 그러나 인도 기업과 합작투자를 할 경우에는 의사결정 지연 및 분쟁 등의 여러 가지 예기치 못했던 문제가 발생할 수 있다. 또한 합작투자를 했다가 단독투자로 전환하는 것은 쉽지 않을뿐더러 그 비용도 상당하다. 게다가 현실적으로 문화적 요인에서 비롯되는 경영 마인드의 차이로 합작투자에 성공한 사례를 찾아보기 어렵다. 따라서 인도 시장에 진출하려면, 가능한 한 단독투자를 하는 것이 바람직하다.

---

(46) 일반적으로 해외투자에는 합작투자보다 단독투자의 위험성이 더 높은 것으로 알려져 있으나, 인도의 경우는 그렇지 않다고 한다.

2천 개 이상의 카스트(자티)

김찬완

카스트(Caste)는 인도 전통사회의 사회적·의례적 신분 제도로, 선천적이며 계급 간 이동이 자유롭지 못한 폐쇄적 계급구조다. 카스트 제도가 탄생한 정확한 시기는 알 수 없으나, 대략 기원전 15세기경에 아리아인들의 인도 침입에서 비롯되어 최소 기원전 10세기경에 완성된 것으로 알려져 있다. 침략자 아리아인들은 인도 토착민인 드라비다인을 지배하면서 승리자와 지배자로서 우월한 지위를 유지하기 위해 지배자와 피지배자, 승리자와 패배자의 계급구조를 제도화했다.

카스트라는 단어는 인도 토착어가 아니라 포르투갈 말에서 유래된 것이다. 15세기경 무역을 위해 인도 서부 해안에 들어온 포르투갈인은 자신들의 사회에는 없는 독특한 사회적·의례적 계급구조를 발견하는데, 출생에 의해 결정되는 이 계급구조를 보고 포르투갈 말로 가문·혈통·종족을 뜻하는 '카스타(casta)'라고 부르기 시작했다. 이 카스타라는 용어가 훗날 영국인에 의해 카스트(caste)로 바뀌었다.

인도 사람들은 카스트를 바르나(Varna : 色)와 자티(Jati : 태생)로 구분해서 말하고 있다. 일반적으로 인도 카스트 계급구조로 알려진 브라만(Brahman : 사제·학자), 크샤트리아(Kshtriya : 지배자·무사), 바이샤(Vaisya : 상인), 수드라(Sudra : 농민·노동자)의 4계급을 바르나 제도라고 한다. 이 중 브라만·크샤트리아·바이샤 계급은 아리아인들의 《베다(Veda)》 경전에 따라 성인식을 치르고 성스러운 실을 두를 자격을 갖춘 드비자(dvija : 두 번 태어난 자)로서 상층 카스트에 속한다. 반면 수드라는 그럴 자격이 없기 때문에 온전한 사회적 인간으로 대접받지 못하며 많은 제약을 받는 하층 카스트로 분류된다.

수드라보다 더 낮은 계급인 불가촉천민(untouchable)은 바르나 체계에서 제외되어 인간과 동물 혹은 문화와 자연의 경계에 위치한 존재로 간주되며, 바르나에 포함되지 않는다 하여 '아웃카스트(Out Caste)'라고도 한다. 현재 인도 정부에서는 불가촉천민이 비인간적 칭호로 인간을 모욕한다고 해서 헌법으로 정한 '지정카스트(Scheduled Castes)'라는 공식 명칭을 사용한다. 힌두 사회는 바르나에 따라 제대로 된 인간(브라만, 크샤트리아, 바이샤), 불완전한 인간(수드라), 인간 이하의 존재(불가촉천민)로 구분되어 있는 것이다.

바르나는 인도 전체에 적용되는 광의의 계급 구분을 뜻하는 개념이기 때문에 특정 카스트 계급에 속한 사람의 출신 지역, 사용 언어, 주로 먹는 음식 등에 대해서는 알 수 없다. 예를 들어 브라만은 채식주의자로 알려져 있는데, 동부 뱅갈 지역의 브라만은 생선을 먹고, 히말라야 산자락에 있는 북부 카슈미르 지역의 브라만은 육식을 하며, 남부 지역의 브라만은 채식을 하는 경우가 대부분이다. 따라서 이처럼 세부적인 문화를 이해하려면 자티(Jati)에 대해 알아야 한다.

자티는 바르나 체계보다 더 세부적으로 나뉜 계급을 가리키는 개념이다. 예를 들면 같은 브라만이라 하더라도 높고 낮은 브라만으로 구분된다. 이와 같은 구분은 여타 바르나 계급도 마찬가지여서 자티는 대략 2,000~3,000개로 세분화되는데, 일부 학자들은 4,000개에 이른다고 주장하기도 한다. 인도 사회에서 카스트라 함은 바로 이 자티를 의미한다. 자티는 각 카스트 집단과 구별되는 경계를 가진 지역적 집단으로서, 다른 카스트 집단과 일정하게 구별되는 생활방식과 행위규범이 있다. 따라서 카스트 계급 간의 사회적·의례적 관계는 자티에 의해서 이루어지는데, 결혼의 경우에도 출신 자티에 따라 배우자를 선택한다. 즉 카스트 집단은 기본적으로 폐쇄적인 내혼(jati endogamy)의 단위여서, 한 카스트의 성원은 자기와 같은 카스트에 속한 사람과 혼인을 해야 한다. 혼인뿐 아니라 출산, 성인식, 장례식 등의 중요한 통과의례를 치를 때도 대개 같은 카스트의 성원들이 중심이 된다.

자티를 통해 개인의 전통적 세부 직업, 출신 지역, 사용 언어, 주식 등을 알 수 있다. 예를 들어 라오(Rao)라는 성을 가진 자티는 남인도 안드라프라데시 주에 있는 최상층 학자 브라만 계급으로, 텔루구어를 사용하며 쌀밥을 주식으로 하는 채식주의자임을 알 수 있다. 반면 야다브(Yadav)라는 자티는 북인도에서 목축업이나 농사를 짓는 하층 수드라 카스트이고, 힌디어를 사용하며 차파티를 주식으로 먹는다. 인도에서는 개인의 성으로 카스트 계급, 즉 자티를 짐작할 수 있다. 물론 지역마다 각기 다른 자티가 공존하는 상황이므로 전문 연구자가 아닌 일반 인도인들은 대부분 자신이 속한 지역의 자티에 대해 아는 정도지만, 전국적으로 다수가 분포하는 자티는 성을 듣는 것만으로도 그 특징을 쉽게 알 수 있다.

자티의 특성은 성이 같고, 출생을 통해 구성되며, 전통으로 세습되는 직업이 있다는 것이다. 다른 자티와는 집단 간의 상하 관계를 형성하는데, 순수(purity)와 오염(pollution)의 배타적 이데올로기로 차별된다.

4개 바르나와 수많은 자티(카스트) 집단 간의 위계질서를 구분하는 가장 본질적인 기준은 순수와 오염의 정도다. 여기서의 순수와 오염은 종교적·의례적 의미이며, 일상생활에서 사용되는 청결함과 더러움하고는 구별된다. 힌두교에서 순순함에 속하는 것은 '생명 유지'의 요소라고 믿는 《베다》 경전, 태양, 갠지스 강, 소, 소의 부산물(소똥과 소 오줌, 우유 등) 등이다. 반면 오염의 요소라 믿는 것은 '생명체로부터 떨어져나온 것'들, 예를 들어 시체, 피, 가죽, 때, 머리카락, 손톱, 침, 땀 등이 있다.

바로 이 기준에 따라 각 자티의 전통적 직업이 다루는 요소가 생명 유지의 것인지 생명체로부터 이탈된 것인지 구분하고, 해당 자티의 상하 관계를 따져 결혼과 식생활 등 일상생활에서도 상호 차별이 이루어진다. 예를 들어 전통적 직업이 《베다》 경전을 가르치고 각종 의례를 주관하는 브라만은 최상층이고, 왕이나 무사 같은 라지푸트(Rajput), 타쿠르(Thakur) 등이 그 다음이며, 야다브 등 농사나 목축업을 하는 자티가 그 아래, 그리고 죽은 짐승을 처리하고 가죽을 벗기는 차마르(Chamar)와 피나 땀과 같은 오물이 묻은 옷을 세탁하는 도비(Dhobi) 등이 최하층 자티에 속한다.

다시 말해 카스트 집단 간의 상하관계를 구별하는 기준은 그 자티가 가진 '전통적인 직업의 깨끗함과 오염됨의 정도'에 따라 정해지는 것이 원칙이다. 물론 전통적인 직업이라고 해서 모든 브라만이 사제가 된다거나, 차마르가 모두 시체나 가죽을 다루는 일을 하는 것은 아니다. 자신의 자티가 전통적으로 세습해온 직업에 종사하고 있는 사람도 있지만 그렇지 않은 경우도 많다. 예컨대 도시 산업사회에서 나타난 새로운 직업인 공장 노동자, 자동차 운전사, 은행원, 의사, 변호사, 컴퓨터 엔지니어 등은 모든 자티에게 개방되어 있다. 따라서 대도시에서는 직업에서 비롯된 일상생활에서의 차별은 다소 약한 편이다. 그러나 중요한 점은 실제 직업과는 상관없이 개인이 속한 자티의 전통적 직업에 따라 각 카스트의 위계질서가 정해진다는 것이다. 이러한 원칙은 특히 농촌 지역에서 강하게 나타난다.

인도 사회는 다양한 인종, 언어, 종교, 카스트를 포함한다. 그 가운데 통일성을 이루고 퓨전의 사회문화를 유지해가면서 창의력이 요구되는 21세기에 세계적 경쟁력을 발휘해 발전하고 있는 것이다.

부록 1   인도의 대외 경제협력 현황

India

01

인도의 통상 정책

인도는 1991년부터 경제개방 정책을 펼치면서 각종 수출 진흥 조치를 도입해 운용해왔다. 한편 수입관세 인하, 수입 허가제 철폐, 수입 수량 제한 해제 등을 통해 대외무역에 대한 제한을 점진적으로 완화하고 있다. 인도 정부의 수출 진흥 정책은 절차 단순화, 거래 비용 절감, 수출용 원자재에 부과되는 관세 부담의 완화(관세 감면 및 환급), 농업·수공업·보석류·신발·피혁 등 중점 분야의 선정 및 지원 등을 통해 수출에 유리한 환경을 조성하는 데 초점을 두고 있다.[1]

또한 2001년 4월 수입 수량 규제를 완전 철폐하면서 관세가 주요 통상 정책의 수단이 되고 있다. 인도의 수입관세율은 점차 낮아져서 2006년 현재 기본관세율은 12.5%에 불과하지만, 기본관세율과는 별도로 부가관세 · 상계관세(CVD) · 교육세 등이 부과되

---

(1)《인도 통산·투자 진출 안내서》, 주인도 대사관, 2005. 12.

고 있다. 때문에 실제 일반 품목의 수입관세율은 35%를 상회하고, 아직도 세계적으로 관세장벽이 높은 나라로 분류된다. 게다가 인도 정부는 각종 수입 개방 조치에 대응해 국내 산업을 보호하고 매년 누적되는 무역수지 적자를 완화하기 위해 반덤핑관세 등 WTO 체제 내에서 허용되는 수입 규제 조치를 적극 활용하고 있다.[2] 인도의 반덤핑 조사 건수는 세계 3위의 수준인 것으로 알려져 있다.

---

(2) 앞의 책.

인도의 FTA 추진 현황 및
대외협력 정책[3]

인도 정부는 시장의 점진적 개방을 통해 성장의 잠재력을 시현하는 한편 국제사회와의 연대 강화에 나서면서 FTA에 주목하고 있다. 세계적인 지역경제 통합으로 인한 블록화 현상이 심화됨에 따라, 인도는 여기서 소외됨으로써 발생할 수 있는 불이익을 최소화하고 적극적인 통합의 주체가 되는 것을 고려하고 있다. 높은 성장률을 보이고 있는 인도 경제의 안정적이고도 지속적인 발전을 위해서는 주변국뿐만 아니라 주요 파트너 국가 및 지역과의 협력 관계를 강화하는 것이 매우 중요하다는 판단이다. 특히 중국이 개방을 통해 이룩한 정치·경제적 발전과, 파트너 국가 및 지역과의 경제협력이나 투자 유치 등의 레버리지효과(지렛대효과)에 주목하기 시작했다.

---

(3) 《KOTRA·KIEP 국가정보》, KOTRA, 2005. 12.

인도의 FTA 정책은 기존의 소극적·정치적 고려에서 최근 적극적·경제적 고려로 빠르게 변화하고 있다. 인도 정부는 최근까지 FTA 체결에 대해 그다지 적극적이지 않았으나, 2000년 이후 FTA에 대한 입장을 수정했다. 2000년 이전에 인도가 체결한 자유무역협정은 스리랑카와의 FTA가 유일하며, 방글라데시·네팔·부탄 등 주변 최빈국에 대한 특혜무역협정(SAPTA)이 경제협력의 중요한 부분을 차지했다. 그러나 각국이 FTA 확대 움직임을 보이고, 특히 지난해부터 중국이 ASEAN 등과의 FTA에 적극 나서고 있는 데 큰 자극을 받았다. 동시에 중국의 동남아시아에 대한 경제적 영향력이 급속하게 확장됨으로써 이를 견제할 수단이 필요하게 된 것이다. 한편 ASEAN과 한·중·일, 그리고 호주와 뉴질랜드를 포함하는 FTA가 논의됨에 따라 인도가 소외당할 위험성이 높아지자 인도는 ASEAN과의 FTA를 논의하면서 태국 및 싱가포르와 개별적으로 FTA를 체결했다.

인도 정부가 FTA 체결에 수복하는 또 다른 이유는 WTO로 대표되는 다자 차원의 협상에서 얻을 수 있는 혜택이 제한적이라는 인식 때문이다. 인도는 WTO 협상에서 개도국(G-20)의 이해를 반영하는 선도적 역할을 수행하려 하고 있으나, 경제적 실리는 크지 않다고 판단한 것으로 보인다. 이에 인도 정부는 WTO 협정에 의거해 상호주의에 입각한 FTA를 추진하고 있으며, 구체적인 FTA 체결에 대해서는 신중한 입장을 취하고 있다. 즉 GATT/WTO 규정에 따라 개방적인 지역경제 협력체를 설립하는 동시에 참여 당사국 모두에게 이익이 되는 윈-윈 실현을 목표로 한다는 것이다.

인도-스리랑카 FTA

제일 먼저 체결된 인도-스리랑카 FTA는 2000년 3월에 발효되었다. 인도는 1,351개 품목에 대해 기본관세를 면제하고, 2,799개 품목은 기본관세의 50%를 양허하고 협정 발효 후 3년 이내에 100% 면제하기로 결정했다. 스리랑카의 경우 319개 품목은 관세 철폐, 889개 품목은 3년 내 무관세를 목표로 단계적으로 인하, 2,744개 품목은 8년 내 무관세, 식료품을 중심으로 한 1,180개 품목은 제외키로 하는 등 자유화 품목은 극히 제한적이다. 인도의 대스리랑카 수입은 2005년(1월~11월) 5억 300만 달러로 전체 수입금액의 0.4%에 불과했으며, 대스리랑카 수출은 같은 기간 18억 달러로서 전체 수출금액의 2%를 차지했다. 인도는 스리랑카 최대의 무역 대상국이다.

인도-태국 FTA

인도-태국 간 FTA는 2003년 11월에 추진을 합의했고, 2004년 9월부터 발효되었다. 협정안에 따라 조기자유화프로그램(EHP : Early Harvest Program)에 속한 82개 품목에 대한 관세 인하를 시작으로, 2010년까지는 모든 품목에 대한 관세를 완전히 면제한다는 계획이다. 따라서 2006년 현재 EHP에 속한 82개 품목에 대해 75%의 관세가 면제되고 있다. 하지만 그 외의 다른 품목에 대해서는 큰 진전을 보이지 못하고 있다. FTA 체결 이후 양국의 교역량을 보면, 태국의 대인도 수출량은 매우 빠른 속도로 늘어난 것을 확인할 수 있다.[4]

인도의 대태국 수입 동향

단위 : 백만 달러, %

분야	2002	2003	2004	2005
인도 전체 수입액	56,771.0	71,182.5	97,312.7	138,370.1
대태국 수입액	364.0	534.2	748.5	1,196.3
비중 (전체 대비 태국 수입)	0.64	0.75	0.77	0.87

자료 : DGCI&S, Ministry of Commerce.

인도의 대태국 수출 동향

단위 : 백만 달러, %

분야	2002	2003	2004	2005
인도 전체 수출액	49,299	57,457	75,631	99,651
대태국 수출액	739	714	856	1,047
비중 (전체 대비 태국 수출)	1.50	1.24	1.13	1.05

자료 : DGCI&S, Ministry of Commerce.

인도-싱가포르 FTA

인도-싱가포르 FTA는 2003년 2월 아드바니(Advani) 인도 부총리가 싱가포르를 방문했을 때 논의를 발의해 2004년 말까지 경제협력 협정을 체결키로 합의했다. 양국은 FTA보다 한 단계 높은 '포괄적 경제협력 협정(CECA : Comprehensive Economic Cooperation Agreement)'을 목표로 8차에 걸친 협상 끝에 2005년 8월 CECA가

---

4) 2002년 3억 6,400만 달러에 불과하던 태국의 인도 수출은 2005년 11억 9,600만 달러로 3.28배나 증가했으나, 같은 기간 인도의 대태국 수출은 41% 증가하는 데 그쳤다.

출범되었다.

협정의 주요 내용은 양국 간 자유무역협정 추진, 상품과 서비스 교역 증진 및 투자 진흥을 위한 협조 방안 모색, 이중과세방지협정 수정 및 보완, 투자 촉진을 위한 인도-싱가포르 펀드 조성 등이다. CECA 체결을 통해 교역 측면에서는 싱가포르가 상당한 혜택을 받을 것으로 예상된다. 그러나 무역자유화를 포함하는 포괄적인 경제협력을 추구하고 있기 때문에 인도 역시 다양한 분야에서 혜택을 볼 수 있을 것이다. 최근 인도의 대싱가포르 수출은 2003년 16억 8,000만 달러, 2004년 34억 1,000만 달러, 2005년 54억 8,000만 달러로 급속히 늘고 있으며[5], 싱가포르의 대인도 수출도 2003년 17억 9,000만 달러, 2004년 24억 2,000만 달러, 2005년 31억 5,000만 달러로 빠르게 증가하고 있다.

인도-ASEAN FTA

인도-ASEAN FTA는 2007년 초 최종 타결을 목표로 협상을 진행 중이다. 인도는 지난 10여 년 간 ASEAN과의 경제협력을 지속적으로 확대시켜왔으며, 인도와 ASEAN 10개국[6] 간의 경제협력은 좁은 의미의 FTA에 투자와 제반 경제협력까지 포괄하는 인도-ASEAN RTIA(Regional Trade and Investment Area)의 구축을 지향한다. RTIA 협상은 관세 인하 및 철폐 등에 관한 세부 원칙, 원산지

---

(5) 싱가포르는 2005년 기준으로 인도의 4대 수출 대상국 중 하나다.
(6) 태국, 말레이시아, 인도네시아, 필리핀, 싱가포르, 베트남, 브루나이, 캄보디아, 미얀마, 라오스가 포함된다.

규정, 수량 제한·위생·검역과 같은 비관세장벽, 세이프가드, 보조금·상계관세·반덤핑 관련, 지적재산권 보호 등의 분야를 포괄하고 있다.

현재 네거티브 리스트(Negative List) 및 민감 품목(Sensitive Item) 선정을 두고 협상이 교착에 빠진 상태여서, 2007년 1월로 예정된 발효일시가 지연될 조짐을 보이고 있다. 논란이 되고 있는 부분은 야자유(Palm Oil) 등 몇몇 농산품인데, 인도는 이들 품목을 무관세가 아닌 관세쿼터 품목(Tariff Rate Quota)에 넣겠다고 주장하는 반면 ASEAN은 이를 거부하고 있다. 협상이 종결되면 대부분의 품목에 대해 2011년부터 무관세를 적용받게 되며(단, 필리핀은 2016년부터), 서비스 및 투자 부문 협상은 상품 협정이 마무리되는 대로 곧 시작될 전망이다.

남아시아자유무역지대(SAFTA)

남아시아 7개국은 빈곤 퇴치와 더불어 역내 빈곤국들의 권익 옹호를 위해 1985년 남아시아 지역협력체인 SAARC[7]를 창설하고 경제협력을 위한 노력을 기울여왔다. 그러나 국가별 시장개방에 따른 혜택의 한계를 발견하는 한편 전 세계적으로 지역블록이 증가하는 추세를 보이자, 1995년 SAARC는 EU와 같은 형태의 경제통합을 목표로 삼고 그 전 단계로 남아시아특혜무역협정(SAPTA)

---

(7) 남아시아지역연합(South Asian Association for Regional Cooperation)의 회원국은 인도, 파키스탄, 스리랑카, 네팔, 방글라데시, 부탄, 몰디브의 총 7개국이었으며, 금번 다카 정상회담에서 아프가니스탄의 회원국 가입을 결정함으로써 총 8개 국가로 확대될 예정이다.

및 남아시아자유무역지대(SAFTA) 추진에 합의했다.

SAARC 회원국은 2005년 11월 13일에 방글라데시 다카에서 개최된 정상회담을 통해 2007년 1월 인도와 파키스탄 등 회원국 7개국에 의한 SAFTA를 발족하고, 2016년까지 관세를 0~5% 수준으로 인하함으로써 단계적으로 남아시아경제공동체를 창설한다는 목표에 합의했다. 아울러 SAARC 정상들은 역내 개발 및 빈곤 퇴치를 위한 기금 창설과 대테러 공동대응 등을 포함한 '다카선언'을 채택했다. SAARC 사업과 프로그램을 총괄하는 'SAARC개발기금'을 설립하고, 사회·인프라·경제 문제 전반을 다루는 영구사무국을 설치키로 했으며, 2006~2015년을 SAARC '빈곤경감의 10년'으로 선언해 국가 및 지역 차원에서 이를 위한 최선의 노력을 기울이기로 했다. 또한 아프가니스탄의 회원국 가입 요청을 환영하고 적합한 절차를 거쳐 회원국 활동을 허락했으며, 중국과 일본이 옵서버 자격으로 SAARC 활동에 참여하는 데 원칙적으로 동의하고 2006년 1월 운영방안을 결정함으로써 회원국 및 협력사업의 범위도 확대했다. 그 밖에 정상들은 관세 협력, SAARC 중재위원회 설립, 이중과제 방지 등 3개 협정에 서명하여 실질적인 협력의 기반을 다졌다.

한편 SAFTA 발효 이전에 회원국들은 4가지 기본 합의사항을 만족시켜야 한다. 첫째, 회원국별로 민감 품목 리스트 작성과 동 품목에 대한 관세 유지, 둘째, 관세 회피 등을 목적으로 하는 제3국 우회수출 가능성 차단을 위한 원산지 규정 마련, 셋째, 상대적으로 경제적 열위에 있는 국가의 세입 손실 보전을 위한 보상 장치 마련, 넷째, 분쟁 해결을 위한 조정기구 설치 등이다.

한국-인도 CEPA

한국과 인도는 2006년 2월 압둘 칼람 인도 대통령과 노무현 대통령의 정상회담에서 양국의 기존 경제협력 관계를 긴밀한 동반자 관계로 발전시키기 위한 제도적 기본 틀로서 CEPA를 추진키로 합의했다. CEPA는 상품 교역, 서비스 교역, 투자, 경제협력 등 경제 관계 전반을 포괄하는 내용을 강조하기 위해 채택된 용어이며, 실질적으로 FTA와 동일한 성격을 지닌다. 양국은 2007년 말까지 최종 타결을 목표로 하고 있다. 한국의 입장에서 한-인도 CEPA는 서남아 지역의 경제 허브인 인도와의 전략적 동반자 관계를 구축하고 거대 신흥시장을 선점한다는 의미를 갖는다. 또한 양국의 교역 품목이 상호보완적이라는 점도 상호이익을 최대화할 수 있는 요인으로 분석된다.

이러한 점을 차치하더라도 인도의 적극적 FTA 추진에 따른 대응책으로서 한-인도 CEPA의 중요성이 강조되고 있다. 특히 인도-ASEAN FTA가 체결될 경우, ASEAN 현지의 자동차와 전기·전자 부품 능 일본계 기업의 대인도 수출이 대폭 승가하게 되므로 인도에 진출한 우리 기업의 고전이 예상된다.

인도는 한국과의 FTA를 활용해 자국과의 FTA 협상에 신중한 입장을 보이는 일본을 자극함과 동시에, 중국과의 FTA 협상에서 최대한 제조업 부문의 양허 품목 제한을 유도하려 하고 있다. 특히 한국-인도 FTA 체결을 통해 중국 및 일본 등 동북아 지역과의 경제적 협력 확대에 의한 대규모 투자를 유인하고, 동남아는 물론 남아시아에서 주도권을 장악하기 위한 전략으로 보인다.

기타 추진 중이거나 검토 중인 FTA

인도양에 위치한 모리셔스는 인도인이 대부분의 상권을 장악하고 있으며, 조세 회피처로서 활용되어 대인도 투자국 1위를 차지한다. 인도와 모리셔스는 현재 CECA 협상을 추진 중이다. 한편 방글라데시와는 2003년 협상을 개시했으나 아직 합의에 이르지 못하고 있다. 또 중국과는 2005년 4월 포괄적 경제협력에 관한 공동연구를 완료하고 2006년 3월부터 FTA 경제효과 분석을 위한 2단계 공동연구 JTF(Joint Task Force)를 운영하고 있으며, 일본과도 2005년 7월 공동연구를 시작해 2006년 하반기 내로 협상 개시를 선언할 전망이다. 미국과는 2000년 클린턴 대통령의 인도 방문을 계기로 인도-미국 FTA가 검토되기 시작했으며, EU와는 공동연구를 시행하고 있고, GCC[8] 국가들과도 2004년 FTA 체결을 위한 기본 협정에 서명했다.

중국-인도의 협력 강화[9]

최근 인도와 중국의 정치적 관계가 급속히 개선되면서 정치·경제·외교 등 여러 측면에서 양국의 협력이 강화되고 있다. 2005년 4월 중국 원자바오 수상의 인도 방문을 계기로 양국은 '평화와 번영을 위한 전략적 파트너십'을 수립했으며, 현재는 이 합의를 제고하기 위한 협상을 진행 중이다. 또한 양국의 교역 역시 급증하

---

(8) 페르시아만협력회의(Gulf Cooperation Council)는 걸프 지역의 카타르, 오만, 바레인, 쿠웨이트, UAE, 사우디아라비아가 결성한 단체다.

(9) 《SERI 경제 포커스》, 2006. 6. 6, 삼성경제연구소.

인도의 FTA 및 경제협력 상황

	특혜무역협정(PTA)	자유무역협정(FTA)	기타 지역협력연합
주요 내용	특정 국가 또는 특정 상품에 대한 관세 우대	역내 무역자유화, 역외 독자적 관세주권	정치·경제적 고려에 따른 경제협력
기체결	방글라데시(1980), 네팔(1991), 부탄(1995), 미얀마(1995), SAPTA(1995), 아프가니스탄(2003), MERCOSUR(2004)	스리랑카(2000. 발효) 태국(2004. 82개 품목 조기 실시 계획 시행에 합의) 싱가포르(2005. 8. 발효) SAFTA(2006. 1. 단계적 발효, 최종합의 2016)	방콕협정(1975), SAARC(1985), BIMST-EC(1997), IORARC(1997), BOBCOM(1999), IBSA(2004)
협상 중	칠레	ASEAN(2007. 발효 예정) 방글라데시 한국 모리셔스	
검토 중	이란, 남아프리카공화국	미국, 중국, 일본, EU, 칠레, 말레이시아, 우루과이, 이집트, MERCOSUR, IBSA, GCC	

자료: KIEP, 일부 수정.

여 2005년 인도의 대중국 수출은 660억 달러, 인도의 대중국 수입은 100억 4,000만 달러에 달한다.[10]

한편 IT 및 에너지 분야의 협력도 확대되고 있다. 인도의 IT기업들은 대중국 사업 및 진출을 확대하는 추세이며, 인도와 중국은

---

(10) 2005년 인도의 대중국 수출은 전년 대비 60%가 급증했으며, 중국은 인도의 제3위 수출 대상국이다. 인도의 대중국 수입은 전년 대비 67%가 급증했으며, 제1의 수입 대상국이다. 중국의 인도 수입시장 점유율은 7.26%에 달한다(한국은 3.02%). 인도의 총교역에서 중국이 차지하는 비중은 2000/2001년 2.5%에서 2005/2006년 6.2%로 증가했고, 미국이 차지하는 비중은 같은 기간에 13.3%에서 9.9%로 하락했다.

에너지 분야에서 다양한 협력을 추진하고 있다. 2006년 1월 중순 인도의 마니 산카르 아이야르(Mani Shankar Aiyar) 석유장관이 베이징을 방문해 중국 정부 인사 및 주요 에너지 기업과 협력 확대에 합의했다. 주요 내용으로는 제3국 에너지 자원 공동입찰, 석유자원 탐사, R&D, 전략적 비축, 국가 및 국제 파이프라인 건설 등에 대한 정보 공유 등이 포함되었다.[11] 양국의 제3국 유전 공동입찰은 이미 시작되었다. 인도의 석유천연가스공사(ONGC)와 중국석유집단공사(中國石油集團公司 : CNPC)는 2005년 시리아 알푸라트석유공사(AFPC : Al Furat Petroleum Company)의 지분 매입에 공동입찰하여 지분 37%를 5억 7,300만 달러에 공동인수했으며, 수단의 대나일 석유 프로젝트에도 참여하고 있다.

이처럼 양국의 협력이 강화되는 이유로는 양국의 고도성장에 따른 교역량의 증가, 중국의 성장 모델을 외국인 투자 유치 정책에 참고하려는 인도의 의도, 중국 내의 IT 서비스 사업의 기회 확대 등을 들 수 있다. 한편으로는 에너지 확보를 위한 방안으로 풀이되기도 한다. 에너지 확보는 인도의 가장 중요한 과제 중의 하나로 부각되었다. 급성장하는 중국과 인도의 경제는 석유와 가스 에너지에 의존적이므로 경쟁보다는 윈윈 전략의 수립에 중요성이 더해지고 있다.

---

(11) 중동, 러시아, 중앙아시아의 에너지 자원을 이용하기 위해 공동 파이프라인 네트워크를 구축하고 유지한다는 내용 등이 포함되어 있다.

부록 2   중견기업의 대인도 투자 가이드

India

01

인도 투자 검토

인도 투자를 검토한다면 사전에 시장, 고객, 투자 목적 등을 적절히 고려해 투자 형태를 선택해야 한다. 일반적으로 해외 직접투자의 형태는 연락사무소, 지사, 현지법인, 프로젝트오피스로 나뉜다. 연락사무소와 지사를 구분하는 중요한 기준으로, 지사는 영업행위가 가능한 반면에 연락사무소는 단순 연락 또는 시장조사 업무 등만 수행한다는 점을 들 수 있다. 현지법인은 진출 국가의 국내 기업으로 등기하는 경우를 말한다. 따라서 국내법인과 동일한 권리를 누리고 의무를 부담하게 된다.

국가에 따라 다르지만 인도는 영업상의 측면이나 조세 부담, 그리고 기타 국내법 및 제도의 적용에 있어 지사와 현지법인의 차이가 뚜렷한 것은 아니다. 그러나 현지법인으로 등기하는 경우, 현지법인의 활동에 관계된 채권자와 노동자 등 이해당사자를 보호하기 위해 지사에 비해서 여러 가지 제한이 가해진다. 또 그러한 제한이 주어지는 만큼 법인은 거래 및 자금 조달 등에서 지사에 비해 우월한 지위를 갖게 되는 것이다. 한편 인도 정부의 규정에 따라 지사는 제조 활동을 할 수 없으므로, 제조업에 진출하려면 현지법인 설립이 유일한 방법이라고 할 수 있다. 실제 한국 기업의 투자 진출 형태를 보면 대부분 연락사무소 혹은 현지법인이며, 지사로 등록한 경우는 극소수다.

일단 법인 설립을 결정한 다음에는 합작투자를 할 것인가, 아니면 단독투자를 할 것인가를 결정하게 된다. 정부가 외국인 지분 한도를 설정한 업종에서는 현지 파트너와의 합작이 필수적이다. 초기 투자 승인 절차와 관련해 독자적으로 업무를 진행시키는 것은 매우 어려운 일이다. 따라서 경험자의 충고를 구하고, 현지 한인 사회나 정부 기관 및 진출기업 등을 통해 정보를 얻을 필요가 있다. 또한 실제 관청 업무에 관해서는 변호사, 공인회계사, 투자 컨설턴트 또는 관련 업무에 능한 현지인을 고용해 진행시키는 것이 유리하다. 한편 중앙정부 차원이든 주정부 차원이든 외국인 투자 관련 정책 및 제도는 끊임없이 개정될뿐더러 그 차이도 상당히 크기 때문에 세밀한 주의를 기울일 필요가 있다.

공인회계사의 섭외

초기 투자 진출 단계는 물론이고 이후의 문제 상황에 대처하는 경우에는 현지 자문기관을 적절히 활용해야 한다. 투자 관련 자문은 투자 컨설턴트 및 공인회계사가 변호사보다 저렴하고 효과가 있다. 변호사는 높은 수임료에 비해 그리 효과적으로 자문해주지 못하는 경향을 보인다.

따라서 인도 투자의 첫 번째 단계는 믿을 만한 공인회계사의 섭외로부터 시작된다. 최근에는 현지 공인회계사와 네트워크를 구축한 한인업체가 투자 컨설팅 및 법인 설립을 대행해주는 경우가 많다.

공인회계사의 역할

수수료는 공인회계사에 따라 천차만별이겠지만, 절차가 어느 정도 정형화되어 있는 법인 설립 업무에 대해서는 약 3,000~5,000 달러의 비용이 요구된다. 시간은 자동승인 품목인 경우에 설립 완료까지는 2개월가량 소요된다. 그러나 진출 분야가 자동승인 품목인지 아닌지, 혹은 제조업인지 아닌지에 따라 소요 기간 및 비용이 변동되므로 공인회계사와 면밀한 상담을 거쳐야 한다.

제조업 및 산업 허가를 요하는 품목이 아닌 통상적인 법인 설립의 경우, 공인회계사의 역할은 아래와 같다.

- 법인 설립 서류 작성 및 신청
- 자본금 등록비 납부 대행
- 회사 및 개인소득세와 법인세 납부용 고유번호(PAN Number) 신청 및 수령
- TDS(Tax Deduction at Source) 번호[12] 신청 및 수령
- 회사 정관 작성 자문 및 필요 시 정관책자 발간
- 직인 2개 제공

---

(12) 소득공제 및 비용 인정을 위한 고유번호로, TAN(Tax Deduction Account Number)이라고도 한다.

- 은행계좌 개설 대행
- 판매세번호, 서비스세번호, 소비세번호 신청 및 수령[13]
- 수출입허가번호 신청 및 수령(필요 시)

---

(13) 세금 납부를 위해 필요한 고유번호들이며, 서비스업종은 서비스세번호가 필요하고 제조업은 소비세번호가 필요하다.

인도 투자 절차

연락사무소 및 프로젝트오피스, 지사의 설립 절차

연락사무소 및 프로젝트오피스의 설립은 비교적 간단하며 FNC-1을 작성해 인도중앙은행(RBI)에 승인을 요청하면 된다. 필요한 서류는 주한 인도대사관에서 공증한 모기업의 정관, 모기업의 대차대조표, 사업자등록 사본 등이다. 프로젝트오피스의 경우는 프로젝트에 관련된 증빙이 추가로 필요하다. 연락사무소는 인도 내에서 본사와 인도 간의 영업지원 행위 및 커뮤니케이션 채널의 역할을 하며, 직·간접의 상업 활동을 할 수 없으므로 어떠한 소득도 취할 수 없다. 프로젝트오피스는 해당 프로젝트와 관련된 일시적 활동만을 할 수 있고, 프로젝트가 완료되면 잉여자금을 해외로 송금할 수 있다.

RBI의 승인을 얻으면 연락사무소와 프로젝트오피스 모두 30일 이내에 ROC(Registrar of Company)에 등록해야 한다. 연락사무소는 영업 행위를 하지 않기 때문에 당연히 세금도 납부하지 않는다. 따라서 개인 PAN카드 외의 법인 PAN카드와 판매세번호 등은 신청하지 않는다. 개인 PAN카드를 신청하는 것으로 법적인 설립 절차는 종료된다. 한편 프로젝트오피스는 해당 프로젝트에 관련된 사항에 대해 조세를 부담해야 하므로, ROC 등록 후에도 해당 법인 PAN번호와 TDS번호 등 필요한 행정 업무를 진행해야 한다. 참고로 프로젝트 종료 후 납부하는 세금은 이익금의 41.82%에 달한다.

지사 설립 역시 FNC-1을 작성해 RBI의 승인을 받고 ROC에 등록하면 된다. 그러나 법인에 비해 실질적인 이득이 없기 때문에 지사보다는 법인을 설립하는 것이 일반적이다. 연락사무소와 지사는 비슷한 의미로 혼용되고 있으며, 상호나 명함에 ××지사라고 표기하고 있는 기업이 실제로는 연락사무소 형태로 등록된 경우가 많다.

법인의 설립 절차

인도는 대부분을 자동승인(Automatic Route) 품목으로 지정해놓았으며, 이 경우 ROC 등록 및 부가 행정 처리를 통해 법인 설립이 가능하다. 한편 자동승인 품목이 아니라면 FIPB(Foreign Investment Promotion Board)의 승인을 먼저 획득해야 한다. 제조업은 공장 등록 등의 허가와 신고가 추가된다.

자동승인 품목일지라도 투자지분의 한도가 정해진 업종은 파트너를 통한 합작투자를 해야 한다. 품목별 자동승인 여부 및 투자지분 한도는 정부 홈페이지[14]에서 확인하는 것이 좋다. 인도 내

법인은 무한책임회사(Unlimited Company), 보증책임회사(Company Limited by Guarantee), 유한주식회사(Company Limited by Shares)로 나뉘며, 주식의 공모 여부에 따라 비공개회사(Private Company)와 공개회사(Public Company)로 구분된다. 인도 내 현지법인은 유한주식회사이면서 비공개회사로 설립하는 것이 일반적이다.

일반적으로 법인을 설립하려면 FIPB 승인(자동승인 품목인 경우 생략), 상호 결정(Form 1A[15] 작성 및 ROC 제출), 회사 정관 작성, 법인 설립 신고 및 법인증 수령(관련 신청 서류 ROC 제출), PAN번호 신청 및 수령, 은행계좌 개설, TDS번호 신청 및 수령, 수출입허가 번호(IEC:Importer-Exporter Code) 신청 및 수령, 세금 관련 고유번호 신청, 공장 등록, 노동부 등록, 발전기 사용 허가, 소화기 등록 등의 절차를 거쳐야 한다.

FIPB 승인 | 자동승인 품목이 아닌 경우에는 FC-IL을 작성하고 사업계획서를 포함한 기타 문서를 FIPB에 제출한다. 만일 사업계획서에 관련된 내용이 모두 포함되어 있다면 FC-IL은 굳이 제출하지 않아도 된다. FIPB의 승인을 받으면 30일 이내에 ROC에 등록해야 한다. FIPB의 승인에 소요되는 기간은 보통 4~8주다.

산업허가 취득 | 한편 알코올음료의 증류 및 제조와 같이 산업허가[16] 취득이 의무화된 업종과, 소규모 사업체에 유보된 품목[17]에 24% 이상의 지분을 투자하는 경우는 산업허가를 취득해야 한다.

---

(14) http://dipp.nic.in의 FID Policy 2006(pdf문서)을 참조하면 된다.
(15) Form 1A를 포함한 대부분의 서류는 http://www.mca.gov.in에서 다운로드받을 수 있다.

이때도 역시 FC-IL을 작성해 SIA(Secretariat for Industrial Assistance)로부터 산업허가를 취득한다.

Form 1A의 작성 | Form 1A는 회사 명칭 사용 및 변경을 위한 신청서로서, 총 6페이지로 구성되어 있다. 이 문서의 작성 및 신청은 실질적인 법인 설립의 첫 번째 단계다. 설립하고자 하는 회사의 상호를 최대 6개까지 지정해 ROC에 제출하는데, 이 중에서 이미 사용 중인 상호가 아니라면 1개를 최종 선택할 수 있고, 만일 6개의 후보 이름이 모두 사용 중인 상호이면 다시 한 번 Form 1A를 작성해야 한다.

현지법인의 설립은 보통 한국 본사가 있는 경우이고, 우선 2명 이상의 이사를 선임해야 한다. 예전에는 최소 1명의 인도 국적 이사가 포함되어야 한다는 규정이 있었으나 지금은 폐지되었으며, 한국인으로 이사진을 구성하는 것에 아무런 문제가 없다. 한국 본사의 회사 정관은 영문으로 번역해 첨부해야 하며, 한국에 있는 변호사의 공증과 주한 인도대사관의 공증이 선행되어야 한다. NOL(Non Objection Letter)에는 인도 내 현지법인을 설립하는 데 있어 회사 상호 사용에 대해 동의한다는 내용이 포함된다. ROC를 통해 신청하며, 신청 후 15~20일 후에 담당 공무원이 담당 회계사를 불러 신청한 회사명의 사용 여부를 알려준다.

개인 투자인 경우는 주인도 한국대사관의 추천서를 첨부하며, 신청인이 한국인 신분이고 어떤 업종에서 사업을 개시할 것이라

---

(16) 산업허가에 대한 내용은 http://dipp.nic.in에서 FDI 매뉴얼을 참고하기 바란다.
(17) http://www.smallindustryindia.com/ssiindia/reservitems.html.

는 내용이 포함된다.

회사 정관 작성 및 공증 ｜ 설립하는 법인의 정관을 작성해야 한다. 정관의 작성에서는 설립목적(Main Object)이 가장 중요하고, 자본금이 명시되어야 하며, 작성이 완료된 후에는 이사 2명이 직접 서명한 후 회계사가 공증한다. 서명 완료 후에는 해당 지방법원에 공증해야 하고, 법원 공증 기간은 7~8일가량 소요된다.

법인 설립 신청 ｜ 법인 설립 신청은 Form32, Form18, DIN Form의 3가지 서류[18]와 공증된 정관, 그리고 위임장 및 기타 자료를 첨부해 다시 ROC에 제출하면 된다.

Form32는 사장·이사·관리자 등의 임명과 변경에 필요한 서류이고, DIN Form은 이사의 신상정보에 대한 서류이며, Form18은 설립 회사의 주소에 대한 서류다. 이외에도 자본금에 대한 등록비를 납부하고, 기술된 이사가 향후 정관을 수정할 수 있는 권한을 위임받는다는 내용의 위임장을 제출해야 한다. 또 주소를 기술하기 위해서 사무실을 미리 확보하는 것이 원칙이나, 여의치 않을 때는 회계사의 주소를 대신 등록했다가 향후에 주소 변경을 신청하기도 한다. 모든 서류가 준비되어 ROC에 등록하면, 보통 15~20일 후에 법인증(Incorporation of Company)을 받을 수 있다. 한편 법인 신청 때 서명한 이사는 신청 전부터 허가가 완료될 때까지 인도에 머물러야 한다. 신청서를 내면서 이사의 여권 원본을 함께 제출하고, 향후 법인증을 받으면 여권을 돌려받을 수 있다.[19] 또

---

(18) http://www.mca.gov.in.

한 법인증을 받은 후에는 한국으로 돌아가 다시 취업 비자를 받아서 재입국해야 하며, 취업 비자를 신청하려면 인도 내 계좌로 자금이 입금된 증빙도 있어야 한다. 법인증을 받은 후에 정관과 법인증을 합쳐서 1권의 책자로 만든다(보통 50부가량 소요된다).

세금번호 신청 | 소득세번호(PAN : Permanent Account Number)는 법인용과 개인용이 있으며, 각각 법인세 납부 및 개인소득세 납부를 위해 필요하다. 법인증을 받은 후로 신청이 가능하며, 7~10일가량 소요된다.

은행계좌 개설 | 법인증을 수령한 후에는 법인 은행계좌를 설립할 수 있다. 법인 은행계좌를 만드는 것도 매우 어려움을 겪는 문제 중에 하나다. HSBC · ICICI · HDFC · ABM암로 등 유명 시중은행에 계좌를 신청할 경우에는 요구하는 서류가 많고, 심하면 계좌개설을 거부하기도 하므로 주의할 필요가 있다. 계좌 신청을 위해서는 정관, 사무실 계약서, RL(Resolution Letter : 회사 대표를 결정한 서류), 이사의 여권, 비자, 사진 3매, 거주증명서(주택 계약서 혹은 대사관 공증서류), 회사 직인 등을 준비하고, 이사 중 1명이 은행에 출석해야 한다. 계좌를 개설하려면 최소 현금 2만 5,000루피에서 10만 루피가 필요하다. 계좌 설립 후에는 일정 자금이 한국으로부터 입금되어야 향후 취업 비자 취득에 문제가 없다.

TDS번호 신청 | 사무실 임대비 · 차량비 · 전화비 등 비용 지출에

---

(19) 회계사를 통해 여권 사본으로 대체해달라고 요구하는 경우도 있다.

대한 세금을 납부하는 데 필요한 번호이며, 향후에 법인세 환급에
도 사용된다. TDS번호는 법인증 수령 후에 신청이 가능하며,
7~10일가량 소요된다.

세금 관련 고유번호 신청 ┃ 판매세, 서비스세, 소비세 등 사업의
형태에 따라 납부해야 하는 세금 형태를 확인해 납부번호를 신청
한다. TDS번호를 받은 후 진행할 수 있으며 판매세번호와 소비세
번호는 30일, 서비스세번호는 7~8일가량 소요된다. 소비세는 제
조업일 때 필요하고, 서비스세는 서비스업종에 대해 필요하다.

03

부록 2

투자법인 설립 및 운영

D사

항공 수출입, 해상운송, 운송 주선업 등을 주력으로 하는 운송 업체 D사는 2006년 3월부터 델리 지역에서 사업을 개시했다.

투자 동기 | 인도와 세계 각국 간의 수출입 물량은 급속도로 늘어나는 추세다. 그러나 세계적 항공 해운 분야의 기업들은 인도 내 운송기업들의 영세성과 신뢰 부족 등으로 파트너를 찾는 데 어려움을 겪고 있다. 이러한 상황을 배경으로 인도와의 교역을 담당할 인도 내 기업으로 활동하고자 인도법인을 설립하게 되었다.

사전 조사 | 2004년 10월에 임원 2명이 현지 출장조사를 시행해, 코트라와 대사관 등 유관기관을 방문한 후 투자를 결정했다. 향후에 뭄바이·콜카타·첸나이·뉴델리의 4개 도시에 지점을 설립한

다는 청사진을 만들고, 첫 번째 투자처로서 항공 물량이 많고 한국 투자법인이 주로 위치한 델리를 선정했다. 2005년 8월경 인도 회계사를 섭외해 실질적인 투자 절차를 개시했다.

진출하려는 분야가 자동승인 분야라서 특별한 허가 없이 ROC 등록만으로 법인을 설립했다. 회계사를 통해 상호, 2명의 임원, 자본금, 한국 내 주소, 한국 내 회계사와 주한 인도대사관에서 공증받은 모기업 정관 등을 제출했고, 약 2개월 후인 9월 30일에 법인증을 수령했다.

계좌 개설 | 계좌의 개설을 위해 처음에는 씨티은행이나 HSBC 같은 글로벌 은행을 접촉했으나, 한국 중소기업에 대한 인지도가 부족한 이들 은행은 과도한 기업 자료를 요구했다. 이에 D사는 불필요한 노력을 피하기 위해 인도 내 중견은행으로 비교적 계좌 개설이 용이한 캐나라(Canara)은행[20]에서 계좌를 개설했다. 이러한 사례에서 알 수 있듯이, 한국 중소기업의 낮은 인지도는 계좌 개설에 불리하게 작용하며 모기업의 실적 및 역량을 은행 쪽에 납득시키기도 어려워서 계좌 계설이 안 되는 경우가 많다.

서비스세번호 신청 | D사의 운송업은 서비스세 납부가 요구되는 업종이므로, 인도 국세청에 서비스세번호를 신청했다. 그리고 법인세와 개인소득세에 대해서는 1년 6개월간 신고가 유예되어 있어서, 그 안에 회계사와 계약을 맺어 처리하기로 했다.

---

(20) http://www.canbankindia.com.

비자 획득 | 은행계좌를 개설한 이후에 투자자금을 한국에서 송금해 입금시키고, 이를 확인한 후 한국으로 귀국해 취업 비자를 획득해서 다시 인도로 재입국했다. 한번 취업 비자를 획득하면 계속 연장할 수 있지만, 인도 내에서 단기체류 비자를 장기체류가 가능한 취업 비자로 변경하는 것은 불가능하다. 장기 비자로 변경하려면 반드시 한국으로 돌아와 교체해야 한다.

주택 임차 | 인도에 재입국한 후에는 14일 이내에 FRRO(Foreign Regional Registration Office)에 외국인 등록을 마쳐야 한다. 외국인 등록 후에 2005년 11월 바산트비하르(Vasant Vihar) 지역에 주택을 임차하고 PAN번호를 수령했다.

사무실 임대 | 2005년 12월부터 사무실 임대를 위해 여러 지역을 물색했으며, 1월 중순경 임대 계약을 체결했다. 한국 기업들이 많이 위치한 코넛플레이스(Connaught Place), 하우즈커스(Hauz Kaus), 그린파크, 네루플레이스(Nerhu Place) 등을 검토했으나, 업종 특성

주택 임차 비용의 급상승

최근 몇 년간 델리 내 주택 임차 비용은 급상승세를 보이고 있다. 한국인이 선호하는 델리의 바산트비하르 지역은 3~4년 전만 해도 7만~10만 루피면 좋은 집을 구할 수 있었으나, 지금은 10만~18만 루피가량으로 급등했다. 3~4층 단독주택의 1층을 빌려서 사용하는 것이 일반적인 형태다. 보통 1층이 가장 비싸고 2, 3층으로 올라갈수록 가격이 낮아진다. 델리 외곽의 접경도시인 노이다나 구르가온은 상대적으로 저렴한 편이다.

델리의 주요 주거 지역 임대료 현황(2006년 3월)

지역명	월 임대료			
	Independnt House*		Apartment**	
	달러	루피	달러	루피
Prithviraj Road, Aurangzeb Road	9,000~ 11,250	400,000~ 500,000	3,375~ 5,060	150,000~ 225,000
Chanakyapuri	5,620~ 9,000	250,000~ 400,000	3,940~ 6,750	175,000~ 300,000
Golf Links, Jor Bagh & Sunder Nagar	5,620~ 10,120	250,000~ 450,000	3,940~ 5,620	175,000~ 250,000
Shanti Niketan, Westend	5,620~ 7,870	250,000~ 350,000	3,940~ 5,620	175,000~ 250,000
Vasant Vihar, Anand Niketan	3,940~ 6,750	175,000~ 300,000	3,940~ 5,620	175,000~ 250,000
Panchsteel, Anand Lok, Niti Bagh, SDA	3,375~ 5,620	150,000~ 250,000	2,250~ 4,500	100,000~ 200,000
Friends Colony, Maharani Bagh	3,375~ 5,620	150,000~ 250,000	2,250~ 3,940	100,000~ 175,000
GK1, GK2, South Extention, Hauz Kauz, New Friends Colony	3,375 ~ 5,620	150,000~ 250,000	1,350 ~ 2,250	60,000 ~ 100,000
Farmhouses***	3,940 ~ 9,000	175,000 ~ 400,000	-	-
Gurgaon	1,350 ~ 2,250	60,000 ~ 100,000	450 ~ 2,020	20,000 ~ 90,000

주: *침실 4개의 고급주택, 500~1,200평방야드(약 126~303평), **2,000~3,000평방피트의 고급주택(약 56~84평), ***침실 4개와 2.5에이커(3,060평)의 농장 포함한 주택.
자료: Cushman & Wakefield, http://www.cushwakeasia.com/data/200604b/deres0306.pdf.

상 국제공항과 거리가 비교적 가깝고 대사관 및 한국인들의 집단 거주 지역과 인접한 델리 남쪽의 바산트쿤지(Vasant Kunj) 지역에 사무실을 개설하기로 결정했다. 사무실 넓이는 1,150평방피트(약 32평)로서 월 임대료는 8만 9,000루피(약 195만 8,000원)에 합의했다. 현재 델리 지역의 부동산 가격이 폭등하고 있어 계약 후 몇 달 사이에 30%가량의 임대료가 추가로 오른 상태다. 한편 부동산 중개수수료는 1개월 임차료의 100%가 원칙이지만, 10만 루피 이상의 고가 부동산은 50~70%만 지급한다.

사무실 인테리어 및 개업 | 건물주에게 업체를 소개받아 인테리어 공사 계약을 체결했다. 전기 설비를 포함한 인테리어 공사에는 약 2개월의 시간과 한화 1,300만 원가량의 비용이 소요되었으며, 공사 기간 중 전화·집기·인터넷 등도 설치했다. 최근에는 부동산 개발 및 인테리어 등을 서비스하는 한국 업체들도 생기고 있는데,

델리 사무실 임차 비용의 급상승

인도의 사무실 임차 비용은 매우 높은 수준이며, 최근 델리 지역의 임대료 상승률이 가장 높다. 델리 지역의 2006년 1~3월 상업용 사무실의 임대료 상승률은 30%에 달한다(뭄바이는 17~18%). 그러나 아직도 상업 중심지인 뭄바이의 사무실 임대료가 델리보다는 훨씬 높은 편이다. 델리의 상업지구인 코넛플레이스의 임대료가 1평방피트당 125루피가량인 데 비해 뭄바이의 나리만포인트(Nariman Point)는 220~225루피에 달한다. 2005년 12월부터 2006년 3월 사이 임대료 상승률은 델리의 코넛플레이스 40%, 뭄바이 나리만포인트 25%, 하이데라바드나 방갈로르 15~20%, 첸나이 12% 등으로 델리 인근에서 임대료의 상승폭이 제일 컸다.

델리의 주요 상업 지역 임대료 현황(2006년 3월)

지역명	월 임대료(평방피트당)		
	달러	루피	전년 대비 상승률
CBD-Prime (Central Business District)	30	112	23.4%
CBD-Others	22	81	39.0%
South Delhi-Prime	31	116	31.0%
South Delhi-Micromarkets	21	78	24.0%
Gurgaon-Prime	11	42	21.0%

자료 : Cushman & Wakefield, http://www.cushwakeasia.com/data/200604b/decom0306.pdf.

한글XP의 설치와 한글 자판 제공 등 특화된 서비스도 제공한다.

직원 채용 | 직원을 채용하기 위해 리크루팅컴퍼니(Recruiting Company)인 코우찬(Kou-Chan)이라는 업체를 소개받아 활용했다.[21] 인도 내 대학 및 대학원을 졸업한 후 8년 정도의 직장 경력을 가진 직원을 연봉 30만 루피에 과장급(Manager)으로 채용하고, 대학원 졸업 후 3년 정도의 경력을 가진 대리급 직원은 22만 루피에 합의했다. 전화 응대를 하는 여직원은 월급 6,000~8,000루피를 주기로 하고 채용했다.

현지 정착 및 부동산 취득 | 자동차를 구입하고(한국 중형 승용차를

(21) http:// www.kouchanindia.com.

인도에 진출한 자동차사의 차량 주요 모델의 가격

단위 : 루피

자동차사	모델명	판매 가격
현대	상트로(아토스)	266,722~387,392
	겟츠(클릭)	419,000~516,518
	액센트(베르나)	528,586~714,614
	엘란트라(아반떼)	796,676~924,953
	투싼	1,598,078
	소나타 엠베카	1,459,000
혼다	어코드	1,463,190~1,692,173
	씨티	669,577~789,339
	CR-V	1,499,741~1,599,647
도요타	이노바	715,970~1,008,440
	캠리	1,983,500~2,145,500

자료 : 각 사 홈페이지.

약 3,500만 원에 구입) 사업상의 교제를 위해 골프장 회원권을 취득했다. 델리 지역의 골프장 평생회원권은 1,000~1,600만 원 정도다. 한편 인도에서 외국인이 개인적으로 부동산을 취득하는 것은 불가능하지만, 법인 이름으로는 구입이 가능하다. 향후 인도의 부동산 가격이 상승할 가능성이 높기 때문에 회사 사무실이나 회사용 공용주택을 구입하는 방안을 검토하고 있다.

회사 홍보 | 아직은 한인 사회에 대한 홍보에 집중하고 있으며, 점차 현지 신문 광고 등을 통해 활동을 진행할 예정이다.

K사

　운송 및 운송 주선업(Forwarding) 전문기업인 K사는 삼성전자 인도법인의 물류 운송을 담당해왔다. 진출하게 된 계기는 우선 인도 내 물류를 맡았던 인도 파트너의 신뢰성이 부족했기 때문이고, 인도의 잠재력을 고려할 때 다른 거래선을 조기에 선점하는 것이 필요하다는 자체 판단도 유효하게 작용했다. 2005년 말 코트라에서 개최한 인도 비즈니스 연수단에 참여하는 등 기본사항 점검에 이어, 2006년 2월경부터 담당자가 인도에 체류하면서 세부적인 사항을 진행해나갔다.

　주택 임차 | 초기에는 한인 게스트하우스에 묶으면서 집을 알아보기 시작했으며, 6명 정도의 부동산 중개업자에게 동시에 연락해 60~70개의 매물을 확인했다. 부동산 임차의 기준으로는 거래처 및 활동 중심지와의 근접 여부를 우선적으로 검토했으며, 비용도 고려했다. 결국 계약을 체결한 곳은 델리 남쪽 쿠땁(Qutab) 근처의 기탄질리(Gitanjli)로, 임대료는 월 6만 루피 정도였다.

　회사명 신청 및 확정 | 공인회계사를 선임하고 필요한 서류를 준비한 후에 2006년 4월 말에 Form 1A를 제출하고, 5월 초에 회사명 확인서를 받게 되었다. 통상적으로 걸리는 시간보다 더 빠른 진행이었다. 다만 Form 1A에도 이사 1명의 서명은 필요하므로 해당 이사가 한국에 있다면 서명을 미리 확보해야 한다.

　정관 작성 및 법인 설립 신청 | 정관 작성에는 이사 선임(2명) 및 지

분 할당 문제가 중요하다. K사는 회사의 CEO와 다른 이사 1명을 신규 법인의 이사로 등록하기로 결정했다. 정관을 작성할 때는 향후 진출 가능성이 있는 부분까지 광범위하게 기술하는 것이 바람직하고, 자본금 규모 역시 신중히 결정해야 할 문제다. 정관 작성이 끝나면 이사 2명의 친필 서명이 포함된 정관 원본을 법원에 공증한다. 이러한 절차가 끝나면 다른 부가 서류와 정관을 ROC에 제출해 법인 설립을 신청하는데, 이때 이사 2명의 여권을 같이 제출해야 한다. 즉 2명의 이사는 법인 설립증이 나올 때까지 인도 내에서 대기하는 것이 원칙이다. 하지만 회계사를 통해 여권 사본이나 비자 사본으로 대체해달라고 요청하는 경우가 많다. 현재 K사는 법인증 수령을 기다리고 있으며, 법인증 수령이 완료되는 대로 사무실 입주 및 기타 영업 준비를 완료할 계획이다.

델리의 상업지구

델리의 상업지구는 절대적으로 부족한 상황인데다 상업 시설의 수요가 폭발적으로 늘어나고 있다. 따라서 임대료도 급상승 중이다.

오클라(Okhla) 지역, 네루플레이스 및 인근 지역, 하우즈커스, 바산트쿤지, 코넛플레이스 등이 대표적인 상업지구이며 최근에는 서쪽 접경도시인 구르가온에 사무실이 많이 생기고 있다.

델리 서쪽 접경도시인 구르가온은 델리와 가깝고, 쇼핑센터 등이 잘 정비되어 있으며, 사무실 가격이 아직 저렴하는 장점 때문에 신규 입주 혹은 이전하는 사례가 많다. 삼성전자는 최근 휴대전화 공장을 구르가온에 신규 설립했으며, SK와이더댄(SK Widerthan) 역시 최근 구르가온으로 사무실 이전을 추진하고 있다. 이 밖에도 아메리칸익스프레스(American Express), 캐세이패시픽(Cathay Pacific), GE머니(GE Money), 새티암 등의 글로벌기업과 인도 대기업이 최근 구르가온에 사무실을 개설했다.

사무실 임대 계약 | 사무실 임대는 법인 설립에서 가장 중요한 요소 중 하나로, K사 역시 이 부분에 많은 시간과 노력을 투입했다. 우선 운송 및 운송 주선업 비즈니스 특성에 맞게 공항과 시내에서 가까운 지점을 물색했으며, 설립 시간 및 비용을 최소화하기 위해 가구가 완비된 사무실을 선택했다. 보통 30여 평 규모의 인테리어 계약을 하면 약 1,400만 원의 비용이 들고, 2개월 정도가 소요되는 공사 기간 동안에도 사무실 임대료를 지불해야 한다. 그러므로 가급적이면 바닥·천장·집기 등이 준비된 사무실을 구하는 것이 비용도 줄이고 신속히 영업을 개시할 수 있는 방법이다. 사무실의 위치는 하얏트호텔 근처인 비카지카마(Bhikaji Cama)이며, 법인증 수령과 동시에 입주가 가능하다. K사는 법인 설립을 우선적으로 완료하고 그 이후에 사무실을 계약하는 것이 순리에 맞다고 충고한다. 사무실을 미리 계약하더라도 법인 설립 이전에는 입주하기가 어렵기 때문이다.

개인 계좌 개설 | 법인 설립 담당자가 2월에 출국하면서 자금을 너무 적게 가져가는 바람에 사업 추진에 애로사항이 발생할 수 있었으나, 담당자는 인도의 스탠다드차타드은행에 개인 계좌를 설립해 이 문제를 해결했다. 인도 내 개인 계좌의 개설이 가능하므로, 한국 거주 증명(주민등록증 혹은 면허증)을 대사관에서 공증받아 제출했다. 기업들이 보통 법인 계좌가 설립되기 전까지 비용 지출을 못 해서 사업 준비에 차질을 빚는 경우가 있는데, 개인 계좌를 이용해 송금하는 것도 한 방법이다.

직원 채용 | 헤드헌팅업체를 통해 직원을 채용했다. 직원을 채용

사무실 임대의 주의사항

1. 등기부 등본
— 회계사를 통해 등기부 등본을 확인할 수 있으며, 하층민 집단거주 지역 혹은 거주 지역에 속한 구역이 아니고 상업지구임을 확인한다.

2. 주차 공간
— 몇 대의 주차 공간을 제공하는지, 추가 비용은 얼마인지 확인한다.

3. 집기의 유무
— 집기 및 인테리어 공사가 완료된 사무실인지 검토한다.

4. 전용면적(Carpet Area)
— 전용면적 및 공유면적을 확인한다.

5. Power Back Up
— 정전 시 비상전원 제공 여부와 비용을 확인한다.
— 인도 델리 지역은 정전이 상시적으로 발생하므로 비상전원이 제공되지 않는다면 발전기를 구입해 설치해야 하며, 이 경우 추가 비용 및 공간이 소요된다.

6. 보증금(Security Deposit) 및 월세 지급 조건
— 보통은 3개월치 임대료로 정하는데, 보증금은 적을수록 유리하다.
— 월세를 월 단위로 지급하는 조건인지, 3개월마다 3개월치 월세를 선지급하는 조건인지 확인한다.

7. 의무계약기간(Locking Period) 및 고지 의무(Notice)
— 한번 계약하면 꼭 지켜야 하는 기간을 확인한다(보통 1년).
— 퇴거 시 얼마 전에 고지해야 하는지도 확인한다(보통 2개월).

8. 후일자수표(Postdate Check)
— 간혹 임대인이 계약 기간의 임대금 전체 혹은 일부를 후일자수표로 요구하는 경우가 있는데, 절대 응하지 말아야 한다.

9. 계약 만료 후 임대료 인상 조건
— '2년마다 20% 증가' 와 같이 임대료 인상 조건을 요구할 경우 신중히 검토한다.

할 때는 임금과 추가지급금(Benefit)의 조건을 분명히 명시하고 서로 합의해야 한다. 그렇지 않은 경우, 분쟁이 생기거나 심하면 직원이 출근을 하지 않는 일이 발생할 수 있다.

소요 비용 ┃ 회계법인 컨설팅 비용과 각종 인지세 및 급행료를 포함해 법인 설립에 10만 루피가량 소요되었고, 자본금(90만 루피)에 대한 등록비로 14만 8,000루피를 지출했다.

향후 추진 계획 ┃ 법인증을 수령해 법인 설립이 완료되는 대로 전화 및 인터넷을 연결하는 등 사무실 입주를 마무리하고, 한국으로 돌아가 취업 비자를 발급받을 예정이다. 법인증을 수령하는 즉시 PAN번호(법인, 개인)의 신청이 가능하며, 법인 은행계좌의 개설도 가능해진다. 은행마다 구비서류가 달라서 가급적 개인 계좌가 있는 스탠다드차타드은행에 개설하기를 희망하나, 여의치 않을 경우 개설이 용이한 다른 은행도 검토하고 있다. PAN번호가 발급되면 TDS번호와 서비스세번호를 신청할 예정이다.

Y사

통신용 커넥터 전문 제조업체 Y사는 인도 내 전자부품의 수요가 늘어날 것이라는 전망에 근거해 2004년 10월 인도에 투자 진출했다.

공장 임대 ┃ 법인증을 받고 법인 설립이 완료되자 제조업을 위한 공장 확보에 착수했다. 우선 현지 부동산 중개업자를 통해 노이다에 3층 공장을 소개받고, 입지 및 시설을 고려해 월 임대료 약 9만 루피에 입주를 결정했다. 임대 계약 후에 시설 개보수를 통해 실제 생산에 돌입하게 되었다.

직원 채용 | 신문 광고와 인터뷰를 통해 직원을 채용했다.

체류 및 정착 | 공장이 위치한 노이다 근방에 아파트를 임대했으며, 노이다 부근의 아파트 임대료는 월 2만 루피가량으로 알려져 있다.

Y사는 인도에 진출한 한국 전자업체 및 인도 전자업체에 커넥터를 납품하고 있으며, 공장에 직원 20명을 고용하고 있다. 한국에서 반제품 형태로 수출해 인도에서 조립 및 판매하고 있다. 현재는 인도 국내 영업만 하고 있으나, 제3국가로의 수출도 계획하고 있다. Y사를 비롯한 인도 진출업체의 애로사항 중 하나는 인도 생산의 장점을 살리기가 힘들다는 점이다. 즉 인도 내 생산은 중국에서 생산하는 비용보다 높다. 그 이유는 낙후된 인프라와 원자재 확보로 인한 고비용 때문이다. 인도는 대표적인 가격시장으로, 수요처인 전자 회사들은 어느 정도의 품질은 포기하더라도 단가를 저렴하게 확보하는 데 더 관심이 있다. 즉 중국 제품의 단가에 맞추지 못하면 가격경쟁력에서 밀릴 수밖에 없는 것이다. 이러한 문제점을 타개하기 위해 생산성 향상 등 여러 가지 노력을 기울이고 있다. 제조업 진출을 검토하고 있는 국내 기업은 이러한 부분을 철저히 검토해야 한다.

노이다 부근의 입지 조건

델리 동쪽에 위치한 노이다에는 삼성전자와 LG전자의 생산기지가 입주했을 뿐 아니라 많은 중소 중견기업이 상주해 있다. 델리 중심가와 30~40분 거리에 위치해 있고 델리보다 사무실 및 주택 임차료가 저렴한 것이 장점이다. 그러나 이 지역 역시 가격이 많이 올랐으므로 공장을 설립하거나 부지를 매입할 때는 신중한 사전조사가 필요하다.

L사

2001년경 인도에 프로젝트오피스 형태로 진출한 L사는 그간 광복합가공지선(OPGW)에 관련된 여러 프로젝트를 진행했다. 그러나 최근 들어 인도의 잠재력이 점차 부각되고 경제 성장에 따라 인프라와 관련된 수요가 급증하는 상황에서, L사는 기회를 살리기 위해 추가로 연락사무소를 설립하기로 결정했다.

산업의 특성상 대형 프로젝트의 입찰로부터 사업이 진행되므로 판매법인이 아니고 연락사무소를 선택했으며, 본사의 사업 추진을 지원하는 형태다. 그러나 연락사무소의 운영 및 인도 사업의 추이에 따라 공장 및 현지법인 설립을 지속적으로 검토하겠다는 입장이다.

인도 진출을 위해 2005년 9월부터 12월까지 3개월 동안 4명이 현지에서 타당성을 검토했으며, 주로 사업 기회 및 투자 형태를 연구했다. 인도 진출에 대한 타당성을 검토한다는 소문이 나면서 여러 현지 인도 업체로부터 합작투자를 제안받았으나, 그간 한국 기업의 사례를 참고해 일단은 단독투자로 결정했다.

사무실은 상업적 측면에서 뭄바이보다는 못하지만 행정수도로서 정부 및 인프라 개발과 관련된 정보 입수가 용이하고 많은 한국 투자기업이 상주하는 델리 지역으로 결정했다.

현재 콜카타와 델리에 2개의 프로젝트오피스가 있으나 조만간 콜카타 오피스를 철거해 델리와 통합하고, 연락사무소도 따로 운영할 계획이다.

연락사무소를 설립하는 과정에서는 별도의 회계사나 회계법인을 찾기보다는 기존에 프로젝트오피스에서 이미 확보하고 있던 회계사를 활용했다.

주택 임차는 델리 내 주거 지역의 부동산 가격이 많이 상승한 상태여서 어려움을 겪고 있다. 주택 임차가 완료될 때까지 당분간 한인 게스트하우스를 이용할 계획이다.

법인과 마찬가지로 연락사무소 역시 계좌가 개설되고 자금이 송금된 후에 자동차를 구입할 수 있기 때문에 현재는 렌트카를 이용하는 등 비용 지출을 최대한 자제하고 있다.

현재는 쿠땁 지역에 있는 쿠땁호텔을 사무실로 사용하고 있는데, 이 호텔 사무실에 3~4개 정도의 한국 기업이 상주하고 있다. 1,400평방피트 면적의 사무실을 얼마 전 새로 계약했으며, 임대인은 기존 임대료인 11만 루피의 2배인 22만 루피를 요구했으나 협의를 거쳐 17만 루피에 합의했다.

채용하고 있는 현지 직원은 비서 1명, 회계사 1명, 엔지니어 2명이며, 콜카타의 프로젝트오피스가 정리되면 3명가량 더 늘어날 예정이다. 신규 채용은 홈페이지나 신문 광고를 통해 직접 면접해 뽑는다.

S사

축전지 제작 관련 전문기업인 S사는 모그룹 차원에서 인도 진출을 결정했다. 모그룹은 2003년 말 연락사무소를 인도에 설립하기로 결정했다. 신흥시장군인 BRICs 중 이미 진출한 중국을 제외하고 브라질·인도·러시아 가운데 진출국을 검토하다가, 브라질은 관련 제조회사가 적고 러시아는 아직 치안상의 위험 요소가 상존하는 점을 감안해 인도로 결정했다.

투자지로는 뭄바이와 델리를 우선적으로 검토했으나, 결국 델리 지역으로 결정했다. 우선 전자회사 및 도매업자(Distributor) 등의 고객층이 델리에 더 많고, 델리에서 뭄바이의 고객까지도 관리가 가능하며, 중앙정부와 관련된 정보의 수집이 용이하다는 점을 참작했다.

2005년 2월부터 제반 조사를 실시해 2005년 4월 회계사를 통해 연락사무소 설립을 신청했으며, 6월에 설립 승인을 받았다(약 1개월 반가량 소요). 연락사무소 설립이 완료되자 호텔 내 사무실을 6개월간 계약했고, 씨티은행에 법인 계좌를 개설했으며, 2명의 현지 직원을 채용했다. 그 후 한국으로 돌아가 비자를 획득해 2005년 9월 20일 다시 인도로 입국했다. 2006년 초 네루플레이스로 사무실을 옮겼다. 네루플레이스는 뉴델리의 대표적 상업지구로서 오피스 빌딩이 많이 들어선 한편 근처에 우리나라의 용산전자상가와 비슷한 전자상가가 있어서 고객 관리에도 유리한 지점으로 판단되었기 때문이다. 1,800평방피트의 사무실을 약 16만 루피에 임차했다.

6명의 현지 직원을 고용했으며, 채용 방법은 구직 광고를 이용하거나 일부는 다른 업체에서 소개받았다. 월급은 과장급 3만~3

개인소득세 납부

연락사무소든 현지법인이든 개인소득세 납부에는 차이가 없다. 연봉이 25만 루피 이상이면 30%의 세율이 적용되며, 유학생을 제외한 대부분의 외국인은 30%의 세율로 납부해야 한다.

개인소득세는 가장 조심해야 할 문제 중 하나로, 인도 세무당국은 소득세 탈루에 대해 4~5년치의 세금을 소급 적용할 뿐만 아니라 귀임한 직원에까지 과거 세금 탈루분을 징수하고 있다. 인도 세무당국은 인도 내 외국인에 대해 월급은 물론 주택 임차료, 자녀 학비, 한국 내 급여(국내 급여와 해외 급여로 나누어 받는 경우) 등까지도 소득세 부과 대상으로 간주한다. 지난 1997~1998년에 소득세 문제로 한국 기업들이 곤욕을 치른 바 있으며, 1999년에는 인도 최대의 자동차 회사인 마루티스즈키의 일본인 임직원들이 탈세 혐의로 소환되었다.

외국기업이 인도에서 기업을 경영할 때는 항상 공인회계사 등 전문가의 자문을 받아 합법적인 절세 방안을 마련해야 한다.

만 5,000루피, 대리급 2만~2만 5,000루피 정도로, 체감 인건비는 중국보다 비싼 편이다.

국가정보원(2004), 《BRICs 경제권 진출확대 방안》, 국가정보원.

김기상(2005), 《MFA 폐지 후 대미 섬유수출 급신장》, 수출입은행.

김찬완(2000), 《인도 경제개혁 10년의 평가와 향후과제》, 대외경제정책연구원.

_____(2001), 〈인도의 연립정부와 경제발전 : 1990년대 하반기를 중심으로〉, 남아시아 연구 제6호.

_____(2001), 〈한국에서의 남아시아 지역 연구의 동향과 과제〉, 국제지역연구 제5권 1호.

김찬완 외(2000), 《제3세계 국가건설》, 부산외국어대학교 국제통상지역원, 부산.

남상욱(2001), 《인도, 21세기 새로운 강자로 떠오르고 있다》, 서울 : 일빛.

무역협회(2005), 《한-인도 교역 현황과 주요 이슈》, 무역협회.

문권모(2006), 〈인도 합작투자의 함정과 극복 방안〉, 《LG주간경제》.

미국 국무부(1993), 〈1993년 국제 테러리즘 패턴〉

박재욱(2005), 〈우리나라 기업의 인도 진출 확대방안〉, 국제문제조사연구소.

박형기(2005), 《친디아》, 해냄.

사카키바라 에이스케 외(2006), 《인도를 읽는다》, 황금나침반.

산업자원부(2004), 《KOTRA, 한국무역협회, BRICs 시장진출전략》, 산업자원부.

삼성경제연구소·KOTRA(2005), 《BRICs의 기회와 위험》, 삼성경제연구소.

손승호 외(2003), 《인도의 주요산업》, 한국수출입은행.

시마다 다카시, 정난진 옮김(2006), 《거대 시장 인도 뒤집어보기》, 삼각형비즈

심남섭(2004), 《인도의 성장잠재력과 진출확대방안》, 한국무역협회.

오영석(2005), 《인도의 산업은 부상할 것인가》, 산업연구원

이근 편(2005), 《중진국 함정과 2만불 전략》, 이투신서.

이병욱(2006), 〈제7차 전략구상네트워크〉, 국가정보원.

이순철·최윤정(2006), 《한·인도 CEPA에 임하는 인도의 FTA전략과 우리의 대응방향》, KIEP.

이해인(2006), 〈對 인도투자, 이것만은 알아두자〉, KOTRA.

유태환 외(2005), 〈인도의 대외경제정책과 한·인도 경제협력 강화방안〉, KIEP.

전채택(2005), 《POSRI India Insight》, 포스코 경영연구소.

주동주(2006), 《인도의 외국인 투자환경과 한국기업 진출 사례 및 전략》, 산업연구원.

주동주·이석기(2004), 《인도경제의 부상과 한·인도 산업협력방안》, 산업연구원.

주인도대사관(2005),《인도 통상·투자 진출안내서》, 주인도대사관.

한국국제노동재단,《인도 진출기업 노무관리 안내서》, 한국국제노동재단.

현대경제연구원(2005),《한국경제의 새로운 미래 BRICs》, 한국경제신문.

KOTRA(2006),《2006 해외투자백서》, KOTRA.

_____(2006),《국가정보 인도》, KOTRA.

_____(2004),《2004년 대한 수입규제 동향 및 전망》, 기획조사 04-60, KOTRA.

_____(2006),《2006 해외투자백서》, KOTRA.

_____(2006),《한-인도 CEPA 체결과 우리나라의 對인도 수출유망품목》, KOTRA.

_____(2006),《국가정보 인도》, KOTRA.

_____(2006), "Chindia 시장진출전략 심포지엄", KOTRA.

ADB(2004), *Country Strategy and Program Update 2005~2007 : INDIA*, Asian Development Bank.

_____(2005a), *Asian Development Outlook*, Asian Development Bank.

_____(2005b), *India Economic Bulletin, Volume III*, Asian Development Bank.

Bekaert, Gert, Campell Harvey R. and Lundbold, Christian(2001), *Does Financial Liberalization Spur Growth*, NBER Working Paper 8245.

Bhattacharya, B. and S. Sakthivel(2004), "Regional Growth and Disparity in India: Comparison of Pre- and Post-Reform Decades", *Economic and Political Weekly*.

Bremmer, Ian(2005), "Managing Risk in an Unstable World", *Harvard Business Review*.

Business World(2004), *The Marketing Whitebook 2003-04*.

_____(2005), *The Marketing Whitebook 2004-05*.

Catriona Purfield(2006), "Mind the Gap-Is Economic Growth in India Leaving Some States Behind?", IMF.

Chandrasekhar, C. P. and A. Sen(1996), "Statistical Truths : Economic Reform and Poverty", Frontline.

Cohen, Stephen P(2002), *India: Emerging Power, The Brookings Institution Press*, Washington DC : US.

Condederation of Indian Industry(2006), "State of the Economy", New Dehli.

Confederation of Indian Industry & World Bank(2002), *Competitiveness of Indian Manufacturing Results from a Firm-Level Survey*, World Bank.

Country Watch(2005), *India Country Review*, Country Watch.

Desai, Meghand(2003), *India and China : An Essay in comparative political economy*, IMF-NCAER.

Dominic, W. and R. Purushothaman(2003), *Dreaming With BRICs : The Path to 2050, Global Econmics Paper* No. 99, Goldman Sachs.

Eberstadt, N.(2006), "Growing old the Hard Way : China, Russia, India", Hoover Institution.

EIU(2005), *India Country Report*, Economics Intelligence Unit.

Ernst & Young(2005), *Doing Business in India*, Ernst & Young.

_____(2004), *Doing Business In India*, Ernst & Young.

Gordon, Jim and Gupta, Poonam(2003), *Understanding India's Service Revolution*, IMF.

Government of India(2001), "Registrar General & Census Commissioner", Census of India.

Government of India(2002a), *10th Five Year Plan, Planning Commission*, Government of India.

_____(2002b), *India Vision 2020*, Planning Commission, Government of India.

_____(2005), *Economic Survey 2004~2005*, Ministry of Finance, Government of India.

_____, *Monthly Economic Report*, 각호.

_____, *SIA Newsletter*, 각호, Ministry of Commerce and Industry.

Government of India(2006), *Economic Survey 2005-06*, New Dehli: India.

Gupta, P(1995), "Economic Reform and its Impact on the Poor", *Economic and Political Weekly 30*.

Heymann, Eric(2005), "Globale Wachstumszentren," *Aktuelle Themen*, Deutsche Bank Research, Nr. 332.

IOAI(2005), *The Power Shopper : IOAI E-Commerce Report 2005*, The Internet & Online Association of India.

IMD,(2006), *World Competitiveness Report*, IMD.

IMD, *World Competitiveness Yearbook*, 각호.

IMF-NCAER(2003), *A Tale of Two Giants : India's and China's Experience with Reform and Growth*, IMF-NCAER.

IMF(2005a), "India : 2004 Article IV Consultation - Country Report" No. 05/86, IMF.

_____(2005b), "India : Country Report" No. 05/87, IMF.

Jean, Dreze and A. Sen(1995), *India : Economic Development and Social Opportunity*, Oxford University Press, Delhi : India.

Kim, Chan-Whan(2004), "Economic Aspects of India's Foreign Relations : With Special Reference to India-US Relations during 1990-1995, 《인도연구》 9권 2호.

_____(2006), *Economic Liberalization and India's Foreign Policy*, Kapaz Publication, Delhi: India.

Kirit, Parik(1997), *India Development Report 1997*, Oxford University Press, Delhi : India.

KPMG(2005), "Fortune 500 companies in India : Success Stories", KMPG.

KSA Technopark India Retail Report(2005).

Landes, Maurice, S. MacDonald, S. Singh, T. Vollrath(2005), *Growth Prospects for India's Cotton and Tectile Industries*, United States Department of Agriculture.

Lanzeni, M.L. u.a.(2005), "Indien im Aufwind: Ein mittelfristiger Ausblick", *Indien Spezial*, Deutsche Bank; Frankfurt.

Ministry of Commerce & Industry(2006), *Foreign Direct Investment Policy*, Ministry of Commerce & Industry.

_____(2006), "Rationalisation of the FDI Policy", Ministry of Commerce & Industry, Press Note No. 4 (2006 Series),

_____(2006), "Foreign Trade Policy", Government of India.

MRC, 2005, Worldwide Cost of Living Survey 2005, MRC

National Manufacturing Competitiveness Council, *The National Strategy for Manufacturing*, New Delhi.

National Intelligence Council(2004), *Mapping in Global Future*, Pittsburgh.

National Sample Survey(2005), 55th Round.

National Productivity Council(2004), *State Competitiveness Report*, National Productivity Council.

Panagariya, Avind(2005), "A Passage to Prosperity", *Far Eastern Economic Review*, Vol. 168, No. 7.

Pinto, Brian and Zahir, Farah(2004), *India : Why Fiscal Adjustment Now*, World Bank.

Poddar, Tushar(2004), *Domestic Competition Spurs Exports : The Indian Example*, IMF.

POSRI, *India Insight* 2005/9월호, POSRI.

Prasad, A. and Ghosh, Saibal(2005), *Monetary Policy and Corporate Behavior in India*, IMF.

Quibria, M. G. and Tschang, Ted(2001), *Information and Communication Technology and Poverty : An Asian Perspective*, ADBI.

Rao, C. H. Hanumantha and S. Mahendra Dev(2003), "Economic Reforms and Challenges Ahead-An Overview", *Economic and Political Weekly*, Special Issue on Andhra Pradesh, March 22-29.

Rawkins, P.(2006), *Indiens Haushalts(schief)lage: Muss uns das kuemmern?*, Deutsche Bank, Frankfurt.

Rodrik, Dani and Subramaninan, Arvind(2004), *Why India Can Grow at 7 Percent a Year or More : Projections and Reflections*, IMF.

Rodrik, Dani and Subramaninan, Arvind(2004), *From "Hindu Growth" to Productivity Surge : The Mystery of the Indian Growth Transition*, IMF.

Saxenian, Anna Lee(2000), *Bangalore : The Silicon Valley of Asia?*, Stanford Institute for Economic Policy Research.

Schaffer, T.C., Mitra, P.(2006), *Indien-Auf dem Weg zur Weltmacht?*, Deutsche Bank, Frankfurt.

Schaaf, J. (2005), *Outsourcing nach Indien : der Tiger auf dem Sprung*, Deutsche Bank, Frankfurt.

Singh, Mammohan (1964), *India Export Trends*, Oxford University Press, London.

Sinha, Pramath Raj (2005), "Premium marketing to the masses : An interview with LG Electronics India's managing director", The McKinsey Quarterly.

Steinumueller, Edward and Bastos(1995), *Maria-Ines, Information and communication technologies : Growth, competitiveness, and policy for developing nations*, Global Forum on Industry, UNIDO.

Tendulka, S. D. and L. R. Jain(1995), "Economic Reforms and Poverty", *Economic and Political Weekly* 30.

A Survey of Business in India, *The Economist*, 2006.

Trinh, Tamara(2005), "China 2010+, Welche Faktoren bestimmen die Zukunft Chinas?", Deutsche Bank.

Tschang, Ted(2001), *The Basic Characteristics of Skills and Organizational Capabilities in the Indian Software Industry*, ADBI.

UN(2004), *World Population Monitoring*, United Nations.

UNCTAD(2004), *World Investment Report*, United Nations.

USTIC(2004), *Textiles and Apparel : Assessment of the Competitiveness of Certain Foreign Suppliers to the US Market*, Vol. 2.

Van der, Y, M. Rodgers, and G. Berik, "Asia's Race to Capture Post-MFA Markets: A Snapshot of Labor Standards, Compliance, and Impacts on Competitiveness", *Asian Development Review*, Vol. 23, No. 1.

Virmani, A(Dec. 2004), "Economic Performance, Power Potential and Global Governance : Towards a New International Order", ICRIER Working Paper No. 150.

Weiss, John(2005), Export Growth and Industrial Policy : Lessons from the East Asian Miracle experience, ADBI.

Wolf, Charles Jr., et al.(2003), *Fault Lines in China's Economic Terrain*, RAND National Defence Research Institute.

World Bank(1996), *India : Five Years of Stabilization and Reform and the Challenges Ahead*, World Bank.

World Bank(2003), *India : Sustaining Reform and Reducing Poverty, Poverty Reduction and Economic Management Network*, World Bank.

_____(2004a), *India : Investment Climate and Manufacturing Industry, Finance and Private Sector Development Unit*, World Bank.

_____(2004b), *State Fiscal Reform in India, Poverty Reduction and Economic Management Network*, World Bank.

_____(2004c), "World Development Indicator", WDI online.

_____(2005a), "Global Development Finance", GDF online.

_____(2005b), "World Development Indicator", WDI online.

_____(2006), "World Development Indicator", WDI online.

신문기사

"Asia's Emerging Giants," *Financial Times*(May 27, 2005).

"Challenges and Responsibilities as Partners in the 21st Century in Asia", *The Hindu*(March 17, 2005).

"Who, me?," *The Economist*(May 22, 2004).

"Elephant over Dragon", *The Times of India*(July 4, 2006)

Blonnet.com 2006년 5월 27일자

"Has Economic Reforms Bypassed the Poor?", *Times of India*(April 23, 2000)

"Has Poverty Declined since Economic Reforms?", *Economic and Political Weekly*(Dec 11-17, 1999)

"Poverty and Inequality in India", Economic and Political Weekly(Sep 2, 2002)

Asian Wall Street Journal(Dec 31, 2003 - Jan 1, 2004)

Business Today(Dec 22, 1998 - Jan 6, 1999)

Business Week(Aug 22, 2005)

Business Week(Aug 29, 2005)

Economic Times(Nov 23, 2005)

Financial Express(Dec 27, 2005)

India Today(Aug 2004)

The Economic Times(Aug 8, 1991)

The Financial Express(17 June, 2006)

Times of India(22 Sept, 2005)

"나토 파트너 한국",《중앙일보》(2006년 6월 28일)

"인도 IT社 국내 시장에 속속 도전장",《매일경제신문》(2005년 9월 27일)

"한국 속 외국기업 중국·인도 기업이 몰려온다",《매일경제신문》(2005년 6월 14일)

《중앙일보》(2005년 12월 3일)

《중앙일보》(2006년 1월 2일)

《한겨레신문》(2004년 12월19일)

웹 사이트

Annual Survey of Industries. http://mospi.nic.in

Dawn the Internet Edition. http://www.dawn.com/2005/12/29/int6.htm

Foreign Trade Statistics of India. http://commerce.nic.in

GlobeScan. http://www.eai.or.kr/korean/project/mainscr

Hindustan Lever Ltd. http://www.hll.com

India Brand Equity Fund(IBEF). http://www.ibef.org

Infosys Technologies. http://www.infosys.com/

International Telecommunication Unit(ITU). http://www.itu.int

KPMG. http://www.in.kpmg.com

National Association of Software and Service companies(NASSCOM).
　　http://www.nasscom.org

NCAER(National Council of Applied Economic Research). http://www.ncaer.org

Pew Research. http://www.pewglobal.org/reports/display/php? ReportID=252

Ranbaxy Laboratories, Annual Report.
　　http://www.ranbaxy.com/ar2005/html/ar_2005.htm

Reliance Industries Ltd. http://www.ril.com

Reserve Bank of India. http://www.rbi.org

www.dipp.nic.in

http://www.maharashtra.gov.in/index.php

http://www.sezindia.nic.in

Society of Indian Automobile Manufacturers. http://siamindian.com

Wipro Technology. http://www.wipro.com/

인도 노동부(http://labourbureau.nic.in/)

인도 재무부(http://www.finmin.nic.in/)

인도 통계청(http://censusindia.net)

인도 철강공사(http://www.sail.co.in)

한국무역협회, 한국무역통계 DB. http://www.kita.net

한국수출입은행, 해외투자통계정보. http://www.koreaexim.go.kr

KOTRA 뉴델리 무역관 시장정보, http://www.kotra.or.kr/ktc/

|그림|

| 표 |